公共图书馆概论

主　编：汪东波

编　委（按笔画顺序排列）：

卜书庆　王世伟　王　磊　刘小琴　肖希明

张收棉　柯　平　索传军　褚树青

国家图书馆出版社

图书在版编目（CIP）数据

公共图书馆概论 / 汪东波主编 . —北京：国家图书馆出版社，2012.5（2023.11 重印）

ISBN 978-7-5013-4786-5

Ⅰ.①公… Ⅱ.①汪… Ⅲ.①公共图书馆—图书馆工作—概论 Ⅳ.① G258.2

中国版本图书馆 CIP 数据核字（2012）第 071248 号

书　　名　**公共图书馆概论**
著　　者　汪东波　主编
责任编辑　高　爽　李家儒
封面设计　耕者设计工作室

出版发行　国家图书馆出版社（北京市西城区文津街 7 号　100034）
（原书目文献出版社　北京图书馆出版社）
010-66114536　63802249　nlcpress@nlc.cn（邮购）
网　　址　http://www.nlcpress.com
印　　装　北京建宏印刷有限公司
版次印次　2012 年 5 月第 1 版　2023 年 11 月第 4 次印刷

开　　本　710mm×1000mm　1/16
印　　张　28
字　　数　510 千字
书　　号　ISBN 978-7-5013-4786-5
定　　价　96.00 元

前　言

19世纪中后期,世界图书馆事业发展出现重大变革,以1850年英国公共图书馆立法及1852年曼彻斯特公共图书馆建立为标志,现代意义的公共图书馆诞生。

受西方公共图书馆思想的影响,我国也于20世纪初期先后在湖南、湖北、江苏、山东、陕西、浙江等省陆续建成并开放了一批政府建立的公共图书馆。1910年,清政府颁布《京师及各省图书馆通行章程》,明确要求在中央及各省设立公共图书馆。此后百余年来,我国公共图书馆事业历经艰辛曲折,不断摸索进步,特别是在新中国政府的高度重视和大力扶持下,取得了令人瞩目的成就。到"十一五"末,我国已基本实现县县有图书馆的目标,县级以上独立建制的公共图书馆达2884家,总藏书量达6.2亿册,从业人员近5.4万人,各级公共图书馆在设施网络建设、服务网络建设、文献资源保障和数字文化服务体系建设等方面取得了长足的发展,免费开放工作逐步走向深入,公共图书馆精神得到彰显。党的十七届六中全会强调要完善覆盖城乡、结构合理、功能健全、实用高效的公共文化服务体系,使我国公共图书馆事业迎来了一个新的战略机遇期。

当前,公共图书馆作为公共文化服务体系的重要组成部分,在传承和保护中华民族优秀文化、满足人民基本文化需求、提高全民族文明素质、建设社会主义文化强国等方面的作用日益凸显,这也对各级公共图书馆进一步拓宽视野、更新理念、强化业务、提升服务、培养人才等提出了更高的要求。然而,在新中国成立60余年来我国图书馆领域已取得的大量研究成果中,围绕公共图书馆事业发展进行的专题深入研究还很寥寥。为此,国家图书馆研究院策划,并组织业界专家,联合编撰了《公共图书馆概论》一书,旨在通过对国内外公共图书馆发展历程的系统梳理及对公共图书馆相关理论研究和实践经验的全面总结,帮助广大公共图书馆从业人员进一步深刻认识公共图书馆的性质、职能及其公益性价值,深入了解公共图书馆事业发展规律、主要工作内容及基本技术、方法,并在此基础上展望我国公共图书馆事业未来发展蓝图。

《公共图书馆概论》一书,在内容组织方面以公共图书馆核心业务工作的实际需求为导向,在对公共图书馆的职能定位、类型特点等问题进行充分阐释的基础上，分别对图书馆的制度体系建设、馆藏发展与资源组织、公众服务与用户研究、组织管理与战略规划等主要工作中涉及的相关理论成果和技术方法进行详细介绍和说明，并对公共文化服务体系建设框架下的公共图书馆未来发展趋势和前景进行了科学的预测和展望。书中无论是对近年来关于公共图书馆权利、公共图书馆精神、公共图书馆作为"第三文化空间"的社会价值等问题的理论探讨，还是对FRBR、RDA等新型知识组织方法、工具的最新介绍，或是对公共图书馆总分馆、手机图书馆等新的公共图书馆服务形态的实践观察，抑或是对智慧图书馆、全球图书馆等未来公共图书馆发展趋势的前瞻思考，无不展现出本书写作团队对我国公共图书馆事业发展脚踏实地的求索精神和激情向上的创业精神。我希望这种精神能够引起广大读者，特别是广大公共图书馆工作者心灵深处的共鸣。

全书框架与结构由汪东波、索传军提出并设计，经各章负责人集体讨论后确定。具体章节编写如下：第一章除第三节外由王世伟执笔，洪秋兰执笔第三节；第二章由索传军负责，洪秋兰、曾伟忠等参与执笔；第三章由肖希明负责，唐义、张新兴等参与执笔；第四章由卜书庆负责，吴晓静、王广平、赵悦、郝嘉树等参与执笔；第五章由王磊执笔；第六章由柯平负责，张文亮、何颖芳等参与执笔；第七章由刘小琴负责，赵益民、张收棉等参与执笔；第八章由褚树青执笔，王世伟执笔第四节部分内容。汪东波负责、张收棉协助对全书统稿。

上述各位专家学者在本职工作外抽出时间与精力，承担书稿编写任务，付出了辛勤劳动，国家图书馆出版社为本书的出版做了大量工作，国家图书馆研究院承担了本书编纂的相关组织工作，在此一并感谢！由于时间仓促，本书难免有纰漏和不当之处，敬请各位读者批评指正。

汪东波
2012 年初春于国家图书馆

目　　录

第一章　绪论

公共图书馆是人类社会普遍存在的文化现象，是由政府投资兴办或由社会力量支持兴办的向社会公众开放的图书馆类型，是进行知识资源收集、存储、加工、研究、传播和服务的公共文化空间和社会教育设施。

第一节　公共图书馆的起源与发展

研究和探讨公共图书馆的起源与发展，首先要考察图书馆这一文化现象在人类文明发展史上的发端及其历史发展的社会文化原因。

一、公共图书馆的起源

1.文字的发明

图书馆的起源与人类文明起源与发展紧密相连。图书馆起源的一个最重要的历史文化背景就是文字的发明。作为记录和传达语言的书写符号，文字与宗庙建筑、金属冶炼技术等一起，被认为是人类进入文明社会的重要标志。恩格斯在《家庭、私有制和国家的起源》一文中对此进行了阐述："从铁矿的冶炼开始，并由于文字的发明及其应用于文献记录而过渡到文明时代。"[1] 在世界文明发展史上，先后出现了象形文字、表意文字和表音文字。象形文字的出现被认为是埃及早王朝时期（约公元前3100年—公元前2686年）开始的标志之一，在此后的3000多年中，象形文字一直为埃及人所使用。"象形文字"一词在希腊语中意味着"神圣符号"，它是一种纪念性的文字，刻写在坚硬的表面或精心描绘出来。古埃及的象形文字多书写在纸草之上，这是一种称为纸草的水生植物的茎芯制作而成的书写材料，书吏多采用以芦苇的纤维制成的笔进行书写，将多张纸草黏合在一起，就成了纸草卷[2]。

中国的汉字则兼具象形、表意和表音的特点。所谓"画成其物，随体诘诎，日月是也"，讲的就是汉字象形的特点；"视而可识，察而可见，上下是也"，讲的就是汉字表意的特点；"以事为名，取譬相成，江河是也"，讲的就是汉字表意和表音相结合的特点。这些都是中国东汉学者许慎在《说文解字序》中列举的例子。他还描述了文字的起源："古者庖牺氏之王天下也，仰则观象于天，俯则观法于地，视鸟兽之文与地之宜，近取诸身，远取诸物，于是始作《易》八卦，以垂宪象。及神农氏结绳为治而统其事，庶业其繁，饰伪萌生。黄帝之史仓颉，见鸟兽蹄迒之迹，知分理之可相别异也，初造书契。……仓颉之初作书，盖依类象形，故谓之文；其后形声相益，即谓之字。"[3]

文字需要有书写和记录的载体，这样，伴随着文字的发明，文献也就应运而生了。

2.文献的出现

图书馆起源的另一个最重要的历史文化背景就是文献的出现。文献的出现与文字的发明是互为依存的文化现象。所谓"夫文字者，坟籍根本"[4]。文字通过文献的载体来加以展示记录，文献通过文字书写刻印的形式来予以保存。许慎在《说文解字序》中认为："盖文字者，经艺之本，王政之始。前人所以垂后，后人所以识古。"[5]文献作为人类知识的保存载体，成为人类文明承续的集中体现。随着文献的产生与数量的增加，文献有序保存的需求开始出现，保存文献的图书馆也就应运而生了。

埃及亚历山大图书馆创建于公元前 3 世纪，是世界图书馆发展史上最著名的图书馆之一，历史上曾拥有藏书至少 70 万卷（纸草卷）。这些文献最大范围地覆盖了世界上各个时代已知的科学文化作品。文献的出现成为图书馆起源的文化基础，而图书馆的出现与发展又为文献的长期保存提供了条件。中国现在保存在 781 个图书馆等机构（不包括台湾省）中的纸质古籍善本文献多达 13 万部[6]。

3. "图书馆"的词源与图书馆的起源

"图书馆"的对应英文为 Library，来源于拉丁语的 Libraria；在意大利语和西班牙语中为 Biblioteca，则是从拉丁化的希腊词 Biblion 和 théke 来的。这些词都具有藏书处所的含义。今天的两河流域（又称美索不达米亚）是世界最早图书馆的发源地。1889—1900 年，美国考古学家彼得斯（John Punnett Peters）在伊拉克境内位于巴格达以南的尼普尔（Nippur）的一个寺庙废墟附近，发现了许多泥版图书，其被认为是 4000 多年前世界上最早的图书馆或档案馆遗存文献的一部分[7]。这样的考古发现，在 19 世纪后期和 20 世纪前期曾有过多次[8]。

公元前 7 世纪，亚述巴尼拔国王在位于底格里斯河上游的尼尼微（今伊拉克摩苏尔附近）建立了一所皇宫图书馆。1845 年至 1851 年，英国人 A.H.莱亚德在尼尼微古城发现了大约 3 万块有楔形文字的泥板。古埃及至迟在古王国时期（约公元前28世纪—公元前23世纪）建有王室图书馆和寺院图书馆。古代希腊和罗马时期也建有为上层贵族保存文献的图书馆以及一些著名学者的私人图书馆[9]。闻名于世的亚历山大图书馆由托勒密一世创建于公元前288年，典藏丰富，学者云集，是古代图书馆的代表[10]。

在中国，伴随着早期的甲骨文献、金石文献、泥陶文献、简牍文献和缣帛文献的出现，图书馆也随之产生了。《尚书·多士》中记载："惟殷先人，有册有典"，《墨子·鲁问》中也有"书之于竹帛，缕之于金石"的字句。《周礼·春官宗伯》中记载："大史掌建邦之六典，以逆邦国之治"，"小史掌邦国之志，奠系世，辨昭穆"，"外史掌四方之志，掌三皇五帝之书"[11]。这说明周代的大史、小史、外史等官，掌管着王宫的三皇五帝之书，负责各类文献档案的收集、整理和保存，成为国家管理典藏文献的专门职官，而这些文献在王室中的典藏处所则成为中国古代图书馆的萌芽。《史记·老子韩非子列传》中记载："老子者，楚苦县厉乡曲仁里人也，姓李氏，名耳，字聃，周守藏室之史也。"因此老子被誉为中国古代最早的图书馆馆长。司马迁在《史记·太史公自序》中曾提到了古代图书馆的名称："秦拨去古文，焚灭《诗》《书》，故明堂、石室、金匮玉版图籍散乱。"据此，明堂、石室、金匮等被认为是当时的国家藏书之所。

4.公共图书馆的萌芽

（1）图书馆向公众开放的进程

公元前3世纪，由托勒密一世创建的埃及亚历山大图书馆曾向所有公民开放[12]；古罗马的图书馆也曾向城市自由民开放，欧洲中世纪的贵族、僧侣或新兴的富裕阶层的一些私人图书馆也曾向学者和一些市民开放；在伊斯兰教图书馆发展时期的伊拉克巴格达，在一个城市中就有30所向公众开放的图书馆，这些都具备了公共图书馆的一些性质和要素。15世纪初期，也出现过个别为市民服务的城市公共图书馆，如德国的不伦瑞克市在1413年就有这样的城市图书馆，"但在中世纪后期，这一类型的图书馆还没有显示出它的活力"[13]。同时期的梵蒂冈图书馆从世界各地收集了古典文献，以便公众使用，但其服务的范围还局限于神职人员和学者。15世纪后期，居住在意大利的希腊人贝萨里昂（1403—1472）将毕生所收藏的图书赠送给威尼斯市，附加条件就是向民众开放，这些珍贵图书后入藏于16世纪中期对外开放的圣马可图书馆。16世纪普鲁士阿尔勃莱希特公爵在柯尼斯堡建立的君侯图书馆中就专门辟有城堡图书馆，对外开放并提供公共服务。16世纪后期，在意大利佛罗伦萨建立的美第奇家族的洛伦佐图书馆被认为是文艺复兴时期带有公共性质的早期图书馆，这一图书馆1571年正式向公众开放。1796 年，经历了法国大革命后的法国国家图书馆从原先每周开放两天改为每天开放四小时。从以上例子可以看到，图书馆的公共性质在历史上有一个逐步趋向开放的发展轨迹。

（2）公共图书馆思想

在公共图书馆历史进程的实践基础上，公共图书馆思想也开始产生。16 世纪上半叶，马丁·路德等人倡导德意志城镇图书馆为一般市民服务的理念。17 世纪中期，出任法国马萨林图书馆馆长的诺代提出了“图书馆不应该专为特权阶级服务”，“馆藏不应当有倾向性和排他性”，“图书馆必须向一切研究人员开放”的思想，图书馆的办馆宗旨就是“向一切愿意来馆学习的人开放”[14]。17 世纪后期，长期担任公爵图书馆馆长的莱布尼茨（1646—1716）提出了“图书馆的头等重要的任务是：想方设法让读者利用馆藏”，主张尽可能地延长开馆时间，不要给图书出借规定太多的限制，并要求馆内有取暖设备和灯光设备[15]。曾任英国不列颠博物馆馆长的帕尼齐（1797—1879），1856 年出任第六任馆长，对馆藏政策，他认为“不列颠博物馆应当收藏世界上一切语种的有用的珍贵图书，英文的藏书应当是世界第一的，俄文藏书应当在俄国境外是第一的，其他外文的收藏也应当如此”。不仅如此，帕尼齐设计的圆顶巨型阅览室建成后，读者从 1856 年的 5 万人次增加至 1888 年的 20 万人次[16]。

（3）会员制图书馆的出现

18 世纪英、美等国出现的会员制图书馆成为近代公共图书馆的雏形。富兰克林（1706—1790）在其自传的“创建图书馆”部分描述了他 1731 年在美国费城创建会员制图书馆的情景：

> 我们读书俱乐部的会员们每个人都有一些书。起初我们聚会的场所是一家啤酒店，后来我们离开了那地方，租了一间开会的房间。因此我提议大家把自己的一部分书籍拿到那间房子，这样对大家都有利，而且在我们讨论的时候参考方便，而且每个人都可以把他需要的书借回家去读。我们就这样做了，开始的时候大家都感到很满意。接着，我进一步提出了一个推广读书的建议：创立一所公共图书馆，让更多的人可从书籍当中受益。于是我起草了一个简单的计划，同时拟定了一个必要的章程。请精于此道的公证人查尔斯·布罗克登先生把这些规则改写成为一份图书订阅合同，按照合同规定，每个订阅图书的会员必须先付一笔钱，用以图书馆购买第一批书籍，以后每年支付一定的费用来添置图书。
>
> 那时候，在整个费城读书的人还非常少，我们这些人大多数很穷，以

致我东奔西跑只不过找来了50来个年轻的商人，愿意为此先付40先令，以后每人每年付10先令。我们就靠了这样小小的一笔资金起家，从国外进口书籍，图书馆每周开放一天，向会员出借书籍。如果过期不将图书归还，就会按照事先约定的条款加倍罚款。这种图书馆不久就显示出它的优越性，很快，其他的城镇和地区也开始仿效了。一时间，读书成了时髦的事情。而且图书馆因为大量的私人捐赠得以扩大。因为大众没有其他公共娱乐来转移他们对读书的兴趣，于是就和书结下了不解之缘。没过几年，从外地来的人就发现这里的民众比同一层次的其他国家的人民更有知识、更有教养。[17]

会员制图书馆的会员有三项权利：一是可以借书；二是可以要求添购自己想要看的书；三是在每年一次的会员大会上有权选举图书馆管理员。这种会员制图书馆后来也逐渐向非会员开放，成了真正的公共图书馆。费城市民曾亲切地称会员制图书馆为“我们的市图书馆”。会员制图书馆在美国发展迅速，至1870年已超过千所。与此同时，18世纪上半期的英国在商业性的租借图书馆基础上也出现了非商业性的会员图书馆，或名之为“图书俱乐部”，但限于会费的交纳，尚局限在有一定收入的知识阶层[18]。

二、世界公共图书馆的发展

1.世界图书馆发展的文化背景

对于20世纪前的欧洲地区图书馆发展历史，曾担任国际图联主席的卢克斯（Claudia Lux）曾进行了如下的总体勾勒：公元前300年的欧洲图书馆：面向天文学、植物学、语言学、动物学；6—15世纪的欧洲修道院图书馆：面向神学、哲学、文学、艺术、科学；16—19世纪的欧洲图书馆：面向人文学科、艺术和科学方向发展[19]。图书馆作为人类社会的一个普遍的文化现象，其产生和发展同宗教、社会、文化、政治、学术等都有着密切的联系。

（1）宗教与图书馆的发展

在世界图书馆的发展史上，宗教与图书馆的发展有着特别紧密的内在联系。早在公元前250年前，在中东的耶路撒冷就创办有基督教的图书馆，公元3世纪至5世纪，基督教图书馆在欧洲和北非各地迅速发展起来。到了中世纪（476—1640），宗教的作用愈益显著。修道院图书馆成为欧亚各国的普遍现象，如意大利博比奥修道院图书馆，君士坦丁堡的东正教图书馆，叙利亚大马士革、伊拉克巴格达的伊斯兰教图书馆等。此外，还有大量的教廷图书馆，如罗马的教廷图书馆等。将搜集典籍作为毕生追求的尼古拉五世帕伦图契里，曾重建了梵蒂冈图书馆，成为15世纪意大利最重要的图书馆。16世纪的宗教改革给欧洲各国的修道院图书馆及其馆藏造成了很大的损失；与此同时，宗教改革领袖马丁·路德（1483—1546）对图书馆也十分重视，他在1524年《给德意志所有城市的参议员的信》中写道："为了建立新的图书馆或图书室，不应当吝惜汗水和金钱，在那些有能力做到这一点的大城市，更是不应当吝惜。"[20] 16世纪中期，位于慕尼黑的德国巴伐利亚州立图书馆的前身皇家图书馆开始建立，随着教会的世俗化，至1803年，历史悠久的教会和修道院图书馆的大批珍藏入藏该馆，1829年易名为宫廷图书馆，以重点收藏考古、语言和历史文献为其特色。

（2）文艺复兴、印刷术的发明与图书馆的发展

文艺复兴推动了世界图书馆事业的发展。恩格斯曾对文艺复兴作了如下的评价："这是一次人类从来没有经过的最伟大的、进步的变革，是一个需要巨人而且产生了巨人——在思维能力、热情和性格方面，在多才多艺和学识渊博方面的巨人的时代。"[21] 文化的繁荣促进了文献的学习、流通和典藏，而印刷术的发明使文献的购买成为更为普遍和更为容易的事情。通过雕版或活字技术以及手工抄写可以将孤本化身千百，知识资源的数量不断增加，知识信息传播的需求也不断增强，各类图书馆特别是私人图书馆不断涌现，图书馆的馆藏日益丰富。意大利佛罗伦萨的美第奇家族图书馆以其世代传承的丰富馆藏闻名于世，而米开朗琪罗为洛伦佐·美第奇图书馆的设计更是为其锦上添花。15世纪后期，受意大利文艺复兴的影响，弗朗索瓦一世（1494—1547）于1534年在路易十一世的基础上又在巴黎南部的国王行宫——枫丹白露宫建立了一所意大利风格的皇家图书馆，人文主义者比代（1468—1540）出任了该馆馆长。弗朗索瓦一世还于1537年12月28日颁布了呈缴文献的《蒙彼利埃敕令》，在世界图书馆发展史上产生了重要的历史影响[22]。在意大利北部的切泽纳镇，至今还保存着现存唯一的文艺复兴早期的图书馆——马拉特斯塔图书馆[23]。11世纪中期，中国毕昇（约970—1051）发明了泥活字印刷术，至15世纪中期，德国人谷登堡（1400—1468）发明了铅印术。西方金属活字印刷处于摇篮时期的刊本称为"摇篮本"，现保存于世的已成珍稀善本。

（3）政治与图书馆的发展

16—18世纪，德国在普法战争之前曾分成了许多诸侯小国，在各地诸侯建立的城邦首府中都建了带有私人性质的君侯图书馆，如16世纪海德堡的帕拉丁纳图书馆以及普鲁士的阿尔勃莱希特（1490—1568）公爵在柯尼斯堡建立的君侯图

书馆。其中柯尼斯堡君侯图书馆还颇有特点地析分为二：一为专供公爵使用的宫室图书馆，一为对外开放的城堡图书馆。16 世纪下半叶出现在西班牙的“巴洛克”图书馆，以经营者多为郡主和诸侯而体现出豪华、浮夸的风格，而文献的大量增加使巴洛克图书馆开始形成依靠墙壁摆放书架的图书使用和管理方式，其代表就是 1567 年在西班牙马德里近郊建立的艾斯库略尔宫大厅图书馆。受这种大厅式图书馆建筑样式的影响，17 世纪初在意大利的米兰和罗马分别新建了安布罗西安图书馆和安吉洛图书馆。17 世纪中期在法国巴黎出现的著名的马萨林图书馆，1642 年著名学者诺代（1600—1653）出任馆长之后，提出了一些政治方面的考虑，如图书馆不应该专为特权阶级服务，馆藏不应当有倾向性和排他性，图书馆必须向一切研究人员开放，经营图书馆的目的不在于提高图书馆所有者（君主、诸侯、贵族等人）的声誉等[24]。19 世纪上半期，拿破仑征服了许多国家，他把许多图书作为战利品从荷兰、德国、奥地利、西班牙、意大利等国带回了法国巴黎，入藏法国国家图书馆，这样，法国国家图书馆成为法国最大的图书馆，并跻身全世界最大图书馆的前三名。

（4）学术进步与图书馆的发展

在欧洲，随着人文与自然科学的进步，从 15 世纪末开始，先后出现了一些专门的图书馆。如 1497 年建立的林肯学院图书馆，是英国历史最为悠久也是最大的法律图书馆；1735 年在德国汉堡成立的商业图书馆；1752 年在哥丁哈根建立的皇家园艺图书馆；1763 年在法兰克福创立的曾肯堡（Senckenberg）图书馆，成为一所医学专业的图书馆；1766 年创设于荷兰西部城市莱顿的荷兰文学社，成为欧洲最重要的文学专业图书馆[25]。

（5）博物馆与图书馆的发展

博物馆与图书馆作为不同的文化现象，两者之间你中有我、我中有你，在历史上互相联系、互相融合。1753 年经英国议会立法成立了不列颠博物院，其中分为图书馆和博物馆两部分。被誉为“图书馆员的拿破仑”的帕尼齐，于 1856 年出任不列颠博物馆第六任馆长（1866 年退职），并设计了世界闻名的圆顶巨型阅览室和铁制书库，为人们留下了卡尔·马克思在这里看书学习并写作《资本论》的佳话。1971 年由 F.S.丹顿提出白皮书，建议将图书馆从博物院分出，单独成立英国国家图书馆，这一建议当年获得英国议会批准通过，1973 年不列颠图书馆正式独立建制运行。18 世纪初，法国国家图书馆也设立了铜版画部和勋章部，在收集图书文献的同时，也承担起了一般由博物馆承担的收集珍贵文物的使命。

2.世界公共图书馆发展进程中的重要人与事

如果说19世纪中叶以前的图书馆只是公共图书馆的萌芽的话，那么19世纪后50年在英、美等国出现的图书馆，则被认为是近代意义的公共图书馆，在此基础上，全球各国的公共图书馆开始大量涌现。近代意义的公共图书馆具有三大特点：一是向所有读者免费开放；二是经费来源于地方行政机构的税收；三是设立和经营必须有法律依据。这就将公共图书馆与此前具有公共性质要素的图书馆区分开来了。

（1）公共图书馆法的制定

为了把公共图书馆的发展与运行纳入法制的轨道，美国的马萨诸塞州议会于1848年通过了在波士顿市建立公共图书馆的法案，两年后，英国议会通过了《公共图书馆法》，这些都是世界上较早的公共图书馆法规。

（2）爱德华兹与杜威

爱德华兹与杜威是近代公共图书馆发展史上做出重要贡献的人物。爱德华兹（Edward Edwards，1812—1886）是英国图书馆学家，出生于英国伦敦，曾经在不列颠博物馆图书馆印本部从事编目工作，参与了首部公共图书馆法的编制。1851年出任曼彻斯特公共图书馆的首任馆长，被誉为“英国公共图书馆之父”。爱德华兹于1869年撰写出版了《免费的市立图书馆》，提出了免费的市立公共图书馆是图书馆的最高形式，也是面向社会的重要形式。这一经典的著作及其观点，在经历了150年之后，依然让人感到深刻和亲切。

另一位对公共图书馆事业做出重要贡献的是杜威（Melvil Dewey，1851—1931），美国图书馆事业家和教育家，出生于纽约，曾经在阿默斯特学院就读，毕业后在该学院图书馆工作。杜威一生中做了多件在图书馆发展史上影响巨大的事情：一是1876年发明编制了《杜威十进分类法》（初名为《图书馆图书小册子排架及编目适用的分类法和主题索引》，1951年第15版改为现名），为全球各国图书馆广泛采用；二是与美国图书馆界同行一起在费城参加全美图书馆员大会并倡议成立了美国图书馆协会；三是创办了美国第一种图书馆学专业期刊——《图书馆杂志》；四是开办了图书馆用品公司，推动了图书馆家具设备的专门化和标准化。

（3）国际图联的建立

随着全球图书馆事业的发展，19世纪末至20世纪初，在英国、法国、美国、瑞士、德国、比利时、捷克等国家先后召开了各种规模和类型的国际图书馆员大会和图书馆大会，为国际图联的创建提供了基础和条件。1927年9月，适逢英国图书馆协会成立50周年，包括中国在内的全球15个国家的图书馆协会代表在英国爱丁堡联合倡议并签署协议，成立了国际图书馆协会联合会（International Federation of Library Associations and Institutions），简称国际图联（IFLA），成立初期称为“国际图书馆和书目委员会”（International Library and Bibliographical Committee）。1971年在荷兰海牙正式注册，总部设在荷兰国家图书馆（皇家图书馆）内。国际图联拥有来自147个国家和地区的1852个会员，并设有公共图书馆和大都市图书馆专业委员会[26]。“世界变得越来越小了，图书馆员可以为他们的读者在世界范围内搜寻信息，可以和他们的同行在全球范围内讨论图书馆工作问题。国际图书馆协会联合会，即IFLA，就是这样一种为上述工作提供支持的关系结构网络。”[27]

（4）《公共图书馆指南》

1986年，国际图联编制出版了《公共图书馆指南》，1998年，国际图联公共图书馆专业委员会决定对其进行重新修订。经过多次大会讨论和征求意见并进行修改，《公共图书馆服务发展指南》在2001年8月于美国波士顿召开的第67届国际图联大会上正式出版发行，这一修改事项也得到了联合国教科文组织的支持和参与。《公共图书馆服务发展指南》共分为六部分，即公共图书馆的作用与目标、法律与经费制度、适应用户的需求、馆藏建设、人力资源、公共图书馆的管理与宣传，另外附有国际图联和联合国教科文组织《公共图书馆宣言》、芬兰图书馆法案、图书馆用户服务承诺、加拿大安大略与西班牙巴塞罗那使用的图书馆建筑标准等[28]。

三、我国公共图书馆的发展

1.我国古代图书馆的发展

（1）先秦两汉图书馆的发展

秦朝统一中国后，秦始皇于三十四年（公元前213年）采纳丞相李斯的建议，“非秦记皆烧之。非博士官所职，天下敢有藏《诗》、《书》、百家语者，悉诣守、尉杂烧之。有敢偶语《诗》、《书》者弃市。以古非今者族。吏见知不举者与同罪。令下三十日不烧，黥为城旦。所不去者，医药卜筮种树之书”。这就是著名的“焚书坑儒”的“焚书”事件，使先秦积累的文献遭到了“皆烧之”的厄运[29]。西汉初年，开始着手建立石渠阁作国家藏书之所，典藏入关所得秦代的图籍文书。汉惠帝四年（公元前191年），“除挟书之律，儒者始以其业行于民间”。汉武帝时，“开献书之路，置写书之官，外有太常、太史、博士之藏，内有延阁、广内、秘室之府"。东汉光武中兴，"四方鸿生巨儒，负袠自远而至者，不可胜算。石室、兰台，弥以充积。又于东观及仁寿阁集新书"[30]。

（2）三国魏晋隋唐图书馆的发展

汉代纸的发明，对文献和图书馆起了重要的作用。《后汉书·蔡伦传》中记录了蔡伦造纸的史实："自古书契多编以竹简，其用缣帛者谓之为纸。缣贵而简重，并不便于人。伦乃造意，用树肤、麻头及敝布、鱼网以为纸。元兴元年奏上之，帝善其能，自是莫不从用焉，故天下咸称'蔡侯纸'。"[31]随着纸的发明，文献数量大幅增加，特别是写本文献成为公私收藏的重要文献，《晋书·左思传》中记载的"洛阳纸贵"的故事也从一个侧面反映了纸的流行和写本书的兴盛。三国魏晋时，国家的典籍"藏在秘书中外三阁"和东观[32]。南北朝时，朝代更迭，图书馆的藏书屡遭厄运，图书散乱殆尽，但其间时有整理秘阁、裨残补阙的情况。隋代统一之后，曾进行了较大规模的访书抄书活动，有的"秘阁之书限写五十副本"，使东都洛阳的观文殿、修文殿以及西京嘉则殿的藏书得以补续残缺，藏书之富，冠绝古今[33]。唐朝建立后，继续购募遗书，并大加搜写，广采天下异本，使秘书省、弘文馆、史馆、崇明馆、集贤院等四部充备。唐代发明了雕版印刷技术后，至五代，刻书数量大增，为以后图书馆的文献典藏提供了新的文献载体。

（3）宋元明清图书馆的发展

继汉代纸的发明、唐代雕版印刷术的发明之后，宋代沈括在《梦溪笔谈》中记载了泥活字印刷的发明："庆历中，有布衣毕昇又为活版"，并详细叙述了泥活字的制作印刷方法[34]。之后，元代王桢又在《农书》附录的文章《造活字印书法》中介绍了木活字印书省便之法。雕版印刷术和活字印刷术的发明形成了印本文献的时代，使图书馆的典藏发生了巨大的变革。北宋时，新建了崇文院、秘阁，另设有宫内藏书楼太清楼、龙图阁以及天章阁等。南宋的秘书省则建有规模庞大的右文殿、秘阁、道山堂、石渠等图书馆藏书处，分东廊和西廊八十多间秘阁书库。元代的皇家图书馆珍藏在承续辽代和金代以及收掠宋代藏书的基础上也有一定的发展。明代建都南京后，于洪武年间建皇家图书馆大本堂和国子监，取古今图籍充其中，而以收藏《永乐大典》闻名于世的文渊阁更是成为皇家图书馆的藏书中心。永乐年间迁都北京后，进一步购募天下遗籍，贮于文渊阁，又有皇史宬等收藏档案。清代的皇家图书馆不仅有收藏《四库全书》的北方宫廷四阁（文渊阁、文源阁、文津阁、文溯阁）和江南三阁（文汇阁、文宗阁、文澜阁），还有皇宫中专门收藏善本的天禄琳琅、宫廷刻书并藏书的武英殿等专门图书馆。明清私人图书馆也有很大发展，较著者有天一阁、汲古阁、澹生堂、绛云楼、海源阁、铁琴铜剑楼、皕宋楼等。日本学者岛田彦桢在20世纪初期写有《皕宋楼藏书源流考并购获本末》，提供了清代私人图书馆的许多情况。同时，宋元明清还有不少书院图书馆，在古代图书馆发展史上也有重要的作用。

2.我国近现代公共图书馆的萌芽与发展

（1）我国最早的公共图书馆

在西方公共图书馆发展的同时，东方中国的公共图书馆也开始出现。1849年创建的上海Book Club（上海书会，后易名上海图书馆，英文名为Shanghai Library）在进入20世纪后改英文名为Public Library，S.M.G，即工部局公共图书馆或工部局公众图书馆，对外曾用中文招牌“公众图书馆”，又有洋文书院、洋文书馆、市政厅图书馆等俗称，从名称和相对的开放度体现出其公共的性质[35]。这是“图书馆”一词在中国出现的较早的例子[36]。1872年，日本开始设立“东京书籍馆”，并宣布对公众开放，1879年，“东京书籍馆”改名“东京图书馆”。1896年9月27日的中国《时务报》在“古巴岛述略”的文章中也列举有“图书馆”的词汇，这些都是研究“图书馆”一词在近代亚洲出现的重要史料。

（2）西方人在华创办的各类图书馆

随着西方传教士来到中国并在中国沿海城市开埠，带有西方文化色彩的图书馆与中国古代的藏书楼文化开始融合，上海作为东西文化的交汇点和最早开埠的中国沿海城市，成为近代图书馆的发源地，较典型的例子是创建于1847年的上海徐家汇天主堂藏书楼，现多用徐家汇藏书楼之名。带有西方色彩的图书馆还有其他几个例子，如创办于1871年的亚洲文会北中国支会图书馆，由英国人伟力亚力（Alexander Wylie，1815—1887）受伦敦总会的委托来上海创办，成为专门的图书馆[37]。创办于1875年的格致书院藏书楼，由英国人傅兰雅（John Fryer，1839—1928）在上海创办，并向中外读者提供服务。1894年，上海圣约翰大学图书馆（后命名为罗氏藏书室或罗氏图书馆）建立，由美国圣公会传教士创办，成为中国近代较早的大学图书馆。除上海之外，武汉在近代图书馆发展史上也占有重要的位置，这是因为作为中国近代早期公共图书馆的文华公书林在此创办。1903年，美国人韦棣华（Mary Elizabeth Wood，1862—1931）在武昌昙华林文华学校筹办图书馆阅览室，1910年春，文华学校图书馆建成，命名为文华公书林，并为学校师生和校外读者服务。

（3）20世纪初期我国各类图书馆的发展

进入20世纪，中国图书馆在中西文化交融下得到了长足的发展。1902年，京师大学堂图书馆（北京大学图书馆前身）的建立成为近代大学图书馆事业发展的重要事件。1896 年至 1909 年，李端棻、罗振玉以及清政府学部等先后奏请筹建京师图书馆。1909 年，京师图书馆宣告正式成立，缪荃孙被任命为正监督，于 1912 年正式对外开放，成为当时的国家图书馆，也成为近代图书馆发展史上具有代表性的一件大事。1902 年，清政府颁布施行《学堂章程》，其中有“大学堂当附属图书馆一所”，“大学堂设图书馆经营官，以各分科大学中正教员或副教员兼任”等规定，“图书馆”一词开始出现在中国官方的文件中。1904 年，湖北省图书馆与湖南省图书馆先后建立，开了中国省级公共图书馆的先河。1909 年，清政府提出了“京师开办图书馆”和“各行省一律开办图书馆”的要求[38]，各地政府也积极响应并提出建馆奏折，公共图书馆建设在中国各地遂形成了一种风气[39]。同年，邓实等人在上海创办了国学保存会藏书楼，以供会员和会外好学之士观览，这种学会学堂的图书馆成为 19 世纪末 20 世纪初中国图书馆发展的一个特色。在上海图书馆保存的盛宣怀档案中，发现有 1910 年盛宣怀在上海斜桥盛公馆东首计划创办上海图书馆的档案，其中有上海图书馆创办人刘氏给盛宣怀的信函以及上海图书馆新馆的各类设计图，包括图书馆办事处地盘图样、图书馆办事处图样、图书馆中央正面图和侧面图等，可据以了解当时图书馆普通书楼、上等书室与书楼的布局[40]。

（4）20 世纪上半期我国公共图书馆的发展

1902 年，浙江绍兴的徐树兰以“存古创新”为宗旨，依靠个人的力量创办了古越藏书楼，被认为是中国近代较早的公共图书馆，并于 1904 年正式向社会开放。1903 年，具有公共性质的武昌文华公书林建立。从 1904 年至 1914 年的 10 年间，中国共建立了 18 个省级公共图书馆。清政府于 1909 年颁布了《京师图书馆及各省图书馆通行章程折》，提出了供专家学者研究学艺、检阅考证和供人浏览的办馆宗旨。民国年间，各类向公众开放的公共图书馆成为中国较为普遍的社会文化教育设施。在上海，1922 年上海总商会的商业图书馆、1926 年的东方图书馆、1939 年的上海私立合众图书馆等，都向公众提供了借阅服务，公共图书馆成为 20 世纪上半期图书馆发展的主流。据中华图书馆协会的统计，截至 1925 年，全国 502 所图书馆中，公共图书馆为 259 所，占 51.6%；又据 1948 年出版的《第二次中国教育年鉴》的统计，发展至抗日战争前的 1936 年，全国图书馆数量已猛增至 5196 家[41]。20 世纪 30 至 40 年代，陕甘宁边区也曾创办有一些公共图书馆，如 1937 年 5 月在延安创办的中山图书馆等。

（5）20世纪下半期和21世纪初期我国公共图书馆的发展

20世纪下半期，公共图书馆发展的一个最重要的特点就是政府主导与推动。1953年，中央人民政府文化部社会文化事业管理局下发了社管图字第343号公函，要求全国各地的公共图书馆“应以图书最迅速地、广泛地在读者中间流通的总原则，开展推广、阅览、辅导、群众工作”，并积极推广为工人、农民服务的小型阅览室[42]。1957年9月6日，国务院全体会议第57次会议批准公布了《全国图书馆协调方案》，决定在国家科学规划委员会下设图书组，并在北京、上海两个直辖市分别设立全国第一中心图书馆和第二中心图书馆；同时还决定在武汉、沈阳、南京、广州、成都、西安、兰州、天津和哈尔滨等城市分别建立9个地区性中心图书馆，开展了地区性的中心图书馆之间的分工合作[43]。1980年5月26日，中共中央书记处举行第23次会议，听取了北京图书馆馆长刘季平所作的《图书馆工作汇报提纲》。同年6月1日，中共中央办公厅秘书局发出通知，通知指出：“决定在文化部设图书馆事业管理局，管理全国图书馆事业。书记处认为：将来还可以考虑把北京图书馆搞成一个中心，建设全国性的图书（馆）网，把图书馆办成一个社会事业。”[44]1982年12月，文化部颁发了《省（自治区、市）图书馆工作条例》。1987年8月，中共中央宣传部、国家文化部、国家教委、中国科学院共同向中共中央、国务院提交了《关于改进和加强图书馆工作的报告》，当年10月正式下发。其中提出图书馆要把开发文献信息资源和最大限度地满足社会对文献信息的需求作为根本任务，并要求图书馆实行开架阅览[45]。1994年起，文化部组织开展了对全国省、地、县的公共图书馆和少年儿童图书馆的第一次评估，并于1998年、2003年、2009年进行了第二、三、四次的评估，推动了全国公共图书馆服务体系的建设和服务与管理品质的提升。1997年1月，中共中央宣传部、文化部、全国总工会、团中央、全国妇联、国家科委、国家教委等9个部委联合下发了《关于在全国组织实施“知识工程”的通知》，倡导全民读书，建设阅读社会，推动了包括公共图书馆在内的群众性读书活动。2002年4月，由文化部和财政部联合实施了全国文化信息资源共享工程，创新了以公共图书馆为主体的图书馆服务内容、管理体制和信息传递技术。至2010年，全国已建成1个国家中心，33个省级分中心（覆盖率达100%），2867个县级支中心（覆盖率达95%），22 963个乡镇基层服务点（覆盖率达67%），59.7万个村基层服务点（覆盖率达98%），累计提供服务9.6亿人次[46]。2003年3月，文化部在上海召开了“部分省市城市图书馆资源共建共享工作座谈会”，肯定了上海市自2000年12月正式启动的中心图书馆总分馆建设经验。公共图书馆总分馆建设在全国逐步推开。2004 年 12 月，国家推出了“送书下乡工程”。2005 年 12 月 23 日，中共中央和国务院发布了《关于深化文化体制改革的若干意见》，其中明确指出：“国家兴办的图书馆、博物馆、文化馆（站）、科技馆、群众艺术馆、美术馆等为群众提供公共文化服务的单位，为公益性文化事业单位”，“发展公益性文化事业单位要以政府为主导，增加投入、转换机制、增强活力、改善服务，实现和保障广大人民群众的基本文化权益”，并提出“逐步形成覆盖全社会的比较完备的公共文化服务体系”。2007 年 8 月 21 日，中共中央办公厅和国务院办公厅下发了《关于加强公共文化服务体系建设的若干意见》，内容包括实施全国文化信息资源共享工程、农家书屋建设工程等在内的公共文化服务工程。2011 年 2 月，文化部和财政部共同出台了《关于推进全国美术馆、公共图书馆、文化馆（站）免费开放工作的意见》，根据意见，全国所有公共图书馆在免费开放的同时，要使基本公共文化服务质量和水平不断提升，健全服务项目并形成服务品牌[47]。

（6）我国公共图书馆的法制进程

中国公共图书馆法的编制可追溯至 1990 年文化部主持《公共图书馆条例》起草工作，后因机构改革等原因而中断。2008 年，文化部决定正式启动《公共图书馆法》立法。先后形成了 2009 年 11 月《公共图书馆法》的“讨论稿”和 2010 年 3 月的“征求意见稿”。2008 年 4 月，国家住房和城乡建设部、国土资源部、文化部共同发布《公共图书馆建设用地指标》（建标［2008］74 号），于 2008 年 6 月 1 日起正式施行[48]。2008 年 8 月，国家住房和城乡建设部、国家发展和改革委员会、文化部共同发布《公共图书馆建设标准》（建标［2008］150 号），于 2008 年 11 月 1 日起正式施行[49]。从 1994 年开始编制的《公共图书馆评估标准》先后于 1998 年、2003 年和 2009 年进行修订，体现了与时俱进，以适应图书馆事业发展的要求[50]。《公共图书馆服务规范》则是由国家质量监督检验检疫总局和国家标准化管理委员会共同发布的标准规范，由文化部提出，主要由上海图书馆负责编制，浙江图书馆和长春图书馆参与编制，是近年来由国家层面正式颁布实施的首部公共图书馆的服务规范[51]。

“国际大都市图书馆指标体系研究”是国家社会科学重点项目（05ATQ001），自 2005 年至 2008 年先后完成了阶段性成果《世界著名城市图书馆述略》和中英文对照的最终成果《国际大都市图书馆指标体系研究》，创建了由资源条件、服务效能、服务成果、影响贡献为框架结构的指标体系，对全球有代表性的 16 个城市图书馆进行了具体介绍，并用创建的大都市指标体系对纽约、巴黎、新加坡、香港和上海的城市图书馆详细的案例数据与事实进行了分析和比较[52]。2010年，深圳市也完成了《图书馆之城建设指标体系研究》[53]。

对于20世纪公共图书馆的作用可概括为：收藏更多的科学图书；建立更多的研究型图书馆；馆藏增加；开展馆际互借；信息检索；进行用户培训。图书馆的发展导致了对资源的持续性需要，即需要：更多的预算去购买图书；更多的工作人员；更大的空间[54]。

第二节 公共图书馆的性质与特点

公共图书馆是什么？这是了解和研究公共图书馆的出发点。公共图书馆在历史上一出现，就体现出了公益性、均等性和普惠性的文化本质；同时，公共图书馆作为图书馆类型中数量最多和涉及面最广的图书馆，既具有图书馆的共同特点，也体现出与大学图书馆和专业图书馆的相异之处。

一、公共图书馆的性质

1.公共图书馆的定义

世界各国一些权威的参考工具书和学者曾先后给图书馆下了定义，如：

《大英百科全书》："图书馆是用于阅读或研究的图书收藏，或存放这种收藏的建筑或房间。"[55]

日本《广辞苑》："图书馆是搜集、整理、保管大量书籍，供需要的公众阅览和利用而提供的设施。"[56]

美国学者J.贝克在《情报学浅说》中的解释："图书馆一直是我们的主要知识宝库。它们不断收藏图书、期刊和报纸，整理这些资料供日常使用，并且提供各种服务项目，帮助人们查找资料。"[57]

我国学者黄宗忠认为："图书馆是对信息、知识的物质载体进行收集、加工、整理、积聚、存贮、选择、控制、转化和传递、提供给一定的社会读者使用的信息系统。简言之，图书馆是文献信息的存贮与传递中心。"[58]

国际图联和联合国教科文组织在《公共图书馆服务发展指南》中给公共图书馆做了如下的定义："公共图书馆是由社区，如地方、地区或国家政府，或者一些其他社区组织支持和资助的机构，它通过提供一系列资源和服务来满足人们对知识、信息和形象思维作品的需求，社区所有成员都有享受其服务的权利。"[59]

公共图书馆属于图书馆的一种类型，既具有图书馆的属性，又具有公共图书馆自身的特性；而公共图书馆在历史发展进程中既保持了其固有的特点，也同时注入了新的功能。通过回顾公共图书馆的发展历史，考察公共图书馆在当代新的发展，可以对其做如下的定义：

公共图书馆是由政府投资兴办或由社会力量支持兴办的向社会公众开放的图书馆类型，是知识资源收集、存储、加工、研究、传播和服务的公共文化空间和社会教育设施，具有公益性、均等性和普惠性的特点。

2.公共图书馆的公益性

要了解什么是公共图书馆服务，首先要了解什么是公共服务。所谓公共服务，是指能使公民（及其被监护人的未成年子女）的某种直接需求得到满足，同时在某种程度上使用了公共权力或公共资源的社会生产过程[60]。公共图书馆应当向所有公众提供免费的基本服务，以满足公众的基本文化需求。这里讲的基本服务，包括为读者免费提供多语种、多种载体文献的借阅服务和一般性的咨询服务，组织各类读者活动以及提供其他公益性服务等。公共图书馆的所有服务应当着眼于以读者为本的公益性服务，不能以营利为目的。公共图书馆的经费来源应当保障图书馆业务发展所需经费和图书馆员的工资收入。

3.公共图书馆的均等性

公共图书馆设置布局应遵循普遍均等原则，选址要考虑服务半径、服务人口等因素，在服务工作中应平等对待每一位读者并尊重和维护其隐私。

为了缩小地区公共图书馆服务能级的差异并顺应图书馆的未来发展趋势，在全球的公共图书馆中不同程度地开展了地区间资源共建共享的活动，如我国文化部于 2010 年启动了“县级数字图书馆援疆行动”，为新疆地区的所有县级公共图书馆配送电子图书、电子期刊、视频资源、政府公开信息数据、网络专题信息资源等，其目的就是构建起一个覆盖全新疆的数字图书馆服务网络。

信息技术的发展是实现公共图书馆均等化的重要技术手段。信息化改进了城乡和边远地区基层图书馆的服务方式，使发达国家及发达地区的图书馆资源能够向发展中国家和边远地区进行辐射，实现信息资源的共享。

4.公共图书馆的普惠性

公共图书馆实行惠及全民的服务政策，即向所有公民开放，城乡“所有成员都有享受其服务的权利，而不受种族、国籍、年龄、性别、宗教信仰、语言、能力、经济和就业状况或教育程度的限制”[61]。《公共图书馆服务规范》在总则中也指出：“公共图书馆的服务对象包括所有公众。应当注重培养少年儿童的阅读习惯，并努力满足残疾人、老年人、进城务工者、农村和偏远地区公众等的特殊需求。”[62] 伴随着中国城市化的进程，大量农村人口进入城市，而每年进城市务工者的数量也是十分惊人。为了体现公共图书馆的普惠性，作为移民城市的深圳市在1998年修改制定了《深圳经济特区劳务工条例》，对进城的农民工和外来工等享受同城待遇做出了一些安排，并于1997年在深圳市皇岗区图书馆建立了第一个劳务工图书馆，至2010年，不同形式的劳务工图书馆已建有近100家[63]。

二、公共图书馆的特点

1.知识积淀的宝库

公共图书馆的文化结构主要包括文献、建筑、馆员、读者和技术，而文献作为知识的载体是公共图书馆文化最基本的内容和最集中的体现。人类社会创造了图书馆的模式，其重要目的就是为了让人类的文明能够有所积淀和传承。公共图书馆是人类社会时间、空间和价值观的体现。无论是古籍善本、名人手稿，还是碑帖谱牒、书信档案，无论是丛书刊物、票据册子，还是证章钱币、照片绘画，各类文献载体将人类的历史知识信息予以保存。众多城市中的公共图书馆建筑成为城市文化的标志，如象征四本巨著的法国国家图书馆，列入世界最佳建筑设计案例的美国华盛顿州西雅图市图书馆，跻身北京新十大建筑行列的中国国家图书馆二期工程和跻身上海十大文化新建筑的上海图书馆，被誉为世界文化之窗的埃及亚历山大图书馆等，都体现出公共图书馆作为人类知识积淀的象征和文化传承的符号，成为人类为之仰望的知识宝库和圣殿。历史上的图书馆，曾是一个人们发现新思想和历史真相的地方。作为典型例证的是达·芬奇的收藏。达·芬奇死于1579年，他的手稿于1637年捐赠到米兰的Ambrosiana图书馆，1796年拿破仑将手稿转移到巴黎，此后，该收藏“消失”了170多年，直到1966年在马德里国家图书馆重新发现。图书馆在保存达·芬奇的收藏中扮演了一个重要的角色[64]。

2.公共文化的空间

公共图书馆是公民的一种生活方式，体现了人们的一种价值观、社会道德、公共意识、生活情趣和精神寄托。公共图书馆是平等免费的社会公共共享空间，是一处给人以心灵寄托的精神家园和幽雅宁静的公共绿洲。公共图书馆在城市化的进程中，给原城市市民与新城市市民提供逐渐融合的缓冲区域。公共图书馆给寂寞孤独者以慰藉，给贫穷无助者以鼓励，给公共文化服务以基本保障，给信息公开和公民诉求铺设社会通道。

公共图书馆是一个文化共享的社会公共空间，与私人空间相对应，它向社会各阶层的公众开放并提供服务，包括公共图书馆所属的物理空间和网络空间。与街道、广场、公园、运动场、文化活动中心等一样，公共图书馆作为公共文化共享空间，属国有资产，属全民所有。一些团体或私人出资兴办并提供公众服务的公共图书馆，则可归属于半公共空间，如上海近年来在市中心的社区街道中有书吧和书坊形式的微型公共图书馆，有的采用会员制服务方式，就是属于这种类型。

人们在生活工作中，一般有两个必然的选择，即住所与工作单位，有人也称之为两点一线，即从家里的居所出发，经过自助方式或公共交通到达工作机构上班，下班再由工作机构返回住所。除了这两个空间选择之外，有人将公共图书馆作为公众的第三选择，也形象地称之为“第二起居室”。这第三种选择，体现的是公共图书馆的普适性。如同教堂曾经在中世纪成为人们祈祷、集会、聊天、商洽生意或者互通消息的公共场所，公共图书馆一经出现，便成为人们学习、休闲、体验、约会、交流的公共空间。

公共图书馆也是政府与公民之间的信息桥梁。2008 年 5 月 1 日开始实施的《中华人民共和国政府信息公开条例》规定了各级公共图书馆是政府公开信息的查阅场所，这样，公共图书馆成为政府信息公开体系中的重要组成部分，公共图书馆也借此为广大市民与政府信息之间构建了信息共享的便捷通道。

3.没有围墙的学校

公共图书馆被誉为没有围墙的学校，是社会教育体系的重要组成部分，是公众进行终身教育的城市教室。在公共图书馆，公众可以看书、读报、上网，听讲座、看展览、欣赏音乐、参加各类读者推广活动，还可以自愿加入图书馆志愿者或社会监督员行列。通过遍布城乡的公共图书馆服务点和网上的数字和虚拟服务，创造了人人皆学、处处可学、时时能学的社会环境。公共图书馆把个人读书与社会读书结合了起来，把个人书房与社会大书房结合了起来，把个人网上空间与互联网结合了起来，把个人的自由阅读与图书馆引领学习的推荐导读结合了起来。

公共图书馆为广大公众提供了一个巨大的学习空间。公共图书馆是一个智力开发的场所，体现出面向未来、激扬智慧的价值理念。公共图书馆作为面向公众的知识门户，为广大读者提供知识的导航。古代的图书馆曾被视为“治愈灵魂之地”（Healing Place of the Soul），如根据希腊历史学家赫卡泰奥斯所描述的，Osymandyas（拉美西斯二世）墓穴群中的神圣图书馆上的铭文就具有此等功效[65]。

4.文化信息的中心

公共图书馆体现了文化的积淀、文化的传播、文化的教育、文化的展示、文化的交流、文化的研究、文化的创新、文化的共享与服务。公共图书馆的文化属性包括社会性、教育性和民族性。公共图书馆作为地区的信息中心是文献流、信息流、知识流、人才流、思想流的汇聚地，也是集图书馆、博物馆、美术馆、科技馆、档案馆和文化馆（群文馆）为一体的文化活动中心。公共图书馆像是一台多重触控器，它的触角几乎可以与社会的方方面面发生各种联系和互动，在跨界中进行创新的协作，在拓展中进行互联的共享。

第三节　公共图书馆的职能

公共图书馆的职能即作为社会机构及社会制度的图书馆，其作用是什么？其存在的目的是什么？本节将根据公共图书馆的性质与特征及其面临的新发展环境论述其职能。

一、信息保存及传承职能

公共图书馆系统收集人类知识记录，而且要根据技术和社会发展需要建立起跨地区跨系统的资源保障体系，对它们进行收藏、整理、加工等，以便提供服务和利用。公共图书馆的文献信息保障功能自古即有，如人类历史上最早的图书馆就是对国家政治、宗教、社会生活中产生的文书进行保存的机构。随后，图书馆保存对象和保存手段都在不断更新：从最初的龟甲兽骨、纸草泥版，到近代的印刷型图书，再到现代的磁盘、光盘、磁带、缩微胶片等等；从最初的藏书楼藏书到利用信息技术将馆藏数字化、电子化，再到网络信息资源的开放获取。图书馆持续对文献资源进行系统收集、整理、开发、利用，使人类知识得以继承和交流。《公共图书馆宣言》中指出，“各年龄群体的图书馆用户必须能够找到与其需求相关的资料。公共图书馆必须藏有并提供包括各种合适的载体和现代技术以及传统的书刊资料。重要的是馆藏和图书馆服务是否具有高质量，是否确实满足地方需求、适合地方条件。馆藏资料必须反映当前趋势和社会发展过程，以及记载人类活动和想象的历史”，图书馆要“加强文化遗产意识”，要“支持口述传统文化的保存和传播”。

二、社会教育职能

《公共图书馆宣言》指出，“公共图书馆是开展教育、传播文化和提供信息的有力工具，也是在人民的思想中树立和平观念和丰富人民大众的精神生活的重要工具”，这表明教育职能是公共图书馆职能之一。在我国历来的有关图书馆职能的描述中，开发智力资源，进行社会教育，都是图书馆的主要职能之一。图书馆的智力开发包括：培养社会民众的阅读兴趣，养成并强化儿童早期的阅读习惯；激发儿童和青年的想象力和创造力；启发民众的智力，培养民众进行科学思维和创新的能力。教育功能是图书馆的一个古老功能。人类历史上早期的图书馆通常都是王宫和寺院的附属品，它和学校一起坐落于王室成员和神职人员的生活区内。特权阶层往往请来有名的学者做他们下一代的教师，同时兼任图书馆的管理员。这些学者利用图书馆的文献进行学术活动，同时把图书馆积累的知识传授给学生。现代图书馆职业也一直把大众教育确定为自己的使命，认为图书馆应该是全体社会成员的教师[66]。在我国，公共图书馆的社会教育职能主要体现为：是弘扬和宣传民族文化、爱国主义思想等精神文明的思想建设基地；是提高国民素质、普及科学文化知识、培养终身学习习惯的扫盲、自学教育、继续教育基地；是加强各类学习技能、信息获取能力等的培训基地；是提供充足的学习空间和学习资料，支持远程教育的学习中心；是支持正规教育、启蒙教育、阅读辅导、自学成长的文化导航和传播中心。也就是说，公共图书馆不仅对接受正规教育的所有年龄段的学生提供学习支持，辅助他们完成正规教育计划，还对社会公众的持续阅读和教育需求进行关注满足，鼓励自主学习，提供学习空间和相关资料。

三、情报传递职能

图书馆不仅是社会信息的保管机构，还是一个信息交流与传播的机构。图书馆的中介性决定情报传递是其重要职能之一。情报传递是指有针对性地向用户提供他们所需要的情报，以及为实现情报传递而对文献进行深层揭示和分析研究。早在 19 世纪末，很多现代意义的图书馆就已经开始从事一定程度的情报传递服务，但图书馆职业作为整体直到二战之后才将情报传递明确为本职业的社会使命[67]。情报传递服务通常是提供原始文献或咨询服务，为社会政治经济文化需求以及科研发展等提供资料参考，也可以通过整合信息、自主开发信息等多种信息提供方式，为政府机构、企事业单位提供参考决策，为学者课题研究提供支持，为承担社会课题研究提供代检课题服务。随着计算机技术的迅速发展，图书馆职业所进行的知识传递越来越多地表现为情报传递而非文献传递，即使考虑到非技术因素（如用户的阅读习惯、文献实体本身的文化价值），也很少有人否认，信息技术的发展，特别是数字图书馆的出现，已经使图书馆职业的情报传递能力空前提高[68]。公共图书馆不仅可能针对特定问题提供参考资料、具体知识、信息或直接答案，还包括政府信息、商业/企业信息、工作信息、关于社区情况的信息（如社区服务、设施和活动）、与日常工作/学习/生活问题相关的信息，甚至是消费信息[69]。《公共图书馆宣言》也指出：公共图书馆应为地方企业、社团群体提供充足的信息服务。

四、促进阅读职能

保障民众的阅读权利，促进阅读兴趣的培养和提高，是现代图书馆职业不可推卸的职能之一。秉承现代图书馆职业理念（即追求理性与知识，尊重知识的平等获取，保障知识的最大利用），图书馆的阅读常被视为具有独立意义的文化活动而加以倡导。在各种不同的图书馆思想观念中，推动阅读是共同的目标，如“促进阅读就是促进社会的文明、理性、秩序，图书馆职业的神圣职责之一就是要让尽可能多的读者阅读最多最好的书”；“思想的自由交流是民主社会的基础，促进阅读也就促进了思想的交流。图书馆员的使命是要向最多的读者提供最广泛的阅读选择”；“图书是有用的东西，促进阅读是最大限度地发挥图书功用性的途径。图书馆员要走街串巷地宣传图书馆的图书”[70]。据研究，阅读年龄可以早在婴儿2个月时，而与仅6个月的婴儿一起阅读，有助于儿童早期的语言和识字能力的发展，也有利于丰富婴儿的情感，并且因为亲子阅读而使父母得以与孩子共度一段美好的时光[71]。现在，“分级阅读”已成为一种世界性的阅读趋势，即根据不同年龄段提供不同的阅读资料。《公共图书馆宣言》在阐述公共图书馆使命时，同样明确指出：养成并强化儿童早期的阅读习惯。

五、休闲娱乐职能

吴慰慈曾指出：“现代图书馆不仅向读者提供舒适的阅读环境，而且还向社会提供文化活动的场所，几乎每一个新建的图书馆都把文化活动设施看成是图书馆建筑的一个重要组成部分，努力把图书馆建成设备先进、设施一流的文化活动场所，可以向公众提供学术会议、大型会、报告会和研讨会、音乐会、电影放映、文艺演出、仪式和庆典、文化旅游、游乐场等服务。”[72]公共图书馆除了能为民众提供丰富的文化资源外，还包括宽敞、整洁、温馨的馆舍，舒适的阅览室、桌椅、台灯等设施，有的甚至还开设咖啡厅、亲子间等供民众放松心情、交流娱乐。国际图联与联合国教科文组织于2002年联合发布的《公共图书馆服务发展指南》指出，公共图书馆应当通过组织活动和利用资源来鼓励各个年龄段的人发展文化艺术才能。图书馆也是个人和团体正式或非正式聚会的重要社会中心，尤其是在无法提供聚会场所的社区显得特别重要。从国外的实践来看，美国波士顿剑桥图书馆通过一系列丰富多彩的活动和项目，成为社区培训中心、社区交流社交中心、社区服务中心、社区艺术展览中心、社区信息中心，成功地实现了该馆致力于成为社区的公共文化空间的目标[73]。

公共图书馆在发展过程中，其主要职能的具体作用形式也在不断地发生变化，如文化职能的发挥，从最早的保存发展到服务与利用；教育职能的发挥，也是从提供阅读场所、资料发展到参考咨询、远程辅导等。当前的新环境更为复杂，表现为数字鸿沟日趋加剧，商业信息服务机构日益挑战公益服务，图书馆的社会形象和公信力下降（如图书馆学教育不如20世纪80年代受欢迎，图书馆偏离职业理念所产生的系列负面影响等），尤其是近年来我国公共文化服务体系的构建，对新时期的图书馆职业构成一定的冲击。图书馆如何向相关利益者阐述其存在理由，如何向社会公众展示其社会价值，如何面向职业打造其核心价值观，这些都将需要理论界和实践界同仁的长期共同努力。

第四节　公共图书馆的类型与形态

公共图书馆可以按照不同的逻辑出发点来进行分类，按照纵向的行政区域可以分为国家图书馆（兼具公共图书馆的性质）、省（市）级图书馆、地级图书馆、区县图书馆、街道乡镇图书馆以及社区（村）图书室等；按照服务对象和服务内容可以分为研究型图书馆、大众型图书馆、城市图书馆、农村图书馆、主题图书馆、面向特殊人群的图书馆如少年儿童图书馆以及盲人图书馆等；按照城乡中心图书馆体系，又可以分为中心图书馆总馆和中心图书馆分馆以及基层服务点；按照借助的特殊工具以及文献信息传递的方式、载体和技术，又可以分为汽车图书馆、骆驼图书馆、手机图书馆、数字图书馆、网络图书馆等。下面分述几种主要公共图书馆类型。

一、研究型图书馆

研究型图书馆指为专业读者提供研究性服务的公共图书馆。研究型图书馆以研究型的馆藏文献和专业的图书馆员作为服务的基础。国家图书馆是研究型图书馆的重要类型，省（市）级公共图书馆和主题图书馆也具有研究的功能。其中国家图书馆是一个国家的总书库和版本库，也是一个国家的参考咨询中心、书目中心和图书馆事业的指导中心。国家图书馆是出版物呈缴本的主要接受机构。世界上有的国家并不将国家图书馆列入公共图书馆的范畴，如苏格兰国家图书馆一般不向公众开放，专业读者需要持有在其他研究型图书馆未能满足查阅的证明才予以接待；中国国家图书馆将服务对象延伸至广大公众包括少年儿童读者，兼具了公共图书馆的服务性质。省（市）级公共图书馆作为区域或城市的中心图书馆和文献中心，其重要的服务对象为专业读者。如德国的州立公共图书馆系统中，设在柏林的普鲁士文化遗产州立图书馆和设在慕尼黑的巴伐利亚州立图书馆，分别以音乐文献和历史文献为其馆藏特色，为专业读者提供研究性的服务。研究型图书馆还积极为政府决策咨询服务，如中国国家图书馆、上海图书馆每年主动上门为全国“两会”和上海市“两会”服务，推出为政府决策咨询服务的知识专题服务产品，承接国家级的研究课题等。中国国家图书馆设立有图书馆研究院，上海图书馆设立有图书馆学情报学研究所和历史文献研究所，深圳图书馆设立有公共图书馆研究院，苏州图书馆设立有东南文献研究所，这些都体现了公共图书馆的研究特色。

《东方早报》2010 年 7 月 3 日公布了对全球 87 位教授、学者和作家的调查，其中从来不去或基本不去图书馆的有 41 位，经常去图书馆或偶尔去图书馆的有 46 位，其中常去图书馆的 20 位基本为大学教授和学者，说明在从事学术研究过程中，许多研究学者还是需要利用研究型图书馆收藏的历史文献或特色文献的，毕竟个人收藏有限；但作家就不同了，他们可以通过网上收集知识信息，图书馆就很少去了[74]。这些读者需求和图书馆利用的新变化对研究型图书馆而言是一个新的挑战。

二、大众型图书馆

大众型图书馆指为各类公众提供综合性普通服务的公共图书馆，这是公共图书馆类型中数量最多、最贴近读者的图书馆类型。大众型图书馆以普通文献的采访和大众化的知识信息服务为基础。地县级图书馆、街镇图书馆、社区图书馆和农家书屋等一般归为大众型图书馆。大众型图书馆与研究型图书馆互有交叉，如大众型图书馆可以是独立建制的，也可以在国家图书馆或省（市）级公共图书馆的服务空间中划分普通性服务区和研究性服务区，以满足大众群体和研究群体读者的不同需求；而有的地、县级大众型图书馆中也会根据读者需求辟出专业性的主题服务区，如地方文献或历史文献阅览室等。

三、少年儿童图书馆

少年儿童图书馆又称儿童图书馆，是为少年儿童提供服务的公共图书馆。一般分为国家级、省市级和区县级以及隶属于一般公共图书馆的少年儿童服务专区，其中少年儿童阅览服务专区应与成人阅览区分开，宜设置单独出入口，或设立室外少年儿童活动场地。如 1914 年成立的京师通俗图书馆中就辟有儿童阅览室，1917 年在天津创办了中国较早的儿童图书馆，湖南省长沙市和广东省深圳市分别有湖南省少年儿童图书馆和深圳市少年儿童图书馆，澳大利亚布里斯班社区图书馆、香港中央图书馆、上海市黄浦区图书馆辟有专门区域作为少年儿童服务专区。莫斯科有俄罗斯国家少年儿童图书馆并形成了全俄罗斯的儿童图书馆服务网络。中国国家图书馆少儿馆于 2010 年 5 月开馆，位于国家图书馆总馆北区东侧，由中文图书区、文献阅览区、展示区、主题活动区与数字共享空间五个区域组成，面积约 650 平方米，内设阅览座位 120 余个，提供约 2.2 万册文献供少年儿童读者阅览，同时还开设了少儿数字图书馆服务。至 2009 年底，我国共有独立建制的少年儿童图书馆 91 家[75]。在少年儿童服务中，可以结合各图书馆的实际，按照少年儿童的年龄再进一步细分为婴幼儿服务区、小学生服务区和中学生服务区。在这些服务区中，还可以结合一些成人的图书馆服务，以鼓励和方便成人与少年儿童一起到图书馆读书学习。尽早培育并强化儿童的阅读习惯是公共图书馆的责任。少年儿童阅读可以通过个人、同伴、小组、群体共读或亲子阅读等多种方式进行。认知神经科学认为，儿童阅读素养提高是一个循序渐进的过程。阅读是指从页面抽取视觉资料和理解篇章意义的过程，阅读过程包括视觉、注意、记忆、正字法规则识别、听觉、语音、语义、提取以及理解等加工过程的参与，如果儿童能掌握其中的关键认知技能，很早就能被激动人心的知识和形象思维作品所振奋的话，那么他们将会在知识获取中促进自己在情感、意志等方面的综合素质的提高，并从这些人生发展的基本要素中终身受益，不仅可以丰富自己的生活，也会增加对社会的贡献。少年儿童阅读习惯的养成，也会鼓励和带动父母和其他成年人使用图书馆。

四、主题图书馆

主题图书馆是通过特定领域（某一领域或数领域）的专藏和服务来满足人们专类知识和信息需求的图书馆。主题图书馆兼具综合型图书馆和研究型图书馆的性质。主题图书馆的服务方式可以是多样的，如主题文献阅览、主题多媒体知识资源制作与服务、主题文献提供、主题文献展览、主题信息沙龙、主题学术讲座、主题网络咨询、主题学术交流等。

主题图书馆与专门图书馆在概念与实践上同中有异。首先，主题图书馆的对应英文是 Special Library，与之相对应的中文可译成专门图书馆或专业图书馆。《中国大百科全书·图书馆学情报学档案学》卷中有“专门图书馆”的条目，其解释为：“收集和组织专门领域（某一领域或数领域）的文献，主要为特定读者服务的图书馆。一般按其从属机构的类别分为机关图书馆（包括立法机关和政府机关）、研究机构图书馆、公司企业图书馆、事业单位图书馆、军事单位图书馆、大众传播图书馆、群众团体图书馆、医院图书馆、宗教图书馆等。”[76]主题图书馆的本质特征在于“特定文献的专藏”，这些特定文献的专藏可以在国家图书馆内，也可以在其他公共图书馆内；可以在大学图书馆内，也可以在专业图书馆内。主题图书馆的逻辑出发点在专藏，而不在于按机构性质区分的图书馆类型。其次，主题图书馆的服务对象可以是专业的读者，也可以是一般的读者。以家谱图书馆为例，读者既有来自研究院所的研究人员和大学的教授和研究生，也有来自社会各方面的公众，他们的目的是要获取与族谱有关的专类知识和信息。第三，主题图书馆所收集和组织的专藏及其服务是特定领域的，如生命科学、影视、服装等就是某一专业的；而报刊、手稿、家谱则是某一文献类别的；至于非物质文化遗产、儒家经典文献、黑人文化研究等，是围绕某一主题的；还可以是某几个主题合在一起的，如近代市政、工业，舞蹈、音乐、戏剧、电影等。主题图书馆与专门图书馆相比较，更具有专指性、直观性和灵活性。主题图书馆与特色阅览室也有所不同。主题图书馆的形态，可以是独立建制的图书馆，如美国的总统图书馆，上海的历史文献图书馆；也可以是总分馆体系的分馆，如美国纽约市公共图书馆中的黑人文化研究图书馆，新加坡城市图书馆中的艾斯普尔艺术图书馆（Esplanade Library）；还可以是较大型图书馆中的特色阅览服务区（以相当规模的专藏为基础），如上海图书馆中的家谱阅览室（以全球家谱文献最为丰富的收藏为基础）。这种主题图书馆的规划建制，往往因地而异，因城而异，因馆而异[77]。

五、盲人图书馆

残疾人一般分为盲人、聋哑人、肢残人、智障人和综合性残疾人，盲人图书馆是较为普遍设立的公共图书馆类型，往往在图书馆中设立专门的服务区。以盲人图书馆为例，一般备有盲文出版物，唱片、录音带等有声资料，以及供盲人专用的计算机等。公共图书馆要求设置无障碍设施的专用标识，包括盲道、残疾人电梯、残疾人洗手间等。为方便盲人等残疾读者利用图书馆，许多公共图书馆普遍开展了电话预约送书上门的图书馆借阅服务以及志愿者服务。中国盲文图书馆（中国视障文化资讯服务中心）2011 年 6 月 28 日在北京建成开馆，总建筑面积 2.8 万平方米，内设文献典藏区、盲人阅览区、展览展示区、教育培训区、科技研发及文化研究区、全国盲人邮寄借阅服务区等，收集整理了 5 万多册盲文书和大字本图书，计划藏书 25 万册和磁带光盘 66 万张，为 1600 多万盲人提供平等共享公共文化服务。全国各地公共图书馆也开展了形式多样的盲人读者服务，如上海图书馆从 2002 年起与邮局系统合作开展了为盲人读者送书上门服务以及盲人读者听电影的服务。

六、中心图书馆总分馆

中心图书馆一般是在城市或城市群中布局，也有是在城乡一体化的形态中布局。如香港的中心图书馆就是在高度城市化的香港地区布点，而浙江嘉兴市的总分馆体系，则在城乡统筹的一体化形态中布点。在城市的公共图书馆服务体系中，世界各国都建立了总分馆制，成为国际大都市图书馆发展的普遍规律。从城市图书馆顶层设计的层面可以分为以下几种类型：一是城市中心图书馆总馆，二是处于市级层面的综合性图书馆，三是处于市级层面的少年儿童图书馆和专业图书馆，四是在国家首都城市中的国家图书馆和市图书馆或在省会城市中的省图书馆和市图书馆等。从城市图书馆中层设计的层面对图书馆进行分析，可以分为区域图书馆、城区分馆、专业和主题分馆等。从城市图书馆的底层对图书馆进行分析，可以分为街镇图书馆分馆并进一步细分为社区图书馆分馆等。

中心图书馆的总馆作为一个图书馆服务体系的核心和枢纽，在服务规范、采访编目、网上咨询、人员培训、技术保障、物流配送、合作交流、宣传推广、文化建设等方面承担着主导、引领、倡导和辅导的作用。中心图书馆的总分馆服务体系体现出图书馆管理和服务“在共建中共享，在共享中共建”的整合、集群、协同、互动和发展的理念，体现出图书馆文献资源、设施资源和人力资源效益的最大化和最优化的管理效益。

进入 21 世纪以来，中国普遍开展了中心图书馆建设，各城市和地区普遍建立了中心图书馆的总分馆服务管理体系，在政府主导、多级投入、集中分层管理、资源共享的原则下，建立了普遍均等的公共图书馆服务体系，因地制宜地开展了形式多样的总分馆服务。有的城市和地区逐步建立起统一的机构标识、统一的业务规范、方便就近的通借通还“一卡通”以及泛在便捷的文献分拣传递物流系统，如上海市在2010年底实现了对市、区县和街镇236家图书馆一卡通的全覆盖，并从2011年6月1日积极推进全市的少年儿童图书馆一卡通，提升了公共图书馆的整体形象和服务能级。

七、汽车图书馆

汽车图书馆是指公共图书馆通过汽车，将流动服务向社区和村镇延伸，定期为读者提供巡回流动服务，也称流动图书馆。如中国广东省为解决经济欠发达地区基层公众图书馆服务的问题，于2003年11月在新兴县建立了第一个流动图书馆分馆，至2011年初，流动图书馆已覆盖了全省东西部和北部的68个市、县（区），初步形成了由省图书馆主办，各市县成员馆共建共享的流动图书馆群[78]。汽车图书馆是世界各国普遍采用的图书馆服务形式，在挪威奥斯陆市，有设施先进的大型汽车图书馆，读者除了可以在车内借阅图书外，还可以在车内欣赏音乐，进行车内外读者间的虚拟互动。香港的汽车图书馆成为公共图书馆体系中的重要组成部分，在74个图书馆中有流动的汽车图书馆10个[79]。

八、手机图书馆

手机图书馆是指公共图书馆以手机为信息载体向读者提供各类图书馆服务，也是电信网、互联网、广电网三网融合呈现出的公共图书馆服务新技术。2004年，上海图书馆较早以手机图书馆的理念推出了相应的公共图书馆系列服务，如手机读者讲座预订、手机书目检索、手机信息咨询、手机借阅图书归还日期提醒、手机无线数字阅读等。中国国家图书馆的“掌上国图”成为手机图书馆服务的典型例子。中国手机用户至2010年底已达到8亿[80]。伴随着手机上网用户呈几何级的增长，广大读者基于移动互联网的无线阅读的需求将进一步提升，手机图书馆将成为未来公共图书馆的重要服务载体与服务形态。

除了以上各类图书馆外，在非洲大陆还有骆驼图书馆。地处广袤的沙漠地带的肯尼亚东北省，就有为居无定所的沙漠村落中的牧民家庭服务的骆驼图书馆，这种行走在沙漠中的图书馆建立于1996年，有若干头骆驼、牵骆人、图书馆管理员和数千册图书，有借阅制度、固定的停靠点以及每两周的定期巡游。2007年，美国女记者汉密尔顿出版了一本以“骆驼图书馆”为原型创作的小说，还与人合作创办了名为“骆驼图书驱动力”的网站。汉密尔顿认为：“这里的孩子也有远大的梦想，我们不希望这些梦想破灭。但如果不接受教育，他们怎么可能成为医生、教师？我们所能做得最好的事，就是给他们多些、再多些。”[81]

参考文献

[1]马克思，恩格斯.马克思恩格斯选集(第4卷).北京:人民出版社,1972

[2]陈燮君.大英博物馆藏古埃及艺术珍品.上海:上海画报出版社,1999

[3,5]许慎.说文解字.北京:中华书局,1963

[4]颜之推.颜氏家训·勉学.上海:上海古籍出版社,1980

[6]《中国古籍善本书目》编辑委员会.中国古籍善本书目.上海:上海古籍出版社,1986

[7,8,13-16,18,20,23-25]杨威理.西方图书馆史.北京:商务印书馆,1988

[9,76]《中国大百科全书》总编辑委员会.中国大百科全书·图书馆学情报学档案学卷.北京:中国大百科全书出版社,1993

[10,22,79]王世伟.世界著名图书馆述略.上海:上海科学技术文献出版社,2006

[11]杨天宇.周礼译注.上海:上海古籍出版社,2004

[12] Ismais Serageldin. Bibliotheca Alexandrina: the Rebirth of the Library of Alexandria. Alexandria, Egypt: Bibliotheca Alexandrina, 2002

[17]本杰明·富兰克林;剑东译.自传.北京:海潮出版社,2004

[19,54,64-65]卢克斯.世界范围内的图书馆:发展与挑战.图书情报知识,2009(3):5-6

[21]恩格斯.自然辩证法//马克思恩格斯选集(第3卷).北京:人民出版社,1972

[26-27]丘东江等.国际图联(IFLA)与中国图书馆事业(上).北京:华艺出版社,2002

[28,59,61]国际图联/联合国教科文组织.公共图书馆服务发展指南(中文版).上海:上海科学技术文献出版社,2001

[29]司马迁.史记(第1册秦始皇本纪).北京:中华书局,1982

[30,32]魏徵等.隋书(第4册经籍志).北京:中华书局,1982

[31]范晔.后汉书(第9册蔡伦传).北京:中华书局,1965

[33]刘昫等.旧唐书(第6册经籍志).北京:中华书局,1975

[34]沈括.元刊梦溪笔谈(第18卷).北京:文物出版社,1975

[35-36]胡道静.上海图书馆史.上海:上海通志馆,1935

[37]上海图书馆事业志编纂委员会.上海图书馆事业志.上海:上海社会科学院出版社,1996

[38]陈学恂.中国近代教育史教学参考资料(上册).北京:人民出版社,1986

[39]谢灼华.中国图书和图书馆史.武汉:武汉大学出版社,2005

[40]上海图书馆.1910年盛宣怀所办上海图书馆(明信片).上海:上海科学技术文献出版社

[41]教育部教育年鉴编纂委员会.第二次中国教育年鉴.上海:商务印书馆,1948

[42]苏州图书馆史编委会.苏州图书馆编年纪事.苏州:苏州大学出版社,2004

[43-45]陈源蒸等.中国图书馆百年纪事(1840—2000).北京:北京图书馆出版社,2004

[46]谌强.文化民生的美好画卷——我国公共文化服务体系建设成就喜人.光明日报,2011-09-25(1)

[47]杨雪梅.美术馆公共图书馆文化馆(站)将全面免费开放.人民日报,2011-02-11(02)

[48]中国城市规划设计院.公共图书馆建设用地指标.北京:中国计划出版社,2008

[49]中国图书馆学会.公共图书馆建设标准(建标 108—2008).北京:中国计划出版社,2008

[50]公共图书馆研究院.中国公共图书馆发展蓝皮书(2010).深圳:海天出版社,2010

[51,62]《公共图书馆服务规范》编制小组.关于《公共图书馆服务规范》编制的若干问题.中国图书馆学报,2011(3):25-37

[52]王世伟.国际大都市图书馆指标体系研究.上海:上海科学技术文献出版社,2009

[53]《图书馆之城建设指标体系研究》课题组.图书馆之城建设指标体系研究.北京:国家图书馆出版社,2010

[55]Encyclopadia Britannica.Encyclopadia Britannica Online Library Edition.Encyclopadia Britannica.[2011-07-15].http://library.ebonline.com/eb/article-9106477

[56]新村出.广辞苑.上海:上海外语教育出版社,2005

[57]J.贝克;刘昭东译.情报学浅说.北京:科学出版社,1979

[58]黄宗忠.图书馆学导论.武汉:武汉大学出版社,1988

[60]赵黎青.什么是公共服务.学习时报,2004-11-22

[63]梁瑛.深圳劳务工图书馆超百家.深圳商报,2009-12-06(A7)

[66-68,70]于良芝.图书馆学导论.北京:科学出版社,2003

[69]于良芝.公共图书馆存在的理由:来自图书馆使命的注解.图书与情报,2007(1):1-9

[71]李超平.公共图书馆的阅读促进活动:重点目标人群与实施策略.公共图书馆,2009(3):16-21

[72]吴慰慈,董焱.图书馆学概论(修订本).北京:北京图书馆出版社,2002

[73]柯平等.公共图书馆的文化功能——在社会公共文化服务体系中的作用.上海:上海交通大学出版社,2010

[74]今天还去书店买书、去图书馆借书吗?东方早报,2011-07-03(专版 1-3)

[75]李晓明.少儿图书馆此梦何时圆.人民日报,2010-11-16(20)

[77]王世伟.主题图书馆述略.山东图书馆学刊,2009(4):36-38

[78]彭杰.广东流动图书馆可持续发展思考.江西图书馆学刊,2011(5):10

[80]李瑞英.手机用户破八亿 移动媒体成主角.光明日报,2011-07-13(10)

[81]沙漠中的“骆驼图书馆”.参考消息,2011-06-24(6)

第二章　公共图书馆制度

追寻公共图书馆的发展进程可以发现，公共图书馆自诞生之日起便以服务民众、促进教育为旨趣。在不断普及图书馆职业理念和逐步完善图书馆职业理论体系过程中，图书馆作为一种制度设置的认识也得到深化，明确提出图书馆是国家为了保障公民平等地获取知识和信息的基本文化权利而选择的一种制度安排[1]。在这种制度安排下，图书馆须履行其应有的使命与职责，立足职业本身，面向民众和社会的未来提供信息资源服务，并与一切违背其服务宗旨与理念的行为斗争到底。本章将在分析图书馆制度内容及意义基础上，探究《公共图书馆宣言》的发展历程，阐发其基本理念、基本价值、精神、权利与责任等，进而回顾并探索确保图书馆健康发展的法规政策和标准规范等问题。

第一节　公共图书馆制度的设立

公共图书馆作为满足信息公平自由无偿获取的保障组织，不仅是一种社会机构，更是一种社会制度。这种制度的形成需经两个阶段的沉淀：一是社会对信息知识的组织、整理、利用等信息行为的一种认可，二是以制度或法律形式把这种信息行为规范化、固定化。图书馆创立之初所遵循的公共财政资助、服务民众的基本原则，体现了图书馆是一种公共物品并具有公共服务的责任和义务。因此，图书馆制度就像现代教育制度一样重要，它代表的是一种调节社会知识或信息分配，以实现社会知识和信息保障的制度。公共图书馆制度能够保障社会成员获取信息机会的平等，保障公民求知的自由和权利，从而从知识、信息的角度维护了社会的公正[2]。

一、公共图书馆制度的概念

所谓制度，就是规范人或组织的行为的规则，包括正式规则和非正式规则。制度分为正式制度与非正式制度。前者包括政治规则、经济规则及产权契约；后者包括价值信念、伦理规范、道德观念、习俗习惯、意识形态等。制度具有两种基本功能：激励功能和约束功能。激励功能主要表现为国家的政策、法规以及社会的道德伦理对人们某些行为的鼓励、支持、倡导、保护、奖励等；约束功能主要表现为法律、道德、习惯等规则对人们行为的约束。

那么，什么是图书馆制度呢？实际上，图书馆制度并非全新术语，早在 1921 年，刘国钧就提出“图书馆是一种制度”；20 世纪 90 年代，黄纯元真正从社会意义上看待图书馆制度问题；而进行系统研究的当属蒋永福，他在《现代公共图书馆制度研究》一书中，对公共图书馆制度进行了精彩解析。所谓图书馆制度，是指国家及其政府为了保障公民的知识权利而选择的一种制度安排。它是人类社会中诸多“自生自发秩序”之一。从本原上说，图书馆制度是社会的文化制度安排之一；而从功能上说，图书馆制度还是维护民主政治和维护社会和谐的重要制度安排之一。

二、公共图书馆制度的内容

公共图书馆制度的内容包括两个层次：一是社会制度安排意义上的图书馆制度，二是职业规范意义上的图书馆制度[3]。

1.社会制度安排意义上的图书馆制度

首先，图书馆制度是人类社会发展到一定阶段的产物。这个阶段经过了两个过程：一是“文献逐渐成为记录人类经验的主要体外载体”的形成过程；二是“将文献加以集中存贮、管理和利用活动逐渐成为人类社会的共同经验和普遍规则”这一长期过程。通过把共同经验进行固定化、建制化，自然催生了图书馆制度。

其次，图书馆制度是社会文化制度的重要组成部分。图书馆制度的宗旨在于为人们正常获取知识和信息、进行自我教育、进行科学研究或其他文化活动提供制度性保障，是为维护人们的文化权益而确立的文化制度安排之一。

再次，图书馆制度是民主政治制度的重要设施之一。从图书馆发展历史可见，人们对图书馆形成的共识是：为公民提供图书馆服务，是保证公民信息灵通的重要途径；公民利用图书馆进行自我教育从而提高“建设性参与”的能力，是民主政治建设的需要[4]。《公共图书馆宣言》更是直言：公共图书馆是现代民主政治的产物。

最后，图书馆制度是维护社会和谐的重要制度安排之一。以制度的形式确立图书馆的地位及作用，就是明确图书馆在秉承平等、自由、免费精神的基础上，对内营造温馨宜人的服务环境，对外延伸无差别的服务理念，关爱弱势群体，避免社会排斥，体现人文关怀，以大包容的胸怀缔造和谐温暖的图书馆天堂。

2.职业规范意义上的图书馆制度

首先，正如制度有正式与非正式之分，公共图书馆制度也可相应地分为正式图书馆制度与非正式图书馆制度。正式的图书馆制度包括国家和政府层面的图书馆法律、法规和行政规章，以及其他公开执行且具有强制执行效力的组织规则（如组织章程、建设标准、议事规则、奖惩制度等）。正式的图书馆制度一般具有强制性、成文性、公开性等特征。非正式的图书馆制度一般被认为是属于狭义的文化层面的图书馆制度，涉及图书馆精神、图书馆理念、图书馆伦理、图书馆道德等图书馆价值观问题。图书馆价值观是影响图书馆自身定位和发展的内在要素，是由多个原则、标准和信念构成的，主要有从业人员的个人价值观、图书馆职业所处的社会和文化价值观、图书馆上级主管部门的价值观、相关利益群体（如用户、出版商、图书馆代理商、图书馆设备提供商等）的价值观。非正式的图书馆制度具有自律性和非强制性特征[5]。

其次，从横向的图书馆类型结构看，图书馆制度可分为公共图书馆制度、高等学校图书馆制度、专业图书馆制度、学校图书馆制度等。

再次，从纵向的层次结构看，图书馆制度包括三个层面的内容：宏观、中观、微观。宏观层面表现为国家及其各级政府的图书馆制度安排，如国家图书馆的设立及其管理制度、各级政府设立公共图书馆及其管理制度等；中观层面表现为图书馆行业制度的有关规则，如一国相关部门或图书馆行业组织制定的组织章程、建设标准、操作规范等正式制度，以及图书馆行业组织发布的图书馆服务宣言、图书馆员伦理准则等非正式制度；微观层面表现为各实体图书馆自己制定的管理与服务规则（包括正式规则和非正式规则）。这三个层面也可以简单地称为国家及其政府层面、行业层面、机构层面[6]。

三、公共图书馆制度的意义

公共图书馆制度的意义，可以简要地概括为两个方面：保障意义和规范意义[7]。

1.保障意义

公共图书馆的正常运营和有序服务，都需要具备相应的文献资源、设施设备资源、人力资源、财力资源等作为基本保障。而这些必需资源图书馆本身无法生产即无法自我供给，而必须依靠设置主体及建设主体的供给，而且这种供给必须是常规性的、制度性的。公共图书馆的公益性质决定了其公共利益的实现及其财政需求应以立法形式加以确定，只有建立健全图书馆制度，才能保障图书馆职业的核心价值的正常实现，才能保障图书馆提供覆盖全社会的、普遍均等的服务，才能保障公民利用图书馆来获取知识和信息的基本文化权利。

2.规范意义

制度的规范意义，是指制度为人的行为指明规则或范型，以此来减少或降低人们做出行动决策的思虑成本，进而能够协调集体行动，减少或降低人际协调的“摩擦成本”（交易成本）。图书馆制度的规范对象主要有四类行为：①政府的行为。如促使政府及其公务员依法办事，否则要受到问责处罚。②图书馆及其工作人员的行为。如图书馆及其工作人员必须按照既定的制度规范做出行为，否则应受到问责处罚。③图书馆利用者的行为。④其他相关社会组织或个人的行为。

第二节 《公共图书馆宣言》

既然公共图书馆是一种社会制度安排，那么不管从制度本身或者是从职业机构而言，公共图书馆都需要一份用于规范自身行为以及指引参与社会事务的指南，既能明确职业自身的理念、职能、使命等，又能拥有职业永恒的精神魅力鼓舞事业持续发展。《公共图书馆宣言》的诞生及其基本内容要旨都集中反映这些要求，其所宣传的公共图书馆精神与价值、权利与责任等问题，表达了世界图书馆领域为保护人类文明及促进社会进步孜孜追求的共同心声。《公共图书馆宣言》是公共图书馆发展进程中一份不可或缺的重要文件，不仅是一份国际图书馆界的原则声明，更是一份指引行业自律和发展的行动纲领。

一、发展历程

《公共图书馆宣言》自颁布之日起已经历了 3 个版本。（1）《公共图书馆宣言》（1949），是联合国教科文组织（UNESCO）为适应战后各国图书馆建设需要而编制，旨在阐述以下基本理念：公共图书馆是传播教育、文化和信息的一支有生力量，是促使人们寻求和平和精神幸福的基本资源。图书馆应保障公众自由地、不受限制地获取知识和信息。（2）1972 年，联合国教科文组织发表了《公共图书馆宣言》（1972），该宣言声明联合国教科文组织对公共图书馆的信念：公共图书馆是教育、文化与资讯的活力，也是孕育和平及增进人际及国际相互谅解的重要单位。指出公共图书馆是教育、文化与资讯的民主机构。（3）1994 年 11 月 29 日，在巴黎召开的联合国教科文组织综合信息计划（PGI）委员会议又通过了

《公共图书馆宣言》新版本，该版本由国际图联公共图书馆专业委员会主持修订，全面而简要地阐述了公共图书馆的职能及基本运行保障，充分肯定了图书馆作为传播教育、文化和信息的主要力量，是促使人们寻求和平与精神幸福的主要机构。目前该宣言已被译成20多种语言，并成为对公共图书馆发展极有影响的文件（见附录1）。

在《公共图书馆宣言》（1949）颁布前后，各国也都相继颁布过体现图书馆人文精神及图书馆权利的各项政策法规，如美国图书馆协会首次发布《图书馆权利宣言》（1939年）之后至今可见的近10个国家的近20份“图书馆权利规范”，美国图书馆协会首次公布《图书馆员伦理条例》（1929）以后至今可见的30多个国家的“图书馆员伦理规范”，以及近年来国际图联发布的《关于图书馆与知识自由的声明》《关于WTO对图书馆影响的声明》《国际图联因特网声明》等重要文件，都在不断强化和深化着对图书馆社会功能新的解释：“图书馆是信息和思想的论坛”；“为具有作为基本人权之一的认知自由权的国民提供资料和设施，是图书馆最重要的职责”；“图书馆的责任，是保障和方便人们获取知识和一切信息的活动”；“维护获取知识的自由是全世界图书馆和信息服务机构的主要职责”。表述虽然不同，体现的观念却高度一致。中国图书馆界对这些观念的了解和传播为时不长，真正自觉地以这样的观念指导图书馆实践还需相当的过程和艰苦的努力[8]。

二、基本理念

《公共图书馆宣言》的基本理念渗透在其主要内容中。1994年版的《公共图书馆宣言》全文共分六个部分。第一部分开宗明义，从人权出发阐述人类具有平等获取知识、思想、文化和信息的自由，而公共图书馆正是实现这些自由的公共机构，联合国教科文组织鼓励各国政府支持并积极参与公共图书馆的发展。第二部分阐述公共图书馆的基本服务原则，即为所有人提供无偿、平等、自由服务，图书馆馆藏应满足所有大众需求、应丰富全面而且保持更新，图书馆收藏和服务应保持中立态度。第三部分阐述公共图书馆的使命，主要包括以下几个方面：培养阅读和创新力的使命；教育使命；保护、展示和传播文化的使命；保障信息服务的使命；培养信息技能的使命；扫盲使命。第四部分阐述图书馆的运营由政府财政支持，全国性的图书馆网络应基于同一服务标准建设，图书馆的网络设计应符合各级各类图书馆需求。第五部分阐述公共图书馆运作与管理的原则，如清晰的政策、合作伙伴、软硬件设施（如环境、技术、人员）、充足的开放时间、适当的馆外延伸服务等。第六部分则是对贯彻和落实该宣言的一个希冀和要求：我们要求国家及各地的决策者和全球图书馆工作者实施本宣言的各项基本原则。

《公共图书馆宣言》是由联合国教科文组织和国际图联共同制订的有关图书馆功能和发展的纲领性文件。它从社会和制度层面定位了图书馆，把图书馆视为保障人类教育、文化和信息获取的必要机构，是人类自由发展的福祉所在；图书馆授之于政府，服务于社会民众，公共、公开、共享是其核心精神之所聚。宣言中有关图书馆无差别服务和无偿服务的宗旨，极大地鼓舞并带动世界各地维护信息公平及扶助弱势群体的行动；宣言的核心内容体现着经典的“图书馆学五原则”：如为个人和社会群体的终身教育、自由决策和文化发展提供基本条件，促使人们寻求和平与精神幸福，可传承文化——书是为了用的；丰富馆藏，平等服务，无审查制度——每个读者有其书，每本书有其读者；加强馆舍、技术、人员、网络、服务等的完善——节省读者的时间；图书馆立法和战略计划等需基于同一服务标准进行建设，馆藏发展应顺应社会发展需求——图书馆是一个生长着的有机体。《公共图书馆宣言》阐明了公共图书馆是社会民主政治的产物，公共图书馆通过以同等条件、免费地为全体社会成员提供信息服务，使社会成员获得民主信念及参与社会管理所需的知识。正是基于此，半个多世纪以来，《公共图书馆宣言》已经成为很多国家公共图书馆确立存在理由、明确努力方向的重要依据。

三、精神与价值

公共图书馆精神是图书馆的灵魂和支柱，这股无形的力量给图书馆这个躯干不断输送养分，使得图书馆之树能够蓬勃长青。从职业层面讲，公共图书馆精神与图书馆职业理念、图书馆价值是一脉相承的，早在新图书馆运动时期，老一辈图书馆学人就将图书馆精神这个名词，用于强调以公共图书馆理念为核心的现代图书馆理念[9]，尤其是近年来通过图书馆职业思想的“扫盲”[10]，业界对公共图书馆精神有了更深入的研究。从社会层面讲，公共图书馆精神是社会制度意义上的公共图书馆精神。刘国钧对美国公共图书馆精神进行归纳时认为：“美国公共图书馆之精神，一言以蔽之，曰：公共图书馆者，公共教育制度中之一部也。”[11]蒋永福更明确提出，公共图书馆是国家为了保障公民平等地获取知识和信息的基本文化权利而选择的一种制度安排[12]。《公共图书馆宣言》的主旨内容也充分体现与诠释了“自由、繁荣以及社会与个人的发展是人类根本价值的体现”，并充分强调“自由、平等、免费”是公共图书馆的服务理念，这是公共图书馆精神内涵以及核心价值的统一认识。

1.公共图书馆精神

所谓精神，是指人的意识、思维活动和一般心理状态。图书馆精神是图书馆人共同信奉的原则和信念，并贯穿于图书馆思想政治工作、业务工作、管理工作及社会服务的全过程，其所反映的主导意识，不仅可以渗透延伸到行为和观念的深层结构之中，而且借助这些行为和观念的辐射，深化至图书馆各项工作。换句话说，公共图书馆精神是指公共图书馆得以存在的思想基础或价值取向[13]。事实上，图书馆精神并不是一个严格的学术意义上的概念。图书馆精神是图书馆人对图书馆事业的人文理想——保障民众获取知识与信息的公平的权利——的一种认同[14]，公共图书馆精神实质是保障社会成员获取信息机会的平等，从信息知识角度维护社会公正[15]，可以集中概括为六个字——公共、公开、共享[16]。从全球的图书馆发展进程来看，公共图书馆的精神可以归纳为：对理性及知识的崇尚，对获取知识的平等权利的尊重，对知识资源最大利用的追求[17]。

世界公共图书馆精神发展至今经历了以下几个阶段[18]：（1）19 世纪中叶的平民化的理想。这一时期的图书馆精神体现着公共图书馆理论奠基人爱德华兹的平民服务理念，认为公共图书馆是由国家法律建立的，受地方税收与自愿捐赠支持的，为社会所有公众免费开放的图书馆。（2）19 世纪末 20 世纪初的“人民的大学”理念。19 世纪后期，公共图书馆适应社会需要逐步转向民众实现自我教育的基地，成为“人民的大学”，发挥着社会教育的职能。（3）20 世纪中叶的“民主社会保障”的理念。公共图书馆在发展，其地位和作用得到了社会的较广泛认可，一些代表图书馆基本服务理念的重要文件相继发布，如美国图书馆协会发布的《民主文化的武器库》（1947）、谢拉的《公共图书馆基础》（1949）、加库的《公共图书馆与政治作用》（1949），以及联合国发布的《世界人权宣言》（1948）和联合国教科文组织颁布的《公共图书馆宣言》（1949）等。尤其是《公共图书馆宣言》的发布是图书馆事业史上最重要的事件之一，是图书馆事业在世界范围内发展成为一种社会事业的标志[19]，因为图书馆界首次向世界宣告，公共图书馆是现代民主政治的产物，是一种民享民有的民主化机构与制度，对社区所有成员实行自由、平等乃至无差别服务。

中国的图书馆精神发展缓慢，自明末清初西方传教士就已经开始向中国介绍西方近代图书馆及其理念，但是因为西学当时不受欢迎而未引起国人的注意。1902 年，徐树兰建立古越藏书楼并对外开放，拉开了中国古代藏书楼向现代图书馆发展的序幕，也由此有了中国图书馆公共精神的萌芽。晚清时期，中国的近代图书馆进程更进一步，但仍存在明显的时代缺陷，如对图书馆的公共性有所保留和限制，未实行无区别的公共服务，采取阅览券的收费服务方式等。民国时期具有西方近代图书馆特征的“新式图书馆”成批建成，“新图书馆运动”对于宣传、普及图书馆知识和图书馆公共理念，培养图书馆人才等起到了重要的作用。如刘国钧先生发表的《近代图书馆之性质及功用》一文，指出近代图书馆的特征包括公立、自由阅读、自由进入书库、社会化、平民化等[20]。1978年后，图书馆界开始继续关注图书馆对社会开放的问题，但对图书馆公共理念的专门论述很少。20世纪末，由图书馆市场化问题引起的“图书馆精神”大讨论再一次把焦点引向图书馆的开放、平等问题。世纪之交，图书馆界的关注范围更为全面，包括图书馆的公共性质、图书馆公平服务的原则、公众信息自由权利、图书馆人文关怀、无差别服务、图书馆公共资源配置等问题。2004年，图书馆界以“百年图书馆精神”为主题，纪念中国近代图书馆发展百年，这一活动把图书馆公共精神研究推向了高潮。2008年10月，中国图书馆学会正式发布了《图书馆服务宣言》，它浓缩了中国图书馆人长期以来对图书馆公共精神的不懈努力与追求，是中国图书馆人正式接受现代图书馆理念的一个标志性事件，是中国图书馆公共精神走向成熟的标志[21]。

2.公共图书馆价值

在世界范围内，图书馆职业价值观的演化遭遇了三次大的冲突[22]。第一次大冲突是20世纪20年代至30年代个人自由主义价值观对理想主义价值观的挑战。个人自由主义主张个人权利和自由个性，强调尊重读者自由选择图书的权力，强调图书馆员在意识形态领域的中立性和客观性，反对图书馆员根据自己的判断标准推荐图书，更反对任何形式的图书审查。这场冲突激化于20世纪60年代两大阵营关于图书馆职业与社会问题关系的争论（即“社会责任”之争）。第二次大冲突是技术功利主义对理想主义、个人自由主义，甚至人文功利主义的挑战。这一冲突构成了“图书馆服务范式”和“信息范式”之争的焦点。第三次大冲突是新自由主义的市场价值观对公共财富价值观的挑战。有关“有偿”与“无偿”的大辩论是这场冲突的集中体现。

在我国，对图书馆价值观的讨论和重新认识是进入21世纪后才得以深入的。经历百年图书馆精神的宣传和洗礼，图书馆职业版图的重构，以及现代图书馆思想启蒙的“扫盲”工作范围的拓宽，图书馆理论界和实践界试图通过对图书馆核心价值理念的认识，澄清人们思想观念上的模糊性，进而弥补市场经济给图书馆带来精神缺失和价值分化。如李国新认为21世纪新图书馆运动需要解决的事业发展的理论支撑问题，是建立和普及与现代政治文明相适应的、体现职业价值和职业社会责任的图书馆权利观念。具体说，就是建立图书馆的根本任务是保障公众的知识和信息获得权、接受权、利用权实现的职业价值观念[23]。王晓军认为公共图书馆制度的核心价值包括保障公民文化权利、提高社会效率和维护公平正义、维护公共利益[24]。黄俊贵认为研究“图书馆核心价值”必须首先树立明确的图书馆价值观，必须认识到图书馆的核心价值在于实现公共知识服务效益[25]。

台湾学者王梅玲和刘济慈通过考察，把图书馆核心价值总结为“教育与终身学习、提供资讯取用、追求专业与卓越、提供服务、推动阅读、多元化资源与服务、文化保存、尊重资讯伦理、追求公共福祉、社会责任、促进智识自由、促进民主”[26]。Rubin 认为“价值”和信念、原则相关，图书馆核心价值应包含下列七项：服务、阅读和图书的重要性、尊重与追求真理、包容、公共利益、公平、美学[27]。黄德建对国内外相关研究进行对比后认为，国外图书馆核心价值主要表现在知识自由、平等获取、保护用户隐私、职业中立等方面；我国图书馆核心价值的主要内容是:收集、保存文献信息资源，传递、“活化”文献信息和转移知识，服务读者和社会，保障公民对信息知识的自由、平等获取，坚持社会公益性原则，以社会效益为最大价值取向[28]。尽管表述各异，但还是可以看出一些共同的主要内容，如颜丽玉将其总结为：保存人类知识信息、传播知识、知识自由、公平存取、服务社会、社会教育与学习[29]。王政对国内外图书馆核心价值研究文本进行了语词频次分析，选出了前 6 个具有共性的普世性图书馆核心价值：普遍服务、平等获取、社会教育、知识自由、保存、隐私保护[30]。

四、权利与责任

在制度框架下，图书馆精神与价值都是图书馆的行为准则，是被全世界图书馆统一认可的柔性的图书馆行为规范，其落实除了加强行业自律外，还需要有相应的法制保障，并能够通过自身行动做出相应的责任承担。紧随精神、道德、价值等概念之后，图书馆权利讨论在 2005 年成为热点，图书馆的职能认识以及图书馆社会责任之争在 2010 年再掀新高潮。

1.图书馆权利

图书馆权利研究在国外起步较早，其概念最早源于美国（《图书馆权利法案》的颁布）。在日本，图书馆权利被称为图书馆自由，认为所谓的图书馆权利实质上就是图书馆的自由权利。1954 年，日本图书馆协会正式发布了第一份《图书馆自由宣言》，主要内容为：图书馆具有收集资料的自由；图书馆具有提供资料的自由；图书馆为利用者保守秘密；图书馆反对一切检查。

中文的“图书馆权利”一词源自对美国图书馆协会《图书馆权利法案》英文名称“Library Bill of Rights”的翻译，大约于 1980 年开始在中国出现。2004 年，我国大陆第一次将“图书馆权利”的主要内容列入全国图书馆学专业统编教材《信息资源共享》，其后程焕文教授正式提出“图书馆权利”这个术语，“图书馆权利”一词开始在我国图书馆界广泛传播和流行[31]。2004 年的中国图书馆学会年会征文中，以分主题的形式对“图书馆权利”进行了注释：“平等利用图书馆的权利，自由利用图书馆的权利，免费图书馆服务，弱势群体图书馆服务。”2005 年可谓中国图书馆界的“图书馆权利”年，有关图书馆权利术语的正宗性、图书馆权利范围及内容等成为讨论的焦点。程焕文是这一讨论的发起者以及推动者，认为图书馆权利不仅集中体现了现代图书馆事业的核心理念、核心价值观以及图书馆精神的最高境界，而且是中国图书馆事业可持续发展的必要保障之一[32]。

当前的图书馆权利研究共涉及三大类内容：第一类是民众权利论，指“公民依法享有的平等、自由和合理利用图书馆的权利”[33]。第二类是图书馆员权利，指“图书馆员职业集团为完成自身所承担的社会职责所必须拥有的自由空间和职务权利”[34]。第三类是公民与图书馆权利论，认为“图书馆权利包括以下两种权利：社会意义的图书馆权利，即公民接受图书馆服务的权利；图书馆人的职业权利，即图书馆人维护图书馆科学有效地运作的权利”[35]。

民众权利论或社会意义的图书馆权利，都认可图书馆是民主制度的产物，图书馆是社会公共信息中心，图书馆的存在保证了公民的自由获取信息的权利。它不同于读者权利，也不同于图书馆员权利，而是一个特定的概念，是指图书馆承担自己社会义务和责任的权利，是一种社会权利；它同时也是图书馆履行自己职业信念的权利，其侧重于全体人民平等和自由地获得信息和知识的社会保障机制，这种社会的制度选择在法理层面就体现为图书馆权利。相对于读者权利，图书馆权利更加侧重于制度保障。图书馆员的权利同样不等同于图书馆权利，其侧重于图书馆员有权遵循图书馆的职业价值观为读者提供图书馆服务，它更加强调服务的权利，而不是强调一种制度[36]。而读者权利的实质则是公民的信息自由权，目前对于图书馆读者权利的内容基本上达成共识的有：文献资源和设备利用权；平等权；时空权；知情权；咨询权；监督权；培训权；隐私权；诉讼权；参与权；受尊重权；安全保障权[37]。

2.图书馆责任

责任是因职责范围所应尽的义务。只有在价值理念和道德规范非常清晰的情况下，只有把这些价值理念转化为职业实践并为之建立职业引领框架时，责任行为才可能顺势产生。图书馆责任在其职业确立之初便已充分明晰：图书馆是开放性及公益性组织，是出于保障社会文化知识、保障民众文化权益而设立的公共组织。图书馆的具体应尽职责全面地写进了《公共图书馆宣言》，并在实施过程中通过图书馆精神、图书馆价值、图书馆使命、图书馆权利等形式加以强化。图书馆的职能陈述是其责任的一大表现（详见第一章），已然明了。但图书馆的社会责任又将如何呢？究竟是图书馆的分内之责还是分外之责？图书馆该不该承担社会责任？如果该，又将如何去实践？

2010年的中国图书馆学会年会，首次把“图书馆社会责任”作为分主题进行公开讨论。对比国外早在20世纪60年代就进行的同议题之争，我们的讨论似乎来得太迟了。但这是基于国内外不同的职业成长背景这一客观事实基础的，是职业觉醒走向某一阶段的必然要求，它反映了图书馆人在强化自身力量的同时积极要求参与社会事务推动社会发展的意愿。可以说是图书馆职业面对社会问题所持立场和态度上的思想争鸣，是在不断深化对职业哲学和价值观认识的基础上产生的对社会影响力的诉求，是面向未来打造核心竞争力以及彰显社会价值的积极行动[38]。图书馆的社会责任应该视为图书馆分外的责任[39]，关注的是“图书馆与社会”的话题，而不能与“图书馆社会职能”之类描述图书馆自身行为的研究混为一谈[40]，应该以更广阔的视野超越图书馆本职服务的狭隘来概括我国社会责任的内容，比如未成年人上网的问题、环境问题、消除信息鸿沟和数字鸿沟的问题、慈善行动等[41]，既包括图书馆对自身行为的社会效果的责任（例如，以信息自由的名义拒绝对儿童接触的网上信息进行审查，由此产生的后果就是图书馆不得不考虑的社会责任），也包括图书馆通过自己的活动积极影响社会问题的责任（例如通过平等服务影响性别和种族歧视的责任）[42]。履行社会责任更能使图书馆利用各项社会服务活动，来增加图书馆的使用率，提高图书馆的曝光度，进而激发社会资助图书馆的意愿[43]。

近年来中国遭遇数次大灾大难，中国图书馆界在职业意识驱动下所做的种种活动，为图书馆社会责任的实践提供了生动的例子。如在汶川地震爆发后，程焕文、史超等人联合召集，全球范围超过400余名图书馆人志愿者共同发起了一项民间抗震救灾慈善项目——“图书馆家园：援助图书馆计划”，旨在长期援助汶川大地震受灾的图书馆人，以重建民众的精神家园——图书馆[44]。中国图书馆学会积极发布《中国图书馆学会抗震救灾、重建家园倡议书》，成立抗震救灾领导小组，向文化部递交灾后重建建议，与中国地震学会等合办《地球灾害防治科普展》，组织“赈灾重建”专题报告，举办专题展览等[45]。各地及灾区图书馆也积极参与抗震救灾活动，捐款捐物，建立了“爱心阅览室”“帐篷阅览室”“街头阅览点”“广场阅览点”“灾民安置点阅览室”等。中国“图书馆界发出的勇于承担社会责任的声音引起社会和公众的关注，充分展示的社会责任使得图书馆的形象焕然一新，不仅凝聚了全国图书馆员的热情，更得到社会的高度赞誉”[46]。

第三节　公共图书馆法律法规与政策

公共图书馆是社会信息服务体系的重要组成部分，公共图书馆事业的健康发展，需要强有力的法律法规作保障。公共图书馆法律法规是规范和保证公共图书馆事业顺利发展的重要工具，是国家加强对公共图书馆事业进行宏观管理和调控的有力武器。

公共图书馆政策，是国家或各级政府部门根据需要而制定的有关发展与管理公共图书馆事业的方针、原则和方法，是在一定的历史时期内，为了实现一定的事业发展目标或解决某些实际问题而规定的一系列行动准则或规范。

公共图书馆法律法规和公共图书馆政策既有区别又有联系。公共图书馆法律法规是公共图书馆政策的最高体现，具有一般图书馆政策等所不能及的特殊效用，这从两者的制定机构、内容和效力三方面的区别中可以看出。公共图书馆法是由全国人大及其常委会等国家最高立法机关依据一定的法律程序制定的，而公共图书馆政策可由各系统或各地区图书馆主管部门根据自己的需要而自行制定。

公共图书馆法作为一种法律，具有明显的强制性，是全国各类型图书馆必须遵照执行的纲领性准则，违者必纠，而公共图书馆政策则不具有这样的法律效力，执行时各公共图书馆可以有所不同，也可以有所变通。

一、公共图书馆法律法规

1.公共图书馆法

公共图书馆法律法规是一个体系，包括所有与公共图书馆有关的法律、法规和条例，既有全国性的，也有地方性的，其中，公共图书馆法尤为重要。

公共图书馆法是由国家立法机关制定的有关公共图书馆事业和公共图书馆活动的专门法律，它是建立与管理公共图书馆、制定公共图书馆行政法规和规章制度的总依据，同时也是调节国家与公共图书馆之间、公共图书馆与其他组织之间以及公共图书馆与读者之间的各种关系的法律规范，是国家领导、组织和发展公共图书馆事业的重要手段，具有强制性、规范性、概括性、稳定性等特点。

公共图书馆法的制定、颁布和实施在国外已经有很长的历史，而我国却还没有制定颁布公共图书馆法。多年来，我国图书馆工作者一直为制定公共图书馆法、建立公共图书馆法律法规体系奔走呼吁，学者们也发表了大量论文探讨公共图书馆法律法规的有关问题，这些活动对推动我国公共图书馆法律法规的建设发挥了重要的作用。

2.国外公共图书馆法的历史发展

公共图书馆法是近代公共图书馆事业发展的产物。1848 年美国马萨诸塞州议会通过的关于在波士顿市建立公共图书馆的法案是世界上第一部地方公共图书馆法。1849 年新罕布什尔州也通过了公共图书馆法，到 1877 年有 20 个州制定了有关图书馆法，目前美国各州均有公共图书馆法。

19 世纪中期，欧洲一些国家为了促进图书馆的公共化，保证图书馆经费的固定来源，加强图书馆管理，开始制定和颁布图书馆法。1850 年英国议会通过《公共图书馆法》，规定每一万人的地区设一所图书馆，地方政府应对本地区的成人和儿童提供图书馆服务，经费从房地产税中提取，这是世界第一部全国性公共图书馆法，后相继于 1851 年、1892 年、1893 年、1908 年、1919 年对其补充和修订，进一步从法律上保证了公共图书馆事业的发展，英国的公共图书馆法强调为公民免费提供图书馆服务[47]。

1890 年日本公布“小学校令”，第一次在政府文书中使用了“图书馆”一词取代“书籍馆”。到明治三十二年，日本以天皇“敕令”的形式发布了《图书馆令》，这被认为是日本最早的图书馆专门法令。1948 年日本颁布了《国立国会图书馆法》，1950 年又颁布了《图书馆法》，这是日本现代图书馆法律体系建设的开端[48]。

捷克斯洛伐克于 1918 年建国伊始，就注重图书馆的建设，并于 1919 年颁布了第一部图书馆法。澳大利亚 1960 年颁布了较为完善的图书馆法。韩国于 1963 年正式颁布首部《图书馆法》。目前，世界上已有 80 多个国家出台了 250 多部图书馆法律法规，大大促进了国际图书馆事业的发展。

二、我国公共图书馆法

1.历史发展与理论研究

国内公共图书馆法的历史发展可以追溯到清朝末年，清宣统二年（1910 年）颁布的《京师图书馆及各省图书馆通行章程》是以国家名义颁布的我国第一部公共图书馆法，1915 年北洋政府教育部颁布了《图书馆规程》和《通俗图书馆规程》，1940 年南京国民政府颁布了《国立中央图书馆组织条例》[49]。

自 20 世纪 80 年代开始，上海、北京、深圳、湖北等十几个省、市都纷纷出台了地方性的图书馆管理条例和规章，这在一定程度上解决了经费不足、管理体制陈旧、业务队伍缺乏等制约图书馆发展的重要问题，但由于内容比较笼统，当前公共图书馆发展中急需解决的一些重要问题并没有得到彻底解决。90 年代初期由文化部牵头，在文化部法制局成立了图书馆立法小组，试图草拟《公共图书馆法》和《图书馆法》，可惜都没有结果。

关于我国图书馆立法问题的理论研究，可以追溯到改革开放之初。当时，有识之士李克西率先提出要用法律来保护我国图书馆事业的连续性和稳定性，确保图书馆事业的经费来源，保证全国图书馆网络化规划的实现，建议由全国图书馆学会向全国人大提出制定“图书馆事业法”[50]。这一观点立刻在图书情报界产生共鸣，1981 年便出现了由图书馆学者草拟的《中国图书馆法》建议草案，其后，围绕图书馆法的讨论文章见仁见智。随着 1999 年宪法修正案提出了“依法治国”的方略，在图书情报界又一次掀起了制定《图书馆法》的热潮[51]。据统计，从 80 年代至今，图书情报专业刊物上共有 400 多篇文章论述这方面的问题，这有力地推动了我国《图书馆法》的制定进程。

2.立法情况

我国于 1982 年由文化部颁布《省（自治区、市）图书馆工作条例》，1990 年文化部开始启动《公共图书馆条例》的起草工作，并征求了图书馆界和有关部委的意见，形成草案后还在部内进行了审议，后由于机构改革等原因而中断。

2001 年启动、2004 年中断的《图书馆法》制定工作，是我国新时期图书馆立法的最初尝试。此后，在国家的立法和事业发展规划中，研究制定“图书馆法”的任务并没有消失。2004 年中宣部印发《关于制定我国文化立法十年规划（2004—2013）的建议》，将图书馆法列入前五年的立法规划[52]。

2006 年 9 月发布的《国家“十一五”时期文化发展规划纲要》，将“抓紧研究制定图书馆法”列为“十一五”文化立法的任务之一。2008 年 10 月，十一届全国人大常委会立法规划公布，“图书馆法”被列为“第二类项目”，即“研究起草、条件成熟时安排审议的法律草案”[53]。

2008年11月，文化部召开《公共图书馆法》立法工作会议，明确了根据全国人大常委会立法规划的图书馆法从制定《公共图书馆法》做起。以此为标志，我国的图书馆立法工作又进入到再次启动并加快进程的阶段。这次会议还决定，由中国图书馆学会和国家图书馆牵头，协调和组织全国的力量，首先对《公共图书馆法》将要涉及的基本问题和重要制度展开支撑研究，为法律的框架体系设计和条文起草提供思想、理论、学术、方案等方面支撑。

2009年1月，在北京举行的中国图书馆学会2009年新年峰会上，“如何才能积极推进《公共图书馆法》立法工作”成为大会唯一的议题。与会代表普遍认为，文化部此次决定启动《公共图书馆法》立法工作，是一个适合我国图书馆发展现状的决定，即先立一部仅适用于公共图书馆的小法是符合中国国情的，同时也有利于加快图书馆法的立法进程[54]。

2010年4月，经过一年多的努力，中国图书馆学会各专题小组在形成研究成果的基础上，提出了法律条文，文化部在这些法律条文基础上，形成了《公共图书馆法》初稿，目前正广泛征求意见。

3.立法的必要性

改革开放30年来，我国公共图书馆资金投入、服务质量、管理水平和现代科学技术应用等方面都取得了较大进展，但在整体上较世界先进水平仍有一定的差距。1953年联合国教科文组织在第一届发展中国家公共图书馆研究班的总结报告中指出，只有立法才能授权地方当局提供图书馆服务，并按国家标准保证足够的资助及有效的管理。由于没有《公共图书馆法》的规定，我国公共图书馆资金投入严重不足，现行的图书馆财政制度基本上是由各级政府列计划进行财政拨款，由于没有法律的约束，常常出现因人而异、因时而异、因事而异的情况，导致公共图书馆投入的政策性波动，所以和发达国家相比，我国公共图书馆发展和建设严重滞后。

据《发达国家图书馆概览》的资料，美国有16 421家公共图书馆，约2000多人拥有一家公共图书馆；英国有5183家公共图书馆，约1万人拥有一家公共图书馆；法国约2.2万人拥有一家公共图图书馆；意大利约2.6万人拥有一家公共图书馆；德国约6600人拥有一家公共图书馆；芬兰约5000人拥有一家公共图书馆；奥地利和挪威均约4000人拥有一家公共图书馆；瑞士约3000人拥有一家公共图书馆[55]。

相比之下我国的图书馆事业比较落后，2008 年每 46 万人拥有一座公共图书馆。全国 333 个地级行政区划中，还有 41 个地市没有图书馆。国际图联规定，公共图书馆人均藏书量应为 1.5 册到 2.5 册，而 2008 年我国人均拥有图书刚刚超过 0.4 册。全国公共图书馆持证读者数 582 万人，占全国总人口的 0.47%，有的图书馆因为缺乏经费，几十年没有购买一本新书，已经失去了应有的功能[56]。

另外，由于一直缺乏基本法律的指导和规范，在当前依法治国的大环境下，公共图书馆事业的管理仍然停留在主要依靠行政手段的阶段，难于协调和维系公共图书馆之间及公共图书馆与外部的各种关系。由于缺乏法律保障，有些地方还存在着随意拆迁拆借、侵占挪用图书馆馆舍的现象，图书呈缴工作难以正常进行。呈缴本是国家版本图书馆和各地区出版物完整保存的保证，新中国成立以来，各级政府曾经以下发文件的方式要求执行呈缴本制度，但是由于没有法律为依据，这一工作很难有效开展，2008 年国家图书馆中文图书缴送率只有 61. 5%，而报纸和电子出版物缴送率更低，仅为 45%和 56.86%。

还有，通过法律规定与公共图书馆有关的各种法律主体的权利和义务，是调整公共图书馆社会关系、人际关系的基础和保障。公共图书馆法可以保障读者的合法权利，调动读者利用公共图书馆的积极性，同时也可保障公共图书馆事业的健康发展，将图书馆事业发展纳入法制轨道。

最后，要使公共图书馆事业持续、稳定地发展，必须对其管理体制、人员队伍建设、资金保证、文献征集、管理者资格限定等方面做出法律规定，并规范行政机关依法行政，使公共图书馆管理走上正轨，因此公共图书馆立法是我国图书馆界的当务之急。

总之，公共图书馆立法是国家构建公共文化服务体系、促进公共图书馆事业长远发展的重大举措，对于保障公民基本文化权益，满足人民群众获取知识和信息需求，促进全民终身教育和科学、文化事业的发展，推动社会主义物质文明和精神文明建设，具有十分重要的意义。

4.立法内容

公共图书馆法应根据具体的社会条件和国家在文化领域的基本任务制定成文，是确定国家公共图书馆事业发展和管理的共同原则和必要条件的权威法律，其根本目的是保障公众利用公共图书馆的权益，所以立法必须要立足本国国情。

美国是当今世界上图书馆事业最为发达的国家，也是图书馆法治建设较为完善的国家之一。综观美国公共图书馆立法的历程，其公共图书馆法的制定以及修改无不是以其国情为依据，因地制宜，从而使其成为公共图书馆事业获得持续、健康、协调发展的强有力的法律保障。

我国应借鉴美国及其他发达国家的公共图书馆立法经验，结合我国的实际情况来制定公共图书馆法，既不能落后也不能太超前于当前公共图书馆事业发展的现状，要把握好一个度，在立法时应充分考虑我国各公共图书馆发展的不平衡性，本着先易后难，重点突破的原则。就目前来看，我国需要通过立法明确规定公共图书馆的公益性质，把公共图书馆的事业经费列入各级政府的财政预算，从而保证公共图书馆的事业经费随着财政收入的增长而增长。同时还要确定公共图书馆的规划建设、功能义务和读者的定位等，在立法过程中应该参考国际上与图书馆相关的国际条约或协定，兼顾国内已制定的涉及图书馆事业的重要相关法律，如教育法、档案法、文物保护法、知识产权法等，注意与这些法规之间的互相协调。因此，我国公共图书馆法应具备以下内容[57]。

（1）公共图书馆的性质、地位和社会职能的规定

挪威公共图书馆法规定，公共图书馆主要面向普通读者，通过免费方式为所有居住在挪威的居民提供书刊和其他信息载体服务，促进儿童启蒙教育、成人教育和其他文化活动的开展；科研机构、学校图书馆主要面向研究机构、事业部门与高等学校，为学术研究、科技创新提供知识服务。

（2）公共图书馆的管理规定及人员制度

在公共图书馆的管理和人员制度方面，不同国家的公共图书馆法各有不同的规定。日本图书馆法规定公立图书馆应设置馆长和该图书馆所属的地方公共团体教育委员会认为必要的专业职员、行政职员和技术职员。馆长负责馆务工作，监督所属职员，努力完成图书馆服务的功能。还可设立图书馆协议会，起监督和协助作用。丹麦和芬兰两国都要求图书馆系统的专职人员必须具备正规的专业资格。挪威图书馆则要求各市立和县立公共馆必须任命一名具有专业资格的馆长，同时政府部门有权提出该职位的任职要求。挪威公共图书馆理事会还必须根据法案组织会议，按照政府发布的指引开展活动。澳大利亚国家图书馆设立理事会，负责制定方针，督导国家馆的工作。

（3）公共图书馆的建设标准

对公共图书馆的区位布局，如馆址、面积、交通等的合理性、便利性予以规范，是公共图书馆法的重要内容之一，因为建公共图书馆的关键还是要便于读者利用，满足读者就近借阅的需求，体现以人为本的原则。

（4）公共图书馆读者的责任与义务

公共图书馆法还需要对读者的责任和义务予以明确。在信息时代，读者不再

仅仅是被服务者，同时也是图书馆的建设者之一，但目前在公共图书馆里经常会看到一些不良现象，比如个别损害公共图书馆公共设施和图书资料的行为，公共图书馆法也必须对这些不当行为进行约束和惩罚。在立法中也需要明确读者的角色，以往只注重读者在公共图书馆中应该享有的权利，从未考虑到读者对公共图书馆的建设也负有义务，国外这一点就做得比较完善。例如，他们的资金来源不仅仅依靠政府，还有赖于社会基金和社会捐助，其中很重要的一块就是来自读者的社会捐助。

（5）公共图书馆的资源共享

北欧四国的公共图书馆法中都有关于资源共享和合作的具体规定，并且还有国际合作的规定。日本图书馆法提出各公共图书馆要与国立国会图书馆、地方公共团体议会的图书室、学校图书馆或图书室、其他图书馆加强联系和协作，进行图书馆资料的馆际互借。韩国图书馆法要求构建全国性的图书馆网络，设立中央馆和地区代表图书馆，以便更好地利用图书馆资料，加强信息流通，促进网络的运营。

（6）公共图书馆人员编制、人员结构、业务素质、业务职称、待遇的规定

关于公共图书馆人员编制、人员结构、业务素质、业务职称、待遇以及馆长的职责、条件、任免程序等，公共图书馆法应当都有明确规定。目前我国很多非专业或者水平较低的从业者进入了公共图书馆系统，这就导致了公共图书馆管理上的困难和服务水平的长期低下，制约了公共图书馆事业的发展，也不能满足公众日益增长的需求。日本公共图书馆法中明确了图书馆员的从业资格和素质要求以及待遇，把图书馆员视为公务员，这就大大地鼓舞了图书馆员的工作积极性，同时对图书馆员也提出了高要求，保障了图书馆队伍建设的高素质。相比之下，我国图书馆员的工作待遇比较低，这也降低了他们的工作热情，是导致服务质量低下的一个重要原因。

（7）公共图书馆经费及其来源的规定

由于公共图书馆的经费来源直接关系到整个公共图书馆事业的兴衰成败，也是公共图书馆生存和发展的命脉，公共图书馆法必须明确规定公共图书馆的经费来源。就目前来说，购书和运行经费不足是制约我国公共图书馆事业发展的重要因素之一，急需法律来规范和确定。

（8）各项管理制度及违约处罚

为了保障公共图书馆事业全面、稳定和持续的发展，公共图书馆法需要规定公共图书馆事业管理体制、组织机构，确定各级政府及主管文化部门在发展图书

馆事业方面的职责，建立保障机制。除此之外，对于一些违约和不当行为也要有所规定和约束。公共图书馆法不仅需要对公共图书馆的违约行为进行处罚，对于政府没有承担起自己在图书馆发展中所应承担的责任、针对读者给公共图书馆带来损失和破坏的不当行为同样也要予以处罚。

三、公共图书馆政策

1.制定公共图书馆政策的必要性

公共图书馆政策的制定是为了保证公共图书馆事业发展所必需的社会物质条件，而获得足够的事业活动所需的物质条件是公共图书馆事业能否顺利发展的必要前提。在国外，公共图书馆事业所需的经费、人员数量与素质以及设备条件等，大都以图书馆法、图书馆政策来严格加以规定和实施。

公共图书馆政策能够对一些新问题、新现象，做出及时的、权威性的定论与对策，以统一认识、协调行动。在公共图书馆事业的发展过程中，必然会出现许多新问题、新现象，对这些新问题、新现象，如果长期不予定论、不统一认识，就必然会产生一些思想上和行动上的混乱现象。如我国在以前相当长的时期对公共图书馆经费标准、人员素质、体制改革、有偿服务、资源共享、图书情报一体化等问题，始终没有做出相应的政策规定，因而使这些问题一直处于无政策可依的放任状态，所以，上述诸问题的解决，必须借助相应政策的制定。

2.公共图书馆政策的性质和类型

（1）公共图书馆政策的性质

公共图书馆事业作为一项社会性事业，必须具备一定的社会保障条件，才能保证整个事业的正常健康发展，公共图书馆政策就是保证这个事业正常健康发展的社会保障条件。公共图书馆政策作为一种国家意志，一般以“提倡什么，反对什么，允许什么，不允许什么，应该如何，不应该如何”等形式来体现国家发展公共图书馆事业的期望、要求、方法与措施，往往表现为法令、法规、规定、条例、通知、标准、规程、意见等形式。

综观世界各国尤其是发达国家的图书馆事业发展情况，凡是图书馆事业较发达的国家，大都具有较完善的图书馆政策，如日本、美国、英国、丹麦、芬兰、瑞典、俄罗斯及其他东欧国家等，包括印度、伊朗、巴基斯坦等国家也都有较完善的图书馆政策。我国的公共图书馆政策体现为国务院、全国人大和全国性党（团、工会）组织制定的图书馆政策和中国图书馆学会制定的图书馆政策等。

（2）公共图书馆政策的类型

按政策目标层次的不同，公共图书馆政策可分为战略性政策和战术性政策两种。战略性政策是指那些旨在解决整个事业或整个系统的发展方向、发展目标、发展模式和发展计划等宏观问题而制定的有关政策，而战术性政策是指那些为解决某一类型、某一系统公共图书馆工作或某些普遍存在的具体问题，如一些工作项目的设置及其范围、程序与操作标准等而制定的有关政策。

按政策效力范围的不同，公共图书馆政策可分为国家图书馆政策、地区图书馆政策和部门系统图书馆政策三种。

按政策内容所涉及的范围的不同，公共图书馆政策可分为综合性政策和单一性政策两种。综合性政策是指那些内容涉及多种类型图书馆、多种问题或现象的政策。单一性政策是指那些旨在解决某一单项问题或现象而制定的政策。

按政策所起作用的方式的不同，公共图书馆政策可分为管理型政策和协调型政策两种。管理型政策是指那些自上而下硬性规定的图书馆事业或工作管理的指令性计划、目标或其他有关法令或规定。协调型政策是指那些以特定社会需求为调节杠杆、具有一定的灵活性和伸缩性的有关政策。

另外，根据政策所涉及的时间跨度的长短，公共图书馆政策还可分为长期政策和短期政策两种。

公共图书馆政策作为图书馆事业发展的社会保障体系的集中体现，对公共图书馆事业的发展具有极其重要的意义。

3.公共图书馆政策的内容

公共图书馆事业发展过程中所涉及的一切现象或问题，都可以成为公共图书馆政策的规定对象，但是，公共图书馆政策作为一种纲领性文件，不可能也没必要对所有现象或问题做出包揽无余的规定，而只应对一些关键性环节、关键性问题，做出概括性的宏观规定。因此，公共图书馆政策的内容一般包括以下几大方面。

（1）文献资源政策

文献资源是公共图书馆一切工作的首要的物质基础，因此，文献资源政策是公共图书馆政策中的一项最基本的政策。文献资源政策一般包括公共图书馆各种类型文献的收藏原则与策略，文献资源的合理布局与分工协调，文献加工与整理的标准化、规范化，馆际协作与资源共享，文献资源的综合开发与利用等。

（2）事业拨款政策

事业经费是维持和发展公共图书馆事业的重要物质基础，因此有必要对此做出政策性规定。公共图书馆事业拨款政策的内容主要包括拨款金额和拨款渠道，事业经费占所属系统或单位总事业费的比例，受环境影响如书刊涨价而需要调整的经费增减幅度，创收提成比例等。

（3）读者服务政策

读者服务是公共图书馆的基本任务，因此有必要对读者服务的宗旨、方向、方针、内容、方式方法等做出规定。另外，还要制定对各类不同读者实行区别服务、优先服务的政策，以及服务成果的评价、推广与鼓励等政策[58]。

（4）技术与设备现代化政策

技术与设备手段的现代化是整个图书馆事业现代化的一项重要内容。因此，为了加速我国图书馆事业现代化的进程，对各类图书馆常规设备与技术手段现代化的具体目标、途径、规模与标准、实施步骤等问题做出政策性规定是必要的。

（5）人才资源政策

人才资源政策包括公共图书馆人才的培养、使用、管理、流动以及素质要求与结构比例等内容，还应包括公共图书馆人才的地位、待遇、业务考核、技术职务、成果评价与奖励等具体内容，对这些内容做出政策性规定是充分调动图书馆工作人员的积极性，提高工作效率的重要措施。

（6）科学研究政策

积极进行图书馆科学理论研究，能够为公共图书馆事业提供正确的理论指导，因此有必要对图书馆科学研究加以政策性的倡导与组织。图书馆科学研究政策一般包括科研课题的选择、力量的组织、经费投入，科研成果的评价、管理与推广，学术活动与学术刊物的组织管理、科研机构的设置与管理等内容。

（7）对外交流政策

公共图书馆国际交流包括学术交流、文献情报交流、技术交流、人才交流、管理方法与经验交流等多种形式，对这些交流活动做出相应的政策鼓励与保证，将有助于吸收和利用国外的先进技术和经验，以促进我国图书馆事业向世界先进水平迈进。

（8）战略发展政策

发展政策即指关于图书馆事业总体发展规划、阶段发展规划、发展模式、发展步骤及其措施的政策。

4.我国公共图书馆政策

我国公共图书馆政策可以分为解放前和解放后两个阶段来说明。

（1）解放前北洋政府时期和国民政府时期的公共图书馆政策

我国的图书馆政策制定，可追溯到北洋政府时期和国民政府时期。如 1915 年北洋政府教育部颁布的《图书馆规程》，1927 年大学院公布的《图书馆条例》《新出图书呈缴条例》，1930 年教育部发布的《私立图书馆立案办法》，1940 年国民政府公布的《国立中央图书馆组织条例》，1947 年 4 月公布的《图书馆规则》[59]。

这些政策对图书馆的名称、地址、设置、编制、藏书、经费筹措等项内容均做了规定，打破了古代藏书楼以藏为主的利用形式，在当时的历史条件下对促进我国近代图书馆事业的发展起到了积极的推动作用。

（2）新中国成立后的公共图书馆政策

新中国成立后，我国政府制定和修订了一系列与图书馆有关的条例或规定，其发展大致可分为三个阶段[60]。

①起步阶段（1949—1957 年）

新中国成立初期，我国的图书馆事业百废待兴，亟须图书馆政策的指导。该阶段的图书馆政策主要有：1955 年全国总工会颁布的《中华全国总工会关于工会图书馆工作的规定》；1955 年文化部发布的《关于加强和改进图书馆工作的指示》；1957 年国务院第 57 次会议批准的《全国图书协调方案》。其中《全国图书协调方案》促成了国务院科学规划委员会领导下的图书小组的成立，推动了两个全国性和 9 个地区性中心馆委员会的建立，标志着我国图书馆系统中各类型图书馆之间的协调合作开始起步。

②停滞阶段（1958—1977 年）

1958 年我国进入“大跃进”时期，由于受“左”的错误思想影响，图书馆事业管理混乱，无章可循。尤其是“文化大革命”时期，用“阶级斗争为纲”来指导图书馆事业发展，图书馆处于关闭或半关闭状态，许多图书馆工作陷于停顿，图书馆事业遭受了严重的破坏。这个阶段的图书馆政策基本处于一片空白。

③发展阶段（1978 年至今）

1978 年十一届三中全会重新确立了马克思主义的思想路线和政治路线，做出把工作重点转移到社会主义现代化建设上来的战略决策。1978 年 11 月，国家文物事业管理局发布《省、市、自治区图书馆工作条例（试行草案）》。1980 年 5 月 26 日，中共中央书记处第 23 次会议通过了《图书馆工作汇报提纲》，决定在文化部设立图书馆事业管理局，并提出：“争取在 1985 年前，将全国的省、市、县（区）图书馆基本建齐”，“将来还可考虑把北京图书馆办成一个中心，建设全国性的图书馆网，把图书馆办成一个社会事业。”这是我国第一个具有明确的国家图书馆政策性质的图书馆管理文件，有力地推动了公共图书馆事业的发展。

1980 年 11 月，文化部设立图书馆事业管理局，制定了一系列图书馆政策，经过不断修订完善，初步形成图书馆政策体系。1986 年 10 月，文化部图书馆局制定了《关于县图书馆工作的若干规定》。1981 年 1 月，国务院发布《图书、档案、资料专业干部业务职称暂行规定》，促进了图书馆干部队伍的稳定和发展。

1987 年 3 月 20 日，中共中央宣传部、文化部、国家教委、中国科学院联合发布《关于改进和加强图书馆工作的报告》，提出了我国图书馆事业建设的总体目标和根本任务，为新时期图书馆工作的开展和改革指明了道路。1987 年 12 月，文化部修订了《省（自治区、市）图书馆工作条例》。

1992 年 12 月，文化部下发了《关于图书馆工作深化改革的几点意见》，用来指导图书馆事业在市场经济条件下如何进行改革和发展。

5.国外公共图书馆政策

（1）美国公共图书馆政策

从 1895 年至今，美国颁布了多项公共图书馆政策。美国公共图书馆政策注重以图书馆法为核心，并充分发挥图书馆协会的作用，形成了围绕着国家图书馆的多元化政策。美国公共图书馆在政策制定中的作用主要表现在两个方面：一是通过游说活动，推动国会制定、修改与图书馆相关的政策；二是制定图书馆行业政策，如《图书馆权利法案》《自由阅读声明》《利用电子信息、服务和网络》等都是由美国图书馆协会制定的。美国图书馆内部政策是围绕着信息自由展开的，具体包括馆藏发展政策、服务政策、保存政策等[61]。

个人信息保护政策是美国公共图书馆政策的特点，美国多数公共图书馆都在其网站中设置了详细的个人信息的收集原则、使用方式、披露程序、保护措施及 Cookies 的使用声明、外部网站的链接声明、政策的更新与修改声明等，依据这些政策，用户的个人信息将会得到更加有效的保护[62]。

另外，美国各种图书馆组织制定了一整套行业规范，对图书馆和图书馆从业者予以指导。这些规范主要涉及职业精神、利用问题、资料删改问题和管理问题。

（2）韩国公共图书馆政策

韩国公共图书馆政策包括关于传统文献资源建设的《国民政府的新文化政策》和关于数字图书馆建设的《韩国国立数字图书馆计划》等，此外，《韩国国家公务员法》对图书馆工作人员也有所规定[63]。

1998年韩国文化观光部颁布了《国民政府的新文化政策》，该政策规定，为了提高地区人民的生活水平，为人们提供必要的信息和图书馆活动，到2003年韩国公共图书馆要增加到550个，到2011年达到750个。到2000年，人均图书达到0.5册，到2011年，人均图书达到1册。政策中还有建立韩国图书总目录数据库和全文与多媒体数据库的中、长期计划。

《韩国国立数字图书馆计划》是韩国政府面向21世纪推出的旨在推进数字图书馆建设、加强图书馆和其他研究院的分布式资源共享而实施的计划，成员有韩国国家图书馆、韩国国会图书馆、法院图书馆、韩国产业技术研究院、韩国研究开发情报中心、韩国教育学术研究院、韩国科技图书馆共7个单位，该计划将建立可供查询的大量的数字化资源，并投资40多亿韩元开发拥有自主知识产权的资源数字化软件和数字图书馆。

根据《韩国国家公务员法》的规定，韩国公务员分为职业类和非职业类，图书馆的人事编制属于国家职业类公务员系列，分成九级，各级均有相应的规定，如最低是九级，需要文献情报学大专学历并在图书馆工作两年以上的人员担任，司书是图书馆专业职务，分为司书和副司书。韩国图书馆录用工作人员时对学历、专业等都有严格的要求并要经过考试，始终保证图书馆有一支稳定的、高素质的队伍。

（3）俄罗斯图书馆政策

俄罗斯联邦图书馆政策的价值取向是保障公民自由地获取文献信息的基本权利，加强图书馆在信息社会发展和法制国家建设中的作用，并将图书馆建设成保证社会稳定、支持社会民主化、促进经济改革和发展的全社会的信息中心是国家图书馆政策的总目标。

1984年的《苏联图书馆条例》是苏联图书馆政策的集大成者，它将图书馆定位为最大众化的思想教育、文化教育和科学情报机关。苏联图书馆政策的目标价值是将图书馆建设成为宣传苏共政策和马列主义思想的阵地，对公众进行思想教育和文化教育成为图书馆最基本的职能。这一切都是由当时政策制定者信奉的价值观所决定的。苏联解体后，俄罗斯社会价值观剧变，图书馆政策的目标价值取向随之发生根本变化。图书馆政策直接作用的客体对象是图书馆，促进图书馆事业发展是图书馆政策的基本目标[64]。

俄罗斯图书馆政策包括图书馆事业信息化政策、图书馆文献资源保护与建设政策、俄罗斯图书馆信息服务政策。

第四节　公共图书馆标准规范

国家标准 GB 3935.1—83 对“标准”的定义为：为重复性事物和概念所做的统一规定。它以科学、技术和实践经验的综合成果为基础，经有关方面协商一致，由主管机关批准，以特定形式发布，作为共同遵守的准则和依据[65]。

根据以上关于标准的定义，我们认为，公共图书馆标准就是为使公共图书馆的建设、服务和评估等工作有一个规范的参照和指导，由相关机构制定并经国家主管机关批准的关于公共图书馆建设、服务和评估等工作的统一规定。本节首先介绍美国、日本、俄罗斯等国外公共图书馆标准，然后介绍我国公共图书馆的建设标准、服务标准和评估标准。

一、国外公共图书馆标准

1.美国公共图书馆标准

在世界各国各类图书馆标准中，美国的《公共图书馆标准》是制定最早同时也是在国内外图书馆界颇有影响的一部标准。

美国图书馆协会于 1933 年公布了国家范围的《公共图书馆服务标准》，并于 1943 年将其修改成《公共图书馆标准》。1966 年后，美国图书馆学界认识到，在美国这样一个联邦制的国家施行统一的公共图书馆标准是不大切合实际的，因此美国图书馆协会转变策略，由各州制定各自的图书馆标准，于是很多州的图书馆协会相继制定并公布了各自的《公共图书馆标准》，以作为图书馆计划和评估的依据。据调查，到目前为止美国有 35 个州制定了《公共图书馆标准》，另外，其他一些州关于公共图书馆的相关规定一般包含在州图书馆法或管理规则内，如马萨诸塞州、新墨西哥州和宾夕法尼亚州等。

美国各州的公共图书馆标准按制定机构主要划分为三类：①由州图书馆委员会制定的标准，如亚拉巴马州；②由州图书馆协会制定的标准，如佛罗里达州；③由州图书馆委员会和图书馆协会共同制定的标准，如堪萨斯州。大多数州在制定本州的标准时通常组成一个委员会去研究其他州的标准，然后结合本州的特征和特殊需求制定草稿，再经过广泛的评议修改草稿，最终形成正式的标准出版，如南卡罗来纳州标准，是由一个跨部门的公共图书馆馆员组成的委员会以佛罗里达州的标准为模型制定的，因此，美国各州标准的指导思想和目的、强调的主题等各方面基本是统一的，只是涉及的具体数量指标不同[66]。

美国各州的公共图书馆标准包括的主题多种多样，如政府管理、员工能力训练、需求评估、长期计划、筹集资金的水平、设施、馆藏、员工水平、服务时间、资源共享、参考咨询服务、技术、青少年服务、对上级部门的服务、残疾人服务、对少数人（如儿童、老年人）的服务、政策发展、知识自由、公共关系、市场营销、委员会培训等主题。由于《威斯康星公共图书馆标准》（Wisconsin Public Library Standards）在美国各州的标准中很具有代表性，更由于其体系的完整和详细，成为其他各州借鉴的典范[67]。

2.日本公共图书馆标准

日本没有制定独立的图书馆标准，其图书馆标准体现在日本《图书馆法》中，该法第18条为公立图书馆的标准，内容主要是关于图书馆的建立和经营管理等。从结构上看，日本图书馆标准分为宗旨和基本措施两大部分[68]。

日本图书馆标准制定的宗旨是在全国范围内采取最佳措施把图书馆办好，公立图书馆不仅要根据标准尽快达到应有的水平，还要在此基础上，努力向前发展，给所有国民提供他们学习、教育、调查研究以及娱乐等方面所需要的一切资料。

实施标准的基本措施有：所有的国民，都应当利用他们所居住的市町村的图书馆，市町村图书馆要根据情况设分馆、流动图书馆等。都道府县的图书馆都必须保存和整理好日本出版的主要出版物和资料。另外，都道府县的图书馆在进行广泛的参考业务的同时，对于市町村的图书馆服务，还要开展支援活动。

都道府县的图书馆以及市町村的图书馆，在相互联系紧密合作的同时，还要与大学图书馆、专业图书馆以及文化馆乃至博物馆、私立图书馆等通力协作，不受自有资料的局限。

都道府县以及市町村在录用图书馆职员的时候，应当尽力招收具有专业资格的人才，还要确立能使这些人才安心从事专业工作的专业职称制度，适当考虑他们的待遇，让图书馆工作人员进行有计划的进修。

图书馆要广泛收集图书、报纸、杂志、政府出版物、视听资料等，为了满足居民多种多样的需要，图书馆必须对所有涉及的主题，认真负责地进行选择和整理，为了得到最大的利用率，要采取适当的布局及使用方法。

市町村立图书馆的服务网必须遍及各个市町村，这种服务网是由本馆、分馆、流动图书馆组成的服务组织的总体。分馆应建立在即使最远的居民来馆也不超过1.5公里的地点，并且最好是建立在日常生活中市民集中的地点。分馆的规模因人口的多少而异，在人口稀少的地区，可以建立流动图书馆。在分馆网还没有建成的情况下，就是在人口集中的地区，流动图书馆服务也是必要的。

市町村图书馆的服务水准是全年借出册数应是人口数的 2 倍，持证读者是人口数的 15%。为了实现这个目标，图书馆要把开架室作为基本设施，使借阅手续简便化，采取预约服务等方法。

3.《俄罗斯公共图书馆活动示范标准》

《俄罗斯公共图书馆活动示范标准》共七章 61 条，内容丰富、涉及面广，基本涵盖了公共图书馆服务活动的各方面，2001 年 5 月在俄图书馆学会第六届年会上通过。该标准体现了图书馆的职业精神，在俄国内图书馆界产生了重大影响，对俄图书馆实践工作起到了积极的指导作用[69]。

首先，标准作为图书馆职业规范，提出了图书馆日常活动应遵循的工作原则、工作方法、服务方式、服务项目设置等内容，包括图书馆的数量、地理位置、馆舍空间与面积、工作人员的社会保障与待遇等内容，其作用和目的在于敦促图书馆的主管部门和创建机构重视图书馆工作。

从第二章到第七章，标准针对公共图书馆各项服务活动都提出了数量众多、具体可操作的量化指标，包括藏书量、各类文献比例、工作人员数量、读者阅读空间、藏书空间面积、图书馆服务的居民数、图书馆数量与居民数量比等等，构建了一个较为系统全面的衡量指标体系。同时，为避免标准成为实践工作的条条框框，增强其可操作性，对同一规定提出了不同的指标，以便不同公共图书馆根据自身实际情况参考使用，如在馆员数量方面提供了三个供选方案——按居民人数、图书馆基本业务流程和图书馆具体活动指标（如读者数量、服务范围、部门设置等）设定馆员数量。

俄文化部系统的公共图书馆有五万余个，主要由联邦主体和地方自治机关创建和直接管理。根据这一国情，标准着重突出了公共图书馆为地方社会服务，如保存和收藏地方文献和文化遗产、参与和促进地方经济建设和法制建设、如何为本地居民提供服务、与地方权力机关和机构团体合作与协作。由于俄国人口连年的负增长严重威胁国家安全，儿童青年无疑是国家的重要财富，关注他们的成长是图书馆的重要社会责任，从中央到地方都有专门的少儿青年图书馆，为此，标准中大量专门条款规定了图书馆如何为儿童和青年的成长服务。

二、我国公共图书馆标准

制定公共图书馆建设标准规范是很有必要的。目前，我国许多公共图书馆在馆舍建设中存在一些不规范的问题，如规模和面积的确定、业务功能分区的比例与布局、设施设备的节能与环保等，制定一个标准规范，一是能向社会宣传公共图书馆在构建和谐社会中的作用；二是公共图书馆事业的发展有章可循，这样才能最大限度地发挥其应有的效益。

建设公共图书馆，设计师往往喜欢比较现代化的时尚的风格，体现出自己的个性，但是公共图书馆有许多共性的东西，是不能随意发挥的。如公共图书馆要考虑满足读者的需要，现在要求全开架，开架空间就要随之扩大，而开架空间大就要考虑采光、温度等问题，考虑环保节能，就要有效地控制公共图书馆的运营成本。公共图书馆建设标准规范对于新建的图书馆有非常大的参考价值和影响力。

目前我国比较重要的公共图书馆标准有《图书馆建筑设计规范》《公共图书馆建设标准》和《公共图书馆服务规范》等。《图书馆建筑设计规范》是1987年由中国建筑西北设计研究院编制，由建设部、文化部和教育部批准发布，该标准于1999年修订；《公共图书馆建设标准》由中国图书馆学会编制，经中华人民共和国住房和城乡建设部与国家发展和改革委员会批准公布，于2008年11月1日施行；《公共图书馆服务规范》由国家质量监督检验检疫总局和国家标准化管理委员会发布，2012年5月1日起正式施行。

此外，全国文献信息标准化技术委员会、全国图书馆标准化技术委员会等制定的许多标准也适合公共图书馆业务需要，随着数字图书馆的兴起，数字图书馆的标准也在积极制定中。

1.《图书馆建筑设计规范》

《图书馆建筑设计规范》是为适应图书馆事业的发展，使图书馆建筑设计符合使用功能、安全、卫生等方面的基本要求，适用于公共图书馆、高等学校图书馆、科学研究图书馆及各类专门图书馆等的新建、改建和扩建工程的建筑设计。

图书馆建筑必须满足文献资料信息的采集、加工、利用和安全防护等功能要求，并为读者、工作人员创造良好的环境和工作条件。图书馆建筑设计应结合图书馆的性质、特点及发展趋势，采用先进的管理方式，适应现代化服务的要求，并力求造型美观与环境协调。《图书馆建筑设计规范》主要包括以下内容[70]。

> 馆址的选择应符合当地的总体规划及文化建筑的网点布局，馆址应选择位置适中、交通方便、环境安静、工程地质及水文地质条件较有利的地段。
>
> 总平面布置应功能分区明确、总体布局合理、各区联系方便、互不干扰，并留有发展用地。交通组织应做到人、车分流，道路布置应便于人员进

出、图书运送、装卸和消防疏散。

图书馆建筑设计应根据馆的性质、规模和功能，分别设置藏书、借书、阅览、出纳、检索、公共及辅助空间和行政办公、业务及技术设备用房。图书馆的建筑布局应与管理方式和服务手段相适应，合理安排采编、收藏、外借、阅览之间的运行路线，使读者、管理人员和书刊运送路线便捷畅通，互不干扰。

书库的平面布局和书架排列应有利于天然采光、自然通风，并缩短提书距离。

阅览区域应光线充足、照度均匀，防止阳光直晒。东西向开窗时，应采取有效的遮阳措施。阅览区的建筑开间、进深及层高，应满足家具、设备合理布置的要求，并应考虑开架管理的使用要求。

文献资料防护内容应包括围护结构保温、隔热、温度和湿度要求、防潮、防尘、防有害气体、防阳光直射和紫外线照射、防磁、防静电、防虫、防鼠、消毒和安全防范等。

2.《公共图书馆建设标准》

《公共图书馆建设标准》编制的指导思想是：贯彻落实科学发展观，体现党和国家有关发展图书馆事业和加强公共建筑工程管理的方针政策，立足中国现实，参考国际标准，功能优先，经济适用，使图书馆建筑能够满足体现现代图书馆理念的图书馆服务活动的开展。

《公共图书馆建设标准》对未来我国公共图书馆事业发展的最大影响在于，它确立了以服务人口为基本依据决定公共图书馆建设规模的原则。按照这一原则，将来公共图书馆的规模大小，不再完全取决于行政级别，而主要服从于服务人口，可能会出现规模大于地级馆的县级馆、规模大于省级馆的地级馆。另外，它形成了比较系统地反映公共图书馆事业发展现实水平和略具前瞻性的指标体系，对未来公共图书馆建设和服务具有重要的指导和引导意义，如对人均拥有公共图书馆藏书指标、总阅览座席数指标、网络传输速率和信息点设置指标等均有明确规定。第三，它明确了公共图书馆的功能用房类别，提出了公共图书馆用房项目设置的指导性建议，对于落实公共图书馆建设以人为本、功能优先、经济适用的原则，对于公共图书馆建筑服从和服务于体现现代图书馆理念的服务方式和手段的变革，对于造就一批具有时代特色和水平的公共图书馆建筑，将会产生重要的影响。

《公共图书馆建设标准》确定了公共图书馆建设项目的规模分级和项目构

成，给出了公共图书馆的总建筑面积和分项面积控制指标，提出了公共图书馆建设选址、总体布局的原则要求，明确了公共图书馆建设项目实施过程中的基本要求。

本标准是公共图书馆建设项目科学决策和合理确定项目建设、投资水平的全国性统一标准，是编制、评估和审批公共图书馆建设项目建议书及可行性研究报告的依据，是有关部门审查公共图书馆建设项目初步设计和检查工程建设全过程的尺度。

3.公共图书馆服务规范

在我国国家层面的公共图书馆服务规范出台之前，一些地方如新疆、江西和上海等就已经制定了公共图书馆服务标准与规范。关于公共图书馆服务标准规范的有关内容将在第六章第一节中详述。

参考文献

[1,3-7,12]蒋永福.现代公共图书馆制度研究.北京:知识产权出版社,2010

[2,15,18]范并思.公共图书馆精神的时代辩护.中国图书馆学报,2004(2):5-11

[8,23]李国新.21 世纪新图书馆运动的时代任务.图书馆,2005(2):1-2,9

[9]范并思.图书馆精神学习札记.图书与情报,2006(6):1-3,10

[10,40]范并思.图书馆社会责任专栏导语.图书馆建设,2010(7):1

[11]刘国钧.美国公共图书馆之精神//史永元,张树华.刘国钧图书馆学论文选集.北京:书目文献出版社,1983

[13]肖志宏,魏晨.《图书馆法》应传播和实践公共图书馆精神——兼评我国《图书馆法》草案的立法目的.图书与情报,2008(2):110-113

[14]范并思.图书馆精神的历史缺失.新世纪图书馆,2004(6):3-8

[16]程焕文,周旭毓.权利与道德——关于公共图书馆精神的阐释.图书馆建设,2005(4):1-4,42

[17]于良芝.精神、制度、组织——就当代中国图书馆职业的现代性构建答蒋永福先生.图书馆建设,2005(4):21-23

[19]范并思.20 世纪西方与中国的图书馆学——基于德尔斐法测评的理论史纲.北京:北京图书馆出版社,2004

[20]刘国钧.近代图书馆之性质及功用//刘国钧.图书馆学论文集.北京:书目文献出版社,1983

[21]郭海明.读《图书馆服务宣言》论中国化图书馆公共精神.图书情报工作,2009(10):126-129

[22]于良芝.图书馆学导论.北京:科学出版社,2003

[24]王晓军.图书馆核心价值辨析——兼论公共图书馆制度价值.图书馆,2008(4):25-29

[25]黄俊贵.图书馆核心价值及其实现.中国图书馆学报,2008(5):177

[26]王梅玲,刘济慈.从图书馆价值探讨我国图书馆员基本专业能力.图书资讯学研究,2009(12):27-68

[27] Rubin, R. E. Foundations of library and information science. 3rd ed. New York: Neal-Schuman Publishers,2010

[28]黄德建.国内外图书馆价值与图书馆核心价值研究进展.图书馆建设,2008(12):116-119

[29]颜丽玉.图书馆核心价值研究综述.现代情报,2009(9):223-225

[30]王政.作为图书馆核心价值的知识自由研究.哈尔滨:黑龙江大学信息资源管理学院,2009:11-18

[31]程焕文.图书馆权利的来由.图书馆论坛,2009(12):30-36

[32]程焕文,张靖.图书馆权利与道德.桂林:广西师范大学出版社,2007

[33]程焕文.图书馆权利的界定.中国图书馆学报,2010(3):38-45

[34]李国新.图书馆权利的定位、实现与维护.图书馆建设,2005(1):1-4

[35]范并思.论图书馆人的权利意识.图书馆建设,2005(2):1-5

[36]Rainzen.图书馆权利的术语之困.[2011-05-25].http://rainzen.bokee.com/5770979.html

[37]程大帅,田磊.2001—2009 年我国图书馆读者权利研究现状及其述评.图书馆建设,2011(1):23-27

[38]洪秋兰.关于图书馆社会责任与社会价值的思辨与践行//国家图书馆研究院.国内外国书馆学理论研究与实践进展(2009—2010).北京:国家图书馆出版社,2011

[39]范并思.如何理解“图书馆社会责任研究”.图书馆建设,2010(7):2

[41,46]宋显彪.图书馆的社会责任研究综述.图书馆建设,2009(6):97-99

[42]于良芝.如何理解“图书馆社会责任研究”.图书馆建设,2010(7):2

[43]袁海旺.公共关系及其价值彰显——美国西肯塔基大学图书馆与肯塔基州沃伦县公共图书馆、保龄格林市巴诺书店伙伴的社会服务初探.图书与情报,2010(1):16-23

[44]张琦,王蕾.论图书馆精神的知行合一——由“图书馆家园:援助图书馆人计划”说起.图书馆论坛,2009(8):42-44,62

[45]燕辉.汶川地震中的图书馆危机应对网络构建研究//中国图书馆学会.中国图书馆学会年会论文集(2009 年卷).北京:国家图书馆出版社,2009

[47]《公共图书馆法》将体现以人为本.中国文化报,2009-02-17

[48]何静.日本图书馆法发展概况研究.图书情报工作,2006(11): 142-144

[49]张云芳.《中华人民共和国公共图书馆法》立法刍议.湖北档案,2009(11): 12-16

[50]李克西.六律正五音,规矩成方圆——谈谈也要用立法来保证我国图书馆事业的发展.图书馆通讯,1981 (1): 5-9

[51]曾伟忠.我国图书馆法制定所面临的困难和对策.山东图书馆季刊,2004 (1): 14-16

[52]全国人民代表大会教育科学文化卫生委员会.全国人民代表大会教育科学文化卫生委员会关于第十一届全国人民代表大会第二次会议主席团交付审议的代表提出的议案的审议意

见.[2011 - 10 - 23]. http：//www. npc. gov. cn/huiyi/cwh/1112/2009 - 12/26/content_1532987.htm

[53]全国人民代表大会.十一届全国人大常委会立法规划.[2011-10-23].http：//www.npc.gov.cn/wxzl/gongbao/2008-12 /26 /content_1467452.htm

[54]李国新.关于公共图书馆立法及其支撑研究.中国图书馆学报,2010(3):21-26

[55]吕红珊,赵洪波.管窥日本图书馆业 探究我国图书馆业的走向.现代情报,2007(5)：13-18

[56]专家吁加快图书馆立法进程 借鉴国外和地方法规.中国文化报,2010-08-19

[57]周洪宇.关于制定《中华人民共和国图书馆法》的建议.[2011-05-15].http://blog.qq.com/qzone/95001216/1238401714.htm,2011-5-13

[58]蒋永福.图书馆政策:中国图书馆事业发展的基础保障.图书馆理论与实践,1991(3):3-8

[59]严文郁.中国图书馆发展史(自清末至抗战胜利).台北:中国图书馆学会,1983：169-170

[60]秦金聚.我国图书馆政策的发展及理性思考.图书馆建设,2007(4)：49-51

[61]罗曼.美国图书馆政策体系及其带来的思考.中国图书馆学报,2005(1)：78-81

[62]李振.美国公共图书馆个人信息保护政策研究.情报资料工作,2010(6)：12-16

[63]侯雅萍,史尚元.当前中韩图书馆政策比较研究.晋图学刊,2007(5):1-3

[64]贺延辉.俄罗斯图书馆政策法规研究.武汉:武汉大学,2010

[65]中国科技术语论坛.[2011-05-13].http://www.anshanweb.com/forum/901.php?id=209

[66]Florida Library Association.Standards for Florida Public Libraries.[2011-05-20].http://www.flalib.org/PDFdocuments/PLStandards2006.pdf

[67]刘璇.美国公共图书馆标准概况及启示.图书馆建设：2009(7)：72-77

[68]孙克力译.日本公立图书馆的标准(图书馆法第18条).图书馆学刊,1984(1):68-71

[69]贺延辉.解读《俄罗斯公共图书馆活动示范标准》.图书馆建设,2007(7):108-111

[70]湖北城市规划在线.[2011-05-20].http://csgh.hbsjst.gov.cn/Web/Article/2006/10/27/1416392761.aspx?ArticleID=000c3647-8db4-4cb6-8c49-02860b3e205a,2011-5-13

第三章　公共图书馆资源建设

公共图书馆作为面向社会公众开放、满足公众知识和信息需求的公益性机构，收集、整理、储存和提供利用信息资源是其最基本的职能之一，也是实现其他职能的物质基础。因此，信息资源建设是公共图书馆的一项基础性工作。

第一节　馆藏资源构成分析

一、资源体系的特征

公共图书馆作为现代图书馆的一种主要类型，它与高校图书馆、科学专业图书馆等其他系统图书馆最大的区别在于它面向的用户群体广泛，涵盖了信息需求差异极大的不同年龄、不同职业、不同文化水平、不同专业背景和不同阅读习惯的各类用户。与多样化的用户信息需求相适应，公共图书馆的资源体系呈现出以下特征。

1.信息资源内容既需要相当的广度也需要一定的深度

公共图书馆应要不分性别、年龄、职业、国籍及教育程度，为儿童、青少年、成人、身心障碍者、学术研究人员等各种类型的用户提供阅读、研究、参考服务及终身学习所需的各种信息资源。所以公共图书馆资源体系所覆盖的内容范围非常广泛，并且不同内容的馆藏资源具有不同的深度。如台湾地区很多公共图书馆均在其馆藏发展政策中对馆藏资源收集的范围和深度做出明确规定，其中馆藏范围不仅涵盖了一般图书、儿童和青少年图书、参考工具书，而且还包括灰色文献、限制级资料、视障资料。馆藏深度则根据信息资源内容分别确定相对应的深度层级，如基础级、教学级、研究级、详尽级，以及语言层级，如一级（中文为主）、二级（中文为主，英文次之）、三级（中文为主，英文、日文与其他语言为次）[1]。

2.信息资源载体多样化

科学技术日新月异的发展，带来了知识信息生产、存储、传递的革命性变化。为更加方便快捷地记录、保存、传递海量的信息，以感光材料、电磁材料等为存储载体的新型信息资源纷纷涌现。缩微资料、视听资料、电子出版物等新型信息资源由于存储密度高、信息容量大、制作成本低、存取速度快等优势，出现伊始便受到用户的青睐。公共图书馆为满足用户对新型载体信息资源的需求，必然要将其纳入资源体系，并且在图书馆资源体系中的价值将日益突出。

3.现实馆藏与虚拟馆藏并存

现实馆藏一直在图书馆资源体系中占据主导地位，即使在信息技术非常发达的美国，目前仍有75%的人认为图书馆的品牌就是图书。OCLC的调查结果显示，提供图书和音像资料被认为是图书馆最重要的功能。但在网络环境下，图书馆除原来单一的存储于本地的现实馆藏之外，还能够通过购买、访问许可等方式获取本馆以外分布式存储的信息资源，此类资源成为本馆的虚拟馆藏。图书馆的资源体系呈现实体馆藏与虚拟馆藏并存的局面。在人们越来越倾向于在本地而不是到图书馆获取所需信息的情况下，虚拟馆藏的重要性开始充分显现。2004年美国公共图书馆电子资源使用量约为3.43亿次，图书馆网络数据库的使用在2005年和2010年均大约稳定在16%[2-3]。电子资源的建设经费也稳步提升，2003—2008年间美国公共图书馆对电子资源的投入增加了66%[4]。

4.信息资源来源多元化

通过购买、租用获得信息资源的所有权或使用权一直以来都是图书馆获取信息资源的主要方式。但随着信息技术的发展和普及，越来越多的图书馆开始自行建设数据库和开发网络资源，作为资源体系建设的重要方式。国内外的很多公共图书馆都建有本馆的特色数据库，并且据此开展各式各样的特色化服务。随着Web2.0技术的发展，社会网络、社区创建知识在增长，公共图书馆也不再仅仅是人们获取知识的工具，而是积极向方便创建、存取本社区知识的平台转变。通过帮助社区创建数字资源的本地存储库，以及个人主页、博客、讨论组等实现经验、知识的本地共享。同时将传统的外部信息资源整合到本馆的资源体系，并与其他图书馆资源实现无缝链接，形成一个独特的全球性的资源平台[5]。

二、馆藏资源的构成

网络环境下公共图书馆的馆藏资源，按照其存储的空间位置可以分为两大类。一类是以某种形式存在于图书馆内，图书馆完全拥有其所有权和使用权的现实馆藏；一类是数据存在于图书馆之外的其他地方，但图书馆用户借助于计算机系统、通信网络等可以广泛利用的虚拟馆藏。

1.现实馆藏

现实馆藏包括印刷型文献、缩微资料、视听资料、单机信息资源和自建数字资源。

印刷型文献是指通过石印、油印、铅印、胶印、复印等印刷方式，将知识信息内容记录在纸质载体上的一种文献形式。印刷型文献类型复杂多样，包括图书、连续出版物、科技报告、专利文献、标准文献、会议文献、学位论文、政府出版物、产品资料等多种类型。印刷型文献历史悠久，是目前公共图书馆中仍占主导地位的馆藏资源。它的突出优点是可在任何场合且不需要借助任何设备阅读。但相对于其他类型的信息载体，印刷型文献体积大，信息存储密度低；受自然条件和载体物理属性的影响，难以长期保存；同一时间内只能提供单一用户使用，共享性差。

缩微资料是利用光学记录技术，将印刷型文献的影像缩小记录在感光材料上制成的文献复制品。缩微资料的类型包括缩微胶片、缩微胶卷、缩微卡片等。缩微资料的优点是：体积小，重量轻，信息存储量大，节省空间，复制性能好，可缩小，可放大，不走样，不变形，易于转换成其他形式文献；成本相对低廉。缩微资料的缺点是：使用不方便，必须借助阅读放大机，阅读效果不如印刷品；保存与使用条件严格，设备费用投资较大。

视听资料是以电磁材料为载体，以电磁波为信息符号，将声音、文字及图像记录下来的一种动态型文献。视听资料按照人的感官接受方式可分为三种类型：视觉资料，如照相底片、摄影胶卷、幻灯片、无声录像带、无声影片、传真照片等形象记录资料；听觉资料，包括唱片、录音带等发声记录资料；音像资料，即能同时显像和发声的记录资料，如有声影片、配音录像带等。

单机信息资源即单机版的电子出版物，它是以数字代码方式，将有知识内容的信息编辑加工后存储在固定物理形态的磁、光、电等介质上，通过电子阅读、显示、播放设备读取使用，但不在网络上传输的数字化信息资源。单机信息资源主要包括只读光盘、一次写入光盘、可擦写光盘、软磁盘、硬磁盘、集成电路卡等。单机信息资源的特点是：信息量大、可靠性高、承载信息丰富；数据检索处理速度快，效率高；具有较强的交互性；制作和阅读过程需要相应软件的支持。

自建数字资源是图书馆依托本馆的信息资源，独立或与其他单位合作开发建设的，存储于本馆的各种数字资源。自建数字资源主要有馆藏书目数据库、特色数据库、参考咨询库等。随着图书馆服务自动化和网络化的发展，自建数字资源对图书馆服务工作的开展和社会效益的实现日益重要。自建数字资源主要是根据本馆的性质、任务、用户信息需求来建设的，所以具有资源特色鲜明，共享价值突出等优点。但是受图书馆人力、财力、物力、知识产权等因素的影响，自建数字资源的内容质量、标准化和规范化程度难以保障。

2.虚拟馆藏

虚拟馆藏包括联机检索信息资源和因特网信息资源。联机检索信息资源是指图书馆通过签约付费，可远程登录、在线利用的数字资源。这些数字资源存储在数据库提供商的服务器上，图书馆只在签约付费时间期限内对这类数字资源拥有检索使用权，而非永久占有与使用权。联机检索信息资源经过专业的加工处理，内容覆盖面广，科学性和准确性高；具有很好的检索功能和检索精度；形成了一整套信息安全和授权等规范管理的制度和方法。同时，联机检索信息资源要求用户具有较高的信息检索技能或借助专业人员的帮助；用户界面、检索功能、检索方式等各具特色，用户利用时需要一个学习、适应的过程；所有联机检索信息资源都要付费获得，并且费用较高。

因特网信息资源是图书馆根据读者需求及馆藏发展需要，选择、收集因特网上的信息资源，下载存储到本馆或本地网络之中，通过网络或其他方式提供给用户使用；或者链接到图书馆的网页上，如建立因特网信息资源导航库，以方便读者迅速检索自己感兴趣的有价值的网络信息资源。因特网已成为继电视、广播和报纸之外的第四媒体，集各种类型、语言、来源的信息资源为一体。因特网上的专题讨论小组和论坛、电子会议、电子布告板新闻等非正式出版信息，各种学术团体、国际组织和政府机构、行业协会等发布的半正式出版物和不断增长的开放存取资源，均具有很高的学术和社会价值，能够很好地补充和丰富馆藏资源。但是图书馆因特网信息资源的质量受到本馆因特网信息资源开发模式与政策，Web 服务器、通信带宽等网络环境与信息技术设备条件，以及工作人员技术水平的影响。

第二节　馆藏发展政策

馆藏发展政策是人们为实现馆藏资源建设目标而制定的方针、原则、策略、措施、对策等。它具有为馆藏资源建设提供宏观指导，为馆藏资源建设提供标准和规范，以及为信息资源共建共享提供依据等作用[6]。馆藏发展政策的主要内容包括以下几方面。

一、馆藏发展原则

馆藏发展原则是指导馆藏发展的理论和方法准则，是制定馆藏发展政策必须首先确定的内容。随着信息环境的变化和图书馆信息资源建设内容与方式的不断发展，馆藏发展原则的内涵也在不断丰富和发展。目前，我国公共图书馆在馆藏发展中应该遵循以下原则。

（1）实用性原则。实用性原则是现代图书馆馆藏发展的基本原则。实用性原则要求图书馆根据其服务任务和服务对象的实际需要，规划、选择、搜集、整序、组织和管理信息资源，以最大限度地满足社会的信息需求。公共图书馆作为地区性的文献信息资源服务中心和保障中心，要有针对性地选择符合地方经济、社会、文化发展需要的，有关科研、生产、管理等方面的信息资源，广泛收集能满足群众生活、工作、学习需求的文献资料。具体而言，就是要根据本馆的服务任务，确定馆藏资源的范围、结构、重点、特色等；根据本馆的服务对象及其信息需求特点，进一步明确馆藏资源的内容深度、载体类型等。

（2）系统性原则。系统性原则要求在馆藏资源建设过程中注意馆藏资源系统各要素之间的相互联系，注意馆藏资源系统与信息环境之间的联系。对于公共图书馆的馆藏资源，在纵向系统性上必须保证馆藏各学科资源时间的延续性，系统收藏不同历史时期的信息资源，以反映学科发展变化的特点和规律；在横向系统性上则要保证馆藏各学科资源类型的全面性，广泛收集专著、期刊、参考工具书、数字资源，以及各种灰色文献，以形成科学的结构体系。完善的馆藏资源体系是经过长期积累和持续发展逐步建立起来的，因此，坚持系统性原则是高质量的馆藏资源体系的重要保障。

（3）特色化原则。特色化原则是指图书馆的馆藏资源在某一或某些方面具有不同于其他图书馆馆藏资源体系的优势，形成了本身独特的风格和特点。公共图书馆的服务对象以本地区的居民为主，主要为地方经济发展和文化传承服务。公共图书馆在进行馆藏资源建设时要因地制宜，根据本地区的历史、地理、经济、文化特点，或者用户对特定学科、专题信息资源的需求，有目的、有重点地进行特色资源建设。对公共图书馆来说，地方文献收藏是特色馆藏建设的重点。地方文献记载着从古至今本地区的历史沿革、经济特点、自然环境、风俗人情、文化古迹等情况，为研究本地区的历史和现状提供了第一手材料，对发展本地区的经济、文化、科学事业，特别是发挥本地区的优势，具有独特的使用价值。因此，馆藏的地方特色对于为地方经济、科学和文化发展服务的公共图书馆来说，至关重要。

（4）共建共享原则。共建共享原则是指公共图书馆与本地区、本系统、本国，乃至全球范围内的图书馆或信息机构之间，通过科学规划、分工协作，建立有效的信息资源保障体系。当今社会，信息资源数量急剧增长，社会信息需求日益广泛复杂，任何单个图书馆都不可能完整齐全地收集和控制信息资源，也不可能全面满足社会信息需求。因此，必须对全国的信息资源建设进行统筹安排、合理布局。各图书馆要在服从整体目标的前提下，建立本馆有重点有特色的专门化的信息资源系统。各图书馆之间通过分工协作，联合采集，优势互补，建立起相对完备的信息资源保障体系。同时通过建立于现代信息技术基础上的馆际互借和文献传递系统，各馆的资源相互提供利用，从而实现广泛的信息资源共享。

二、馆藏结构规划

馆藏结构是图书馆馆藏资源体系中的各种不同成分的信息资源的联系、组合形式。图书馆馆藏资源作为一个完整的系统，其功能的发挥，不仅取决于系统的构成要素的质量，即各种成分信息资源的质量，而且取决于构成要素的组合状况，即馆藏资源结构的合理程度。图书馆的馆藏结构规划，就是要通过科学规划馆藏资源的结构，使馆藏资源体系能够发挥最大的效能。所以，馆藏结构规划是馆藏发展政策的核心内容。

由于不同成分的信息资源的联系、组合形式是多种多样的，因此，图书馆的馆藏结构也是多维的。一般认为，图书馆的馆藏结构由学科结构、等级结构、时间结构、文种结构、类型结构五个面构成。

（1）学科结构。学科结构是指各学科馆藏资源的比例，以是否与本馆用户信息需求相适应以及相适应的程度为评价标准。所以公共图书馆在规划学科结构时，要在用户信息需求调研的基础上，确定馆藏资源的学科范围，可参照《中国图书馆分类法》和国务院学位委员会公布的学科专业目录等，拟定一个科学规范、详略得当的学科框架。

（2）等级结构。等级结构是指图书馆根据信息内容的深浅程度及用户需求的不同层次，将信息资源划分出若干收藏等级，并规定各级别所应达到的建设目标。美国图书馆协会针对传统馆藏资源类型，将馆藏等级划分为最低级、基础级、学习级、研究级和完整级，被国外的公共图书馆和高校图书馆广泛采用。在数字信息环境下，馆藏资源的类型和建设方式都发生了很大变化，美国伯克利数字图书馆提出了数字馆藏也可划分为四个级别，即永久保存级、服务级、镜像级和链接级。各公共图书馆需要根据本馆的实际情况，规划不同学科、不同类型馆藏资源建设的等级结构。

（3）时间结构。时间结构是指不同出版或发布时间的馆藏资源在馆藏资源体系中所占的比重。公共图书馆积累了不同时期生产的信息资源，能有效地满足用户对知识信息的回溯性需求。但由于知识的发展具有继承性，因此，图书馆必须源源不断地补充馆藏，采集最新的信息资源，以满足用户对各学科领域前沿信息的需求，保证馆藏资源利用的活力。不同学科和类型的信息资源，各有不同的社会价值，其半衰期和生命周期也各不相同。因此，合理设计馆藏资源的时间结构，就成为馆藏发展规划的一个重要问题。

（4）文种结构。文种结构是指馆藏中各语种的信息资源的比例情况。它反映了图书馆对国内外信息资源的覆盖程度，以及馆藏质量水平和对用户多样化信息需求的满足能力。作为旨在满足社会大众终身学习与阅读需求的公共图书馆，所采访的信息资源的语种应该以母语为主，并结合本馆用户掌握的语言状况，适当选择其他语种的信息资源作为补充。

（5）类型结构。类型结构是指馆藏中各种不同出版形式、不同载体形态的信息资源的构成情况。随着信息技术日新月异的发展，信息资源的类型不断增加，新的信息载体不断涌现。不同载体类型的信息资源在知识信息的储存、传递、交流方面各有优势，图书馆需要建立起由多种类型的信息资源构成的馆藏资源体系，从而与用户多样化的信息需求相适应。公共图书馆在规划馆藏资源结构时，必须根据本馆服务对象的需要，对图书与期刊、纸质文献与数字资源等各种类型信息资源的数量比例、经费比例等提出明确的要求。

馆藏资源的学科结构、等级结构、时间结构、文种结构、类型结构相互交叉，组成了馆藏资源体系的五个立体构面。以一定的方式对馆藏资源按照以上五种结构进行综合规划，设计出一个馆藏发展纲要，可以使馆藏发展规划更加直观、更具可操作性。

三、文献采访标准和方式

文献采访是馆藏发展中最基本的业务环节，因此，确定文献采访标准和方式也是馆藏发展政策的基本内容。20 世纪 90 年代以来，受信息技术发展和出版发行环境变化的影响，图书馆的文献采访工作发生了深刻的变革，文献采访标准和方式也发生了相应的变化。

1.文献采访标准

文献采访标准是文献采访工作所遵循的依据和准则。文献采访标准科学与否直接关系到馆藏资源的质量与用户满意度。由于目标任务和服务对象的特殊性，公共图书馆采访文献应该遵循以下标准。

（1）用户需求标准。图书馆一切工作的核心都是为了满足用户的信息需求，用户需求标准无疑是图书馆文献采访的首要标准。公共图书馆是以社会大众的信息需求为依据来提供服务的。社会大众的文化层次和生活环境不尽相同，因此他们的信息需求也参差不齐。公共图书馆必须根据不同用户群体的需求，采访适合他们需要的信息资源。

（2）内容质量标准。文献内容质量就是文献本身所具有的科学价值、文化价值、使用价值和参考价值。内容价值标准是建设图书馆核心馆藏和特色馆藏必须遵循的文献采访标准。公共图书馆承担着开展社会教育、传播先进文化的任务，其馆藏资源是作为严肃的社会文化教育资源而存在的，所以采访的文献资源必须具备较高的质量。文献内容质量的评价标准通常包括：思想和学术观点是否清楚明确；材料是否准确可靠；论证是否系统深刻；文献是否具有当前与长远价值；是否具有较高的稳定性、普遍性和时效性。

（3）技术标准。在图书馆的馆藏资源体系中，除了印刷型书刊资料之外，还包含大量的非书资料，如缩微资料、视听资料、电子出版物等。非书资料的介质具有特殊性，对保存和利用环境提出了较高的要求，并且非书资料还必须借助一定的设备才能阅读其中的信息内容，因而随着非书资料逐渐成为文献采访的重要对象，与非书资料相关的各种技术因素也成为不得不考虑的文献采访标准。图书馆进行非书资料采访时，需要考虑其保存环境要求（如防磁化、防光害、恒温恒湿）和利用方式要求等。对于数字信息资源还要特别注意硬件要求、软件要求、网络要求、维护责任、存档问题、检索功能、并发用户数量限制等因素。

（4）法律标准。不论是对免费网络资源的采集，还是对商业数字资源的采访，法律因素都是一个不可忽视的采访标准。数字化信息资源，特别是数据库产品、电子期刊、电子图书，对使用的范围和知识产权的保护等都有严格的限制。在采访数字化信息资源时，要考察其内容来源是否合法，有无版权纠纷；资源的许可使用范围；合理使用的条件；是否允许长期保存；是否允许以原文传递方式为馆外用户提供信息服务。图书馆既要遵守知识产权法律法规，又要最大限度保护用户的合法权益，同时根据出版商或数据库商对于数字资源利用限制的严苛程度来决定取舍。

2.文献采访方式

对于文献采访工作，不同类型、不同载体的文献适用不同的采访方式。根据图书馆是否需要向文献提供方支付货币，可以将采访方式划分为购买方式和非购买方式。购买方式是图书馆用货币向文献出版发行的经销系统购买文献的采访方式，其主要包括期货文献订购、现货文献选购、集团采购、协调采购和政府采购。非购买方式指图书馆不用货币购买而通过其他途径获得文献的文献采访方式，其包括征集、交换、缴送、捐赠、调拨等方式[7]。目前公共图书馆文献采访主要有以下几种方式[8-9]：

（1）期货文献订购。这是指图书馆根据文献出版信息，从各种经销系统所提供的文献征订目录中选择所需文献，向所选经销商发送订单，由经销商按照订单预定的品种、数量供应文献的文献采访方式。期货文献订购是有计划地采集文献最可靠的方法，其优点是文献来源保障率高，采访人员和经销系统人员都能掌握主动权，减少文献重复采购或遗漏。经费充裕的公共图书馆在采购品种多、数量大，或者需要长期订购的文献时，适合采用这种方式。

（2）现货文献选购。现货文献选购是指图书馆采访人员直接到出版、发行部门或在书展、书店等地直接挑选文献的文献采访方式。这种方式是补充漏订文献和采集发行量小的文献的有效方法，此外还适用于采购急需的专业文献和有专业人员参与现场选购的情况。现货文献选购的优点是采购人员可以直接面对图书，对其内容质量、印刷装订质量等一目了然，减少了文献采访的盲目性，保证了所采购的文献与馆藏体系的适应性，并且缩短了文献采访周期。但由于采访时间紧，容易造成重购现象，并且难以保证文献采集的系统性与完整性。

（3）集团采购。集团采购是由具有影响力的机构组织相关的图书馆与文献经销商就某一类或某一种文献谈判，商定统一的优惠价格或购买折扣，由组成集团的成员图书馆共同分担文献购置经费。集团采购强调的是不同图书馆对同质性资源的批量采购。集团采购的组团方式灵活多样，可以是不同地区的公共图书馆组成的系统集团，也可以是同一地区不同性质图书馆组成的区域集团。集团采购节省了图书馆文献采访的人力、物力和财力支出，提高了文献采集效率。集团采购适合于采购批量较大或金额较高的文献，对于经费紧张的公共图书馆和数字资源的采购尤其适用。

（4）协调采购。又称合作采购、联合采购，是指某区域或系统内的各图书馆通过文献采购协调机构，明确各馆的收藏范围及收藏重点，借助文献联合采购，形成本地区或本系统的文献资源保障体系。协调采购强调区域或系统内图书馆对异质性文献资源的分工采购。20 世纪 90 年代我国部分地区建立了联合采编中心，开展中外文书刊资料的协调采购工作，之后逐步扩大到数字资源的协调采购。协调采购不仅能使各图书馆有重点地采集文献资源，避免图书馆之间文献资源的重复浪费，而且能够通过文献联合保障满足用户多样化的信息需求。

（5）政府采购。这是指图书馆使用财政性资金采购政府采购目录以内的或者采购限额标准以上的文献。公共图书馆进行文献购置的经费主要来源于各级财政拨付的文献购置专项资金，由于省市两级公共图书馆的年度文献购置经费大多超过了各级财政规定的政府采购起点额度，因此，越来越多的公共图书馆的文献采购被纳入政府采购的范围。政府采购提高了文献采购的透明度，有利于遏制采购中的腐败行为；有利于通过综合比较，选择资质好的文献供应商或代理商；借助商家竞标还可以降低供货价格，获得各种优惠或额外服务。

（6）捐赠。捐赠是指社会上一些个人、团体、机构为了支持社会文化、教育事业的发展或交流图书、产品信息，主动向图书馆赠送文献的一种方式。图书馆对于赠送文献要进行查重、验收，确认所赠文献是否属于本馆的馆藏范围。对于应入藏文献要办理接收手续，不属于馆藏范围的要妥善处理。图书馆还应向捐赠者发放赠书凭证，以示感谢。

（7）交换。交换指图书馆之间或图书馆与其他文献收藏单位之间，在自愿的基础上，以协议为约束，相互交换文献，达到互通有无、调剂余缺、丰富馆藏的一种文献补充方式。文献交换是获取内部文献资料和难得文献资源的主要渠道。按交换范围可分为国内交换和国际交换；按交换伙伴之间的关系可分为直接交换、间接交换和集中交换。

（8）征集。这是图书馆根据其特定需求，有针对性地从社会、单位、个人获取文献的一种方式。文献征集是获得非正式出版单位出版的内部书刊资料的主要途径。图书馆可以采用发函或派人登门访求，从机构和个人那里获得各种内部的珍贵文献；也可根据需要向社会公开发布广告、启事等，以扩大征集渠道，增加文献征集的数量。

（9）调拨。调拨是指在上级主管部门或协调机构的组织下，有计划地将一些图书馆的馆藏文献调拨给另一些需要的图书馆。调拨一般都是大批量地进行，是一种节约经费，互通有无的好方法。

四、文献购置经费分配与控制

用户信息需求的无限性和动态性与图书馆资源保障的有限性是一对永恒的矛盾，这一矛盾需要通过图书馆文献经费的科学分配与有效控制来缓解。公共图书馆用户面最广，但文献购置经费却相对短缺，所以文献经费的分配与控制是馆藏发展政策中不可或缺的内容。

1.文献经费分配

文献经费分配是指图书馆对于购置各种文献资源的经费按照一定标准或规定进行划分和使用，使有限的馆藏资源建设经费得到科学的配置。文献经费分配既关系到文献经费的合理使用和最大效益的发挥，又关系到馆藏资源建设的可持续发展。图书馆应依据本馆的任务和目标、读者信息需求的变化、文献经费使用的历史数据、文献价格自然增长等因素对文献经费进行合理分配[10]。文献经费分配可以从载体类型、学科门类、语言文种、出版时间、内容深度等不同的角度来开展。从方便操作和实际工作流程的角度出发，图书馆通常按照先载体类型后学科门类的方式分配文献经费。

数字资源的兴起带来了馆藏资源建设的变革，数字资源与传统资源并存形成了当今图书馆资源体系的新格局。文献经费在载体类型方面的分配，主要是购买印刷型文献的经费与购买、租借、联网检索数字资源的经费的分配问题。当前的现实情况是图书馆用于购买印刷型图书和报刊的一次性投资在减少，而用于购买、续订联机数字资源的连续性投资在增加。在国外，如纽约公共图书馆 2005—2007 年的数字资源经费分别为 118 万、186 万和 203 万美元，在当年文献资源总经费中所占的比重分别为 9.96%、13.58%和 14.36%，呈逐年增长的势头[11]。国内公共图书馆也表现出同样的发展趋势，例如黑龙江省图书馆 2007 年的文献资源购置经费为 280 万元人民币，其中数字资源经费为 130 万，占到文献资源购置经费的 46.43%[12]，海南省图书馆 2009 年数字资源的购置经费更是达到了文献总经费的 60%[13]。由于不同地区、不同级别的公共图书馆的经费状况和用户需求各异，图书馆应根据本单位的实际情况，循序渐进地调整印刷文献与数字资源的经费分配。

图书馆在馆藏发展过程中往往会遇到一些无法预料的新情况新问题，这就需要图书馆在进行文献经费分配时，预留一部分资金，用来处理这些问题。预留资金还应考虑文献传递与馆际互借等延伸服务的费用问题，以及国际国内交换费、通过复印等方式补充图书费、装订费、运输费等。利用图书馆预留资金综合平衡文献经费的使用，特别需要注意公开的原则，即对这一部分资金的使用，要有切合实际的依据，并向馆内外做出具有说服力的说明[14]。

2.文献经费控制

文献经费控制是为了达到理想的经费使用效益，而对经费预算、分配、利用全过程的管理。文献经费控制主要包括三个方面的工作：编制文献经费预算与分配方案；建立文献经费分配与使用的监督管理机制；评估文献经费使用效益。

公共图书馆文献经费预算与分配通常采用的方法是，根据以往的经验和历史统计数据，结合文献资源年均价格增长幅度，估算本年度的文献经费预算与分配方案。在信息载体形式日益多元化和网络环境不断成熟的条件下，上述纯经验式的文献经费预算与分配方法已经难以适应和指导图书馆的馆藏资源建设工作，有效的方法应该是制定书面的文献经费预算与分配方案，对文献经费预算与分配的指导性原则和工作程序、文献经费预算与分配的组成要素、文献经费分配的模型等予以说明，明确一定时期内（通常以财政年度为单位）不同载体、不同学科、不同语种等文献资源采购经费的预算与分配计划。方案能够为公共图书馆有限的文献经费的科学、规范利用和最大效益的发挥提供依据，并且能够为图书馆最大限度地争取文献经费投入提供理论依据，此外还能作为图书馆内相关工作人员的参考与培训手册。方案对于持续不断地思考和改进文献经费预算与分配流程是非常必要的，有利于建立和完善文献经费预算与分配过程的规范管理机制[15]。

现阶段国内公共图书馆文献经费的使用由图书馆内部管理系统自行调配，缺乏审议、监督、控制等机制。这种决定权与执行权一体化的文献经费分配体制容易导致主观主义和平均主义，文献经费使用过程中的随意性大大降低了经费的使用效率[16]。建立文献经费分配与使用的监督管理机制，对文献经费的分配与使用进行审议、监督和控制，是提高文献资源建设专项经费分配和使用的透明度，确保经费配置和使用的经济性和效率性的重要举措。文献经费分配与使用的监督管理措施有：将文献经费使用的监督主体分离出来，使实际意义上的经费管理与监督机制相对独立；制定并发布统一的文献经费监督检查制度及配套文件；为文献经费的预算、分配、使用等制定一套规范合理的程序；每年年终对本年度文献经费的使用情况进行统计分析，检查经费结余或超支情况，年度馆藏资源建设预期目标完成情况，以及采访的文献资源的质量是否符合馆藏资源体系的要求等。

经费使用效益评估就是计算文献经费的投入产出效益，是了解文献的经费投入与利用现状的手段，为调整资金的流向和改善经费分配与使用方式提供了依据。文献经费的投入表现为一定量的货币。文献经费的产出在物的方面表现为一定的馆藏资源结构；从效用角度看，则表现为用户需求的满足程度[17]。相应地，可以从馆藏资源结构的视角和用户满意度的视角对文献经费使用效益进行评估，相对应的评估方法分别有馆藏资源使用量统计法、文献采全率统计、文献采准率统计、专家评估法，以及用户满意度调查法等。需要特别强调的是，文献经费使用效益的核心检验标准是用户满意度，所以图书馆应该与用户建立起通畅的沟通渠道，广泛吸收用户参与图书馆的文献经费管理工作，听取用户的意见和建议，接受他们的监督。

第三节　特色资源建设

特色资源是图书馆根据社会信息环境、馆藏资源基础、用户信息需求等所建立起来的一种信息资源体系。该信息资源体系或者在主题、学科、语种、载体等方面具有特殊性，或者其面向的读者对象具有特殊性。特色资源的判断标准主要包括：①资源产生的年代，国内通常将1911年之前产生的文献作为特色资源；②资源的经济价值，如稀有的特定版本或限量版图书、私人印制的图书；③资源的来源，如政府出版物、灰色文献；④资源的内容，如介绍某一专题、某一学科或某一地区的图书；⑤资源的读者对象，如儿童读物、盲人读物、聋哑人读物；⑥资源的出版形式，如商品目录、海报、票券、明信片、企业宣传资料等。

一、特色资源建设的意义

1.特色资源建设有利于形成图书馆的品牌效应

特色资源是某一图书馆所特有并具有特殊的使用价值，而其他图书馆所没有或少有的文献信息资源。特色资源是图书馆的品牌之一，而品牌效应是吸引读者利用图书馆的重要因素。目前我国很多图书馆对读者缺乏足够的吸引力，原因之一是各图书馆的信息资源与服务的同质化程度高，没有能够形成品牌效应。因此，图书馆亟须通过建设在地区乃至全国独具特色的资源，打造资源与服务的品牌，形成图书馆的品牌效应。特色资源既能够吸引有特殊需求的读者，还能引起读者对图书馆的关注，对图书馆的职能和价值形成正确的认识，强化利用图书馆的意识。

2.特色资源建设是提高图书馆核心竞争力的途径

图书馆的核心竞争力是图书馆在与其他信息机构的竞争中，能够长期获得竞争优势的能力。图书馆的核心竞争力具有特有性、延展性和难以模仿性。知识经济时代，信息咨询公司、信息内容服务公司、IT公司等商业信息服务机构给图书馆带来剧烈冲击。与其他信息服务机构相比，图书馆最大的优势是有着漫长的发展历史，并且在长期的发展过程中积累了丰富的信息资源。图书馆若想在激烈的竞争环境中继续生存和发展，就必须重视和加强特色资源建设，即结合社会信息环境和读者需求，以馆藏信息资源为基础建设特色资源，在特定领域建立起完整、系统的资源保障体系，依托特色资源开展特色化服务，从而提高图书馆的核心竞争力。

3.特色资源建设是图书馆信息资源共享的基础

信息资源共享是图书馆在平等互惠的基础上，通过建立各种合作、协调关系，利用各种技术和方法，开展共同揭示、共同建设和共同利用信息资源，以最大限度地满足用户信息资源需求的全部活动[18]。信息资源共享的主要目标就是通过异质资源之间的互补，提高资源的覆盖率，实现资源效用的最大化，所以共享的对象主要是各个图书馆的特色资源，而非同质资源。各个图书馆建设特色资源为其他图书馆提供共享服务，同时共享其他图书馆的特色资源是信息资源共享得以长效发展的基础和保障。如目前国内发展较好的中国高等教育文献保障系统和全国文化信息资源共享工程等信息资源共享系统均特别强调成员单位特色资源的建设。

二、特色资源的类型

我国各级公共图书馆都十分重视建设特色资源，并且很多图书馆的特色资源已初具规模。经网络调查，我国部分省级公共图书馆的特色资源建设情况如表3-1所示。

表3-1　我国部分省级公共图书馆特色资源建设情况一览表

图书馆	特色资源
首都图书馆	古籍、民国时期出版物、解放区出版物、北京地方文献、LP唱片资料
上海图书馆	会议录文献、传记类文献、化学化工文献、西文乐谱资源、经济类文献、地图资源、围棋棋谱资源、桥牌文献、党史党建文献、日文文献、外观设计文献、百科全书资源、德语文献、年鉴和名录文献、专利文献、体育文献、法律法规文献
天津图书馆	善本图书、地方志资料、中国近现代史资料、天津地方史料、革命文献资料、缩微影像资料、服装装饰外刊资料
重庆图书馆	珍贵古籍、民国文献、联合国文献
南京图书馆	盲人有声读物、轻纺艺术杂志
吉林省图书馆	珍本古籍、民国文献、缩微文献、日文文献
山东省图书馆	山东地方文献专藏、善本专藏、海源阁专藏、易庐专藏、山东方志专藏、佛经专藏、金石拓片、旧平装专藏

续表

图书馆	特 色 资 源
山西省图书馆	三晋英才在四方、山西历史地名、山西日报地方稿索引、山西人物名录、山西家谱、非物质文化遗产、馆藏地方志书目提要、馆藏山西文史资料、山西经济事件、山西文献书目提要、馆藏地方文献、大寨文献题录、图书馆学文摘数据库、山西地方志、晋图星期日讲座、谱牒资料库、音频资料库、视频资料库等
浙江图书馆	民国报纸、民国期刊、省内报纸全文数据库、联合国托存文库、地方志联合目录、中国名人图像数据库、外国名人图像数据库、中国历代人物图像数据库
安徽省图书馆	文化剪报、安徽文化、2011 年全国两会专题、孝文化、安徽杂技、安徽民生工程、村官沈浩、廉政文化、红色旅游、工艺美术、安徽戏曲、安徽先贤、馆藏名人手札、企业信息专题文献、淮河纪事、安徽家谱、皖南事变、安徽美术、徽派建筑、谱牒文献、徽派朴学、信息参考、安徽刻书、安徽旅游、视听资料、桐城文派、安徽地方志等
江西省图书馆	缩微资料、江西地方志、江西地方年鉴、革命文献、民国文献、地方史志、地方戏曲、地方特色文献、江西二次国内革命战争时期史料、八一南昌起义、江西籍中国科学院院士、江西籍中国工程院院士、江西经济发展白皮书、江西特色之乡、江西人文、江西企业、南昌解放大纪实——纪念南昌解放 55 周年、“五四”运动中的江西狂飙等
福建省图书馆	台湾研究文献、福建研究文献、周易研究文献、中国近代史研究文献、古籍及其善本、方志、族谱、年谱、民国时期出版物
河南省图书馆	中州文化、河南地方戏曲、新农村致富之路
湖北省图书馆	楚文化研究、湖北历史人物、湖北旅游、地方文献、就业三千六百行、出国指南、湖北文物、湖北风景名胜、湖北人物、三峡文化、湖北省博士后论文文摘
湖南省图书馆	湖湘人物、湖南家谱、湖南风情、地方文献、潇湘画廊、民俗民风、网上湖南、湖南出版、音乐字画
贵州省图书馆	缩微品目录、贵州府县志辑索引数据库、贵州省古籍联合目录、贵州府县志辑图片数据库、民国图书书目数据库、贵州名人数据库
内蒙古图书馆	内蒙古农牧业实用技术、内蒙古草原风情旅游、蒙古族文化艺术、内蒙古文物博览、内蒙古文化名人作品图集
广东省立中山图书馆	广东地方文献、孙中山文献、粤人文库、东南亚华侨史料、南海诸岛资料以及清代史料、民国时期书刊(外省)

续表

图书馆	特 色 资 源
广西图书馆	历史文化(广西概况、广西之最、文物博览、广西民国照片、历史瞬间、广西地方志)、舞台艺术(广西戏剧、广西音乐、广西群艺)、壮乡广西(广西游记、农村科技、农业视频、广西资源珍奇、广西政策法规)、民族民俗(非物质文化遗产保护、民族民俗研究论文)
香港公共图书馆	香港资料特藏、香港口述历史特藏、香港公开大学课程资料特藏、香港音乐特藏、学海书楼特藏、罗旭龢爵士特藏、香港联合交易所特藏、皇家亚洲学会(香港分会)特藏、香港文学特藏、香港乡村生活特藏、基本法特藏、创造力及创新资源中心特藏、文献征集特藏、工商业图书馆特藏、运动与健体特藏
新疆维吾尔自治区图书馆	地方文献、古籍、少数民族文献、海外报刊

从上表可以发现，我国省级公共图书馆的特色资源建设以古籍特色资源、地方特色资源和专题特色资源为主。从国内外公共图书馆馆藏资源建设的实践来看，特色资源的主要类型大致有：

（1）古籍特色资源。在我国，古籍一般是指1911年以前出版的线装图书，包括雕版刻本、活字排印本、石印本、抄本、写本等。古籍具有极高的知识价值、文物价值、思想价值和社会价值[19]。我国历史悠久，几乎各个省份都保存有数量可观的古籍资料，所以很多省级公共图书馆都将古籍作为特色资源进行建设。

（2）地方特色资源。地方特色资源主要是关于某地区历史、地理、经济、政治、文化、民俗等的文献资源。如首都图书馆通过采购、访求、加工、典藏、数字化建设等方式建立了北京地方文献专藏系统[20]。广东省立中山图书馆收藏有广东地方志、族谱、广东史料、粤人著述、报纸、期刊、舆图、图片等地方史料8万余种、30余万册，是国内最具规模的广东文献收藏中心[21]。

（3）专题特色资源。国内外的许多图书馆都将某一专题领域的文献资源作为特色馆藏，专题领域可能是特定的学科、主题、事件、人物等。如香港公共图书馆的香港音乐特藏、罗旭龢爵士特藏、基本法特藏。美国密歇根州的底特律公共图书馆的国家汽车历史馆藏被认为是世界上最大的汽车公共档案馆。它是一个实用的特色馆藏，能够为汽车维修和赔偿方面的任何问题提供丰富的信息[22]。

（4）面向特定读者的特色资源。面向儿童、残疾人等特定读者对象的特色馆藏也是公共图书馆特色资源的重要类型。此类特色馆藏的搜集和存储工作充分考虑读者对象的身心特点。例如南京图书馆建立的盲人有声读物特色资源；台湾“中央图书馆”的视障资料和亲子资料特色资源。美国纽约的特洛伊公共图书馆于2007年全面开放“特殊需求馆藏”，为那些残疾儿童以及他们的父母提供图书、软件和经过改造的玩具等，供他们按照自己的节奏学习和培养各种技能[23]。美国菲尼克斯公共图书馆建有面向儿童的特色馆藏，收集了3000多部Miegs的《儿童文学评论史》中曾引用过的经典名著，以及民间和童话文学[24]。

（5）非书资料特色资源。为满足读者多样化的信息需求，由各种各样的非书资料构成的特色馆藏在全球各地的图书馆中也随处可见。很多在资料搜集方面很保守的公共图书馆，也开始收藏各类非书资料，如影像资料、录音带、档案、玩具等[25]。吉林省图书馆特色资源的一种主要类型是缩微文献，视听资料则是安徽省图书馆的一类特色馆藏。荷兰鹿特丹公共图书馆于1975年创建了剪报特藏——鹿特丹新闻和信息中心，收藏有剪报6000种，排满了120米长的书架，既包括商业服务信息剪报，也包括机构内部信息剪报。为了应对报纸数字化的趋势，图书馆还配备了自动化系统存储剪报条目[26]。英国、澳大利亚、加拿大、新西兰、美国等国家的很多公共图书馆则对建设商品目录、年度报告、海报、各种时间表、销售目录、精选资料、本地展览一览表、地方企业宣传资料等一次性印刷品特色馆藏的兴趣与日俱增[27]。

三、特色资源建设的实施

1.特色资源选题

以何种资源作为特色馆藏是公共图书馆在特色资源建设中首先面临的问题，也是最重要的问题。是否要建设或增加一种特色馆藏的决策必须要在充分评估图书馆整体组织的各种必要因素之后做出。一般而言，首先要对本地读者的信息需求以及其他图书馆的特色馆藏进行调查，确定特色资源建设的必要性，避免重复建设；其次要对本馆馆藏资源基础与经费状况进行全面考察和权衡，确定特色资源建设的可行性。在我国现行管理体制下，还应该征得图书馆主管部门的同意和经费支持。特色资源建设还有赖于全体员工的支持和配合，所以还需要听取图书馆内部人员的意见和建议。在这一方面，美国的做法值得借鉴。例如，美国俄克拉荷马城公共图书馆将本馆拟建设的特色资源选题上报俄克拉荷马州首府图书馆委员会，委员会通过投票进行表决。俄克拉荷马城公共图书馆的调查委员会则负责收集图书馆员工的意见和建议，同时采取社区标准（Community Standards），帮助特藏建设人员进行特色资源的选择[28]。

特色资源的选题还要根据社会信息环境的变化发展与时俱进，要以满足读者信息需求为出发点和归宿。例如随着信息公开制度的逐步推进和人们信息意识的不断加强，人们希望能够通过图书馆获取各种医疗信息的愿望日益迫切，而“以患者为中心的治疗”和“知情许可”理念的发展，则为医学图书馆和公共图书馆提供医疗信息服务减少了阻力。在这样的背景下，日本东京中心图书馆不仅开始提供医疗信息服务，而且建立了患者病历特色馆藏为读者提供专业化的医疗信息服务[29]。

2.特色资源搜集

与图书馆的其他文献资源相比，特色资源的来源渠道通常较为狭窄，增加了搜集的难度。图书馆除了通过现场采购、订单采购、招标采购等常规方式采集之外，还可以通过以下方式搜集特色资源：

①征集。图书馆通过发布公告的方式向社会征集特色资源，并说明征集资源的范围、种类以及补偿方式、奖励办法等。如地方文献的征集范围包括反映地区政治、经济、文化、科技、地理、历史、风俗人情、人物生平事迹的图书、期刊、报纸、画报、音像制品、机读文献等；征集类型可以是地方史志、地方人士著述、地方资料、革命文献、家谱族谱、非书资料、古籍图书、非物质文化遗产资料等。特色资源征集减少了搜集程序，扩大了来源范围，同时还可以起到宣传图书馆特色资源的效果。

②交换。与其他图书馆或科研院所、学术团体、出版社等进行书刊交换，既能够获得各种发行数量少、流通范围小的非正式出版物，如政府出版物、组织团体的内部资料等，补充特色馆藏资源，又能节省图书馆的资源建设经费。如陕西省图书馆与美国国会图书馆、日本奈良县立图书馆、荷兰莱登大学汉学研究院图书馆等建立了国际书刊交换关系，这对于其特色馆藏的建立和发展极有助益。

③捐赠。接受捐赠也是图书馆获取特色资源的重要渠道，即捐赠者出于使特色资源得到更好保存和利用等目的，将拥有的特色资源无偿捐赠给图书馆。许多公共图书馆在特色资源建设中都接受过来自社会各界的文献捐赠，并且制定有详细的文献捐赠管理办法。

④访书。访书即图书馆采访人员或特藏建设人员走出图书馆，亲自去访求书籍资料。访书要求采访者具备深厚的学识修养和丰富的阅历，即“眼界欲宽、精

神欲注、心思欲巧”。郑樵将访书方法归纳为：即类以求，旁类以求，因地以求，因家以求，求之公，求之私，因人以求，因代以求。这八种方法对于现代图书馆特色资源的搜集也是适用的。访书对访书人员和经费都有很高的要求，并且费时费力，但通过这种方式搜集到的资料质量较高。

⑤人际网络。根据六度空间理论，任何两位素不相识的人，通过一定的联系方式，总能够产生必然联系或关系。通过人际网络搜集特色资源的方式与此类似，主要是图书馆雇佣馆外人员，由其通过社会网络关系搜集图书馆所需的特色资源。在美国，1973 年就出现了为图书馆和各类组织收集一次性印刷品的非正式人际网络。这种搜集资源的方式大大提高了资源采集率，降低了成本，并且还提高了特色资源范围的广度和内容的深度[30]。

在现实的特色资源建设过程中，图书馆需要采用多种资源搜集方法，以保证特色资源的覆盖率和资源的质量。如加拿大多伦多公共图书馆于 1971 年建立了福尔摩斯的塑造者柯南·道尔特色馆藏。在特藏建设的初始阶段，多伦多公共图书馆购买了大量重要的资源，为特藏打下了坚实的基础，使得其后在预算缩减的情况下特藏建设也能够持续开展。多伦多公共图书馆还与众多的侦探小说爱好者建立了紧密的联系，并从他们那里获得了重要的捐赠和相关信息。最近成立的“聚友集团”（Friends Group）则在柯南·道尔特藏的筹款、援助和引起公众对特藏的关注方面均发挥了非常显著的作用[31]。

3.特色资源管理

特色资源管理包括对特色资源的分类、编目、加工等环节，规范化的特色资源管理是有效保存资源和提高资源利用率的保证。在特色馆藏图书馆员人数较少的情况下，为了提高工作效率，图书馆可以通过部门重组、雇佣内部专业技术人员、部门协作等方式进行特色资源管理工作[32]。

科学高效的特色资源管理不仅有利于资源的保存和利用，而且还能促进资源的搜集。通过对征集和捐赠的特色资源进行及时妥善的处理、存储和提供利用，有助于维护图书馆与资源捐赠者之间的良好关系，并吸引更多的人加入特色资源捐赠者的队伍中。例如特色资源在线目录已经成为一种发展特色馆藏的有效工具，潜在的特藏资源捐赠者一般希望能够方便地在线访问图书馆的特藏资源，将其藏书与图书馆特藏资源在线目录进行比较，以决定是否捐赠自己的藏书。如果没有在线记录的话，特藏资源捐赠过程就会变得异常复杂。特藏捐赠者和特藏部门可能需要制作清单或影印卡片目录进行书目对比[33]。这样烦琐的程序可能会打击资源捐赠者的积极性。

4.特色资源数字化

为更好地保存特色资源并使用户更加方便地利用，特色馆藏数字化成为特色资源建设的一种发展趋势。资源数字化需要花费大量的人力、物力、财力，图书馆在实施数字化工作之前要对特色资源的范围进行充分的调查和分析，优先数字化那些用户需求量大、利用频繁和易损坏的资源。采用何种方式进行数字化也是图书馆需要考虑的重要问题。专门购置数字化设备由馆内人员实施数字化，不仅投入较大，而且数字化的质量和速度也难以保障。从节省成本和保障质量的角度出发，图书馆最好与商业公司合作。例如 Kirtas 科技公司不仅提供优质的数字化服务，而且非常强调高质量的图片处理和扫描的后续加工工作，并且采用混合服务模式，既可以在 Kirtas 科技公司也可以在各图书馆提供图书扫描以及后续的加工服务[34]。特色资源数字化过程中还应提高版权意识，遵守版权法的有关规定。对于尚在版权保护期限内的文献，应通过适当的途径征得版权人的同意方可进行数字化加工。

四、地方文献建设专论

1.地方文献的概念及其类型

地方文献是“记载和反映一个地区政治、经济、文化等各个领域、各个时期状况的信息载体，它承载着一个地区的发展脉络，是一个地区的客观缩影与文化底蕴的集中反映”[35]。但目前我国图书馆学界对地方文献的概念内涵与外延还没有统一的认识，各级公共图书馆在地方文献资源建设的实践中，也没有形成统一的地方文献收藏标准。

目前对地方文献的理解包括狭义和广义两个方面。狭义的地方文献主要是地方史料，即内容上具有地方特征的区域性文献。任何文献，可以不管它的出版地和出版形式，也可以不管文献编著者的籍贯和文献的载体，但只有内容涉及本地的地理位置、建制沿革、名胜古迹、风俗人情、物产资源、语言文字、文化教育等方面，才可以视为地方文献。这种狭义的概念在一定程度上揭示了地方文献的本质特征——地方区域性，但容易导致公共图书馆在搜集地方文献的过程中遗漏掉一些珍贵的文献。

“广义”的地方文献概念的含义比“狭义”的要宽泛得多。“广义”的地方文献除了地方史料之外，还包括地方出版物和地方人士著述等。这种广义的地方文献概念使地方文献的范围有了更宽广的包容性。但在实践中，公共图书馆在搜集地方文献时也会遇到一些问题，因为有很多地方出版物和地方人士著述的内容与本地没有关系，如果都纳入地方文献加以收藏，势必扩大地方文献的收藏范围，也有悖于地方文献的地域性特征。这就需要各个公共图书馆在搜集地方文献时建立一整套相关标准。

综合狭义和广义的理解，地方文献主要包括以下几种类型：

（1）地方史料。地方史料的范围十分广泛，包括地方志、拓片、碑刻、家谱等，以地方志为主。地方志是一种以区域为中心，记述某一地区地理形态、气候环境、历史沿革、政治经济、科技教育、文化艺术、地方人物、风景名胜、风俗习惯等历史性资料的总汇。在内容上包括了一个地域各个方面的主要信息，是了解该地不可多得的史料。我国自从20世纪80年代以来十分注重地方志修订和整理工作，形成了县有县志、市有市志的局面。

（2）地方人物资料。主要指地方人物的传记、论著、回忆录、评论以及其他记载了地方人物事迹的文献等。对地方人物资料的收集应该注重广泛性，不应该局限于收集非常出名的人物，同时收集名人和普通人的相关资料可以更好地反映一个地方的人物生活全貌。

（3）地方出版物。地方出版物是指某一地区历代刻印、出版、发行的所有文献，包括本地区正式和非正式出版物。但是公共图书馆不可能也没必要将本地区出版的所有资料都收集齐全，而应重点收藏那些能反映本地区经济、文化的发展轨迹，或者能够展示本地区人文历史风貌的地方出版物。对地方出版物中具有鲜明地域特色的革命文献资料，风土人情、民俗民情资料，应该悉数收藏。

2.地方文献的特征

地方文献作为一种文献类型，除了具有文献的一般特征之外还具有自己独特的属性，包括地域性、史料性、系统性等。

（1）地域性。地域性是地方文献的本质属性，是地方文献区别于其他文献的本质特征。地域性特征是指地方文献具有显著的地方特色，它反映某一地区的地理位置、自然风貌、文化习俗、经济生活等多个方面的历史和现状。但地方文献的地域性是一个相对的空间概念，一个地域可以小到一个村落，大到一个国家甚至整个世界。但一般来说，地方文献主要是针对一个国家的某一地域而言的。例如，记载了武汉地区的文献资料便是武汉的地方文献。如《武汉年鉴》（2009年卷）刊载的是2008年武汉地区自然、政治、经济、文化和社会等方面的基本情况和基本资料。

（2）史料性。无论是公开出版物还是内部资料，无论是日记、手稿还是家谱、方志，无论是图画、相簿还是磁带、光盘，地方文献都起到了记载历史、资政参考、传承文明的作用，具有较高的史料价值和学术价值，对后世了解某一地区的历史概貌有着巨大的作用。

（3）系统性。地方文献系统地记载了一个地区历朝历代物质文化和精神文化生产的状况，是一个地区的文化记忆。只要社会继续存在和发展，地方文献就会不断产生。另外，从文献出版时间看，某些地方文献本身具有连续性，比如年鉴。一个地区的地方文献从各个方面系统反映了该地区的政治、经济、文化等方面的发展状况，共同记载了一个地区的发展历程。

3.地方文献的作用

（1）地方文献是促进地方经济发展的重要信息资源

对各个地区来说，发展是硬道理。地区在寻求新的经济增长点的时候需要掌握本地区地理位置、气候环境等自然条件和政治、经济、文化等社会条件方面的信息。只有立足地方实际情况，才能走出一条可持续发展的道路。而地方文献正是对地区自然条件和社会条件较为全面系统的反映，是了解一个地区自然和社会概况不可多得的信息资源。

（2）地方文献是科学研究、文学艺术创作的重要素材

科学研究和文学艺术创作属于精神文化创作范畴，是对社会存在的反映，其成果会充实地方文献，但人们在研究或者创作过程中往往需要基于一定的历史文献资料和生产生活状态，而要获得这些信息都可以参考地方文献。很多小说、戏剧的创作内容都是与某地的生产生活方式存在着密切联系的。

（3）地方文献是公共图书馆馆藏特色化的源泉

只有拥有特色化的馆藏，公共图书馆（特别是中小型公共图书馆）才能吸引更多的用户，体现公共图书馆的价值。任何一个地方都有自己独特的历史和现状，记载这些内容的地方文献无疑是本地区公共图书馆馆藏资源特色化的源泉。2011 年 10 月，党的十七届六中全会明确做出推进社会主义文化大发展大繁荣的伟大战略部署。公共图书馆作为一个重要的文化机构，承担着为社会公众提供文化服务的使命，在社会文化服务体系中占据着极其重要的位置。在促进社会主义文化大发展大繁荣的进程中，公共图书馆理应从本地实际出发，收藏更多特色化资源，发挥比较优势，更好地为社会服务。

此外，地方文献还能够为当地有关部门的决策、规划提供依据，为各地、各部门进行乡土教育和爱国主义教育提供参考资料等。加强地方文献建设，多方收集地方文献，深入开发和利用好地方文献，对促进地区经济、政治、文化和社会的发展具有极其重要的意义。

4.地方文献收集

（1）收集原则

公共图书馆应依据实际情况，确定地方文献收集的内容范围和时间范围，制订并遵循收集原则。这些原则主要包括：

①在内容上应遵循“广”“全”“精”的原则。所谓“广”，就是凡涉及地方政治、经济、科研、文化、教育、艺术、宗教、民风、民俗和社会发展动态的相关资料，无论是国内，还是国外出版发行，均应作为地方文献收集对象；所谓“全”，就是收集的地方文献的内容要全面，不论学科专业，只要是属于当地地方文献采集的范围，就必须完整收录；所谓“精”，也就是要求收集的地方文献的内容质量要高，特别是对于一些地方内部资料以及网络资料，地方文献工作征集者要对其文献真伪、使用价值和保存价值进行认真筛选和辨别，使收集的地方文献客观、准确、精练。

②在时间上应遵循以近期地方文献为主并逐步回溯的原则。在现当代，网络、电视、广播等现代技术使地方文献的生产非常方便、直观与丰富，各地区产生了大量地方文献，它们大多是第一手资料，反映了本地区的原始风貌。这些地方文献将为人们研究本地区的经济、政治、科技、文化、教育等提供宝贵的资料，如果不注意保存和收藏，一些有价值的地方文献就会随着时间的推移渐渐散失，造成以后本地区文献信息收藏单位收藏成本提高，甚至导致当地地方文献保存缺失。绝大多数古代、近代地方文献生成年代已经久远，之前地方文献保护观念淡薄，保护手段和方法落后，加上其他一些主客观因素，地方文献散失较为严重，存量有限，因此必须通过一些方法慢慢析出。在地方文献征集逐步回溯时，对于古代和近代的地方文献，收藏尽量完备；对于现当代文献，在某些重点领域和最能反映当地特色的领域，也要重点收藏；对于产生较多地方文献的领域，则要进行高质量的筛选，以期达到厚古宽今的收藏效果[36]。

③协调性原则。一个地区不止一个公共图书馆，图书馆之间应协调分工合作，明确各自收集地方文献的重点，建构纵横交错的地方文献网络，以节约相关成本和实现资源共享。

④载体来源多样化原则。随着信息技术和网络技术的发展，地方文献的载体也日趋多样化。因此，除了继续做好纸质地方文献的收集外，还应不断加强缩微、视听、电子文献和网上信息的收集，这样才能确保地方文献内容的系统性和完整性。尤其是网上地方文献信息的收集，不仅需要技术先进的硬件设备的支撑，更要求馆员具有较高的业务技术素质。今后图书馆需要重点加强的环节是从

网上全方位地搜索、下载本地区地方文献信息[37]。网络信息资源的采集将在下一节进行详细论述。

（2）收集范围

地方文献的内容范围很广，大致说来，一个地区公共图书馆的地方文献应该包括：

①本地区新修的各种史志，包括通志、市志、县志、行业志、乡土志等，以及为修志所收集、整理、出版的各种资料，包括在修志过程中收集的各种原始资料；

②本地区出版的包含各个时期、各个行业的各种年鉴、年度报告、指南、汇编等；

③在本地区公开出版和内部发行的有地方特征的各种图书、期刊、报纸等文献资料；

④国内外出版的反映本地区各行各业情况的公开出版物及内部资料（尤其是各行各业的统计资料、年度报告等）；

⑤籍贯在本地区或居住在本地区以及在本地区有重大影响的人物的作品、传记、年谱、手迹手稿、轶事照片及对其进行研究的各种资料；

⑥本地区的各种重要会议文献及论著；

⑦地方曲艺、艺术品及反映本地区社会活动的文艺作品；

⑧反映本地区地方信息的信函、札记、票据、照片等信息资源。

（3）收集策略

发挥地方文献的作用之前提是将地方文献收集起来，地方公共图书馆收集地方文献可以采取以下措施。

第一，加强宣传。宣传的内容主要包括图书馆的职能、作用，让社会公众和相关机构更多地了解公共图书馆。公共图书馆应该取得有关领导部门的重视，由他们制定相关政策，要求各有关单位配合图书馆开展好地方文献的搜集工作；公共图书馆工作人员要向有关单位、部门宣传全面搜集地方文献资料的重要性和必要性，消除其疑虑；争取让地方政府通过制定相关法规条例保障地方文献的搜集工作，使图书馆在收集时有法可依，保障各种地方文献收集齐全、完备[38]。

第二，多方收集。必须针对地方文献的形成特征，多渠道、多途径搜集，这些途径主要包括：各种书目和订单，党政机关、社会团体、企事业单位和个人，各类报刊和新闻媒介，旧图书回收站，网络等。对向公共图书馆捐赠地方文献的部门、集体和个人，公共图书馆应代表广大读者对他们支持图书馆工作致谢，可以赠送设计精美的收藏证书，或者考虑向他们提供借阅资料的优惠条件；可以在网站等媒介上对捐赠地方文献者进行宣传报道；在条件允许的情况下，还可举办地方文献专题展览，邀请当地领导、重要人士以及捐赠文献的作者前往参观、指导，以扩大地方文献收藏工作的影响力，促进收集工作深入开展；收集地方文献后，图书馆应编印地方文献专题目录，用于馆际交流和赠发地方文献出版单位，以调动地方文献编写单位向图书馆送交样书的积极性，同时方便读者利用地方文献[39]。

第三，建立联系网络，规范收集工作。地方文献的收集人员应力争建立广泛的人际关系，特别是要同地方出版机构、地方党政机关、企事业单位保持长期联系，这样才能最快最大范围地收集地方文献。另外，要制定地方文献征集办法，规范地方文献收集工作，并有明确的奖惩办法。

第四节　数字馆藏建设

在新的图书馆业态环境下，越来越多的馆藏资源由图书、期刊、录音、录像等模拟形态转变为数字形态[40]。数字馆藏在馆藏体系与图书馆服务中的重要性日益凸显。公共图书馆数字馆藏建设的内容主要包括数字资源的采购、特色数据库建设和网络资源的开发三个方面。

一、数字资源采购

数字资源是指所有把文字、图像、声频、视频等形式的信息，以数字代码的形式存储在磁、光、电等介质上，并通过网络通信、计算机等传播和利用的新型信息资源。数字资源的类型包括电子书、电子期刊、数据库、多媒体资源、网络资源等。数字资源的采购是图书馆以购买、租用、建立镜像等方式获得商业性数字资源的所有权或使用权。数字资源采购主要涉及采购程序和采购模式两个关键问题。

1.数字资源采购的程序

图书馆数字资源采购与传统实体资源采购存在着诸多差异，主要表现为实体资源选择是以单本（种）的书刊作为选择对象，而数字资源选择多以大量出版物组成的“库”为选择单位；实体资源的选择侧重内容特征，数字资源的选择还要关注技术特征；实体资源采购的决策者是学科专家或采访馆员，数字资源的选择决策则需要一个专家群体；实体资源的使用属著作权法范畴，数字资源的使用则须遵守著作权法和数字资源的许可证协议[41]。这些差异决定了数字资源采购要比传统实体资源的采购复杂得多。公共图书馆通常按照以下程序采购数字资源。

（1）采购需求调研。公共图书馆担负着为保存人类文化遗产服务，为科学研究服务，为地区经济建设服务，为提高人民群众科学文化水平服务，为人民群众娱乐休闲服务的多重使命[42]。这些使命要求公共图书馆既要选择内容涵盖面广泛的综合性数字资源，又要购买能够促进地方科学研究和地方经济发展的专业性数字资源，还要兼顾趣味性和娱乐性数字资源的采购。公共图书馆应该对本馆的服务对象进行数字资源需求调查，全面了解本地区政府部门、企事业单位、社会公众的信息需求，切实提高数字资源采购的针对性和用户满意度。

（2）制定采购方案。根据用户信息需求调研结果，结合图书馆馆藏基础和经费状况，制定数字资源采购方案。采购方案应从指导思想、主要目标、采购模式、实施步骤、保障措施、具体要求、经费预算等方面对数字资源采购工作进行规划，使数字资源采购有章可循。采购模式和经费预算是公共图书馆数字资源采购方案的核心内容。图书馆要综合考虑采购对象、采购规模、数字资源提供商的实际情况确定采购模式。科学合理的经费预算是图书馆数字资源建设经济效益和社会效益最大化的保障。数字资源采购的程序较为复杂，而且采购周期较长，经费预算要对采购中涉及经费支出的每一个环节进行详尽的规定和说明，以有效控制经费开支。在进行单一来源采购时，图书馆在竞争态势中处于不利的地位，尤其需要有严格的经费预算的规范和限制。

（3）资源信息搜集。购买数字资源之前，图书馆需要了解拟采购数字资源的各种相关信息，包括资源的学科范围、服务平台、使用方式、定价模式等。具体而言，图书馆可以通过以下五种途径搜集数字资源的信息。一是数字资源供应商主动“推送”信息。各种数据资源供应商为推销自己的产品会经常主动提供一些新产品资料与信息给图书馆相关部门；二是图书馆的数字资源采购人员与较知名的数据资源供应商主动联系，了解其最新的数据资源动态；三是采购人员通过查阅图书馆专业期刊、专门的图书资料、数据库出版信息资料库等来掌握各类型数据资源的情况，如Library Review、Library Journals、LISA（Library and Information Science Abstracts）等；四是读者推荐，图书馆可以在网站设置读者荐购模块或发放读者荐购表征询读者建议；五是参考其他国家或地区的公共图书馆网站，了解其他相同层次图书馆的数字资源采购情况作为本馆的参考[43]。

（4）资源试用。数字资源试用是考察数字资源各方面情况最有效的方式。试用前要广泛宣传，吸引和鼓励图书馆各类型的用户都进行资源的试用，从而获取不同用户群体的意见。为了取得良好的试用效果还要进行用户培训，讲解数字资源的使用方法，减少用户利用数字资源的障碍。另外，要保障足够的数字资源试用时间，一般要达到3个月以上才能获得客观准确的试用数据信息。除了分析数字资源供应商提供的试用统计数据之外，图书馆还要特别注意对本馆试用数据的统计分析，如访问次数、检索次数、下载全文次数，以及通过发放调查表、网络调查、个别访谈等方式了解用户对数字资源的试用情况和反馈信息。在此基础上形成数字资源试用分析报告，作为制定数字资源采购决策的重要依据。

（5）资源评估。资源评估由图书馆数字资源建设的相关部门从内容、价格、技术、服务方面对数字资源予以评估。内容评估考察数字资源的内容与图书馆承担的社会任务的匹配程度以及对读者信息需求的满足程度，评估数字资源与本馆已有馆藏资源的重复情况，一般认为重复率不能超过30%。价格评估的对象是数字资源的单位价格，即用某一数字资源的报价除以该数字资源包含的文章数量，得到每篇文章的单位价格，单位价格越低，采购优先度越高。技术评估考察的是数字资源检索系统的兼容性、访问控制、读者信息保密、检索功能、检索技术、检索结果输出等内容[44]。服务评估主要针对的是数字资源供应商提供的各项服务，如数字资源的访问方式是借助国际网、专线，还是镜像，是否提供技术支持，是否提供使用量统计报告。

（6）订购和续订。数字资源采购属于纯商业行为，图书馆必须通过与资源供应商进行不断的博弈才有可能实现自身利益的最大化。所以无论是单独采购还是集团采购，图书馆或图书馆联盟都要成立谈判小组，从数字资源的价格、使用许可、长期保存、后续服务等方面与数字资源供应商谈判。签署协议也是数字资源采购中的关键环节，图书馆方面要与数字资源供应商就合同中的每一项条款都达成共识，并且每一项条款的内容都要清晰明确，避免出现模棱两可或语焉不详的情况。合同文件一经签署就具有法律效力，所以签署双方都要严格履行合同。图书馆方面要保证按期付款，并注意保护数字资源的知识产权，合理使用资源，另外还要监督供应商的履约情况，如是否及时更新数据和提供技术支持，是否适时提供用户培训，是否按时提供资源使用统计报告。

2.数字资源采购模式

公共图书馆数字资源的采购模式目前主要有单独采购和集团采购。不同的采购模式各有其适用的条件和优缺点。

（1）单独采购。单独采购指单个图书馆通过独自与数字资源供应商谈判的方式采购数字资源。单独采购没有组织招标等中间环节，节省了经费开支，缩短了采购周期，图书馆可以根据本馆实际情况与数字资源供应商进行有针对性的谈判，就各项具体要求充分磋商，谈判的效率较高。但在单独采购中，来自本馆的谈判人员虽然对数字资源的内容和服务等专业问题比较熟悉，但相关法律法规知识和谈判技巧相对欠缺，对图书馆争取更加灵活的使用权限和更优惠的价格不利。

（2）集团采购。集团采购是指多个图书馆自愿组成集团，联合采购某种数字资源，共同承担数字资源的购买或使用费，以最少的经费和人力投入，获取最优价格、最佳服务和最符合需求的数字资源[45]。集团采购具有单独采购不可比拟的优越性。首先，数字资源供应商会给予集团采购更优惠的价格，并且集团越大，价格越优惠。其次，集团采购可以减少每个图书馆分别与数据资源供应商谈判的精力和时间。第三，集团采购可以以集团的名义，要求数字资源供应商改进工作，提供更加优质的服务[46]。

同教育系统和科技系统图书馆相比，公共图书馆的集团采购起步较晚。2002年上海图书馆牵头组成上海图书馆联盟，集团采购 Netlibrary 电子图书。2004 年上海浦东新区图书馆与上海图书馆共同开展了联合采购数据库的项目。河北省公共图书馆系统的集团采购则是由河北省图书馆统一向数据库商支付数据库费用，省内各公共图书馆向省馆支付一定的使用费。实行总分馆制的苏州图书馆为了节省经费，2006 年与周边的县级图书馆合作采购数字资源，实现数字资源的共建共享。总体而言，我国公共图书馆的数字资源集团采购以中文资源为主，集团的形成多是从地市级层面展开，集团购买方式灵活多样[47]。随着我国覆盖全社会的公共图书馆服务体系建设的推进，公共图书馆之间合作进行数字资源建设得到了较快的发展，集团采购必将成为公共图书馆数字资源采购的主流模式。

二、网络资源采集

1.网络资源特点

（1）数量大，增长迅速。随着信息生产、存储、传递技术的飞速发展和网络基础设施的完善，网络资源呈现爆炸式的增长。在易安信（EMC）赞助下，国际数据公司（International Data Corporation，简称 IDC）发布的研究报告《数字宇宙十年——你是否准备好？》显示，在 2009 年经济大萧条时期，数字信息量比 2008 年增长了 62%，达到 0.8ZB（8000 亿 GB）。2010 年产生的数字信息量达到 1.2ZB左右，相当于福克斯电视台热门电视连续剧《24 小时》连续播放 1.25 亿年。报告预测，每年创建的数字信息量从 2009 年到 2020 年将增长 44 倍，电视、广播等所有主要的媒体形式都将完成从模拟到数字的转变[48]。

（2）资源丰富，形式多样。网络资源，顾名思义就是存在于网络上的资源，以网络节点为载体。网络上存在着丰富的信息资源，涵盖了各类学科、不同领域、众多语言的资源，既有各种电子文献、书目数据库和各种软件资源，也包括大量的流媒体信息。其表现形式除了传统的文本、图表、图形外，还增加了图像、声音、动画等多媒体信息[49]。

（3）传播广泛，更新及时。信息资源由传统载体上的文字、图像等转变为数字化的磁信号或光信号后，其在存储、传播、查询等方面变得更加快捷，且所存储的信息密度更高，储量更大，可以通过互联网络进行更大范围的高效快速传播。网络资源的更新速度更快，时效性更强，主要表现在两个方面：一是新信息资源的发布速度加快；二是新旧信息更替更加频繁。借助于互联网络的优势，网络信息资源的发布速度比传统载体信息资源的发表速度大大加快，数量大大增加，但同时也带来了网络信息资源稳定性差和安全性、可靠性不足等缺点[50]。

（4）获取方便。通过互联网，公众可以7×24小时自由获取网络资源。借助百度、Google 等大型搜索引擎，通过关键词检索可以很方便地获取所需信息。此外，还可以通过网络导航网站，比如 360 网络导航、hao123 网络导航、百度网址大全，很方便地浏览相关信息。

2.网络资源的采集标准

网络信息资源的杂乱无序和海量存在决定了任何一个图书馆都不可能将其全部纳入自己的馆藏资源体系，因此，在采集网络资源的时候必须根据本馆的情况制定一套采集标准。一般而言，这些标准包括：

第一，网络资源与其他类型信息资源的协调互补性。网络资源、数据库资源和馆藏文献资源，共同构成图书馆信息资源体系。各类型资源各有优势，也各有不足，因此应该结合本馆现有资源基础，以用户需求为导向，以实用性、针对性为原则采集网络资源，实现网络资源与其他类型信息资源的优势互补。

第二，网络资源的来源权威性。网络资源的来源途径广泛，特别是在 Web2.0 环境下，几乎每一个人都可能是网络资源的提供者，从而导致网络资源鱼龙混杂，质量参差不齐。这就需要图书馆在采集网络资源时进行评价、筛选，注意选择那些由政府机构、学校、科研机构、大型企业、知名商业网站、专家学者等有较高信誉度的机构和个人提供的网络资源，保证采集网络资源的可信度[51]。

第三，网络资源本身的连续性和系统性。与其他类型信息资源一样，网络资源越是具有连续性和系统性，资源价值就越大。因此，公共图书馆在采集网络资源的时候要注重资源本身的连续性和系统性。

3.网络资源采集基本技术

网络资源采集方法包括人工采集、自动采集和混合采集。人工采集是指馆员对网络资源进行评价、选择，然后纳入图书馆资源体系，其优点是可以较好地控制资源采集的质量，但效率较低；自动采集是指采集人员设置好采集的主题等限制条件，然后由计算机自动采集，其优点是效率高，但质量控制效果有待进一步提高；混合采集就是综合运用人工采集和自动采集，可以充分利用二者的优点。这里主要探讨网络资源自动采集的基本技术。

网络资源自动采集首先按照用户指定的主题，调用搜索引擎进行网页搜索和数据挖掘，将采集的资源进行过滤，然后通过计算机自动排重等处理过程剔除重复信息，再运用计算机自动分类技术依据不同类别或主题进行信息的自动分类。分类整合后的网络信息采用元数据方案进行编目，经过编目组织的网络信息正式发布后，即可通过检索为读者提供服务。

（1）网络信息采集技术。通常是借助各种搜索引擎来采集网络资源。一个普通商用搜索引擎由搜索器、索引器、检索器和用户接口四部分构成。搜索器就是一个被称为 Robot 计算机程序的网络机器人，该程序以一个或一组指定的 URL 为浏览起点，按某种算法进行远程数据的搜索与获取。最后根据 HTML 标题或者分析整个 HTML 文档对所有单词建立本地索引，并产生本地数据库。索引器的功能是理解搜索器所搜索的数据信息，从中抽取出索引项，建立用于表示数据文档以及生成数据库的索引库。检索器的功能是根据用户的查询在索引库中快速检出数据文档，依据相关度评价对检出的结果进行排序。用户接口的功能是输入用户的查询并显示检索器检出的查询结果[52]。

（2）网络信息挖掘技术。网络信息挖掘技术主要用于自动判别网页内容，通过网站提供的查询接口对网络数据库中的信息进行遍历和分析整理，提取相关信息导入本地数据库。

（3）网络信息分析与过滤技术。通过搜索引擎采集的信息绝大部分都是无关信息，为了最大限度保证采集的信息契合主题要求，必须采用分析与过滤技术来控制信息的采集和发布。

（4）网络信息整合技术。对所采集的网络信息可以依据主题法或分类法，按照图书馆的要求，利用计算机自动分类技术对其进行整合。整合后的信息可以建立资源导航系统、专题文献数据库或者特色资源库来为读者提供服务。

4.网络资源采集策略

（1）用户网络信息需求分析。图书馆网络资源用户的信息需求包括现实信息需求和潜在信息需求。现实信息需求可以通过分析馆藏信息资源利用情况去把握，如通过对现有资源利用的学科分布、主题分布、内容层次分布、文献类型分布等状况进行分析，从而了解网络资源用户稳定的信息需求，以此指导网络资源的采集。网络资源用户的潜在信息需求分析，则不仅需要充分了解现有资源的利用情况，还要分析和预测学科发展方向和趋势，结合国际国内环境、社会热点问题、国家政策走向等来预测用户的信息需求，以此确定网络资源的采集策略。

（2）网络资源采集类型选择。①建立网络资源专题数据库：网络资源包括许多研究价值高的全文研究资料，网络资源采集需要将这些全文信息进行下载、处理，利用专业软件进行标引、分类发布和检索，以满足本馆研究型读者的信息需求。②建立网络资源专题导航站：导航站的建立需要对网络资源使用者的学科属性、专业特色、研究范围进行深入的了解，然后以此为基础搜索专业信息网站，为网络资源用户提供专业网站的网上地址，并通过该地址来访问该服务器提供的信息。③建立网络资源目录网页：目录网页是将检索到的网络信息资源利用网页编辑器加以整理和加工，使用者可以通过网页间的链接，采用浏览的方式，直到找到所需信息的线索，也可以通过信息线索链接到相应的网络信息资源。网络资源目录网页综合了专题数据库和专题导航站二者的特点，对研究价值高的全文信息做成本地网页，将一般浏览性的信息通过链接直接访问网络[53]。

（3）网络资源采集的质量控制。由于网络信息资源在很大程度上处于混乱的状态，所以图书馆在进行网络资源采集时必须加强其质量控制。质量控制的前提条件是要制定完善的网络资源采集标准体系，然后严格依据标准采集网络资源，最后要按照既定的网络资源审核机制对采集的网络资源进行审核，通过采集前的标准体系、采集中的严格把关、采集后的审核机制这一整套措施来保证图书馆采集的网络资源的质量。

（4）网络资源采集的人才配备。高素质的人才是保证网络资源采集质量的前提。在网络环境下，网络资源采集人员不仅要对用户信息需求有比较深入的了解，而且资源采集建库过程中的大部分工作需要工作人员完成，因此，图书馆网络资源采集工作对馆员知识结构、信息素养、信息技术等能力有较高要求。图书馆应该从网络资源采集需要出发，配备综合素质较高的工作人员，还要注意培养那些具有潜在能力的采集人员，以免人员流失影响网络资源采集工作。

三、特色数据库建设

特色数据库是图书馆为了满足用户的信息需求，依托馆藏信息资源，对某一学科或某一专题的信息资源进行收集、分析、评价、处理、存储，并按照一定的标准和规范将其数字化所形成的信息资源库[54]。

1.我国公共图书馆特色数据库建设现状

2009 年有学者做过一项调查，结果表明我国共有 78 个省市（含地级市）级公共图书馆建立了 483 个特色数据库，而省级公共图书馆在建设特色数据库中起到了龙头作用[55]。通过对我国省级公共图书馆网站的调查，获得 15 所省馆的特色数据库信息，见表 3-2。

表 3-2　我国省级公共图书馆特色数据库一览表

图书馆	特 色 数 据 库
首都图书馆	古籍插图库、明清北京城垣资源库、北京地方文献报刊索引数据库、中国共产党北京党史资源库、奥林匹克运动会与艺术多媒体资源库、中国人民解放军将帅多媒体资源库、北京记忆——北京历史文化大型多媒体数据库
天津图书馆	天津地方文献数据库、天津出版物数据库、缩微文献数据库
南京图书馆	百年商标、老商标老广告数据库、江苏文化数据库、中国近代文献图像数据库、中华民族风情数据库、中外文学名著插图数据库、奥运图像数据库、中国古代体育图片库、百年艺苑、100 位新中国成立以来感动中国人物、100 位为新中国成立做出突出贡献的英雄模范人物、江苏省五星工程数据库、地方文献视频资源、抗日战争历史图库等
福建省图书馆	福建地方志全文数据库、馆藏闽剧荟萃、馆藏台湾文献介绍、福建省外文期刊联合目录、福建省图书馆地方文献专题数据库
山东省图书馆	齐鲁文化世博行、山东省地方法规数据库、山东省非物质文化遗产库、山东地方特色文献全文资源库、地震专题信息平台、山东政务信息公开导航平台、山东民间彩印花布数据库
吉林省图书馆	吉林省非物质文化遗产数据库、长白山动植菌物图片数据库、吉林二人转数据库、东北抗联数据库、吉林省两院院士及省馆优秀专家数据库、中国共产党在吉林省的组织建立与发展历程(建国前)专题数据库、休闲时光话读书讲座、杨靖宇将军专题、吉林省地方文献提要数据库

续表

图书馆	特色数据库
辽宁省图书馆	辽宁大事记、辽宁三十年代作家作品数据库、九一八事变专题图片库、张学良资料索引库、张学良手稿库、中国共产党党史图片集、振兴东北老工业基地专题、张学良图片库(报刊)、张学良图片库、清史图片数据库、辽宁社会科学成果目录、九一八事变资料索引库、法律法规数据库、东北图录数据库、东北抗战图书索引库、东北抗战书目库、关东名人数据库、东北抗战组织机构库、东北抗战图片库、东北抗战视频库、东北抗战事件库、东北抗战时期人物库等
黑龙江省图书馆	寒地黑土农业技术开发利用数据库、北大荒专题数据库、龙江艺术精粹数据库、龙江讲坛、犹太人在哈尔滨、东北招幌、少数民族文化、黑龙江旅游、黑龙江边境贸易、黑龙江野生动物、地方法律法规、哈尔滨旧影等
四川省图书馆	藏族唐卡数据库、四川文化名人库、绵竹年画数据库、馆藏古籍善本书(缩微品)目录、馆藏解放前报纸(缩微品)目录、馆藏解放前杂志(缩微品)目录、馆藏家谱族谱、四川旅游信息数据库等
云南省图书馆	云南蝴蝶、印象老昆明、云南野生动物、云南旅游、少数民族、抗战60周年专题书目、云南小吃、动漫图文、云南植物、消防安全、云南非物质文化遗产、古籍小百科、时事热点、云南土特产、云南花卉、服装、文史之窗等
陕西省图书馆	西安事变专题数据库、陕西帝王陵专题数据库、秦腔秦韵专题数据库、陕西非物质文化遗产专题数据库、陕西景观专题数据库、陕西民间美术专题数据库、陕西文史资料专题数据库、影视平台专题数据库
甘肃省图书馆	四库全书研究资源数据库、西北地方文献资源数据库、省情资源数据库、政府服务专题数据库、缩微文献数据库、标准文献数据库
青海省图书馆	青海地方期刊全文数据库、青海地方图书全文数据库、青海地方报纸全文数据库、青海影视库、青海图片库、青海书画家作品库、青海法律法规数据库、青海藏语影视库
宁夏图书馆	回族及伊斯兰文化、宁夏地方人文资源、非物质文化遗产、西夏文化、农村实用信息、生活实用信息、远程教育、知识讲座
澳门中央图书馆	葡萄牙共和国宪报电子数据库、澳门资料室读者咨询记录数据库、澳门出版者数据库、澳门出版物数据库、馆藏文德泉神父图书目录数据库、中葡关系四百五十年数据库

从特色数据库的类型来看，国内公共图书馆的特色数据库包括全文数据库、书目数据库、索引数据库、图片数据库、多媒体数据库等。全文数据库如福建地

方志全文数据库、山东地方特色文献全文资源库、青海地方图书全文数据库；书目数据库如抗战60周年专题书目数据库、澳门中央图书馆馆藏文德泉神父图书目录数据库、东北抗战书目库；索引数据库如北京地方文献报刊索引数据库、张学良资料索引库、九一八事变资料索引库；图片数据库如中国古代体育图片库、长白山动植菌物图片数据库、青海图片库；多媒体数据库如奥林匹克运动会与艺术多媒体资源库、东北抗战视频库、青海藏语影视库。多样化的特色数据库类型，说明国内公共图书馆对特色数据库建设给予了足够的关注，投入了较多的人力、物力、财力，其数据库建设技术也正在逐步走向成熟。

从特色数据库的内容来看，以地方特色数据库居多。地方特色数据库的内容主要有地方出版物、地方历史文化名人、当地历史事件、当地动植物，以及各地方非物质文化遗产，充分体现了公共图书馆保存人类文化遗产的社会职能，并且有利于人们更加方便和全面地了解本地区，为地区提供更多的发展机遇。山东省图书馆和甘肃省图书馆均建立了政务信息专题数据库，黑龙江省图书馆、辽宁省图书馆和青海省图书馆建立了地方法律法规数据库，云南省图书馆和四川省图书馆开发了旅游信息数据库，这些特色数据库对于地方政治、经济、社会发展能够起到直接的辅助和促进作用，但数量很少。值得注意的是，各公共图书馆的特色数据库主要还是建立在印刷型文献的基础上，仅仅是转换了载体形态或检索方式，资源建设的广度和深度都有待提高。另外，对于学术研究和市场决策具有重要参考价值的事实数据库和数值数据库极少。

2.特色数据库建设要注意的问题

特色数据库建设的目标是使不同内容、不同层次、不同载体、不同时间、不同语种的信息资源组成一个内容丰富、选择精良、查询便捷、方便利用的信息资源体系，以满足特定服务对象的信息需求[56]。特色数据库建设涵盖了信息资源从选择、采集、组织、保存、管理到维护的整个生命周期，涉及宏观规划、协调合作、标准规范、知识产权等方方面面的问题。公共图书馆在建设特色数据库时需要特别注意以下问题：

①宏观规划。国内目前的公共图书馆特色数据库存在重复建设和盲目建设，资源内容和服务方式与用户需求结合不紧密等问题。这主要是由于各个图书馆各自为政，既缺乏相关的组织或机构进行全局性的统筹规划，又没有或无力对全国范围内的特色数据库建设情况进行全面调查所造成的。针对这一问题，最稳妥的解决办法是成立数字资源建设协调组织，对已建和拟建的数据库进行调查、统计并通报，协调规划新建数据库项目，并负责制定数据库建设的标准规范以及数据

库的存储、获取、传输的一致性协议等，确保数据库的兼容性、可靠性和安全性[57]。

②协调合作。特色数据库建设需要具有专业技能的专业队伍和充足稳定的经费投入，而公共图书馆的人力资源和建设经费有限，最好通过不同途径，借助不同方式来合作建设特色数据库，以实现资源、经费、人员、技术的优势互补。公共图书馆与政府、企业、基金会等合作，吸纳多渠道的资金投入，有利于为特色数据库建设与可持续发展提供保障[58]。如四川省图书馆的四川省文化旅游资源数据库的建设，得到了四川省政府办公厅和旅游局的支持；WTO与中国中西部未来发展光盘资料库得了四川省计委、省文化厅的支持；中国西南民族文化多媒体资料库（羌族历史文化）得到了四川省少数民族文化艺术基金会、四川省前景文化传播有限公司的支持。与教育系统图书馆、科技系统图书馆、博物馆、文化馆联合建设特色数据库，也是公共图书馆合作建设特色数据库的一条可行路径[59]。

③标准规范。标准规范是特色数据库开发利用的基础，是特色数据库实现共建共享和互操作的保障。特色数据库建设标准规范主要针对特色数据库的数字资源建设与服务需求，以数字资源生命周期为主线进行构建，包括数字内容创建、数字对象描述、数字资源组织管理、数字资源服务、数字资源长期保存等环节[60]。缺乏统一的标准规范导致数据库系统不兼容，无法实现互操作和资源共建共享，是制约特色数据库建设和发展的瓶颈。在进行特色数据库建设时，首先要遵循国际和国家标准；在没有相应的数据库建设国际和国家标准时，要遵循行业标准；无相应行业标准时，则可考虑遵循其他业内所普遍认可的相关规范，从而为特色数据库共享创造条件。2002年我国启动了针对数字图书馆系统的数字资源建设与服务的《我国数字图书馆标准规范建设》项目，旨在为我国数字图书馆建设提供相对完善的标准与规范基础，直接指导和规范各个数字图书馆项目的资源加工、描述、组织、服务和长期保存。该项目为特色数据库建设提供了一系列可供参照的标准规范。此外，在标准的具体应用中，各个公共图书馆还应结合自己的实际情况，制订具体的特色数据库标准应用指南[61]。

④知识产权。特色数据库的信息资源主要有三个来源：数字化本馆馆藏文献；购买的数据库资源；开发的网络信息资源。利用任何一种资源建设特色数据库都可能会涉及知识产权问题。公共图书馆既要履行传播知识信息的使命，又不能损害著作权人的利益，那就必须妥善解决特色数据库建设中的知识产权问题。具体而言，特色数据库的资源按照知识产权状况可分为两大类：不受著作权法保

护的作品和受著作权法保护的作品。对于不受著作权法保护的作品，可以根据需要进行复制、加工、整合、改编、汇编等；对受著作权法保护，并处于权利保护期的作品进行改编、翻译、注释、整理、汇编、数字化等，须征得著作权人的许可并支付报酬；对于受著作权法保护，但已过权利保护期的作品，仍要注意保护作者的署名权、修改权和保护作品完整权[62]。图书馆在上述法律框架下，还需要探索和采取更加高效的知识产权解决方案，例如委托出版社联系著作权人获得授权，或者直接与其合作，由其负责解决相关的知识产权问题[63]；或者充分利用法律豁免条款，有针对性地开展版权征集工作[64]。

⑤检索功能。特色数据库建设的最终目的是为用户提供特色资源服务，数据库的检索功能直接关系到特色资源价值的实现。目前国内很多特色数据库仅提供简单的浏览检索功能，利用起来极为不便。所以公共图书馆建设特色数据库时，要加强功能完善的特色数据库系统的开发，设置主题检索、题名检索、分类号检索等多种检索途径，以及简单检索、逻辑检索、二次检索等多样化的检索功能。有条件的图书馆还应开发跨库检索平台，实现特色数据库之间以及特色数据库与其他数据库之间的整合检索，实现一站式获取所需特色信息资源。特色数据库建设还要与个性化服务相结合，通过个性化定制服务、个性化推荐服务、个性化知识决策服务等功能的开发[65]，带给用户更加便捷、更加优质的特色化服务。在当今 Web2.0 时代，用户的参与意识强烈，特色数据库还可以增加用户互动功能，允许用户添加数据，图书馆实施监督和控制，既促进数据库的建设，又能吸引用户，起到宣传特色数据库的作用。

第五节　资源保存与保护

文献资源的长期保存与保护已成为一个全球性的问题，世界各国都在开展文献资源长期保存与保护方面的研究和实践。公共图书馆的资源类型主要包括印刷型、缩微型、视听型以及数字信息资源。本节将探讨各类型资源的保存与保护问题。

一、纸本文献的保存与保护

1.纸本文献保存与保护的意义

随着时代的发展，公共图书馆的馆藏资源结构已从单一的纸本文献逐步发展为纸本文献和数字资源并重的局面，并且数字资源的比例和利用率都呈快速增长的趋势。因此，近年来业界对文献资源长期保存与保护的关注也从纸本文献转向数字资源。但这并不意味着公共图书馆可以不注重纸本文献的保存与保护。相反，由于对大多数公共图书馆来说，纸本文献依然是馆藏资源结构的主体，而且，很多纸本文献往往是图书馆长期积累起来的具有科学价值、文化价值、历史价值的资源，长期保存与保护这些资源意义重大。

首先，纸本文献是人类文明发展到一定阶段的产物，它记录着人类从事社会实践的史实和经验，并为后世获得知识发展科学文化提供条件。文献的作用和影响是通过文献的交流、传承来实现的，而文献的流传又是以文献的收藏和长期保存为前提的。文献的收藏与保护是文献流传乃至人类文明延续与发展的重要手段和途径。而图书馆与生俱来的使命，就是保存人类知识记录，保证人类文明的传承。因此，长期保存和保护文献是图书馆的天职。尽管在当今数字时代，知识信息载体多种多样，但只要纸本文献还存在，社会就需要图书馆这样一个机构或这样一种机制来收藏并长期保护这些文献。

其次，公共图书馆一项重要的社会职能就是开展社会教育，促进全民阅读，而履行这一职能的重要前提，就是公共图书馆必须能够提供丰富的文献资源。实际上，社会公众之所以需要公共图书馆，就是因为公共图书馆完整、系统地保存着人类从古至今积累的知识资源，并且平等、免费提供给社会公众利用。诚然，在数字时代，人们可以“阅读”的知识载体形式多样，但纸本文献在阅读方面仍然具有其他形式的知识载体难以比拟的优势，因此，收藏和保存纸本文献，是公共图书馆履行其社会职能的必要条件。

2.纸本文献受损的主要因素

现代文献保护理论认为，文献损坏的原因是多方面的，除了自然因素外，还包括人为因素和不可抗拒因素[66]。

（1）一般自然因素，包括物理因素、化学因素、生物因素等。物理因素主要是指光、温度和湿度等物理因素引起纸张的光化学变化，水解或氧化，纸张发黄变脆，导致最终无法使用。化学因素主要是指大气污染、灰尘、有害的化学药品、酸的存在。生物因素主要是指真菌、虫类、啮齿类动物的危害。

（2）一般人为因素。这里的“人为”包括读者和图书馆员。主要是指文献在流通、借阅、保管过程中的磨损和人为造成的损坏，如折角、撕页、勾画等；在装运图书的过程中随意扔放或雨淋造成的图书损坏；修复图书时的措施和方法不当，使用的胶水不加防腐剂，用胶带粘补图书等。

（3）不可抗拒因素。如地震、火灾和水灾。地震会给图书馆带来灭顶之灾。

火灾对图书馆的危害是多方面的，除大火本身给图书馆带来的灾难外，还有滚滚浓烟、强烈高温的熏烤等次生灾害。另外救火用水也会给图书保护带来灾难性的后果。

3.纸本文献保护的方法与措施

纸本文献保护的基本方法主要包括原生性保护和再生性保护两个方面。

（1）原生性保护。原生性保护是指在不改变文献的物理特征和载体形式基础上的保护。加强纸本文献原生性保护的具体措施主要包括：改善保管图书的条件、防火防水、防盗、防光、防尘防菌、防虫防鼠、脱酸和纳米镀膜。

（2）再生性保护。再生性保护又称内容保护，是指改变文献原件的物理特征和载体形式，其最大优点是能将原件的内容广泛地复制和传播，而原件则可大大减少流通使用或“休养”起来，进而达到既保存文献内容，又保护文献原件的目的。较为常见的方法有缩微、扫描、影印等[67]。

除了技术层面的保护措施外，还要注意制度层面的保护。

首先，建立完善的保护和监管制度。为了有效保护纸本文献，规范图书馆员和读者的行为，必须建立纸本文献保存和保护制度，使纸本文献的保存与保护制度化、规范化。公共图书馆文献保护制度主要包括纸本文献保护的事先防范制度和事后处理制度。

纸本文献保护的事先防范制度是指为了预防纸本文献受到损坏而制定的、最大限度限制损坏纸本文献各种因素发生作用的条件的一系列政策规章。这些制度明确规定公共图书馆馆藏的物理条件（光照、温度和湿度条件等）、图书馆员在处理纸本文献各个环节的行为以及读者的行为。

纸本文献保护的事后处理制度指纸本文献已经遭受损坏而对文献及相关责任人进行处理的政策规章。在纸本文献受到损坏后，首先应该采取措施最大限度地补救受到损害的文献，使损失降到最低。其次，应对受到损坏的印本文献进行登记，并根据具体情况讨论是否有必要采取相关措施恢复原貌（比如重新购买被损坏的印本文献）。最后，要追究相关人员的责任。

其次，要加强对读者的宣传教育。尽管公共图书馆制定了一系列保护印本文献的规章制度，但如果不加强对读者的宣传教育，收到的效果也很有限。而且，在执行相关制度的时候（比如按照规定对损坏图书的读者收取补偿费用）还可能招致读者的不满，从而导致馆读关系的不和谐。公共图书馆建立各项规章制度的根本目的是保护读者的利益，而不是惩罚读者。因此，公共图书馆应该大力宣传保护文献的目的，提高读者爱惜图书文献的自觉性，同时将图书馆保护文献的规章制度广而告之，以尽可能减少进而杜绝损坏文献的行为。

二、古籍的保存与保护

在华夏五千年文明史上，历代先贤积淀了丰富的文化典籍，显示了中华民族厚重的文化底蕴。但这些文化典籍同坎坷的民族命运一样，千百年来屡遭灾厄，历尽劫难，百不一存。古籍保护与保存问题需要国家、政府和全社会的共同努力，但公共图书馆在古籍保存与保护中承担着特别重要的责任。

1.古籍保存与保护的重要意义

关于古籍的定义，目前学术界倾向于从形成年代、印刷版式和装帧形式等方面予以考察界定。周晓舟认为“古籍是书写或印刷于 1911 年以前，反映中国古代文化，具有古典装订形式的书籍，内容涉及中国古代军事、科技、政治、经济、文化等各方各面”[68]。张研认为“古籍是中国古代书籍的简称，主要指书写或印刷于 1912 年以前具有中国古典装帧形式的书籍，包含了清末以前历代的刻本、写本、稿本、拓本等，民国以来影印、排印的线装古籍，也属于这个范畴”[69]。

古籍记载着中华文明的发展历程，演绎着黄色文明的千古传奇，蕴含着中华民族独特的价值取向和思维方式，见证了华夏文明的千年绵延、一脉相传。具体来说，古籍的价值体现在以下几个方面：

（1）文物价值。古籍是我国五千年灿烂文化的物质载体，是珍贵的文物。透过古籍，人们可以了解古代社会的生产力、生产关系、经济基础、上层建筑以及社会生活和自然环境的状况。因此，《中华人民共和国文物保护法》第二条明确把“历史上各时代重要的文献资料以及具有历史、艺术、科学价值的手稿和图书资料等”纳入了文物保护范围，这就从法律意义上认可了古籍的文物价值。

（2）文化价值。古籍是中华民族宝贵的历史文化遗产。自战国时代开始对上古形成的礼制进行总结纪录以来，经过诸子百家争鸣、汉武的独尊儒术、魏晋南北朝时期的玄学、唐代道教与佛教的兴盛、宋明的理学等文化思潮的洗礼以及历史长河中的众多史学家的著述品评，古籍将两千多年来形成的中华文化彻底包容殆尽[70]。在进入 21 世纪的今天，人们仍然不断地从我国的经典古籍中去寻求生存发展之道，兴起了国学热，产生了“儒商”。可以说，古籍中蕴含的思想和智慧，依然是我们宝贵的精神文化资源。

（3）学术价值。古籍的学术价值首先体现在它的史料价值。古籍中所记载的史料非常丰富，是研究古代社会不可或缺的第一手材料。古代学者在某一学术领域有独到见解的著述或较为少见的稿本、写本、过录本等，对于该领域的学术研究具有很高的参考价值。古籍在流传过程中，历代学者往往会对其版本加以校勘整理，对其内容加以阐释和注释，因此历代的精校本、批校本、注本对于研究该文献的成书经过、作者生平和学术思想，以及文献内容等都具有独特的学术价值[71]。

（4）艺术价值。在中华五千年历史中，文字字体几经变换，文字的载体不断演变：汉字字体主要包括篆书、隶书、楷书、草书、行书，以各种字体书写的古代文献，很多都是书法艺术的珍品。从文献载体来看，古籍的载体有陶器、甲骨、青铜器、玉、石、竹简、木牍、缣帛、纸张，它们都给人类带来了不同的视觉享受。另外，古籍的装帧形式、编制体例、印刷方式、版本模式都包含着丰富的艺术意蕴。

因此，加强对古籍的保护对弘扬中华优秀传统文化具有重要的现实意义和深远的历史意义。但由于古籍的主要物质载体是纸张、绢帛等消耗物，和其他物质一样，这些物质载体都有其老化消亡的时限。留存于世的古籍经历了岁月的洗礼，载体本身已经变得非常脆弱，工业社会发展造成了环境恶化，纸张酸化速度加快，古籍的保存面临严重威胁，必须严格保护和加紧修复才能延续其生命。然而，由于长期以来古籍保护资金不足，古籍修复力量薄弱，古籍保护设备设施落后，古籍保护的现状堪忧。

2.影响古籍保存的因素

影响古籍保存的因素既有自然因素，也有人为因素。

（1）自然因素。自然因素主要包括害虫蛀蚀、库房温湿度、光以及灰尘等。①害虫蛀蚀：由于古籍的载体已经存在了很长时间，易受到害虫蛀蚀。2008 年 3 月国务院公布了第一批 51 家全国古籍重点保护单位，根据这些单位的申报书统计，其藏品的主要损毁原因为虫蛀的占 35.3%[72]。②库房温湿度：温度过高不但加速纸张的老化速度，使纸张失去坚韧性，易脆，而且随着温度在 20℃—35℃范围内升高，寄生在古籍书页上的霉菌不断繁殖生长，对书页损害极大；温度太低也会破坏纸的内部结构，使纸脆弱。在湿度高于 70%的高湿环境中不但字迹褪色影响书籍阅读，而且助长了有害生物的繁殖生长；在湿度低于 50%的低湿环境中，纸张纤维内部结构遭破坏，柔性下降，强度降低，纸张纤维度变硬，容易发脆。③光：光能直接破坏纸张中的纤维素，降低纸张的强度，影响纸张的耐久性。光强度愈高，光源功率愈大，化学反应愈强，对书籍的破坏愈严重。④灰尘：灰尘中具有腐蚀性和营养性的颗粒甚多，经过长久沉积形成污垢层容易繁殖微生物，为细菌、真菌的生长提供条件，使古籍产生腐蚀、霉变；空气中的水分被灰尘颗粒吸收飘落到书籍上，受潮形成胶状物，使书页潮湿黏结成书砖状的物体难以修复；纸张与不规则形状的灰尘颗粒之间的摩擦，也会造成纸质表面损坏[73]。

（2）人为因素。影响古籍保存的人为因素主要包括偷盗、水灾、火灾、战争以及社会动乱。①偷盗：无论是公共图书馆还是高校图书馆，书籍被盗的事件时有发生，其中有一部分就是古籍。②水灾和火灾：水灾和火灾对古籍的损害是毁灭性的，可以让整个图书馆的藏书荡然无存。部分学者将水灾和火灾归为自然灾害，但严格来讲，图书馆不管是发生水灾还是火灾，很大一部分原因还是人为的。③战争与社会动乱：隋文帝开皇三年（583 年），秘书监牛弘上书“以典籍遗逸，上表请开献书之路”，提出书籍“五厄”之说：一为秦始皇之焚书，二为西汉末赤眉入关，三为董卓移都，四为刘石乱华，五为南朝梁末魏师入郢，梁元帝下令焚书 14 万卷。随后，明代的胡应麟又提出续“五厄”：隋末混战为一，安史之乱为二，黄巢入长安为三，靖康之变为四，南宋末伯颜军入临安为五，总结为“十厄”。近人祝文白再续“五厄”：一为李自成陷北京，二为绛云楼之烈焰，三为清高宗之焚书（编修《四库全书》），四为咸丰朝之英法联军，五为中华民国时代的八年抗日战争。永乐大典成书后五百多年间，由于朝代形体更迭、官吏监守自盗、英法联军夺抢、八国联军焚掠，11 095册永乐大典今仅存 400 余册。1932 年，日本进犯上海后，商务印书馆藏书楼涵芬楼陷入火海，馆中图书 40 余万册，包括宋版书 129 种 2514 册，元版书 179 种 3124 册尽毁无余[74]。

3.我国公共图书馆古籍保存保护现状

为提高社会公众古籍保护意识，抢救、保护我国珍贵古籍，继承和弘扬优秀传统文化，根据《中华人民共和国文物保护法》、《国务院关于加强文化遗产保护的通知》（国发〔2005〕42 号）和《国家“十一五”时期文化发展规划纲要》（中办发〔2006〕24 号），国务院在 2007 年年初就进一步加强古籍保护工作出台了《国务院办公厅关于进一步加强古籍保护工作的意见》（国办发〔2007〕6 号）。紧接着，2008 年 11 月，中国图书馆学会古籍整理和文献保护专业委员会在天津召开了“2008 年全国古籍保护工作会议”。这些充分表明了在国家的引导下社会对古籍保护工作日益重视，也突显了我国古籍保护的迫切性和重要性。

为了更好地保存保护我国古籍，必须首先摸清“家底”。刘梅在其硕士论文中统计了我国主要公共图书馆古籍收藏状况，详见表 3-3[75]。

表 3-3　国内主要公共图书馆古籍收藏一览表

馆　　名	收藏古籍情况	特色收藏情况
国家图书馆	古籍 226 万册，善本 27 万册	宋元版、敦煌遗书、赵城金藏、《永乐大典》、《四库全书》、碑帖
首都图书馆	古籍 40 万册，善本 3.4 万册	明清小说、民间文学
南京图书馆	古籍 160 万册，善本 10 万册	宋元版、宋元刻本近 200 部、明刻本近 7000 部、写本、写经
湖南图书馆	古籍 95 万册，善本 5 万册	地方文献
浙江图书馆	古籍 83 万册，善本 14 万册	嘉业堂藏书、《四库全书》
安徽省图书馆	古籍 40 万册，善本 3121 种、30 707 册	元刻《增广注释音辨唐柳先生集》、（清）著名书法家梁同书手稿本《频螺暂存稿》、清姚莹撰稿本《康卫纪行》、家谱
成都市图书馆	古籍 8995 种、72 991 册，善本 3662 册	成都地方文献
广西壮族自治区图书馆	古籍 11.7 万余册	
青海省图书馆	古籍 13 万册	善本、古字画和碑帖拓片、地方文献资源、少数民族文献
新疆维吾尔自治区图书馆	古籍 8 万余册	
甘肃省图书馆	古籍 38 万册，善本 1260 种、66 445 册	文溯阁《四库全书》、大型明版木刻丛书《永乐南藏》、敦煌汉文写经 30 卷、吐蕃文写经 32 卷、筐页式吐蕃文写经、《汉隽》等宋元刻本、西北地方文献
宁夏回族自治区图书馆		宁夏方志《宁灵厅志草》《银川小志》《宁夏夏志》，地方文献资料，《北平诗笺》
内蒙古自治区图书馆	收藏汉文线装古籍 21 万余册，汉文内蒙古地方文献 44 730 册，藏文古籍 14 600 卷，满文古籍 3400 册	北宋刻本《大方广佛华严经合论》和元刻大字本《妙法莲花经》，内蒙古最大的旧志、海内孤本《绥远通志稿》（一百卷）的三个稿本，具有民族特色和地域性特征

续表

馆　　名	收藏古籍情况	特色收藏情况
天津图书馆	古籍40万册，善本0.8万种	明清小说、地方志
山东省图书馆	古籍80万册，善本8万册	海源阁藏书、易经、地方文献
四川省图书馆	古籍67万册，善本6万册	方志、中医药
重庆图书馆	古籍近50万册	有100多份清代的殿试卷
辽宁省图书馆	古籍56万册，善本12万册，其中宋元版书近百部	清宫旧藏、地方文献，东北地方文献和有关满族、清代以及伪满时期的文献资料
广东省立中山图书馆	古籍40万册，善本3万册	地方文献
湖北省图书馆	古籍43万册，善本3万册	地方文献
武汉图书馆	古籍21万册	
甘肃省图书馆	古籍30万册，善本2.5万册	
上海图书馆	古籍130万册，善本18万册	家谱1.8万种，是世界上收藏中国家谱最多的图书馆
吉林省图书馆	古籍36万册	近百种海内外孤本堪称无价之宝
陕西省图书馆	古籍近40万册	宋元刻本《碛砂藏》，明版《襄阳郡志》《禹贡详略》《同官县志》《适情录》等全国孤本，元代建阳刻本《增刊校正王状元集注分类东坡先生诗》，明版《海刚峰集》《楚辞集注》《对山文集》《渼陂集》等珍本，地方志
山西省图书馆		山西地方志、谱碟、家谱
河南省图书馆		《日知录》文渊阁本抽毁余稿、清抄本《聊斋文集》、《明文海》文渊阁本抽毁稿、镇馆之宝馆藏抄本《江南野史》和《三国杂事二卷》、地方志

续表

馆　　名	收藏古籍情况	特色收藏情况
郑州市图书馆	5 万余册古籍中，善本有 1000 余种	元刻本《韵府群玉》，明刻本《祀乘》《春秋胡传》《文选》，清康熙十七年的《河南通志》，雍正年间的《河南府志》，嘉庆抄本《歧路灯》，清康熙抄本《三国志玉玺传》
江西省图书馆	古籍 60 万册，善本 2089 种	以珍贵的古籍珍善本和丰富的地方文献著称
贵州省图书馆	古籍 20 余万册，以兵书为主的善本 80 余部，1000 余册	兵书古籍善本
福建省图书馆	古籍和地方文献近 40 万册	各种版本地方志也较齐全，尤其闽台文献和谱牒收藏较完整
河北省图书馆	古籍近 7 万册	《古今图书集成》、《四部备要》、明代万历刊本《坐隐斋棋谱》、清代《崇厚使法日记》
苏州图书馆	古籍 30 万册，善本书 2 万余册	地方文献闻名全国

从以上可以看出，几乎各个省（市）公共图书馆都藏有数量可观的古籍。根据 1990 至 1998 年出版的《中国古籍善本书目》统计，现存古籍善本中传世孤本有45 000余种，准孤本（仅存两部）约 4100 种。但许多现存善本的保存状况堪忧，在这些珍稀善本古籍中，有许多亟待抢救[76]。另据不完全统计，我国的公共图书馆、博物馆、大中专院校的图书馆（以及档案馆、寺庙道观、私人收藏）共收藏古籍 4000 余万册，由于历经岁月的侵蚀，其中 1/3（约 1500 万册）损毁和自然老化非常严重，亟待保护。以国家图书馆为例，约有 150 万册（件）珍贵古籍存在不同程度的破损，仅善本古籍中，轻度破损的就有 13 万册（件），中度破损的有 26 万册（件），重度破损的有 12 万册（件）。地方基层图书馆、博物馆、档案馆由于存藏条件简陋，破损的程度和速度则更为严重。加强我国的古籍保护工作，刻不容缓[77]。

4.加强古籍保存保护的对策

（1）配备专门的古籍书库

根据文化部2006年颁布实施的《图书馆古籍特藏书库基本要求》，古籍书库应单独设置，并自成一区；有独立的恒温、恒湿中央空调系统，以保证古籍书库的温度和湿度的控制；设置防火、防水、防盗自动报警和气体灭火装置、电视监控装置等[78]。如果这些条件和标准在基层公共图书馆难以实现，那么至少也要符合中华人民共和国文化行业标准（WH/T 24—2006）规定：古籍特藏书库环境温度为16℃—22℃，相对湿度为45%—65%，古籍库房要有一定的密闭性[79]。适宜的温度和湿度是保护善本古籍的基本条件，备受业内专家和学者们重视。早在2001年10月召开的“中文善本古籍保存保护国际研讨会”，在其论文集里，有7位作者的论文谈到了温度和湿度问题[80]。控制古籍书库的温湿度还有一个作用就是防虫，害虫对古籍的危害极大。2008年3月国务院公布了第一批51家全国古籍重点保护单位，其藏品的主要损毁原因为虫蛀的占35.3%，因此保护古籍必须防止害虫蛀蚀[81]。而要从根本上解决这些问题就必须配备专门的古籍书库。

（2）古籍再造

古籍再造属于再生性保护，也即选择历代的珍稀善本，采用现代印刷技术和中式线装技术，复制影印，统一装帧，仿真出版，古籍珍品借此“化身千百”。而且再造善本书的材料、墨迹、书品、装帧都与古籍原版基本一致，不仅具有文献价值，而且极具收藏价值。如果能够将古籍仿真刊印，既能确保其原本得到更加有效的保护，同时也能够使那些向来不轻易示人的中华古籍珍品为公众所用，很好地解决了藏与用的矛盾。可喜的是，我国在2002年启动了“中华再造善本工程”，《中华再造善本》计划收书1300余种，共分两期出版，2007年第一期工程已经完成，2008年9月第二期工程开始启动，全书按版本写刻时代和文字的不同，分为五编：《唐宋编》《金元编》《明代编》《清代编》《少数民族文字文献编》。首卷选录范围包括我国内地和港澳台地区，最大范围地涵盖了中华文化典籍的精髓。这项民族文化工程功在当代，泽被万世。它的有效实施，将在中国古籍整理和文化建设史上树起一座丰碑[82]。但对于我国浩瀚的文化典籍来说，该项工程也只是杯水车薪。

（3）古籍数字化

古籍数字化也属于再生性保护。2007年国务院办公厅发布《关于进一步加强古籍保护工作的意见》（国办发［2007］6号），其中第五条提出了古籍数字化的具体要求。我国目前建立了各种类型的专门数据库，如国家图书馆的“碑帖菁华”“敦煌遗珍”等特色资源库及馆藏善本古籍、普通古籍、金石拓本、舆图等书目数据库。此外，一些古籍数字化的大型工程正在开展。如国家图书馆的宋元图书全文数据、敦煌文献全文数据[83]。古籍数字化是未来一段时间图书馆的工作重点。作为一项耗费人力资源、技术资源和资金较多的工程，每个公共图书馆都来开发本馆的古籍数据库是不可能的，也是不可取的。因此，需要整合各个地区最好是全国的古籍资源，然后构建统一的古籍数据库。在古籍数字化过程中，应该让社会各界参与，公开征选古籍数字化的内容开发方案和技术研发方案。

三、缩微品的保存与保护

1.缩微品保存的必要性

缩微技术从19世纪40年代产生以来，经过170余年的发展，在机器制造工艺、生产流程、质量控制、规范管理等方面都已基本成熟，在包括图书馆在内的众多信息机构得到普遍应用。目前，世界各大图书馆都在广泛利用缩微品进行收藏或替代文献原件提供利用，并利用缩微品进行世界范围的信息交流。缩微品是迄今为止被世界公认为是替代纸质文献永久保存最为理想的载体[84]。做好缩微品保存工作，不但可以巩固缩微技术成果，而且能够利用缩微品为社会公众提供高质量、准确、方便、快捷的服务。一般说来，缩微品的寿命除取决于缩微胶片的化学稳定性以外，还与缩微品的储存和保管条件有着极为密切的关系。做好缩微品的保存保护工作，可以大大延长缩微品的寿命；反之，则无法长期或者永久保存缩微品。

2.影响缩微品保存的因素

影响缩微品长期保存的因素是多方面的，其中主要包括缩微品胶片的性质、缩微胶片的冲洗过程以及缩微品保存环境中的温度、湿度及装具等。

（1）缩微胶片的性质。缩微胶片的片基作为影像的载体，其是否具有良好的物理化学稳定性，与缩微胶片的贮存寿命有着密切的关系。在缩微胶片的乳剂层中，明胶约占55%。明胶是用动物的骨骼或皮革熬制而成，其主要成分是蛋白质，因而是霉菌良好的培养基。加之本身含水量较高（大约在17%到19%），而且具有较高的吸水性，因而为霉菌提供了充分的生长条件，会对胶片造成一定程度的损害。另外，三醋酸纤维素是支持缩微影像的一种片基，通过长期观察和实验发现，这种片基在一定条件下会产生“醋酸综合征”。聚酯片基的胶片在温、湿度经常波动的环境中保存，有可能发生乳剂层与片基剥离。银影像在制作过程中与空气中的杂质或灰尘颗粒发生反应，造成影像褪色。以上的衰变现象与缩微胶片的载体结构有着直接的关系，如果操作、管理保存不当，发展到一定程度将严重损害缩微胶片上的字迹[85]。

（2）缩微胶片的冲洗过程。缩微胶片冲洗制作过程中的环节包括显影、定影、水洗、烘干等，操作不当将对缩微胶片的保存带来不良后果。在胶片冲洗过程中显影液疲劳、显影温度过高或过低，直接影响胶片的密度、清晰度，从而影响胶片的拷贝、阅读和还原，使胶片失去永久保存的意义。定影不彻底，胶片乳剂层中就会留有不溶于水的银络盐，时间一长，残留在胶片上的银络盐会与空气中二氧化碳及水发生作用，使胶片影像变黄或褪色，难以长期保存。水洗不彻底，胶片中残存的硫代硫酸盐与空气中的二氧化碳和水发生化学反应，便会生成硫和亚硫酸，硫与影像中的银反应生成棕黄色的硫化银使影像变黄，严重的亚硫酸与氧反应生成硫酸，硫酸与硫化银反应生成白色硫酸银，释放出硫化氢，从而使影像褪色消失。因此，水洗也同样影响着影像的永久保存。烘干对胶片永久保存的影响在于：温度过高，干燥过度，易出现乳剂膜龟裂、起皱及胶片弯曲变形；温度过低，时间短，干燥不足，含水量过高，会造成胶片易粘连，受霉侵蚀[86]。

（3）缩微品保存环境。保存环境主要包括保存的温度、湿度以及缩微品装具。温度对缩微胶片的影响在于：当保存温度过高时，胶片边缘会收缩，使胶片起翘，发展严重会影响胶片使用，造成阅读困难；当温度过低，特别是长期存放在0℃以下的低温环境中，胶片就会发脆，失去柔性，对胶片保存极为不利。湿度超过规定标准，对胶片也会产生不良影响。当保存环境的相对湿度大于60%，银盐胶片上的明胶容易产生水迹和霉变，出现斑点，会促使影像变色。当保存环境的相对湿度低于15%，会使胶片发生卷曲，使用时，容易产生静电，乳剂层容易老化，产生龟裂等现象。缩微品装具材料的化学、物理成分含量，对缩微胶片的保存质量有明显影响。如果使用含有酸性物质及氧化剂成分高的装具，各成分之间容易发生化学反应，对缩微胶片的保存产生不良影响[87]。

3.缩微品的保存

（1）重视缩微品制作质量控制。作为永久保存的胶片，最基本的就是要十分重视缩微胶片的质量控制。硫代硫酸盐残存量应不大于1.4微克每平方厘米。胶片外观必须清洁整齐、无灰尘、无斑迹、无手印。

（2）严格选择缩微品装具。严格选择缩微品装具，可以防止缩微胶片在长期保存中发生氧化斑和银影像褪色等状况。理想的缩微品装具，应使用不含有酸性物质及氧化剂，各成分之间不发生任何化学作用，并具有适当表面光滑度的材料。缩微品的包装纸，需要使用木质纤维素含量少的纸浆制成，纸浆中 a 纤维素的含量应高于 87%。包装纸化学性能必须稳定，不得含有蜡、增塑剂等物质，更不能含有金属微粒或金属化合物，其 pH 值应在 6.5—7.5 之间。还需具有表面光滑、耐折、抗拉性好、结构稳定等物理特性。使用塑料品包装，应具有良好的化学稳定性和不易老化、熔点高、强度大等特点，最好选用与片基相同的塑料物质。另外，包装品的黏合剂也应当选择不含硫、铁、铜或其他与缩微品影像的银粒、片基发生反应的元素，从而防止损坏缩微品。

（3）创造良好的保存环境。除了重视缩微品制作质量、严格选择缩微品装具外，还应该创造良好的保存环境，才能保证缩微品的长期保存。良好的缩微品保存环境包括以下几方面条件：①选择适合胶片保存的库房位置，缩微胶片库房应当远离水源、化学制品存放地，采取严格的防潮、防高温措施，防止有害气体及高温、高湿对胶片的影响；②库房内部环境应当整洁、空气流通，无污染物，保持恒湿恒温，将温、湿度控制在适合胶片保存的范围内。库房应装有自控空调设备，也可采用机械通风办法来降低库房的温湿度。当环境湿度过大时，可采用除湿机降低库房湿度。当环境相对湿度低于规定要求时，可采用增湿设备提高库房湿度；③缩微胶片库房的温度一般应控制在 21℃以下；④相对湿度应控制在 20%—30%，若温度降至 10℃，相对湿度可控制在 20%—50%[88]。

四、音视频资料的保存与保护

1.音视频资料载体类型

音视频资料在公共图书馆的资源建设体系中占据着非常重要的地位，没有音视频资料的图书馆的资源体系是不健全的。特别是随着计算机技术、多媒体技术和现代视听设备等在公共图书馆的广泛应用，公共图书馆收集文献资料的类型将逐渐转向多种载体。非书资料将越来越多，是今后公共图书馆收藏的重点。音视频资料的类型主要包括：盒式录音带、MD（激光唱盘）、密纹唱片、CD 激光唱片、DVD（激光视盘）、盒式录像带、LD（激光视盘）、VCD（激光视盘）、幻灯片、开盘录音带、缩微制品、摄像带等等[89]。音视频资料具有多样性、连续性和新颖性等特点，极大地丰富了公共图书馆馆藏资源。

2.音视频资料保存面临的风险

（1）音像文献载体的材质差。在利润的驱使下，出版商为降低成本而使用廉价劣质材料，这从根本上缩短了音视频资料的使用寿命。

（2）馆藏环境比较差。音视频资料对存置和使用的要求高于纸质文献，高温、潮湿、灰尘、磁场以及光等都会对音视频资料造成一定的损害；使用次数增加，读者操作不当等会使音视频资料音质画质下降；播放设备的好坏也会直接影响其保存寿命。

（3）人为损坏现象较多。用户不会正常操作或意外损坏，极少数读者素质较差造成的故意损坏以及教师在授课备课使用时，粉笔末、油渍汗渍的侵蚀等，都给音像文献带来了致命损伤。

（4）受版本和件数限制，音视频资料很多都是孤本文献，即使用再好的设备进行复制、翻录，也会导致信号衰减或数据丢失，随着时间的推移，图像模糊、杂音增大，音像质量大大下降，视听效果不断降低。

（5）受人力、设备、资金条件限制，管理难以为继。与一般图书相比，音视频资料管理烦琐复杂，工作量较大，对其保护、挽救等需要更多资金和设备支持，但很多公共图书馆缺乏相应的人力、物力和财力[90]。

3.音视频资料保存与保护对策

（1）保证良好的馆藏环境，延长使用寿命。良好的馆藏环境主要包括以下几个方面：①控制库房温湿度。录音磁带、录像磁带温度保持在15℃—25℃，相对湿度在35%—45%之间；幻灯片温度保持在15℃—20℃，相对湿度55%；电影片温度保持15℃左右，相对湿度30%左右。②防磁、防震。音视频资料都是磁性材料制成的，应避免外界强磁场的作用。保存资料的地方必须远离电动机、变压器、消磁器等，否则会破坏载体的质量，激烈的碰击会影响磁质载体内部磁分子的排列，使磁性消失；唱片的性质也很脆，极易损伤，因此在使用时要轻拿轻放。③防尘、防污。灰尘对音视频资料影响很大，不要用手接触各种材质的表面，以免留下指痕，造成污染；库房应保持清洁，加强防尘措施，应备有吸尘器。④防火、防光。音视频资料大多是易燃物质，要特别注意防火；强光照射会降低录音带、录像带的抗断性，长时间照射会加速磁分子运动，从而破坏磁层的稳定性；资料受热会变形，或使彩色褪色；库房应远离强光照射，严禁烟火，一旦发生火情，可立即用二氧化碳灭火器灭火[91]。

（2）构建完善的音视频资料管理体系。音视频资料管理专业性强，所需知识面广，尽管它是以图书管理理论为基础，但因其载体特殊性，对管理方法、使用方式、设备层次、人员素质提出了更高、更新的要求，所以必须从公共图书馆实际出发，针对馆藏实际，有步骤、有计划地实施，确保其在采访、入藏、保存、流通等各个环节的质量。在音视频资料采访阶段，要注意识别市面上的盗版音视频资料，选购正版资料，以保证音质画质，长期使用。在选购播放设备时，要注意区分“行货”“水货”，应选择质量好、信誉高、售后服务有保障的专业播放设备；同时安排经过专业培训的专业人员使用和管理设备，定期维护保养，保证设备正常运行，这是保证音视频资料质量、延长使用寿命的关键。在入藏阶段，需要分类登记、分类保存，填写交接单，并做电子版入库数量的统计。在保存和流通阶段，要建立各种规章制度，比如国家图书馆就制定了《音像资料库房管理制度》《音像资料库房安全保障制度》《音像资料库房卫生管理条例》《音像资料典藏岗位标准》[92]，防止音视频资料被盗、被人为损坏。

（3）音视频资料数字化。随着时代的发展和技术的进步，音视频资料数字化也成了一种趋势。国家图书馆从2000年起就开始音视频数字化工作，在2008年之前，一直采用MPEG-4（AVI）格式，由于操作复杂，技术落后被淘汰，现在有学者推荐采用H · 264标准的AVC MPEG4格式对音视频资料进行数字化，采用SAN（Storage Area Network，存储区域网）网络存储技术，用金盘CD-R存储CD、VCD数字化的数据，DVD-R存储DVD、VCD数字化的数据[93]。公共图书馆也可以将此作为参考标准，将本馆音视频资料数字化，以便在为读者提供视听享受的同时，更好地保存音视频资料原件。

五、数字资源的长期保存

数字资源长期保存是对数字资源进行摄入、保存、管理，在一定条件下提供服务或转移保存的活动[94]。公共图书馆数字资源主要包括购买的商业数据库，自建的特色数据库以及开发的网络资源。在全球范围内，自从20世纪90年代开始数字信息资源长期保存问题就受到关注，相继组建了相关组织，如欧洲保存与获取委员会（European Commission on Preservation and Access，ECPA），实施了一系列数字信息资源长期保存的项目，并制定了数字信息资源长期保存的标准和规范（比如OAIS标准）。这些都促进了数字信息资源长期保存在理论和实践方面的发展，但在实践中仍然存在大量的问题和挑战。

1.存在的问题

（1）责任主体问题。所谓数字信息资源长期保存责任主体是指对数字信息资源长期保存承担相关义务、享有相关权利的自然人和法人。可将其分为两类：资源供给方和资源需求方，但二者并没有绝对的界线，资源供给方也会是资源需求方，反之亦然。这些责任主体包括：数字信息的生产者、出版发行者、图书馆档案机构（提供服务者）、政府机构、个人以及各种商业性组织和非营利性团体[95]。从目前的状况来看，除了自建资源的保存主体比较明确外，采购资源以及网络资源的保存主体还不明确，没有法律和法规对其进行责任界定，也没有统一的政府组织来制定采集标准或网络保存政策，各自为政的现象极为普遍[96]。这势必导致两种后果：一是大量的重复保存，造成人力、物力和财力的极大浪费；二是会有许多数字资源因责任主体不明，相互推诿或缺乏必要的交流而得不到及时保存，造成数字文化遗产的流失。

（2）经济问题。数字信息资源的长期保存耗资巨大，任何单一的机构都不可能保存人类所有的数字资源。对于数字信息资源长期保存的成本构成，不同的学者进行了探讨，目的是通过对数字资源长期保存的成本分析，为合理调配各种资源和寻求降低成本的方法提供思路。从目前国外的实践来看，主要通过专项基金、政策法规、开发并发展基于数字资源生命周期的成本管理模型，以及开展各种层次的合作等方式来解决经济问题[97]，但这也只能在一定程度上和在一段时间内解决问题，并不是可靠且持续的资金来源及运作模式。人们虽然能从中借鉴一些相关措施，但不管是从短期看还是长远发展来看，只有寻求更为可靠且持续的资金来源及运作模式，公共图书馆数字信息资源长期保存的经济问题才能得以解决。

（3）法律问题。数字资源长期保存遇到的法律问题主要就是知识产权问题。存储不同类型的数字资源遇到的法律问题不尽相同。由于存在现实或者潜在的利益冲突，此类问题颇具复杂性。在网络信息资源长期保存的实践中会遇到复制权问题、编辑修改权问题以及信息网络传播权等问题。在对商业性数据库进行长期保存的实践中，也会遇到诸如信息网络传播权等知识产权的问题。法律问题必须通过法律途径来解决，我国应该尽快出台相关的法律法规，建立数字资源呈缴制度，明确授权公共图书馆、档案馆等公共文化机构对数字资源进行长期保存，并在非营利的前提下在一定范围内进行传播。

（4）技术问题。这里的技术问题是广义上的技术问题，它涉及数字资源长期保存中的硬件问题、软件问题以及网络安全问题等。从目前的技术水平来看，最耐用的 CD-ROM 使用寿命也仅 100 年，而纸质文献可以保存上千年。此外，战争、水灾、火灾、地震、停电、电压不稳定会给系统造成破坏，计算机病毒、黑客的攻击、网络隐患、系统泄密会产生信息数据丢失，技术更新、系统升级、格式转换、信息迁移等会给信息读取带来许多不安全的因素[98]。这些现实或者潜在的技术问题给数字资源的长期保存增加了许多变数。

2.保存模式

国外对数字资源长期保存的关注开始于 20 世纪 90 年代，经历了理论研究到个体实验再到最佳实践、机构联合的发展历程，研究内容不断拓展和深入[99]。

到目前为止，在数字资源长期保存的实践中主要存在三种保存模式：机构独立保存模式、合作保存模式、第三方委托保存模式。

（1）机构独立保存模式。机构独立保存是指保存机构在拥有对被保存资源的使用权的条件下，获得相关权利人（如出版商）许可后进行长期保存，被保存资源的服务范围大都限定在保存机构内的原有用户[100]。在国外，该保存模式的项目主要有：大英图书馆（British Library，BL）的数字化项目，该项目旨在保存一切数字资源，保存范围由数字化馆藏扩展到了电子出版物，其服务范围主要限于大英图书馆内[101]；加利福尼亚大学 DPR（Digital Preservation Repository）项目，DPR 是加利福尼亚大学数字保存仓储项目，是加利福尼亚大学图书馆数字保存计划的重要组成部分；荷兰国家图书馆（Koninklijke Bibliotheek，KB）的 e-Depot项目，该系统旨在长期稳定地存储国际上主要出版商的电子期刊，1995 年与 Elsevier、荷兰出版商协会开始项目合作，2002 年与 Elsevier 出版社签署存档协议，目前该系统主要保存世界范围内 8 个著名出版商的资源[102]。

（2）合作保存模式。合作保存模式的特点是多家机构共同承担长期保存任务，各成员通过合作实现保存风险及保存成本的分担。同其他模式相比，该模式具有无可比拟的优点，这也是国际上采用较多的一种保存模式。采用该模式的项目有：EMANI（Electronic Mathematics Archiving Network Initiative），该项目是为数学出版物的长期电子存储提供支持的合作项目，于 2002 年由德国发起，包括中国清华大学图书馆在内的多家机构共同参与，旨在推动世界范围内数学领域的出版物数字化，建立一个统一的数学资料存储和发布平台；美国 NDIIPP（National Digital Information Infrastructure and Preservation Program）项目，该项目开始于 2000 年 12 月美国国会通过的法案（Public Law 106-554），由国会图书馆承担主要管理职责，并与美国重要政府部门及相关数字内容收藏机构合作，同时鼓励广大民营机构参与，其战略目标是建立一个由权责明确的合作伙伴联合组成的国家网络，以保障对丰富数字内容的长期获取；LOCKSS（Lots of Copies Keep Stuff Safe）项目，该项目由美国斯坦福大学图书馆于 1999 年发起并组织实施，得到美国国家自然基金、Sun Microsystems Inc 以及 Andrew W.Mellon 基金支持，主要致力于解决数字资源的永久保存与利用问题，旨在通过建立出版商与图书馆之间的协作关系，允许图书馆在本地收藏、管理图书馆订购的电子资源并提供用户服务的系统[103]。

（3）第三方委托保存模式。该模式由资源供给方（如出版社）与资源需求方（如公共图书馆）以外的第三方机构承担委托保存职责，即多个机构联合委托一个或若干个第三方机构，对共同拥有的资源长期保存。采用该模式的最具代表性的项目是 Portico 电子存储项目。Portico 始于 2002 年，其宗旨是保存电子形式的学术资源，以备将来的研究人员查找与使用。该项目得到 MELLON 基金、ITHAKA、美国国会图书馆和 JSTOR 的资助，同时也通过向参与项目的数据库出版商和图书馆收取年费的形式获得经费。Portico 存档采用的模式是迁移（Migration），即当原有的文件格式不再被使用时，存档内容可以转换成其他经常被使用的格式。同时，Portico 还采用基于字节保存源文件的模式。为证明其可靠性，Portico 承诺如果自身停止运行，该组织会将已保存的内容转交美国国会图书馆或其他的非营利性机构加以保存并继续提供服务。同时由荷兰国家图书馆线下保存 Portico 的全部资源，以增强资源对外部影响的抵抗力[104]。

3.我国公共图书馆数字资源长期保存对策

我国数字资源长期保存的研究开始于 20 世纪末，各种研究着眼于数字资源长期保存过程中所涉及的政策、法律、技术、管理等多种因素，部分文献机构也开展了数字资源长期保存的尝试。2008 年 11 月，由国家科技图书文献中心倡议并联合有关图书文献机构共同发起“数字图书馆高层论坛”，并签署了“数字文献资源长期保存行动宣言”，在“宣言”里呼吁国家启动数字文献资源长期保存行动计划[105]。但有调查显示，数字文献资源长期保存在我国才刚刚起步，开展机构不多，保存规模也相对有限，相关的技术、管理机制、法律权限等方面的研究与操作还不成熟，图书馆对此还存在一些顾虑，部分机构对是否在近期开展长期保存还持观望态度[106]。借鉴国外比较成熟的经验，结合我国的具体情况，我们认为，可以从以下几个方面来促进我国数字资源长期保存的发展。

（1）建立以国家图书馆为主导的数字资源保存体系。从国外数字资源长期保存发展历程来看，很多数字资源保存项目（比如美国 NDIIPP 项目）都是建立了国家层面的数字资源合作保存网络。从我国目前的状况来看，建立以国家图书馆为主导的数字资源保存体系是一个可行且有效的举措。它既可以使项目实施过程中的人力、物力和财力得到保障，又可以最大限度地防止重复建设，避免社会公共资源的浪费。

（2）建立健全责任体系，鼓励各个层次的合作。在数字资源保存实践中，国家图书馆要负责在公共图书馆界建立一个类似 CALIS 的层级式合作体系，其具体操作方法可以是：以国家图书馆为数字资源保存的全国中心，下设若干地区中心，每个地区中心下的各省（直辖市）公共图书馆为省市中心，各省（直辖市）中心下的市县级公共图书馆为各市县中心，等等。这就建立了一个比较完善的合作体系，不仅有利于国家图书馆进行全局协调，而且也有利于国内各层次公共图书馆之间的合作，从而保证了数字资源长期保存的可操作性、完整性和高效性。此外，国家图书馆还应该代表中国图书馆界同国外图书馆界在数字资源保存方面开展相关合作和交流。

（3）建立健全相关政策法规体系。2008 年 11 月签署的《数字文献资源长期保存行动宣言》“呼吁全国科学、教育、文化及社会各界人士承担起社会责任，推动相关法律、政策和管理机制的不断完善”[107]，这说明我国图书馆界已经意识到了完善相关法律、政策的重要性。这些政策法规主要涉及“保存什么”、“如何保存”、“谁来保存”、知识产权问题、资金来源以及运营模式问题、数字资源缴送制度问题等一系列问题。国际上已经有许多国家的机构制定并实施了有关的政策。例如，英国共有 6 个图书馆负有存储库的责任，2003 年新制定的《存档图书馆法案 2003》中包括了电子资源，这是图书馆、档案馆、博物馆和出版商共同讨论的结果[108]。

（4）建立可持续、多元化的资金资助体系。数字资源的长期保存需要稳定可靠的资金来源作后盾。国外一些相关项目具有较为广泛的资金来源，这些资金来源于国家基金，政府资助以及各个相关机构。我国的数字资源长期保存经费筹备可以采取以下措施：①运作成本由中央政府和研发使用资源的增值服务的收益来共同负担；②建立一个永久的制度化的学术基金，它可以被当作一个知识公共财产，而且可以被发展和继承下去；③鼓励各界捐赠。但从目前的实践状况来看，较有影响力的两个保存项目“中国 Web 信息博物馆”和“网络信息资源保存试验项目”，均主要由政府资助，不具备良性的资金活力[109]。数字资源长期保存需要持续不断的资金投入，建立可持续、多元化的资金资助体系是十分必要的。

参考文献

[1]“中央图书馆”台湾分馆馆藏发展白皮书.[2010-06-10].http://www.ntl.edu.tw/public/Data/991415445571.pdf

[2,40]陈传夫，吴钢.图书馆业态的变化与发展趋势.中国图书馆学报，2007(3):5-14

[3]OCLC.美国人如何使用网络资源和图书馆.数字图书馆论坛，2011(4):26-31

[4]OCLC.2010 图书馆品牌.数字图书馆论坛，2011(4):32-35

[5]Chowdhury G, Poulter A, McMenemy D. Public Library 2.0: Towards a New Mission for Public Libraries as a “Network of Community Knowledge”. Online Information Review, 2006, 30(4): 454-460

[6,53]肖希明.信息资源建设.武汉:武汉大学出版社，2008

[7]曹学林.关于图书馆馆藏文献资源采访方式的思考.图书馆理论与实践,2008(4):70-71

[8]刘兹恒.中国图书馆学会资源建设专业委员会《图书馆文献采访工作规范》(征求意见稿)解读.[2011-05-26].http://www.wordwendang.com/doc/02/c01/www.wordwendang.com_022338.doc

[9]中国图书馆学会.《图书馆文献采访工作规范》介绍.[2011-05-26].http://www.lsc.org.cn/CN/News/2006-10/EnableSite_ReadNews135710011161705600.html

[10,14]李晓娟.文献经费预算与分配研究报告//戴龙基.文献资源发展政策研究.北京:北京大学出版社,2007

[11]程丽,叶鹰.电子资源与纸质资源的经费对比:美国和加拿大图书馆实例.中国图书馆学报,2009(5):69-71

[12]毕红秋.让有限经费发挥最大效益——经济欠发达地区图书馆文献资源购置费使用案例.图书馆建设,2008(1):7-9,14

[13]马苏亚.公共图书馆电子资源采访策略与操作.图书馆杂志,2010(7):36-38

[15]教育部高等学校图书情报工作指导委员会.普通高等学校图书馆文献经费预算与分配方案编制指南//戴龙基.文献资源发展政策研究.北京:北京大学出版社,2007

[16]王蕾.浅议我国图书馆经费监督机制及其立法.图书情报工作,2005(3):104-107,90

[17]储结兵.馆藏建设经费使用效率的评价与控制.图书情报工作,2005(2):47-49

[18]程焕文,潘燕桃.信息资源共享.北京:高等教育出版社,2004

[19]钟稚鸥.馆藏古籍科学与人文管理模式探索.中山大学学报(社会科学版),2002(3):143-148

[20]首都图书馆机构设置.[2011-04-30].http://www.clcn.net.cn/shoutugk/jigouszh/index.htm

[21]广东省立中山图书馆特藏部.[2011-04-30].http://www.zslib.com.cn/html/lib_jianjie/20081014/67.html

[22]Gay C.Detroit Mounts Centennial Show Worth Honking About.American Libraries,1996,27(11):48-51

[23]Troy Public Library Offers New Technologies,New 'Special Needs' Collection.Us Fed News Service,Including Us State News,2007-09-18

[24]Phoenix Public Library's Special Children's Collection Includes More Than 3,000 Classics.Us Fed News Service,Including Us State News,2008-01-10.

[25]Waldomiro C S Vergueiro.Comic Book Collections in Brazilian Public Libraries.New Library World,1994,95(7):14-18

[26]Doek A.Special Collections:the Radic Documentation Centre in Rotterdam.Bibliotheek en Samenleving,1993,21(5):176-177

[27]Drew P R,Dewe M D.Special Collection Management—The Place of Printed Ephemera.Library Management,1992,13(6):8-14

[28] Oder N.Kids' Books in Ok.City Restricted.Library Journal,2005(9):19
[29] Ishii, Yasushi. Development of Medical Information Services in Libraries. Toshokan Zasshi, 2005 (12):844-846
[30] Akeroyd R, Benedict R.A Directory of Ephemera Collections in a National Undergound Network, Wilson Library Bulletin,1973,48(3):236-254
[31] Gill, Victoria. The Arthur Conan Doyle Collection at the Toronto Public Library. Collection Management,2004,29(3/4):107-119
[32,33] Lundy M W, Hollis D R.Creating Access to Invisible Special Collections: Using Participatory Management to Reduce a Backlog.The Journal of Academic Librarianship,2004,30(6):466-475
[34] Arlitsch K.The Espresso Book Machine: a Change Agent for Libraries.Library Hi Tech,2011,29 (1):62-72
[35] 李翠平.从公共图书馆信息服务谈地方文献的开发与利用.图书馆,2007(5):115-116
[36] 陶芸健,宋海航.地方文献征集原则探析.常州工学院学报(社科版),2010(4):118-120
[37] 张玉梅.地方文献资源开发与利用.[2011-11-30].http://www.library.hn.cn/tszy/dfwx/dfwxggyjlw/200911/t20091112_3305.htm
[38] 许宁航.进入新世纪公共图书馆如何加强地方文献建设.图书馆工作与研究,2005(3):74-75
[39] 赵永斌.地方文献信息资源建设研究——以泰达图书馆为例.天津:天津师范大学,2011
[41] 强自立.电子文献发展政策研究报告//戴龙基.文献资源发展政策研究.北京:北京大学出版社,2007
[42] 吴慰慈,董焱.图书馆学概论.北京:北京图书馆出版社,2002
[43] 宋亚伟.香港中央图书馆电子资源采购与服务.国家图书馆学刊,2005(1):61-65
[44] 储文静,徐文贤.数字资源采购流程研究.情报理论与实践,2009(4):75-78
[45] 肖珑,姚晓霞.我国图书馆电子资源集团采购模式研究.中国图书馆学报,2004(5):31-34
[46] 杨毅,周迪,刘玉兰.集团采购——购买电子资源的有效方式.大学图书馆学报,2004(3):6-9
[47] 宛玲,余向前,董伟.我国图书馆数字资源集团采购的发展历程及特点.情报资料工作,2009(6):65-68
[48] WatchStor.数字宇宙十年——你是否准备好?[2011-11-30].http://news.watchstor.com/industry-124306.htm
[49] 高文华.网络环境下信息资源建设探析.图书馆工作与研究,2007(2):43-44
[50] 梁爱东,赵丽华.高校图书馆网络信息资源采集策略研究.曲靖师范学院学报,2008(3):119-122
[51] 张颖.试论公共图书馆网络资源的采集策略.图书馆理论与实践,2004(6):82-83
[52] 朱华.浅谈网络信息资源采集技术.国家图书馆学刊,2004(2):38-40

[54]王淑娟.论现代图书馆馆藏网络资源的建设.情报探索,2009(6):80-81

[55]覃凤兰.公共图书馆特色数据库建设调查分析及对策研究.图书情报工作,2009(15):3-87

[56]肖希明.信息资源建设:概念、内容和体系.中国图书馆学报,2006(5):5-8

[57]黄晓斌,蒲筱哥.我国图书馆特色数据库建设的现状、问题与对策.情报科学,2007(5):784-789

[58]杨思洛.省级公共图书馆特色数据库建设调查.图书情报工作,2005(9):105-107,111

[59]陈庆苏,程结晶.西南地区公共图书馆特色数据库建设的现状调查与分析.新世纪图书馆,2010(6):78-81

[60]赵悦,申晓娟.国家数字图书馆标准规范建设.数字图书馆论坛,2008(8):37-42

[61,64]申晓娟,周晨,韩超.《数字图书馆资源建设指南》解读.中国图书馆学报,2011(2):38-46

[62]张彦博,罗云川,王芬林.《数字图书馆资源建设和服务中的知识产权保护政策指南》解读.中国图书馆学报,2011(1):59-63

[63]范贤玉.高校图书馆特色数据库建设的理论与实践.图书馆建设,2005(2):83-85

[65]吴慰慈.网络环境下图书馆信息资源建设——兼谈数据库产业的现状和发展趋势.图书馆论坛,2004(6):11-14,24

[66]赵宇红.图书防灾与保护措施.自然灾害学报,2004(6):150-154

[67]钱承军.论高校图书馆纸质文献保护工作.河南图书馆学刊,2007(2):65-67

[68]周晓舟.关于古籍文献保护与利用的讨论——图书馆的社会职能与古籍提供.图书馆建设,2005(2):23-24

[69]张研.论古籍保护与利用在图书馆社会职能拓展中的价值.四川图书馆学报,2009(1):37-41

[70]陶玉婷.高校图书馆古籍保护与专业人才培训对策研究——以D大学图书馆为个例.长春:东北师范大学,2010

[71]李明杰.构建中华古籍层级保护体系的设想——从古籍价值属性创新古籍保护思路.图书馆杂志,2009(6):14-19

[72,81]谢宇斌.古籍保护中的虫害防治及建议.大学图书情报学刊,2009(4):66-69

[73,79]宋丽钦.论古籍损坏的环境因素及其防治.农业图书情报学刊,2010(6):123-124,135

[74]金竞男.金匮石室次第开——书画古籍的再生性保护//中国图书馆学会古籍整理与文献保护专业委员会,国家古籍保护中心.全国图书馆古籍工作会议论文集.北京:北京图书馆出版社,2008

[75]刘梅.图书馆古籍开发研究——兼谈高校图书馆古籍开发.陕西师范大学,2009:2-4

[76,82]李彦平.中华再造善本工程的意义及其验收利用对策.图书馆学刊,2010(7):55-57

[77-78]吴敏霞.古籍保护堪忧.中国社会科学报,2011-10-13(18)

[80]李景仁,周崇润.中文善本古籍保存保护国际研讨会论文综述.图书馆杂志,2002(8):34-36

[83]刘家真,程万高.古籍保护与开发的策略与建议.中国图书馆学报,2009(3):15-20

[84]陈魏魏,孙翠玲.论国家图书馆缩微文献的保护与开发利用.图书馆学研究,2010(2):79-81
[85-86,88]董福芝.浅谈缩微品的保存与利用.缩微技术,2001(3):22-24
[87]宋艳军.浅析缩微品的保管.缩微技术,2002(3):47-48
[89,91]符国伟.公共图书馆音像资料的分编、加工和管理.四川图书馆学报,2004(5):43-48
[90]杨立社.图书馆馆藏音像文献的保护与风险防范.图书馆界,2011(4):64-66
[92]司铁英,弓蕴.国家图书馆音像资料典藏服务流通中的问题探讨.内蒙古科技与经济,2011(2):97-99
[93]李若滨,肖红,司铁英.国家图书馆视听文献、数字化和存储.现代情报,2011(2):139-143
[94] Ross S. Exploring and Charting the Digital Preservation Research Landscape//International Conference on Preservation of Digital Objects.Beijing:National Science Library,Chinese Academy of Sciences,2007
[95]刘爱玲.试析网络环境下数字信息长期保存的主体分工.图书情报工作,2010(3):97-100,47
[96]刘兰.网络信息资源长期保存的问题与挑战.图书馆杂志,2009(3):10-13
[97,109]戴艳清.原生数字资源长期保存的经济策略研究.图书馆杂志,2010(11):9-13,17
[98]王培凤.数字图书馆信息资源长期保存中存在的问题及应对策略.情报探索,2008(6):42-43
[99,102-103]贺姝祎.国外数字资源长期保存发展历程.图书馆理论与实践,2010(6):72-76
[100]王松林.一个基于 OAIS 和 DC 的保存元数据方案.图书馆学刊,2005(1):1-3
[101]British Library.British Library:Digital Preservation Strategy.[2011-05-13].http://www.bl.uk/aboutus/stratpolprog/ccare/introduction/digital/digpresstrat.pdf
[104]孙艳,马炳厚,王栋.LOCKSS 还是 Portico——谈图书馆电子资源的长期保存.图书馆建设,2010(1):47-49
[105,107]全国图书馆界呼吁建设国家数字文献资源长期保存服务体系.现代图书情报技术,2008(11):71
[106]张玫等.中国图书馆数字文献资源长期保存现状调查.图书情报知识,2009(3):47-51,59
[108]宛玲,吴振新,郭家义.数字资源长期保存的管理战略与技术策略.现代图书情报技术,2005(1):56-60,55

第四章　公共图书馆资源组织

第一节　文献编目

一、文献编目原理

1.文献编目的概念

公共图书馆馆藏资源包括文字资料、乐谱、静画、动画、图形、地图、手稿、印刷资料、录音和录像资料、缩微资料、电子数据或程序，不仅包括长期保存的网络资源，也包括连续发行的各类型资源。这些资源从传统的角度称之为文献，文献在编目之前是无序的，不能为用户识别与利用，只有经过编目才能成为有序的馆藏资源。

文献编目是按照一定的规则和格式等对各种类型的资源的形式特征、物质形态和主题内容进行系统的选择、陈述与分析，并对检索标识进行顺序组织，实现资源有序化，保证用户方便获取资源的过程。文献编目工作可分为描述编目、主题编目和目录组织。在编制文献信息资源目录时，对文献信息资源的形式特征进行分析、选择和记录的过程称著录，对文献信息资源的内容特征进行分析、选择、给出检索标识的过程称标引。

描述性编目主要以款目著录和款目标目及各种目录组织的工作为重点，遵循客观著录的原则，对文献进行描述，包括文献著录或编写题录，对文献的外部特征进行分析、选择和记录，对文献内容进行浓缩、选择使用、提供检索点，确定检索内容及可检信息，据此对文献进行有序化组织[1]。从主题编目来进行文献编目的方法，见本章第五节。

2.文献编目的目的

文献编目是以图书馆文献为中心，通过个性化与有序化的描述，能够为用户和管理提供便利，达到识别资源、定位资源、检索资源、选择资源、管理资源的目的。

公共图书馆资源有十余种，通过文献编目能使资源具有个性化的特征，使用户能识别、判定所需资源以及在图书馆中的准确位置；通过资源组织，选择建立起各种名称、主题的检索点，方便用户检索资源；通过资源组织，实现资源的有序化，实现对资源的科学管理。

3.文献编目的原则

客观性或准确性。文献编目是综合的系统工程，为了充分揭示图书馆资源，方便用户检索，必须客观地进行文献编目。国际标准书目著录（ISBD）规定了“客观描述”的著录规则，依据受编文献的实际情况进行著录，编目员不能凭借主观判断而改变著录。必须依据文献的主要信息源和规定信息源客观著录文献的物质外形特征，反映文献的内容。受编文献的著录结果必须完全符合文献自身的物质外形特征与其内容的实际情况。

完整性。每一著录项目都是从某一角度去描述文献某一方面的属性，各种著录项目的组合从不同方面反映出文献的特征和性质。著录项目选取的完整直接关系到所描述文献的完整度和能否正确、全面地代表所描述的信息。著录项目选取时要尽可能地把保证文献完整度所必需的事项作为必选项挑选出来，然后再根据需要选取一定的任选项来更充分地表现整个文献。

二、文献编目方式、编目规则及其发展

1.文献编目方式

文献编目是公共图书馆业务工作的重要组成部分，包括文献著录、名称规范、文献分类、主题标引、目录组织和文件的技术加工。按照文献编目的设备条件，可以分为手工编目、机读编目、联机编目等方式；按照对文献的处理方式，可以分为原始编目、复制编目（套录编目）；按照编目所采取的组织方式，可以分为集中编目、联合编目、共享编目（合作编目）。

集中编目是由一个中心机构为多个图书馆提供编目服务，可以建立国家或国际编目中心，进一步可形成地区性的、专业性的、商业性的等多层次的编目体系，因而避免重复工作，提高编目质量。在现实中，为开展馆际互借、藏书协调，加快编目速度，常常由多个图书馆分担集中编目中心的编目工作，共享编目成果，一般称此编目形式为联合编目。这种编目方式需由一个中心机构集中协调，包括联合编目系统的创建维护等工作。如果该中心机构为以编目数据为主的权威机构，其他参与馆为补充编目和套录编目，通常也把这种编目方式称为合作编目，即共享编目[2]。在我国，国家图书馆全国联合编目中心已成为公共图书馆合作编目的中心，同时也包括高校图书馆、社会科学院文献信息中心、儿童图书馆等成员馆。

国内外图书馆的文献编目工作因编目传统而采用不同的编目方式。技术进步改变了编目工作模式。随着计算机技术与互联网技术的发展，传统的手工目录形式让位于机读目录，机读目录占据主导地位。同时，文献编目方式由多种方式并存向联机编目方向发展，在技术的帮助下实现文献编目的智能化。文献集中编目的工作方式日趋弱化，编目工作趋向分散化与社会化。联机编目已成为网络环境下合作编目方式实现的一种新形式，联机目录数据库由成员馆上传原始编目数据或套录复制。文献编目工作中的目录组织工作逐步转为人工选取检索点、计算机抽取检索点，从而形成各种检索点索引编制工作。现在编目工作主要是文献著录、文献分类、主题标引和选取检索点等工作。

2.文献编目规则及其发展

文献编目依据著录规则、标引规则、机读目录格式等规则与标准。《国际标准书目著录》(ISBD)、《英美编目条例》(AACR)、《中国文献编目规则》等可称为文献资源描述规则。ISBD 是国际图联为使描述性编目在世界各国兼容而制定的条款。1971 年，IFLA 率先颁布《单行著作国际标准书目著录》［ISBD（M）］，随后又推出了一系列以丛书、乐谱、地图资料、非书资料等为对象的国际标准。1976 年又出版《国际标准书目著录总则》［ISBD（G）］。2011 年 7 月 ISBD 正式推出统一版。ISBD 系列（ISBDs）为文献信息描述提供了统一的框架，它规定了描述的成分、次序、标记等，为各国文献编目的统一和规范创造了条件。著录总则根据各种类型文献的共同特点确定文献著录原则、著录内容、格式和标记符号等统一规定，目的是建立统一的文献著录体系。各个分则则是根据某一类型文献特点制定的该类型文献著录的原则、内容、格式等的规定。

ISBD 规定资源描述项目应包括题名与责任说明项，版本项，文献特殊细节项，出版、制作、发行等项，载体形态项，丛编项，附注项，文献标识号与获得方式项 8 个著录项目。这些项目提供了完整的描述数据，揭示了资源的基本特征。每个记录由若干大项组成，一个大项又可以根据需要分出若干小项，组成一个系统完备的描述结构。

ISBD 把题名与责任说明项二合一，说明题名与责任者结合可以充分识别文献，是用户查找资源的一个重要途径。题名与责任说明项包括：正题名；一般文献类型标识；并列题名；其他题名信息；责任说明。

版本项包括：版本说明；并列版本说明；与版本有关的责任说明；附加版本说明；附加版本说明的责任说明。

文献特殊细节项包括：数学数据（地图资源）；比例尺说明；投影说明；坐

标和二分说明；乐谱说明（乐谱）；乐谱格式说明；并列乐谱格式说明；编号（连续出版物）；编号。

出版发行项用以说明文献的出版情况。载体形态项，是对一个文献物质形态特征描述的项目，它是使用者选择文献的一个重要因素。出版、制作、发行等项包括：出版、制作和（或）发行地；出版者、制作者和（或）发行地名称；发行者职能说明；出版、制作和（或）发行日期；印刷、生产或刻板地；印刷者、生产者或刻板者名称；印刷或生产日期。载体形态项包括：文献数量和特定文献类型标识；其他物理细节；尺寸；附件说明。

丛编项包括：丛编、分丛编或多部分单行资源的正题名；丛编、分丛编或多部分单行资源的并列题名；丛编、分丛编或多部分单行资源的其他题名信息；丛编、分丛编或多部分单行资源的责任说明；丛编或分丛编的国际标准连续出版物号；丛编、分丛编或多部分单行资源内的编号。

附注项包括：特定资源附注；题名和责任说明项的附注；版本项和文献书目沿革的附注；文献类型特殊项的附注；出版、制作、发行等项的附注；载体形态项的附注；内容的附注；文献标识号和获得方式项的附注；手头复本附注；其他附注。文献标识号和获得方式项包括：文献识别号；识别题名（连续性资源）；获得方式和（或）价格；限定说明。提要项是概括记录和评价文献内容的描述项目。

通过 ISBD，各国图书馆的文献编目在文献实体的描述、著录项目设置及其排列顺序、著录项目标识符等方面基本相同，仅有著录细则的差别，实现了文献编目的标准化，文献编目的重点是解决检索点的规范化。

从 1983 年起，我国共颁布实施了若干以 GB 3792 为标准号的各类型资源著录的标准，文献著录标准的指导思想是实现中外文目录的统一、图书馆与文献情报部门目录的统一、各类型文献目录的统一和不同载体的统一。在编写体例上，划分为总则和分则，保持与 ISBD 的统一。GB 3792.1—83《文献著录总则》，1984 年 4 月实施；GB 3792.2—85《普通图书著录规则》，1985 年 10 月实施；GB 3792.3—85《连续出版物著录规则》，1985 年 10 月实施；GB 3792.4—85《非书资料著录规则》，1985 年 10 月实施；GB 3792.5—85《档案著录规则》，1986 年 1 月实施；GB 3792.6—86《地图资料著录规则》，1987 年 1 月实施；GB 3792.7—87《古籍著录规则》，1987 年 10 月实施；《普通图书著录规则》（GB 3792.2—2007）修订版于 2007 年正式出版。《文献著录总则》作为制订各类型文献著录标准（即各分则）的依据，对文献著录的要求做了一般性的规定，包括：

著录项目及其排列顺序、著录用标识符号、著录用文字、著录信息源、著录项目细则等。GB 3792 系列可以说是中文版的 ISBD。

三、《中国文献编目规则》

1996 年，《中国文献编目规则》出版，这是我国第一部依据国家标准并参考国际主要编目条例，符合著录国际标准化及标目规范化要求的大型文献编目规则。2002 年对《中国文献编目规则》进行全面修订，这次修订主要面向信息化、面向世界、面向社会需求，实现与国际书目情报顺利交流，使中文书目数据为全世界所共享。修订编目规则依据 ISBD 最新版、GB 3792.1 最新版、AACR2/2002 年版等[3]。

《中国文献编目规则（第二版）》包括著录法和标目法两部分。著录法根据《国际标准书目著录》和中国《文献著录总则》等 GB 3792 系列确定的著录项目及其顺序、著录用标识符等，对各类文献进行客观著录的原则与方法做出统一规定。内容为总则及各类型资源著录分则、综合著录和分析著录。标目法在文献标准书目著录基础上，为书目记录确定检索点，提供各类名称标目（包括个人名称、团体/会议名称、题名标目）的规范形式，以产生完整的书目款目，并通过规范控制，实现书目的检索功能与汇集功能，保证书目记录的查全率和查准率。内容为总则、各名称标目分则、参照。

《中国文献编目规则（第二版）》采用规则条例与原则条例的结合模式。既列出有可能出现的各类型文献特征，据此制订条例；同时提出各种文献特征的潜在含义，并以此规定一般原则。在保持整个结构、 基本框架的前提下，对著录法和标目法两个部分进行了重点的修改。

著录法部分，对原《规则》的整体框架做出调整，采取统一格式、统一款项、统一表述方法，对相同和相关内容采用“参见”方式，同时新增“手稿”一章。在信息源的选取、版本信息的选取、分析著录的内容上有所变化。原《规则》对信息源选取顺序没有明确说明，修订后的规则强调了信息源的选取顺序。在并列题名的选取上，明确了可以出现在文献各处，对并列题名的著录位置也进一步规定。关于版本项中版本信息说明信息的选取，原《规则》规定版本以及版本说明一律著录在版本项中，修改后明确提出在题名页上属于题名组成部分的版本说明文字著录在题名与责任说明项。关于分析著录，原《规则》设第十四章多层次著录和第十五章分析著录，修改后为第十五章综合著录与分析著录，内容包括“丛编与多卷书等多层文献综合著录与分析著录、无总题名文献基本著录与分析著录、单篇著作分析著录”三部分。同时，不同文献类型的各章节在总则指导下，可以适当采取灵活使用的原则，保持其特殊性。比如对于连续性资源，从原《规则》的“连续出版物”改为“连续性资源”，扩大了对连续性资源的适用范围；“计算机文档”改为“电子资源”，增加了相关内容，在体例上做了适当修改。

标目法部分，原《规则》内容单薄，本次修订在内容、章节、结构上做了较大的调整，充实和增加了许多内容和实例。修订后的规则进一步明确了检索点与标目的区别与联系，在各章中，分别论述检索点的选取与标目的形式。“参照”一章，只说明单纯参照、相关参照、说明参照。在确定标目形式时，作为标目附加成分的国别、朝代等信息的位置可采取交替规则处理。在团体名称标目中增加了职务名称标目的类型，增加了对中国驻外使、领馆及其他外交团体名称标目的描述规则。对标目法中的名词术语进行了规范统一。在附录部分中，增加了中国历史朝代规范简称、中国各少数民族规范名称表、世界主要国家和地区名称表、不同文献类型著录样例。

四、《中国机读目录格式》

1.机读目录格式概述

机读目录格式是为文献描述形成的数据能够计算机可读化、结构化、交互兼容化而拟定的数据描述标准，著录规则与机读目录格式构成了文献编目的基础。机器可读目录（Machine Readable Catalogue，简称 MARC）是以代码形式和特定记录结构存储在载体上，用计算机识别与阅读的目录，是用于描述、存储、交换、控制和检索的机读目录数据标准。20 世纪随着计算机技术的发展，美国国会图书馆开始图书馆自动化的构想，经过一系列的可行性分析与调查，起草了 MARC-Ⅰ、MARC-Ⅱ方案，1969 年开始发行 MARC-Ⅱ格式书目磁带，并将 MARC-Ⅱ格式命名为 USMARC，即美国机器可读目录。

1976 年，IFLA 为了统一各国的 MARC 格式，促进国际书目交流，在 USMARC 的基础上主持制定了 UNIMARC 格式。UNIMARC 将不同文种、不同载体的信息资源的机读目录实行格式一体化。同时设置了连接款目块，利用不同的连接字段连接具有层次关系、平行关系、年代关系的记录或实体，并通过连接字段向用户提供多个检索点，扩大信息检索的途径和范围。UNIMARC 根据 ISO 2709—1973（E）和英美编目条例（AACR2）等标准编制，它将每条 MARC 记录分为记录头标区、地址目次区、数据字段区和一个记录分隔符 4 个部分，每一个可变字段包括若干子字段。

MARC 字段内容著录详尽，字段下设子字段，区分可重复字段、可检索的字段等。虽然 MARC 格式庞杂，但是它能适应图书馆各类型资源和元数据描述的需求，具有很强的适应性。

2.《中国机读目录格式》概述

（1）中国机读目录格式的结构特点

我国自 20 世纪 80 年代初开始参照 UNIMARC 研制适合中国文献编目需要的 MARC 格式。1996 年《中国机读目录格式》（CNMARC）作为文化部行业标准正式颁布。同时，还有《中国机读规范格式》于 2002 年成为文化部行业标准。

根据我国文献著录的实际，CNMARC 按功能划分为九个模块，以下以《新版中国机读目录格式使用手册》为蓝本，分别说明。

0 标识块：主要由记录控制号、国际标准书号（ISBN）、统一书刊号等字段构成。共定义了 20 个字段。

1 编码信息块：主要由描述作品的各个方面的编码数据，如一般处理数据、作品语种、出版国别等编码字段构成。共定义了 27 个字段。

2 著录信息块：主要由包括 ISBD 和中国国家标准《文献著录准则》规定的除附注项和文献标准号码以外的全部著录项目，如题名与责任者项、版本项、出版发行项、载体形态项、丛书项和文献特殊细节项等字段构成。共定义了 10 个字段。

3 附注项：著录内容与 ISBD 中规定的 8 个著录项目中的第 7 个著录项目（附注项）相对应。共定义了 35 个字段，主要包括对作品各方面的文字说明，由一般附注、内容附注、提要和文摘、采访信息附注等字段构成。

4 连接块：主要包括以数字和文字形式对其他记录的标准连接。连接块主要用来描述层级关系、并列关系、版本关系、先前与后续款目关系。共定义了 36 个字段。

5 相关题名块：主要包括可作为检索点的题名信息，由统一题名、并列题名、其他题名、编目员补充的附加题名等字段构成。共定义了 18 个字段。

6 主题分析块：主要由分类、主题标识、非控主题词等字段构成，用来揭示文献内容主题特征，共定义了 21 个字段。

7 责任者块：主要包括对作品负有责任的个人及团体的规范名称。并区分为主要责任者、等同责任者及次要责任者等字段。共定义了 11 个字段。

8 国际使用块：主要包括对数据记录负有责任的机构代码、编目员附注、电子资源地址与检索方法等，共定义了 6 个字段。

9 国内使用块：主要包括馆藏信息等。

在文献编目工作中，CNMARC 常用字段有：

001 记录控制号；005 记录版次标识；010 国际标准书号；020 国家书目号；021 版权登记号；022 政府出版物号；091 统一书刊号。

100 一般数据处理（如入档日期、出版日期、阅读对象代码等）；101 作品语种；102 出版国别；105 编码数据字段：图书（如图表代码、内容特征代码、会议代码等）；106 文字资料的形态特征。

200 题名与责任说明项；205 版本项；210 出版发行项；215 载体形态项；225 丛编项。

300 一般性附注；304 题名与责任者附注；305 版本沿革附注；306 出版发行项附注； 307 载体形态项附注；310 装订与获得方式附注；320 书目附注；327 内容附注；328 学位论文附注；330 提要或文摘。

410 丛编；411 附属丛编；421 补编；422 正编；423 合订；453 译为；454 译自；461 总集；462 分集；463 单册。

500 统一题名；501 作品集统一题名；503 统一惯用标目；510 并列题名；512 封面题名；513 附加题名页题名；515 逐页题名；516 书脊题名；517 其他题名；540 编目员补充的附加题名；541 编目员补充的翻译题名。

600 个人名称主题；601 团体名称主题；602 家族名称主题；604 作者/题名主题；605 题名主题；606 普通主题；607 地理名称主题；610 非控制主题词；660 地区代码；690 《中图法》分类号；692 《科图法》分类号。

700 个人名称—主要责任者；701 个人名称—等同责任者；702 个人名称—次要责任者；710 团体名称—主要责任者；711 团体名称—等同责任者；712 团体名称—次要责任者；720 家族名称—主要责任者；721 家族名称—等同责任者；722 家族名称—次要责任者；730 非规范责任者。

801 记录来源；802 ISSN 中心；830 编目一般注记；850 馆藏机构代码。

905 馆藏信息。

（2）中国机读目录格式的使用

在机读书目的记录中，文献编目是描述性编目和分析性编目的结合，资源外在特征与内容特征的综合。机读格式的编码信息块、著录信息块、附注项、连接块、相关题名块属于描述性编目的范畴，依据编目规则著录相应信息。格式的主题信息块根据主题分类与标引规则、《中国分类主题词表》或《中国图书馆分类法》、“主题规范数据库”（“汉语主题词表”规范数据库）对文献的学科属性与内容进行分类与主题标引。分类与主题标引规则见本章第四节。

书目责任者块、主题信息块与规范标目块存在对应控制关系，可依据规范格式与著录规则进行主题与名称规范著录，同时通过数据库管理系统的规范控制模式使书目记录的6--字段、7--字段连接规范记录的2--字段，实现书目与规范的主题、名称实时同步更新。

表 4-1　描述项目与书目机读格式对应表

描述项目	字段	指示符	子字段及其数据
题名与责任说明项	200	1	$$a 飘 $$9piao $$dGone with the Wind $$f(美)玛格丽特·米切尔(Margaret Mitchell)著 $$g 贾文浩译 $$zeng
版本说明项	205		$$3 版
出版发行项	210		$$a 北京 $$c 燕山出版社 $$d2007
载体形态项	215		$$a2 册(851 页) $$d22cm
丛编项	225	2	$$世界文学文库 $$v089
附注项	300 305 330		$$a 名家名译 $$a 据 The MacMillan Company,1947 年版译出 $$a 本书以美国南北战争和战后重建时期十几年间动乱的社会现实为背景,以女主人公思嘉的爱情纠葛和生活遭遇为主线,通过美国南方几大家族的盛衰变迁,展现了动乱的社会现实。
款目连接块	461	0	$$1001003071484
相关题名块	500 510	10 1	$$a 飘 $$9piao $$aGone with the wind $$zeng
主题	606	0	$$a 长篇小说 $$y 美国 $$z 现代
分类法	690		$$aI712.45 $$v4
知识责任块	701 702	0 0	$$c(美) $$a 米切尔 $$c(女, Michell, Margaret $$f1900~1949) $$9mi qie er $$4 著 $$a 贾文浩 $$f(1955~) $$4 译 $$9jia wen hao
记录来源	801		$$aCN $$b110017 $$c20100712

以下为表 4-1 示例的 CNMARC 记录。

LDR -----nam0-22-----^^^450-

001 005071570

005 20101222151636.0

010 $$a978-7-5402-1239-1 $$dCNY30.00

100 $$a20071129d2007^^^^em^y0chiy50^^^^^^ea

101 1 $$achi $$ceng

102 $$aCN $$b110000

105 $$ay^^^z^^^000ay

106 $$ar

200 1 $$a 飘 $$9piao $$b 专著 $$dGone with the wind $$f（美）玛格丽特·米切尔（Margaret Mitchell）著 $$g 贾文浩译 $$zeng

205 $$a3 版

210 $$a 北京 $$c 燕山出版社 $$d2007

215 $$a2 册（851 页） $$d22cm

225 2 $$a 世界文学文库 $$v089

300 $$a 名家名译

305 $$a 据 The MacMillan Company，1947 年版译出

330 $$a 本书以美国南北战争和战后重建时期十几年间动乱的社会现实为背景，以女主人公思嘉的爱情纠葛和生活遭遇为主线，通过美国南方几大家族的盛衰变迁，展现了动乱的社会现实。

461 0 $$11001003071484

500 10 $$a 飘 $$9piao

510 1 $$aGone with the wind $$zeng

606 0 $$a 长篇小说 $$y 美国 $$z 现代

606 0 $$a 长篇小说

690 $$aI712.45 $$v4

701 0 $$c（美） $$a 米切尔 $$c（女，Michell，Margaret $$f1900～1949） $$9mi qie er $$4 著

702 0 $$a 贾文浩 $$f（1955～） $$9jia wen hao $$4 译

第二节 数字资源编目

20 世纪 90 年代以来，随着现代信息技术的发展，信息环境发生了很大的变化，互联网成为人们获取资源、交流信息的重要途径，数字资源、网络资源业已成为信息资源最重要的形式之一。图书馆作为承担信息资源收藏、保存、服务的机构，在数字时代、网络环境下的馆藏资源格局也发生了显著的变化，大量的电子图书、电子期刊、电子报纸、数据库以及网络资源快速增长，数字资源已成为图书馆馆藏资源的重要组成部分。传统图书馆在资源描述与组织方面，积累了丰富的经验，形成了一系列成熟的规范体系，MARC、ISBD 等一直为图书馆界广泛使用。而随着数字图书馆的发展，图书馆馆藏数字资源的与日俱增，对数字资源的有效描述与组织已成为图书馆面临的重要课题。数字资源不同于以纸质资源为主的传统资源，传统的资源描述方式已不完全适用于数字资源，为满足对数字资源描述与组织的需要，DC 元数据等资源描述的标准与方法应运而生并被广泛采用。

一、DC 元数据

1.DC 元数据的产生与发展

简单地说，元数据是关于数据的数据。从定义来看，图书馆的卡片目录、书目记录等都是元数据，MARC 亦是一种元数据格式。但由于元数据这一词汇概念起源于计算机科学，又是在人们急需解决网络资源无序化的环境下提出来的，所以当前元数据的研究重点主要还是网络环境下的数据描述和数据管理问题[4]。

DC 元数据是 1995 年 3 月由 OCLC 与美国国家超级计算机研究中心联合发起，在美国俄亥俄州都柏林召开的元数据研讨会上，经来自多个领域的 52 位专家共同研讨推出的一套用于描述网络资源的元数据集。都柏林核心元数据组织（Dublin Core Metadata Initiative，简称 DCMI）是 DC 元数据的维护机构[5]。目前，DCMI 每年举办“都柏林核心（DC）与元数据应用国际研讨会”（即 DC 年会），对 DC 元数据的年度进展、重点关注等问题进行研讨。

经过十余年的发展，DC 元数据已成为国际上最具影响力的元数据格式，在世界范围内得到了广泛的应用，并已发展成为国际标准及多个国家的国家标准。2003 年，都柏林核心元数据元素集（Dublin Core Metadata Element Set，简称 DCMES）的 15 个元素正式成为国际标准 ISO 15836:2003《信息与文献 都柏林核心元数据元素集》(Information and documentation-The Dublin Core metadata element set)，并于2009年修订为ISO 15836:2009；2001年，DCMES成为美国国家标准ANSI/NISO Z39.85—2001，并于2007年修订为Z39.85—2007；2010年，DCMES亦被批准成为我国国家标准GB/T 25100—2010《信息与文献 都柏林核心元数据元素集》。此外，DCMES也是英国、澳大利亚、芬兰、丹麦等国家的国家标准。

与一些传统的标准规范有所不同，DC元数据体系就像一个不断生长的有机体，自出生以来，不断地发生着变化[6]。很多人认为DC元数据就是15个元素，非常简单，事实上DC元数据既简单又复杂，“简单”在于其最初目的就是定义一个能得到最广泛应用、能被人们(包括非专业人士)理解和接受的最小元素集，并能作为用户需要进行详细描述时的一个核心集，这一点可以说DC已经实现了。但随着网络的发展，DC元数据已从最初的由13个元素构成的元数据集发展成为包括DCMI元数据术语、抽象模型、应用纲要、编码方案等一系列相对完善与“复杂”的元数据规范体系。

近几年来DCMI对互操作、语义网、关联数据等方面予以了重点的关注，2008—2010三个年度的DC年会主题都与语义相关，体现了DC元数据未来发展的方向。

2.DC元数据的特点与内容

(1)DC元数据的特点与原则

DC元数据是一种“简单”的、“核心”的、广泛适用的，可用于互操作的元数据标准。早在DC第一次会议上，专家们就提出了以下DC元数据发展的原则，这些原则为DC元数据后来的发展指明了方向，奠定了基础。

内在本质性原则，是指DC元数据以揭示、描述对象自身的内容属性为主，外部属性为辅。

可扩展性原则，是指DC元数据的核心元素集可以通过一些方式进行扩展，而成为适应各领域资源描述的元数据方案。DC元数据的扩展包括横向扩展和纵向扩展，通过增加元素的方式可实现横向扩展，通过增加修饰词(Qualifiers)的方式实现纵向扩展。

可选择性原则，是指DC元数据的各个元素均是可选择的，非必备的，但在各个机构的具体应用中可通过著录规则等方式确定必备元素。

可重复性原则，是指DC元数据的各个元素均是可重复的，但在各个机构的具体应用中可通过著录规则等方式确定哪些元素可重复，哪些不可重复。

可修饰性原则，指在具体应用中可对DC元数据的任一元素进行“修饰”或

“限定”。修饰词是对所修饰元素的语义进行限定，具有但不能扩大或改变元素的基本语义。修饰词与其所修饰的元素一样，都是揭示所描述对象的属性，是可以独立存在的。

从以上原则可以看出，DC 元数据与图书馆界最为成熟、应用最广的 MARC 格式相比，有很大的不同，DC 更为简单、灵活，而 MARC 更为详细、精确。虽然 MARC 也针对电子资源定义了 856 等字段，但在数字资源、网络资源的描述方面，专门为网络资源描述而设计的 DC 元数据显然更具优势。此外，从应用的角度看，DC 元数据与 MARC 还有两点主要不同，一是 DC 元数据定义了元素的语义，但没有规定类似 ISBD、AACR 的著录规则；二是在编码方面，虽然提出了一些建议编码方案，如基于 RDF、XML、HTML 等的编码方案，但没有规定具体的编码格式，换言之就是没有规定类似 ISO 2709 的编码标准。

（2）DC 元数据术语

DCMI 元数据术语是一个不断更新的完整的元数据术语集。2010 年 10 月 11 日，DCMI 发布了最新版的 DC 元数据术语，共包括 55 个元素及元素修饰词（其中包含 DCMES 的 15 个核心元素），以及 9 个词汇编码体系修饰词、12 个句法编码体系修饰词、类型词表（DCMI Type Vocabulary）等。一般人们也将不带有任何修饰词的 15 个核心元素称为“简单 DC”，而将带有修饰词的 DC 元数据称为“限定 DC”。

表 4-2　DC 元数据 15 个核心元素

内容描述类元素	知识产权类元素	外形描述类元素
title(名称) subject(主题) description(描述) source(来源) language(语种) relation(关联) coverage(时空范围)	creator(创建者) publisher(出版者) contributor(其他责任者) rights(权限)	date(日期) type(类型) format(格式) identifier(标识符)

（3）DC 元数据规范体系

DC 元数据的内容早已不仅局限于 DC 元数据元素及其他术语的定义，其在领域应用、互操作、发展机制等方面均进行了深入的探讨和研究，并发布了一系列规范或文档，形成了面向应用的元数据规范体系。其中 DC 元数据抽象模型是为支持 DC 元数据框架而提出的一个信息模型，独立于任何特定的编码语法，定义了 DC 元数据描述的各类对象间的相互关系，提出了“一对一”“向上兼容”等原则，有利于实现元数据间的映射和转换，实现元数据方案的共享和重用，是元数据应用纲要的理论基础[7]；DC 元数据应用纲要（新加坡框架）是为规范、推广 DC 元数据的领域应用而提出的，其规定在领域应用中可以选取来自不同元数据标准的元素，并不一定局限于 DC 元数据，每一个领域应用都可以编制自己的应用纲要，既满足各个领域的特殊需求，又能兼顾不同领域元数据的互操作[8-9]。这些规范的提出可以说是在元数据规范建设和应用中的一种创举，其制定的元数据应用的原则与方法使元数据互操作等问题取得了突破性进展。

3.DC 元数据的应用

DC 元数据目前在国内外有非常广泛的应用，尤其是在数字资源、网络资源的描述与组织方面，DC 元数据的简单、易用及可扩展等特性，使得 DC 元数据为国内外多个机构或项目所采用。“我国数字图书馆标准与规范建设”项目（CDLS）、高等教育数字图书馆、国家数字图书馆等都采用 DC 元数据为其基本集或核心集，并根据各机构的不同需要，按照扩展规则进行了相应的扩展，制定了元数据应用方案。

（1）DC-Lib

为了更好地支持 DC 元数据在各专业领域的应用，满足专业领域的需求，DCMI 开展了 DC 在应用领域的扩展研究，并先后成立了一些工作组致力于各专业领域应用纲要的开发。DC 图书馆应用纲要（DC-Library Application Profile，简称 DC-Lib）是 DCMI 图书馆工作组创建的 DC 元数据在图书馆及相关领域的应用纲要。目前在 DC-Lib 中已提出的可行用法主要有：

- 作为使用不同元数据标准/格式的系统之间的交换格式；
- 作为来自图书馆及其他领域数据源的元数据收割标准；
- 支持图书馆对来自不同系统的资源的简单编目；
- 通过转换为 DC，将 MARC 数据导出提供给其他的组织机构；
- 通过使用 DC，可以从非图书馆的创建者处获得用于资源发现的元数据。

DC-Lib 在 DCMES 的 15 个核心元素基础上进行了扩展，包括元素 18 个、元素修饰词 27 个以及编码体系修饰词 21 个。与 DCMES 的 15 个核心元素相比，DC-Lib 增加了适用对象（audience）、版本（edition）、馆藏位置（location）3 个元素[10]。

（2）应用建议

DC 元数据与 MARC 格式的不同，使得图书馆员在应用 DC 元数据进行数字资源编目时总有些困惑。DC 既没有统一的著录规则，如 ISBD；亦没有统一的编码规范，如 ISO 2709，DC 该如何应用呢?

DC 核心元数据的应用定位是作为最小集、核心集，主要用于资源发现与资源交换。因此：

- 应注重 DC 元数据与其他元数据的映射，目前 DC 与 MARC21、CNMARC 等主流元数据格式均建立了映射关系，以便进行数据转换；
- 应遵循 DC 元数据的扩展机制，在具体应用时，根据各机构的不同需要，适当扩展元素及修饰词，但要注意进行适当扩展，不要过度扩展，导致丧失 DC 元数据本身的优势和特点；
- 应根据各机构应用需要，建立著录规则，确定编码方案；
- 适时考虑利用现代技术，引入自动编目、自动标引等手段。

二、网络资源描述框架

1.资源描述框架（RDF）概述

（1）RDF 产生的背景及作用

元数据格式与内容的多样性要求建立一个通用的体系架构来帮助表述、交换与利用元数据。经过对现有各种元数据格式的考察，W3C 在 1997 年 10 月正式发布了资源描述框架（Resource Description Framework，以下简称 RDF），它提供了一种强有力的表述、交换与利用元数据的机制，同时可不限定于某个领域或语言等对各种资源及元数据进行描述[11]。

急剧膨胀的数字资源使人们希望机器能自动理解及处理信息是 RDF 发展的另一重要动因。RDF 可提供结构公约机制、明确表达语义的方法和框架来描述网络上任何资源及其特征，在帮助机器自动理解信息的基础上实现数字资源的有效管理及应用。

通过 RDF 的描述可使数字资源具有形式语义和推理能力，使机器自动实现目前还很难实现的一系列应用和服务。例如可应用在资源发现、自动分类及标引、内容分级、提高知识共享和知识交换的能力等方面。

（2）RDF 的发展及应用

基于 RDF 的关联数据发布和应用得到了快速增长及发展。在 2007 年开放关联数据运动的推动下，基于 RDF 三元组表示的开放数据快速增长，目前 W3C 的

LOD（Linking Open Data）社区中 RDF 三元组数据已达 131 亿以上[12]；涉及的内容也逐步扩展，包括诸多行业和学科；相关人员还开展了应用，例如开发了基于 RDF 的关联数据浏览器、关联数据 Crawler、数据 Web 搜索引擎等。

RDF 在图书馆行业发展迅速。自从 2008 年瑞典国家图书馆首先基于 RDF 来表示书目数据并与 DBPedia 关联之后，到 2010 年已有二十多个图书馆，包括国际、国家级的书目数据、分类法、规范数据等都开放了基于 RDF 表示的关联数据服务。另外，基于 RDF 表示的 RDA 词表、DC 元数据、BIBO 书目本体等都可作为语义工具[13]。

2.RDF 原理及实现机制

（1）RDF 原理

RDF 通过声明三元组的形式来完成不受领域限制的资源描述，并通过“主体—谓词—客体”中的属性和属性值来使资源之间建立关系。其中，主体代表一个由 URI 地址标识的资源，该资源可以是作者、书籍、地点、人、房间或查询请求等等；谓词代表资源的属性，用来描述资源的一个特定方面、特征、品质等；客体代表属性的属性值[14]。

RDF 的表示模型有图模型、三元组表示法、序列化格式。这三种表现法描述了完全相同的信息，但各有优劣。其中，RDF 图虽然直观但不便于机器处理；三元组表示简略清楚但不适合在网络上交换[15]；序列化格式包括 RDF/XML、N3、N-Triple 和 Turtle，后三种主要供人阅读，RDF/XML 主要用于机器读取，并可完成资源之间的传输、交换和互操作。

（2）实现机制

RDF 并没有定义用哪些词汇来描述资源，实际上要定义一种包括所有领域资源的词汇集是不现实的，RDF Schema（以下简称 RDFS）就是用来描述相关资源和这些资源之间的关系，即定义某领域的词汇集及其词汇的含义和用法。

RDFS 对某领域的语义描述能力是由一系列预先定义的核心词汇实现的。这些核心词汇在前缀为 rdfs，URI 为“http://www.w3.org/2000/01/rdf-schema#”的名称空间中定义，包括类核心词汇和属性核心词汇两种类型。其中，类核心词汇包括 rdfs:Resource、rdfs:Class、rdf:Property、rdfs:Literal、rdf:Statement 和 rdfs:Container 等，属性核心词汇用于定义主体资源与客体资源之间的关系、为读者提供更多的信息和约束 RDF 属性的使用，该类词汇包括 rdfs:subClassOf、rdfs:subPropertyOf、rdfs:seeAlso、rdfs:isDefinedBy、rdfs:label 等[16]。

3.RDF 在图书馆中的应用实例

图书馆行业可将书目数据和知识组织系统（Knowledge Organization System，以下简称 KOS），如叙词表、分类法、名称规范等进行 RDF 表示，从而开展智能检索、推理等应用，并可将其进行发布和关联，实现数字资源的获取、共享和重用等。

以下用 KOS 的表示实例来介绍如何使用 RDF 及开展相关应用。

首先据 KOS 的结构用 RDFS 核心词汇集定义 KOS 领域的词汇集。目前，最具影响力的当属 W3C 在 URI 为“http://www.w3.org/2004/02/skos/core#”的名称空间中定义的简单知识组织系统（Simple Knowledge Organization System，以下简称 SKOS）的词汇集，一共包含 8 种类型、32 个词汇[17]。具体该领域词汇集及其含义与用法可参见《SKOS 参考》及《SKOS 初级读本》。

通过 RDFS 定义领域词汇集后，再基于 XML/RDF 语法用定义好的 KOS 词汇来表示各种叙词表、分类法和规范文档等。以下为《中国分类主题词表》的主题词表部分的 RDF 描述片段：

```
<?xml version="1.0"?>
<rdf:RDF
  xmlns:rdf="http://www.w3.org/1999/02-rdf-syntax-ns#"
xmlns:rdf="http://www.w3.org/2000/01/rdf-schema#"
  xmlns:skos="http://www.w3.org/2004/02/skos/core#" >
  ……
  <rdf:Description rdf:about="http://cct.nlc.gov.cn/thesaures/S013967#concept">
    <skos:preLabel xml:lang="zh">地应力</skos:preLabel>
    <skos:altLabel xml:lang="zh">di ying li</skos:altLabel>
    <skos:altLabel xml:lang="en">Ground stress</skos:altLabel>
    <skos:altLabel xml:lang="zh">原岩应力</skos:altLabel>
    <skos:altLabel xml:lang="zh">地壳应力</skos:altLabel>
<skos:closeMatch rdf:resource="http://cct.nlc.gov.cn/classification/C012920#concept"/>
<skos:broadeMatch rdf:resource="http://cct.nlc.gov.cn/classification/C045474#concept"/>
<skos:broadeMatch rdf:resource="http://cct.nlc.gov.cn/classification/C045502#concept"/>
<skos:broader rdf:resource="http://cct.nlc.gov.cn/thesaures/S086061#concept"/>
<skos:narrower rdf:resource="http://cct.nlc.gov.cn/thesaures/S026651#concept"/>
<skos:narrower rdf:resource="http://cct.nlc.gov.cn/thesaures/S099381#concept"/>
<skos:topConceptOf rdf:resource="http://cct.nlc.gov.cn/thesaures/S046582#concept/>
<skos:related rdf:resource="http://cct.nlc.gov.cn/thesaures/S107233#concept"/>
  </rdf:Descrption>
……
</rdf:RDF>
```

从该表示可以看出，使用扩展的 XML 命名空间机制中，导入了 3 个已定义好的词汇集文件，分别为 rdf、rdf-schema 和 skos。“地应力”这个实例包含的属性及 URI 地址对应的主题词款目如下所示：

```
di ying li
地应力
  Ground stress
  P315.1; |TU431|; |TU45|
  D 原岩应力
    地壳应力
  S 岩体应力
  F 构造地应力
    自重应力
  Z 力
  C 构造应力场
```

经RDF表示后可以开展各种相关应用。如KOS经RDF表示后为传统KOS实现语义化的转换提供了一套规范和标准，可促进传统KOS在网络环境下的应用，在实现KOS之间的共享和互操作、开展语义检索、实现术语注册及服务、构建领域本体等方面具有广泛的前景。

第三节　书目记录的功能需求

一、概述

1961年巴黎原则的问世，促进了文献著录的标准化，巴黎原则和ISBD成为各种编目规则的书目基础。然而随着经济和技术的不断发展，编目原则和标准实施的环境发生了巨大变化。文献的数量激增、品种多样，用户对书目记录的要求也越来越高。20世纪90年代，国际图联对书目功能进行研究，1998年出版《书目记录的功能需求》（Functional Requirements for Bibliographic Records，简称FRBR），为编目工作的开展提供了新的概念模式。

1.目的与范围

FRBR的研究有两个基本目的。第一个目的是，提供一个清晰定义的结构化框架，使书目记录中的数据与用户需求之间产生关联；第二个目的是为国家书目机构记录的建立推荐基本功能。

FRBR包括文字、音乐、地图、视听、图形等各种记录形式，纸质、胶片、磁带、光存储载体等各种载体形态的书目记录的需求，研究假定书目记录具有广泛的应用范围，包括馆藏的开发、采访、编目、编制检索工具和书目、典藏、保存、流通、馆际互借、参考咨询和信息检索，既适用于图书馆内，也适用于博物馆、档案馆等其他信息机构；书目记录的使用者包括读者、学生、研究人员、图书馆工作人员、出版者、发行者、零售商、信息经纪人、知识产权的管理者等等。

2.核心内容[18]

FRBR 最终报告分为七个部分和一个附录。第一部分为引言；第二部分说明了研究目的、范围和方法；第三部分阐述了书目记录的三组实体；第四部分定义了实体的属性；第五部分介绍了各实体之间的关系；第六部分规定了四项用户任务，即发现、识别、选择和获取；第七部分提出了国家书目记录的基本要求；附录为某些数据单元对逻辑属性的映射。

（1）实体

FRBR 将书目数据用户关心的关键对象分为三组实体。第一组实体为书目记录中所命名或描述的知识产品或艺术产品，包括作品、内容表达、载体表现和单件；第二组实体为对知识内容或艺术内容的生产、传播或保管负有责任的个人或团体；第三组实体作为知识或艺术创作的主题，包括概念、实物、事件、地点。第一组实体是书目记录的对象，后两组实体属于书目记录中的检索点部分。第二组实体由名称规范进行控制，第三组实体由主题词表、分类法等主题规范进行控制。

（2）属性

FRBR 模型中的每一个实体，都有与之相联系的一组特征或属性。实体的属性基本上分为两大类。第一类是实体的内在属性，第二类是来自外部输入的属性。内在属性不仅包括实物的载体与尺寸等物理特征，还包括诸如题名页、封面或容器说明等标识信息的特征。外部输入的属性则包括分配给一个实体的标识符和背景信息。实体的内在属性可通过检查实体本身确定，外部输入的属性通常需要参考外部来源。每个实体的属性不一定在该实体类型的所有实例中都显示出来。

（3）关系

FRBR 是一个强调书目关系的模型，阐述了三组实体之间的关系，包括作品、内容表达、载体表现和单件之间的关系，个人和团体间的关系，主题关系，尤其分析了第一组实体间的关系。

第一组实体间的关系是有层次的，作品是一个抽象的概念，只能通过一个或多个内容表达来实现，作品本身只存在于不同内容表达的共性之中。内容表达是实现作品所采用的特定的知识或艺术形式，形式的任何变化都会形成新的内容表达。内容表达也具有抽象性，必须通过载体表现才能体现出来。载体表现是作品的内容表达的物理体现，代表在知识内容与物理形式方面具有相同特征的所有物理对象。一般来说，每个载体表现应有一条独立的书目著录与之对应。单件是一种载体表现的单一样本，通常是一个单独的物理对象，有时也可以是多个物理对象；代表一个载体表现的单件通常与载体表现本身是相同的，但单件之间仍会出现差异。第二组实体（个人和团体）和第一组中的任何实体之间存在着“责任关系”。FRBR 模型中的任何实体与独立实体“作品”之间还存在一些“主题关系”。

（4）用户任务

FRBR 确定了四个基本的用户任务，即“查找”“识别”“选择”“获取”。

- 查找：查找符合用户检索要求的实体，即利用实体的属性或关系在文档或数据库中找到一个或一组实体。
- 识别：识别一个实体，即确认所描述的实体对应于所查找的实体，或者区分具有相似特征的两个或多个实体。
- 选择：选择符合用户需要的一个实体，即选取一个在内容、物理形式等方面满足用户要求的实体，或放弃一个不适合用户需要的实体。
- 获取：获取所描述的实体，即通过购买、借阅等方式获取一个实体，或者以电子方式通过联机连接远程计算机来检索一个实体。

FRBR 将与第一组实体相关的属性和关系映射到书目记录所支持的四项基本用户任务，显示了每个属性和关系与各项用户任务的相关性，进而评估它们对实现用户任务的价值。

（5）国家书目记录的基本需求

FRBR 用列表的方式详细描述了一个基本级国家书目记录的数据需求，将最低数据要求进行汇总，重新整合为著录单元和组织单元两个组，将这两组的数据结合在一起，推荐出基本级国家书目记录的数据要求。一般来说，基本级书目记录的数据元素是有则必备的，但各编目机构可根据资源的具体情况进行具体规定。也就是说，公共图书馆既可提出比基本级书目记录的数据元素更为简洁的最低功能要求和最低数据要求，又可对某些类型的资源采用的数据元素提出更为详细的处理标准。

FRBR 只是一个概念模型，它不是一个数据模型，不是一个 ISBD，也不是一个编目规则，如何把 FRBR 融入编目规则与编目实践，是一项新的工作与挑战。FRBR 颁布后在国际编目界引起了广泛的关注，其最终报告很快被译成汉语、意大利语、斯洛文尼亚语、挪威语、法语、捷克语和日语等其他语言。FRBR 对编目原则的制定、编目标准的修订以及编目系统的发展等都产生了巨大的影响。

二、发展与应用

1.FRBR 模型的发展

FRBR 模型主要研究其所定义的第一组实体，对第二、第三组实体涉及较少。1999 年 4 月，IFLA 成立了规范记录的功能需求和编号工作组，依照 FRBR 的模式，定义规范记录的功能需求，并从事国际标准规范数据号（ISADN）的研究。2009 年 6 月，《规范数据的功能需求》（FRAD）最终出版[19]。FRAD 是 FRBR 模型的扩展，也是描述实体—关系的模型。所不同的是，FRBR 的研究范围局限于书目记录，而 FRAD 扩展到规范记录，把焦点放在规范记录的实体上，在实体—属性关系描述的深度和广度上都有了明显的补充和完善，为制定编目规则，确定规范记录中的标目形式、参照范围以及附注内容提供了依据，为建立各种实体关系、参照关系及连接方式提出了解决办法。

2005 年 4 月，IFLA 成立主题规范记录功能需求工作组，准备制定《主题规范记录的功能需求》（Functional Requirements for Subject Authority Records，简称 FRSAR）。它的研究范围包括：建立 FRBR 框架所定义的第三组实体（作品内容）的概念模型；提供清楚的定义和结构框架，说明主题规范记录中的数据与用户需求之间的关系；协助评估主题规范数据在图书馆领域及更广阔范围内实现国际共享的潜力。2011 年 5 月，《主题规范数据的功能需求》（FRSAD）正式出版[20]。至此，FRBR 发展为全面包含书目记录、规范数据和主题数据的概念模型。

2.面向对象的 FRBR

FRBR 模型发布后，IFLA 在其编目部下成立 FRBR 工作组（2003 年更名为 FRBR 评估组），负责该模型的维护和发展。评估组下设的 FRBR/CRM 对话工作组承担着对 E-R 模型进行改造的重要任务。工作组协调 FRBR 与国际博物馆理事会下属的国际文献工作委员会提出的 CIDOC CRM 模型，于 2008 年 1 月完成了“FRBR：面向对象定义与 $FRBR_{ER}$ 映射”的 0.9 版本，该文件提出了被称为 FRBRoo 的概念模型[21]。

FRBRoo 就是面向对象的 FRBR，它用 CIDOC CRM 面向对象的方法和结构表达 FRBR 概念。FRBR 采用 E-R 模型，具有简单、综观、实用的特点，但概念模型的细节还不清晰，它是以过程（诸如创造、实现、计划）的成果（作品、内容表达……）为模型，而不对过程本身进行处理。建筑在 CRM 方法基础上的 FRBRoo，则侧重于过程，它能够对事情的详情进行推理。FRBRoo 澄清了 FRBR

的第一组实体，它将实体分解为多个类，每个类都有其特定性质。作品是超类，包含各种情况下的子类，每个子类与创造或汇集的过程相关。内容表达类，包含子类有独立的内容表达、内容表达片段、出版的内容表达等。内容表达片段构建的模型，适用于从一个内容表达中选取部分内容进行再加工，从而成为另一种作品的组成部分。载体表现实体的定义分为两个方面，即载体表现产品类型和载体表现独体。载体表现产品类型包括那些作为出版过程之产品的载体表现，是抽象概念“类型”的一个子类。载体表现独体包括作为唯一独特物体产生的载体表现，是一个非常具体的概念“物理人造物”的子类[22]。此外，FRBRoo 增加了时间与事件的模型，增加了表演和录音的模型，明确了出版者的智力贡献以及原始资料与表演之间的关系。

FRBRoo 提供了一个采用面向对象工具的更易执行的方式，特别是便于来自文化遗产方面的异构信息整合，它同时允许与其他核心本体的互操作。FRBR 模型理论层面的充实与发展，使它更能充分地支持各种类型资源的描述，更有效地揭示书目记录中的各种实体、属性及其相互之间的关系，便于兼容博物馆、档案馆等其他信息机构的著录与检索标准，实现书目信息和博物馆信息之间的整合、干预和相互交换。

3.FRBR 模型的影响

FRBR 问世后，国际图联重新组建 ISBD 评估组，对 ISBD 进行全面的评估，目的在于实现 FRBR 推荐的基本级国家书目记录要求，并保证 ISBD 条款和 FRBR 数据要求的一致性。ISBD 中的术语采用了 FRBR 中的概念，将原来包括在各种专门 ISBD 中的全部资源类型的描述结合成为一个统一版本，同时对所有资源的著录要求进行更新，使各种资料的著录与 FRBR 模型相符[23]。ISBD 统一版借鉴 FRBR 概念模型，为图书馆和其他书目信息机构的描述性编目提供了国际一致的标准。

FRBR 的主要内容被国际图联颁布的《国际编目原则声明》所采纳。国际编目原则声明在其引言中明确提出“本声明以国际上主要的编目传统为基础，同时兼顾国际图联书目记录的功能需求（FRBR）提出的概念模型”[24]。FRBR 也成为制定编目规则的理论基础。英美编目规则 AACR2 经全面修订被命名为“RDA：Resource Description and Access”。RDA 以 FRBR、FRAD 为理论基础，它不但与 FRBR 的术语保持一致，而且它的结构、对实体的属性和关系的描述也与 FRBR、FRAD 一致。RDA 核心元素的选择依据的是各元素与 FRBR、FRAD 用户任务的对应关系，可以说 RDA 是一部 FRBR 化的编目内容标准。意大利于

2009 年制订的新编目条例 REICAT 也是基于 FRBR 的[25]。

目前国际上所普遍采用的机读目录格式为 USMARC 和 UNIMARC，二者共同之处是将格式本身划分成记录和字段两个层次，因而不利于描述实体间的关系。美国国会图书馆网络发展和 MARC 标准办公室对 FRBR 和 MARC21 的关系进行了分析研究，建立了 MARC21 和 FRBR 四种映射表。FRBR 模型为 MARC 格式的修订，特别是在揭示“内容表达”和“关系”方面提供了一些启示[26]。RDA 是 FRBR 化的编目内容标准，作为格式标准的 MARC21 为使用 RDA 增加了许多相关的字段和子字段。与此同时，UNIMARC 的 FRBR 改造工作也正在进行。应 IFLA 的 UNIMARC 常设委员会（PUC）要求，法国 UNIMARC 委员会研究如何在 UNIMARC 中表达 FRBR 模型。2010 年完成了将 UNIMARC 书目格式对应 ISBD 第 0 项的工作。2011 年 PUC 年会上讨论了面向 FRBR 全面定义 UNIMARC 的一套 20 项建议，预计 UNIMARC 的 FRBR 化于 2012 年完成[27]。

FRBR 对 OPAC 功能有很大影响。传统的 OPAC 记录之间是彼此独立的，FRBR 打破了传统编目中书目记录概念的单一性和平面性，FRBR 化 OPAC 按作品进行集中和浏览，揭示了资源之间的内在联系，将孤立的目录联系起来。由于集中了同一作品不同版本，减少了困扰用户的信息，有助于更快地找到需要的作品。此外还增强了图书馆资源在 Web 中的可见度，有利于 OPAC 向 Web-OPAC 发展[28]。

4.FRBR 模型的应用

随着 FRBR 理论的发展，图书馆界和系统提供商都积极地探讨 FRBR 模型的应用问题。实践证明，含有大量内容表达和载体表现的专著作品、音乐和小说是最适合使用 FRBR 模型的资源类型。

美国学者将 FRBR 的应用分为全功能系统、原型或试验系统以及算法和软件三类。代表性的全功能系统有 Worldcat.org、加州大学 UCLA 影视档案；原型或试验系统包括 OCLC 的 Fiction Finder、澳大利亚的 FRBR Prototype、挪威的 BIBSYS、肯特大学的 FRBR Project；软件有 XC、Virtue ILS、Innovative Interfaces、VisualCat、OpenFRBR、IFPA、LibDB 等；算法有 OCLC FRBR Work-Set Algorithm、Tool for Converting Bibliographic Records；呈现工具有 FRBR Display Tool、FRBR Floater[29]。

AustLit（Australian Literature Gateway）是最早全面落实 FRBR 的数据库。它由澳大利亚国家图书馆和 8 所大学共同协作开发，以 FRBR 数据模型为基础对书目数据进行构建，并对其进行了修改和扩展。它以作品为中心，在一个 Web 页上为每个作品展示其所有的内容表达和载体表现，提供对澳大利亚 75 000 个作者或机构的文学作品进行统一的公共检索。

Virtua 系统是美国的图书馆自动化软件生产商 VTLS （Visionary Technology in Library Solution）公司开发的软件产品，为图书馆 FRBR 化书目资料、保存管理书目数据、提供公共存取等提供了完全的解决方案，实现了图书馆自动化软件同 FRBR 模型的结合。它的问世标志着 FRBR 概念模型从一个理论框架发展成为一个可操作的应用系统[30]。

OCLC 在挖掘 FRBR 用于大型书目数据库的潜能方面做了巨大的努力。OCLC 开发了一种算法使得“传统的”MARC 记录能够自动地转化成“FRBR 化”记录。三种基于 FRBR 化算法的主要实现是 xISBN、OpenWorldCat 和 FictionFinder。xISBN 是一个能标识同一个作品的不同版本的服务。FictionFinder 能通过使用 FRBR 化算法使文字小说作品的书目变得简化和易懂[31]。WorldCat 是 OCLC 开发的联合目录，是 FRBR 全功能系统应用的最成功案例之一。

FRBR Display Tool 是由美国国会图书馆网络发展和 MARC 标准办公室发布，由 XSLT 语言编写，运用运算法则，将原有的 MARC 记录聚集成 FRBR 的作品、内容表达、载体表现层次的显示工具。

虽然 FRBR 试图跨越不同领域，但是它在其他领域的被接受程度并不理想，实际上在与图书馆联系不太紧密的行业，对 FRBR 的关注仅限于理论上的探讨。在国内，尽管 1998 年就有关于 FRBR 的介绍[32]，2004 年起出现了 FRBR 研究热潮，2005 年出版的《中国文献编目规则》(第 2 版）在很多方面借鉴了 FRBR 的思想，但在 FRBR 的应用开发项目方面，国内的研究明显落后于国际水平。FRBR 是一个概念模型，是一种编目的思维方式。虽然，FRBR 的绝大多数实体与属性已经存在于目前的图书馆书目记录中，但 FRBR 的全面应用不可能一蹴而就，只有基于 FRBR 修订完善编目规则，设计与实施基于 FRBR 的编目系统，开发、测试工具和软件，实现对来自不同标准和实践的数据进行 FRBR 化的处理，才能使 FRBR 模型得到更为广泛的应用，充分发挥出 FRBR 模型的优越性，通过书目关系的深刻揭示和书目控制的进一步强化，促进全球知识资源的共享。

第四节　资源描述与检索

一、概述

1.RDA 的问世

RDA 的前身——英美编目规则，是目前世界上应用最为广泛的编目规则。自

1967 年 AACR1 问世至今，其已经历了 40 多年的发展历程。它是国际编目工作标准化的产物，并随着编目环境的变化不断发展。1978 年 AACR2 正式出版，曾经进行过多次的修订，其中较为重要的修订本有三个：1988 年修订本、1998 年修订本、2002 年修订本。AACR2 虽然经过多次的修订，仍存在不少问题，不能完全适应新的编目环境的要求。AACR2 是为手工卡片目录设计，侧重印刷型文献，过于偏向英美。它包含有“主要款目”“附加款目”“标目”等卡片目录术语，结构上按文献类型安排，因而难于扩展，不适用于迅猛增长的数字资源，也不能很好地处理规范控制的问题。

1997 年，修订英美编目规则联合指导委员会［Joint Steering Committee for the Revision of AACR（JSC）］发起的 AACR 原则与未来发展国际会议（International Conference on the Principles & Future Development of AACR）在加拿大多伦多召开。会议就 AACR2 的历史与原则、逻辑结构、内容与载体、连续出版物的著录、编目规则的国际化等展开讨论，建议按照 FRBR 的结构对 AACR2 进行修订。2004 年起修订工作全面展开，并于次年更名为“RDA：Resource Description and Access”。RDA 源于英美编目规则，但名称中不再保留“英美（Anglo-American）”这个地域性的名词，以体现其国际性；不用“编目（Cataloging）”这个术语，表明新规则不限于图书馆资源，而是可用于各种信息资源；不再采用显得严格和排斥的“规则（Rule）”，说明是一个供元数据机构使用的指导性方针[33]。RDA 遵循国际编目原则声明，以 FRBR、FRAD 为理论基础，目的是成为国际性的各种媒体书目记录与检索的内容标准。

RDA 的编制过程中受到不少非议，其中最有代表性的是 Karen Coyle 和 Diane Hillmann 合著的文章“Resource Description and Access（RDA）：cataloging rules for the 20th century”，该文发表在 D-Lib Magazine 的 2007 年 1/2 月刊上。文章基于 RDA 已发布的草案，批评其篇幅太长、过于复杂，称之为“20 世纪的编目规则”[34]。此外，2008 年 1 月，美国国会图书馆的书目控制未来工作组发布报告“On the Record”，建议暂停 RDA 的工作，等待 FRBR 的进一步测试[35]。CoP 和 JSC 经过深思熟虑后决定继续 RDA 的开发，并根据反馈的意见对 RDA 草案进行修改。2009 年编制工作完成，2010 年 6 月 RDA 网络版发布。

RDA 的主要内容共有 37 章，分为 10 个部分，它们按照 FRBR、FRAD 模型定义的实体、属性和关系来组织，每部分集中支持特定用户任务——查找、识别、选择、获取的元素。第一部分指导如何记录 FRBR 所定义的载体表现与单件的属性；第二部分指导如何记录 FRBR 所定义的作品与内容表达的属性；第三部分指导如何记录 FRBR、FRAD 所定义的个人、家族与团体的属性；第四部分指导如何记录 FRBR、FRAD 所定义的概念、实物、事件、地点的属性；第五部分指导如何记录 FRBR 所定义的作品、内容表达、载体表现与单件的基本关系；第六部分指导如何记录 FRBR 所定义的资源和与其相关的个人、家族和团体的关系；第七部分指导如何记录 FRBR 所定义的作品与作品的主题间的关系；第八部分指导如何记录作品、内容表达、载体表现与单件之间的关系；第九部分指导如何记录 FRAD 所定义的个人、家族与团体之间的关系；第十部分指导如何记录概念、实物、事件、地点之间的关系[36]。RDA 有 12 个附录，包括：大写、缩写、首冠词、描述数据记录句法、检索点控制数据记录句法及一系列关系标识的列表等。目前，多数关于主题的章节只是占据相应位置，并无具体内容，有待日后补充。

2.RDA 与 AACR2 的关系

AACR2 是一部详细而具体的编目规则，RDA 在很大程度上可以说是用 FRBR 的概念模型对 AACR2 进行改造的产物。FRBR、FRAD 模型对 RDA 的影响是全方位的。从概念上看，FRBR 中的第一组实体包括作品、内容表达、载体表现、单件，与它们在 AACR2 中的概念有很大不同。AACR2 虽然采用“作品”这一术语，但并没给出一个明确的定义，在某些情况下它可以是一个抽象的概念，有的时候可以指具体的编目对象；AACR2 没有与“内容表达”相应的概念；“载体表现”在 AACR2 中用“文献”（Item）的概念；“单件”在 AACR2 中用的是“复本”（Copy）。2001 年 JSC 决定将 FRBR 的术语融入 AACR，故此它们在 RDA 中的定义与 FRBR 中的定义完全一致。此外，RDA 废止了“主要款目”“标目”等卡片时代的概念，不再使用“统一题名”等不准确的概念。

RDA 不但与 FRBR 的术语保持一致，而且它的结构、对实体的属性和关系的描述也与 FRBR、FRAD 一致。AACR2 分为两大部分，第 1 部分是著录规则，第 2 部分是标目规则。第 1 部分以 ISBD 各分则为基础，分为总则和多个不同文献类型分则，各章内容完全按照 ISBD 规定的著录项目和单元的顺序排列。第 2 部分以 1961 年巴黎原则为依据，分为主要款目标目的选取和标目名称以及名称参照规则。AACR2 的总体结构呈现的是一个平面的、直线的结构。RDA 以 FRBR 和 FRAD 实体和关系的概念模型为依据，创建了一个全新的立体结构，将数据元素与 FRBR 的实体和用户任务更密切地联系起来。RDA 分为 10 个部分，1—4 部分涉及 FRBR 和 FRAD 定义的实体属性；5—10 部分涉及 FRBR 和 FRAD 定义的关系。RDA 著录条款的组织形式与 AACR2 不同，不再按照资料的类型安排，而是将特定数据元素的说明集中在一起，按照 FRBR 的实体、属性和关系来组织，各部分集中支持特定用户任务的元素。RDA 核心元素也是选自那些与 FRBR 和 FRAD 定义的用户任务具有“高”匹配值的属性和关系[37]，可以说 RDA 是一部 FRBR 化的编目内容标准。

尽管 RDA 是以英美编目规则为基础，但在开发过程中对 AACR2 规则做出了不少改动，JSC 的秘书 Nathalie Schulz 向 JSC 提交报告 *Changes to AACR2 Instructions*，详细地列出了从 AACR2 到 RDA 具体内容的变化[38]。另外，在 RDA 中还有些关系是 AACR2 所基本不具备的，比如第一组实体内部的关系。这些关系的表达，在数据库结构中让图书馆数据朝关联数据更进了一步。如果说 AACR2 是为卡片目录设计的编目标准，那么以 FRBR 和 FRAD 概念模型为理论基础的 RDA 就是一个为数字世界设计的用于资源描述与检索的内容标准。从 AACR2 到 RDA 最主要的变化是从文献单元到事物单元描述所需元素的识别。RDA 删除了卡片编目中过时的术语，简化了著录方面的规则；澄清了不合逻辑的表达，使文献类型的揭示更加清晰；增加了新的数据元素，注重实体间关系的阐释，充实了规范控制方面的规则。与 AACR2 相比，RDA 的使用范围更广、兼容性更强，更强调编目机构的政策和编目员的判断。尽管以印刷版和网络版两种形式出版，但它更适合在网络环境下应用。

二、发展与应用

1.RDA 对资源描述的影响

（1）简化著录规则

RDA 著录基本采用“Take what you see”[39]的原则。简化了著录过程中的许多规定，如标点符号如何替代、转录中遇到错误如何处理以及缩写等，大大减少了编目员在转录中对数据的改变，节约了编目员的时间，也方便了机器抓取，提高了检索与存储的效率。此外，RDA 去掉了一些不必要的图书馆专业术语，便于艺术馆、档案馆、博物馆及其他信息机构的使用，为跨行业的合作与共享创造了条件。

（2）加强检索点控制

以《规范数据的功能需求（FRAD）》为理论基础，RDA 大大加强了检索点控制方面的规则，它指导编目员如何判断文献题名为新作品和内容表达，如何提供作品、内容表达、个人、家族、团体的选用检索点及其变异形式。此外，RDA 也不再采用“规范控制”的提法。由于新技术的应用，实体名称形式的显示可有多重选择。虽然仍可声称某种形式为规范的或选用检索点，但在网络上与实体一致的任何变异形式都可用于显示，我们能够首选一种最适于读者所用语言和文字的显示形式。

（3）准确揭示文献类型

GMD（General Material Designations）为一般资料标识，在传统图书馆目录中，作为一个概括性的术语出现在正题名后，说明文献所属的资料类型。然而国际编目界却始终不能形成一套权威的 GMD。一般资料标识术语不但混淆了物理格式、资料类型、载体形式和符号系统，而且 GMD 直接放在正题名后似乎中断了题名信息的逻辑顺序和序列[40]。

RDA/MARC 工作组研究采用 RDA 所需扩充的 MARC21 格式，使之包容 RDA 的新增字段和元素。在 RDA 中，一般资料标识已被媒体类型（RDA3.2）、载体类型（RDA3.3）和内容类型（RDA6.10）所取代。MARC21 的最重要变化是取消了记录一般资料标识的 245$h 子字段，新增了 3 个重要字段：336 内容类型（Content Type）、337 媒体类型（Media Type）、338 载体类型（Carrier Type）。336 字段记录作品的表达形式；337 字段记录资源内容的查看、播放、运行等所需要的中间设备的一般类型；338 字段记录与媒介类型相关的存储介质与载体格式[41]。其中，对资源内容类型和载体类型的描述为 RDA 的核心元素。FRBR 模型的采用使得 RDA 能够适于对各种类型内容和媒体的资源进行描述与检索。

（4）适于网络应用

RDA 的使用是基于网络的，适于 Web 环境的应用和操作。使用 RDA 产生的编目记录适于在网络环境下的获取和利用。RDA 网络版具有印刷版所没有的许多优势，它使编目过程更加简便、快捷、合作性强。RDA 的用户可以在线浏览、在线评注、任意打印其内容、为特定说明添加书签、按不同级别检索，可以设计、存储和共享工作流程，还可以访问其他相关编目工具[42]，可以方便地参考其他编目机构的流程和本地政策。

2007 年，JSC 与 DC 元数据的开发机构 DCMI 开会决定合作制定 RDA 应用纲要，以实现将 RDA 作为元数据元素集。会后成立 DCMI / RDA 工作组，开发面向计算机使用者的 RDA 数据集词汇表。2011 年 8 月，首批 RDA 控制词汇表通过评审，预计半年内完成对 RDA 元素集与词汇表的联机注册[43]。注册词汇表中每一个取值都有 URI，可以作为关联数据直接引用。

（5）兼容共享问题

RDA 在解决编目工作所面临问题的同时，也会引发一些新的问题。例如，

RDA 注重编目机构的本地政策和编目员的判断，因而更具灵活性。英美编目规则历来规定，当责任说明涉及三个人或团体时，三个人或团体都要著录并标目，超过三个人或团体时，只为第一个著录并标目。在 RDA 中，一个责任说明超过三个人或团体时，既可以全部著录并提供检索点，也可以只著录第一个人或团体。这就给规则的应用带来新的问题，如果某个编目机构只著录第一个人或团体，而另外编目机构的本地政策是全部著录并提供检索点，那么它们之间的编目数据就会出现较大差异，会影响对编目成果的共享。

RDA 是 FRBR 化的编目标准，它指导如何记录数据、如何反映 FRBR 和 FRAD 模型所定义的实体的属性和关系。RDA 可覆盖各种内容类型和媒体类型，具有接纳资源新特点的灵活性和可扩展性，产生的数据能够在广泛的技术环境下运行。RDA 将描述资源和显示分开，能与 MARC、DC 元数据或其他类型的元数据兼容。RDA 不仅能兼容应用于图书馆界的资源描述与检索标准，也能用于其他领域的信息系统，与档案界、博物馆界的标准兼容，便于艺术馆、档案馆、博物馆及其他信息机构的使用。RDA 将成为一部资源著录与检索的现代化标准。

2.RDA 的应用前景

RDA 正式发布后，美国对其进行了广泛的测试，测试期间共创建了10 570条书目记录和12 800条规范记录。2011 年 6 月，美国 RDA 测试协调委员会（U.S. RDA Test Coordinating Committee）对 RDA 测试做出总结报告。报告建议美国国会图书馆、国家农业图书馆和国家医学图书馆应有条件地采用 RDA，对 RDA 的推行不早于 2013 年 1 月 1 日。由于测试中面临 RDA 文本难以理解的问题，报告建议 JSC 与 CoP 合作，确定并聘用撰写人，以清晰、无歧义、平实的英语重写 RDA[44]。报告的发布确定了 RDA 将被应用的前景。

RDA 的编制吸引着国际编目界的广泛关注。2010 年 8 月，一个名为“RDA 在欧洲：让它发生!”的国际会议在丹麦皇家图书馆召开[45]，会议促进了 RDA 的国际化进程。德国对 RDA 的态度最为积极，于 2009 年开始对 RDA 文本进行德语翻译，准备在德语国家实施。法国作为“一个没有任何 AACR2 传统的国家”，也决定“暂时等待，最终目标是完全采用 RDA”[46]。目前 RDA 法语译本、西班牙语译本的翻译工作正在进行。2011 年 9 月 27 日，英国、德国、西班牙、瑞典四国国家图书馆馆长在哥本哈根签署协议，欧洲 RDA 兴趣小组（EURIG, European RDA Interest Group）正式成立，其目的包括鼓励与促进将 RDA 翻译为欧洲语言，方便在欧洲实施 RDA[47]。欧洲编目界对 RDA 表现出高度的认可和接受。

作为国际编目界的重要组成部分，中国编目界也密切关注着 RDA 的进展。早在 2006 年第一届全国文献编目工作研讨会召开时，RDA 研究就是会议主题之一。2007 年，国家图书馆批准科研课题《〈资源描述与检索〉的进展及其影响研究》，该项目完成了 12 万余字的科研报告，于 2009 年如期结题。在 2010 年的第二届全国文献编目工作研讨会上，RDA 成为国内编目界热议的焦点。截至 2010 年底，国内已发表关于 RDA 研究方面的学术论文 20 余篇。2011 年，华东师范大学申报的“《资源描述与检索》的中文化及其应用研究”入选国家社科基金项目，表明国内对 RDA 及其应用的重视，我国大陆编目界对 RDA 全面而系统的研究已经展开。

近来，美国正在加紧进行使用 RDA 前的各项准备。国会图书馆新开设一个网页（http://www.loc.gov/aba/rda/），专门介绍与 RDA 有关的进展，包括培训资料、讲义、习题和记录样例等。以往有关美国 RDA 测试的信息，也迁移到这个网页[48]。从 2011 年 11 月起，国会图书馆大部分参加过 RDA 测试的编目人员开始使用 RDA 进行编目，并承担了两个方面的责任，一是 RDA 的继续开发，二是创建/修改培训资料，向国会图书馆、合作编目计划及美国图书馆界提供支持[49]。国会图书馆其余编目员最迟于 2012 年 7 月开始采用 RDA 的培训[50]。2011 年 11 月，ALA 出版社宣布由 Chris Oliver 担任 RDA 的文字编辑，负责在不改变原来的含义与意图的前提下改进 RDA 的可读性[51]，进一步做好正式使用 RDA 的准备工作。

新的国际编目原则声明确认 ISBD 是图书馆界书目记录著录部分的标准。RDA 虽然独立于任何数据显示格式，但它与 ISBD 有极强的适用性，RDA 在附录 D 中列出了包括一个 RDA 的特定数据元素与 ISBD 所定义的著录项目与元素的映射表，按 ISBD 各著录元素的顺序和规定的标点符号显示，并对 AACR2 中与最新的 ISBD 不一致的地方进行改动，但二者之间仍然存在着不一致的条款。2011 年 11 月，JSC 与 ISBD 评审组及 ISSN 网络代表会面，讨论了三个标准间不一致条款的协调问题，ISBD 新增的第 0 项与 RDA 载体类型、内容类型的映射，以及 ISBD 与 RDA 元素的映射[52]。进入 21 世纪以来，IFLA 设想制订一部国际统一的编目条例。RDA 遵循 IFLA 的国际编目原则声明，以 IFLA 制定的 FRBR、FRAD 为理论基础，再加上与 ISBD 的协调，可以说 RDA 终将实现其战略目标，成为国际性的资源著录与检索的内容标准。

第五节　资源组织与知识组织体系

一、资源组织原理

资源组织是为全面、快速和准确地检索与开发利用馆藏资源提供有序化结构，使之成为有机整体的过程。馆藏资源组织是馆藏资源管理的重要部分，从资源宏观管理上看，资源类型、资源语种、资源出版或入藏时间、资源内容等都是资源组织的重要因素。从微观的流程看，包括信息描述和知识组织，分三个层次：一是对资源形式和内容客观描述和揭示，形成资源信息元数据。二是基于资源信息元数据建立有序和关联可控信息，使资源有序化、关联结构化、知识体系化，便于检索和利用资源，即图书馆的书目规范控制工作。各种文献名称与主题信息的检索点依据知识组织工具（如分类法、主题词表、名称规范文档）建立多种关系体系，具有等级关系、相关关系、同一关系及其有序化的知识体系、名称规范体系。三是通过结构化、知识体系化、有序化的资源信息元数据建立有序的文献资源检索系统和文献实体排架系统。

图书馆资源组织的有序化、关联化集中体现在文献排架和书目检索系统中，现代公共图书馆更多通过公共目录检索系统（OPAC）或数字资源的搜索引擎等检索工具来呈现有序化、关联化的信息资源体系结构。所以说信息组织与信息检索是互逆过程，密不可分，组织的目的是为检索和应用信息资源，而检索系统和检索结果又直接影响到信息资源组织方法和结构形式。

计算机检索系统是模拟人工查询模式，利用计算机创建机器可读的信息资源数据库，再通过计算机检索技术实现用户信息资源查询目的的系统。因此从外部环境看，计算机检索系统必须具备计算机硬件、软件、信息资源数据库，如果是联机联网检索系统还需具备通信设备及其系统。从其内部结构看，它是由用户查询系统和信息资源数据库构成。信息资源数据库的检索点可分为受控的知识点和非控的关键点。检索点是否受知识组织系统或名称规范系统控制，决定了用户查询系统的类型及功能，因而也就决定了计算机检索系统的类型。

依据检索点控制方式不同，可形成非控标识检索系统和受控标识检索系统。常见的非控标识检索系统有全文检索系统和关键词检索系统（包括题名、著者检索系统），受控标识检索系统一般应在书目数据库、元数据库或全文数据库基础上，通过知识组织系统或规范控制工具提供受控标识以及与用户自然语言标识转换的检索系统。不同检索系统的检准率、检全率、关联率以及可视化形式有很大差异，从而对信息组织原则提出不同要求，不仅要符合客观性、系统性的组织原则，同时还需要适应用户查询习惯以及与网络技术等现代技术相结合的需要。

文献实体组织，针对不同规模图书馆、不同类型资源以及用户群，可采用不同的组织方法。详见本节“馆藏资源组织的其他方法”部分。

二、知识组织体系

知识组织体系（Knowledge Organization Systems，简称 KOS）是指按照知识领域内的知识要素及其关联结构获取、描述、组织信息资源的概念系统、知识分类系统和语义控制系统。资源信息属性是多方面的，概括起来包括两方面：一方面是资源的形式特征属性，另一方面是资源的内容特征属性。基于资源内容特征属性的知识体系对资源进行组织即为知识组织。无论是基于信息资源哪一种特征组织资源，其目的都是为满足用户检索、识别、选择、获取、存贮信息资源的需求，这些需求构成现代公共图书馆建立计算机可读书目记录的基本功能。

如果用户需要检索获取特定信息资源个体，可从资源题名、责任者或内容等属性渠道获取，并进一步识别选择版本、卷次、出版机构、出版年、载体类型等信息资源。如果用户需要检索获取特定的信息资源的集合，那就需要检索获取以上信息的关联个体，如识别、选择主题内容关联或责任者关联，关联属性可以是近义的、同义的、属种关系的、整体与部分的或某方面相关关系的属性。如果需要达到以上目的，不仅需要对信息资源个体形式及内容特征进行描述即客观著录，形成书目或元数据，而且需要对以上形式特征即名称实体、内容特征及概念或主题实体进行规范控制，建立其客观属性的逻辑关系以及相关资源的链接，形成书目或元数据的元数据，即传统图书馆的书目规范记录。它可以解决同名异义、同义异名以及各描述实体的等级关系系统、相关关系系统、同一关系系统，这是为进一步区别和建立个体间的关联和有序的知识组织系统，也可以称为广义的知识组织系统。

在计算机网络环境下，国际图联为加强传统图书馆书目记录关联和系统检索功能，继 1999 年发布“书目记录功能需求（FRBR）”概念模型之后，又先后于 2009 年和 2011 年发布“规范数据的功能需求（FRSAD）”“主题规范数据功能需求（FRSAD）”的概念模型，试图对名称与主题规范数据的各种属性及其逻辑关系进行描述，通过概念模型明确各描述对象即实体的关系，以便“为需要支持规范控制的规范数据类型和规范数据的国际共享提供功能需求的一个分析框架”[53]。总之，该概念模型要重点说明规范记录即记录书目检索点的功能，也即知识组织的核心内容。通过规范记录及其关系数据系统的建立来完善和实现用户检索、识别、选择、获取、存储信息资源的书目记录的功能，实现网络环境下各类型资源的数据汇集和整合，从而实现同义但不同名称且不同类型资源，或相同或相关内容的一站式检索和其他知识服务。

知识组织的概念是1929年由英国著名的分类法专家布利斯（Bliss）提出。所谓信息资源的知识组织，概括起来看，它是对信息资源所反映的客观知识进行揭示、加工整理，以概念逻辑为基础进行控制和系统化组织的过程。知识组织是现代信息资源组织的主流，是网络时代迈向下一代互联网——语义网（Semantic Web）进程中的关键。知识组织的目的在于把有内在必然联系的信息资源按着知识客观的逻辑结构加以组织，能使用户快速、准确、全面找到所需内容的信息资源。知识组织方法有分类法、主题法、分类主题一体化集成法、概念地图法、实用分类法（本体法）、大众分类法（Folksonomy）、名称规范控制法等。从知识组织角度看，用各种方法组织的知识要素即书目检索点，经过计算机可读化、可理解化处理而形成的机读记录或机器理解记录则为规范记录，无论哪一种知识组织方法，它们共同的组织原理都是以概念逻辑为基础的知识组织。

知识组织体系的机读数据类型有基于MARC数据和基于RDF元数据两种，前者一般用于图书馆传统文献可读数据库的组织，后者用于网络信息资源唯一标识（URL）的机器可理解语义的数据组织。但知识组织的概念系统是它们共同的组织基础和语义转换基础，因此以不同结构的知识组织系统形成的语义工具具有不同的功能，无论是不同载体或用途的文献信息资源还是网络信息资源，都要依据相同或不同的语义工具来人工组织或自动组织。所以说知识组织工具是信息组织的灵魂，信息组织的优劣是由知识组织工具即规范控制系统来决定的。

三、分类法与主题法

分类法、主题法是在传统文献信息环境下发展起来的，并在图书馆有百余年应用历史的经典知识组织方法。该组织方法同样适用于网络资源或数字资源的知识组织，只是其表现形式不同，如针对网络资源组织的概念地图法、实用分类法或本体法（Ontology）、大众分类法（Folksonomy）等，其原理基本相同。

1.分类法

分类法是把知识按照一定概念体系的树状等级结构或分级分面结构来组织文

献主题，使文献按知识的学科属性、专业或范畴以及其他不同属性组面的逻辑划分顺序排列，形成文献逻辑分类体系。逻辑划分方法和逻辑分析与综合方法是文献分类法组织的基本方法。通过对知识概念的逻辑划分所形成的概念逻辑关系，一般包括属种关系、并列关系、交叉关系、同一关系等。通过逻辑划分明确知识概念内涵、外延及其逻辑关系，通过逻辑分析与综合对知识概念构成要素进行分析，分门别类，穷尽列举，再按概念划分标准的一定顺序把相关的知识概念综合起来形成文献主题，构成文献分类体系。

知识分类体系是文献信息资源分类组织的基础，科学是关于自然、社会、思维的知识体系，因此知识分类体系也是科学分类体系。由于意识形态和认知水平的差异，决定了在不同时代、不同国家对知识分类形成了不同体系。历史上有许多哲学家、科学家，如亚里士多德、培根、黑格尔、笛卡尔、毛泽东、钱学森等都提出过不同的知识分类体系。在16—17世纪之间英国哲学家培根提出的知识分类体系把人类知识分为三大类：记忆知识（历史）、想象知识（诗歌）、理性知识（哲学），1876年美国著名的图书馆学家杜威编制的十进分类体系是以此体系为基础建立的文献分类体系。毛泽东在《整顿党的作风》一文中对知识分类做了精辟的概括，把人类知识分为哲学、社会科学、自然科学三大部分，新中国成立后我国几部较有代表性的文献分类体系，如《中国图书馆分类法》（以下简称《中图法》）等，都是依此知识分类体系建立起来的。

文献分类法的表现形式即为文献分类表。根据不同的逻辑划分方法形成了不同的类目体系表，一般分为三种：等级体系分类表、分面组配分类表、体系—组配分类表。

等级体系分类表是以知识分类为基础，依据概念限定和概括的逻辑划分方法，把文献内容相同特征和形式因素概括为一类并加以组织，形成层层隶属的等级树状结构体系。国内外影响较大的等级体系分类表有《中图法》（CLC）、《中国科学院图书馆图书分类法》（简称《科图法》）、《中国人民大学图书馆图书分类法》（简称《人大法》）、《杜威十进分类法》（DDC）、《美国国会图书馆分类法》（LCC）等。

文献分类法是根据文献内容特征和知识属性确定类目体系的，文献类型等其他形式特征是分类法辅助组织要素，如图书分类法、期刊分类法、音像资料分类法、数字资源分类法等。从类表的知识属性体系结构上看，它们基本一致，区别就在于对文献类型内容特点的揭示以及对特殊形式的反映。分类表揭示的类主题包括单元主题和复杂主题的逻辑结构和逻辑关系，因此，文献分类表是以文献主题为组织单元的图书馆的分类排架和内容检索的重要工具。

2.主题法

主题法的组织原理是，把描述信息资源主题概念的自然语言的语词作为检索标识，对检索标识进行规范控制，构成简单概念或复杂概念逻辑关系的知识语义体系，通过对语词字顺排列以达到对信息资源整序组织的目的。主题法组织原理的基础同样是逻辑方法和知识结构，与分类组织原理相比有以下特点：

第一，直接性。主题法直接使用文献主题概念相对应的语词作为检索标识。分类法则从学科专业范畴入手，通过层层限定明确与文献主题对应的概念，再通过人工编制的符号系统转化为专指的分类号，分类号作为文献检索标识。

第二，规范控制性。主题法对同一主题概念只能使用同一个主题词或标目，可对同一概念不同形式的词或标目建立参照关系，即同一关系（用代、组代关系），也可称非规范形式的语词为入口词。分类法则通过设立交替类目，与使用类目建立同一类的概念关系，区别使用类号和交替类号。

第三，语义专指性。文献主题只能用其相等概念的主题词或标目对应标引，不能用其上位概念（属概念）、下位概念（种概念）或相关概念组织标引文献。每个主题词既有其相对独立性，又有其语义制约性，通过有针对性地揭示语义词间关系明确主题词或标目概念的专指性。分类法的组织原理具有语义归纳性，只能做到能归入下位类的文献不得归入上位类，与文献主题完全相等的类目标引不能完全实现。

第四，自然语言化。主题词或标目采用的都是自然语词，是人类信息交流的通用语言，而分类法有人工符号标识的障碍。

第五，概念表达性强。通过主题词的组配可以很容易地表达一个复杂概念或新概念，对主题词增删改也较容易，而分类法的主题概念已经固化在一定体系框架中。

第六，系统性差。主题法对文献的学科专业属性和范畴的组织不如分类法，对概念复杂性表达受到语词形式和语种的制约。

主题法的表现形式，即主题词表。与分类表不同，主题词表主要是用来标引文献和建立有序的检索系统，不能用来组织文献排架。主题词表依据主题标识特点和构成原理，可分为标题表、单元词表、叙词表、关键词表。

四、《中国图书馆分类法》与《中国分类主题词表》

《中国图书馆分类法》（以下简称《中图法》）与《中国分类主题词表》（以下

简称《中分表》）是我国图书馆尤其是公共图书馆使用最为广泛的分类表、主题词表，以下重点介绍二者的特点及使用规则。

1.《中图法》体系结构及分类规则

《中图法》是中国图书情报界目前广为使用的一部综合性分类法，是新中国成立后由政府领导、国家图书馆主持集体编制的，在《中小型表》（《中小型图书馆分类表草案》）、《大型法》（《中国图书馆图书分类法草案》）确立的“五分法”基本体系和混合制标记符号的编制体系的基础上，以编制分类检索工具和进行文献分类检索为基本功能，兼顾文献分类排架需要的分类表。2010 年 9 月出版了最新版，即第五版。

为适应不同类型图书馆、不同类型文献分类的需要，《中图法》编辑委员会编辑出版了《中图法》的不同版本和有关的辅助工具书。如《中国图书馆分类法·简本》是为适应藏书 20 万册以下的中小型图书馆文献分类需要，在《中图法》基础上缩编而成，适合县级及以下图书馆、市区级图书馆和与此规模相近的图书馆对文献分类排架和编制分类目录使用，也可供大型公共图书馆新书分类排架阅览使用。再如《中国图书馆分类法·儿童图书馆、中小学图书馆版》（简称《少图版》）是为适应中小学、儿童图书馆类分中小学藏书和青少年文献的需要而编制的《中图法》另一版本。为了使各图书情报单位深入学习、掌握和使用《中图法》，在文献分类工作中做到认识统一、归类准确、避免分歧，提高分类标引的质量，《中图法》编委会在每一新版本出版后，都编制了相应的使用手册。

《中图法》是以科学分类和知识分类为基础，并结合文献的内容和特点以及形式特征，进行逻辑划分和系统排列的类目表。广义上讲，它包括类目表和分类规则两部分。

（1）类目表的体系结构

《中图法》分类体系是以科学分类和知识分类为基础，依照从总到分、从一般到具体、从理论到应用的原则构建逻辑系统。该分类体系充分考虑文献分类的特点和需要，文献聚类的方向和集中的程度，以便提高分类检索效率。类目设置既要考虑文献保障，又要考虑发展均衡，即保持类目设置相对稳定性和一定的动态性，及时反映新学科、新主题、新事物的发展。因此，类目表需要不断加以修订，以满足文献分类的需要。

《中图法》将知识门类分为“哲学、宗教”“社会科学”“自然科学”三大部类。马克思主义、列宁主义、毛泽东思想、邓小平理论是指导我们开展工作的理论基础，故作为一个基本部类列于首位。考虑到文献本身的特点，对于一些内容庞杂、类无专属、无法按某一学科内容性质分类的图书，概括为“综合性图书”，作为一个基本部类，置于最后，形成五部类。在五个基本部类的基础上，依照从总到分、从一般到具体、从理论到应用的原则扩展形成 22 大类的知识分类框架，并采用拉丁字母与阿拉伯数字相结合的混合制标记符号为类号，其中“T 工业技术”大类范围广泛，内容繁多，故又在该类基础上采用双位拉丁字母标记其所属的 16 个二级类目，详见《中图法》类表。

《中图法》的立类、列类原则决定了其分类体系，类目划分标准的选择与选择顺序决定着文献聚类的方向和集中的程度，也同时决定了该部分类法的分类基本规则。《中图法》的类目划分一般是选择事物的本质属性中最有检索意义的属性作为划分标准，同一事物在不同的学科领域中选取的划分标准不一定相同，主要是根据文献检索的实际需要来决定事物按何种属性聚类。例如在“Q949 植物分类学”中，按植物形态划分为孢子植物、种子植物，而在“S5 农作物”中，则按植物对人类的用途划分为禾谷作物、豆类作物、饲料作物、绿肥作物、经济作物等。

《中图法》在类目划分时，除遵循逻辑划分的规则之外，根据文献的特征和检索的需要，确定了具体类目划分的方法。如在类目划分中，凡涉及共性区分的问题时，一般都采用编制通用复分表、专类复分表、“一般性问题”以及采用类目之间的仿照复分来解决。所以《中图法》除 22 个大类类目表外，还有 8 个用于主表复分的通用复分表（“总论复分表”“世界地区表”“中国地区表”“国际时代表”“中国时代表”“世界民族与种族表”“中国民族表”“通用时间、地点和环境、人员复分表”），用于有关类目复分的 68 个专类复分表、150 多个“一般性问题”类，以及大量需要仿分的类目构成。

《中图法》主要是依据知识内容的学科属性分别类聚相关文献，为照顾同一主题文献分类排架相对集中的需要，在类目划分时只能在事物的诸多属性中选择一种属性与有关事物组成一类，这样就导致事物在依某种属性集中的同时，又在其他属性标准下分散了。《中图法》为满足科学研究多方面的检索需要，通过设置交替类，提供双表列类法、多重列类法以及重点地对一些类目（如工具书、传记、教学参考书、应用性类、总论性类等）规定文献集中的方法，供分类法用户选择使用。

（2）分类规则

《中图法》的使用规则即文献分类规则，是指贯穿在图书馆整个分类标引工作中的规则和方法。分类标引包括分析、归纳文献的主题和主题结构，确定文献主要主题的学科属性，分析、判断类目的含义，在分类表中选定与之相符的类目，确定分类号码的过程。它包括分类基本原则、各类通用规则、各类特殊分类规则。分类基本原则是《中图法》使用的核心规则，包括以下几点：

第一，文献分类应以文献内容的学科或专业属性为主要标准的原则。这是文献分类中最重要的原则，文献只有以内容的学科属性为分类的主要标准，才能把众多的文献纳入既定的科学（知识）分类体系中，按学科或专业属性聚类，形成分类法特有的系统检索功能。文献的空间、时间、民族、形式（体裁）等特征属性是分类的辅助标准，只有按文献的学科内容分类不适用时，才能按文献的其他特征分类。

第二，文献分类的系统性和逻辑性原则。《中图法》有特定的系统性和逻辑性体系，其上下位类的从属属性、同位类的并列排斥属性、受类目逻辑关系体系限定的类目内涵、总论与专论的处理原则等，都应体现在分类标引中，不能脱离类目之间的逻辑关系和类目注释的限定，孤立地理解类名的含义。

第三，文献分类的专指性原则。即把文献分入恰如其分的类目，既不能分入范围大于文献实际内容的类目，也不能分入范围小于文献实际内容的类目。只有当分类表中无确切类目时，才能分入范围较大的类目（上位类目）或与文献内容最密切的相关类目。

第四，文献分类的实用性原则。文献分类标引必须使文献能“尽其用”，即符合实用性要求。应根据文献的具体内容和实际用途（包括潜在的用途），结合公共图书馆性质、任务，在检索系统中提供必要数量的、切合实际需要的检索途径。为兼顾分类排架和分类检索功能，对于涉及多个类目的文献，在分类标引时，应利用互见分类、分析分类等方法尽可能做到全面反映。

第五，文献分类的一致性原则。是指将内容相同的文献归入相同的类。分类法结构体系、类目编列的复杂性，文献著述的多样性和内容的交叉性，分类人员对分类规则、类目内涵、文献主题理解的歧义性，会造成文献分类一致性的困难。除了从人员素质、规章制度方面加以保障外，各单位还要通过分类规范文档，把某类、某种难以确定类属的主题，人为地集中到某类，并可在其他各类分散互见。

第六，文献分类的客观性原则。分类标引应以文献实际论述的主题为依据，不掺杂标引人员的主观意向。凡属于不同学术观点、不同宗教信仰、不同道德观念的阐述，一般不予区分。

第七，文献分类的深度控制原则。对于多主题文献和内容涉及多个类目的文献，应分别不同的情况进行分类标引深度控制。互见分类、分析分类等附加分类，是对多主题文献整体分类的补充，是提高文献分类标引深度的主要手段。

2.《中分表》体系结构及标引规则

《中分表》是我国20世纪80年代末90年代初从分类法主题法应用实际情况出发，选择的“分类法—主题词表对照索引”式的一体化知识体系。这种体系是把分类法的等级学科体系与叙词表字顺体系相互对照（映射）、相互融合、互为索引的一体化体系。早在20世纪60年代初，国内外学者都曾对分类法、叙词表二者功能互补性进行研究，之后国外设计研发出多类型的分类主题一体化的检索语言工具，如1969年英国学者艾奇逊（J. Aitchison）编制的《分面叙词表——工程与相关学科的叙词表与分面分类法》。《中分表》从国内分类主题一体化标引需求出发，选择了我国使用最为广泛的《中图法》和《汉语主题词表》（以下简称《汉表》）两大检索语言，为降低《汉表》的主题标引难度，以对照索引的方式于1994年研制完成分类号与主题词、标题词之间的概念对应转换表，即《中分表》。

随着计算机技术、网络技术在图书馆的广泛应用，网络联机编目、网络检索系统快速发展，《中分表》为适应计算机应用环境、适应各类型信息资源标引和一体化机检的要求，于2005年7月修订出版了《中分表》第二版及电子版。同时，对《中图法》更新换版，对《汉表》进行了系统性修订。

（1）体系结构

从概念体系分析，《中分表》是将《中图法》的类号所代表的主题概念与《汉表》的叙词（正式主题词）所代表的主题概念进行兼容与互换标识。从表结构分析，《中分表》是用《中图法》主附表的等级体系取代《汉表》的范畴表，同时用《汉表》的字顺表取代《中图法》的类目相关索引。《中分表》基本体系结构包括以下三部分：

第一，编制说明与修订说明。对1994年版的编制目的、编制原理、结构及功能、使用方法进行说明，对2005年版的编修经过、修订指导思想与原则、修订重点进行说明。

第二，分类号—主题词对应表。一卷两册，是从分类体系到主题词的对照索引，包含了《中图法》22个大类、8个通用复分表及其对应的主题词、主题词组配标题。该表通过对应的主题词为使用者明确以及辨识类目的确切含义提供了帮助。《中图法》严密的学科类目体系为了解某一学科、专业与主题领域主题词的全貌提供了浏览查找途径，在分类标引的同时，提供了可选作标引用的主题词标识。

第三，主题词—分类号对应表。一卷四册，是从主题词到分类号的对照索引，含有 11.7 万多个正式主题词和 4 万多个非正式主题词（入口词）。该表既是一部以《中图法》类号为范畴号的《汉语主题词表》，又是一部主题词表式的《中图法》类目索引。通过主题词、标题词查找所需的类目，通过主题词关系查找到对应类目间关系，为选择专指主题词实现一体化标引提供语义分析工具。

（2）标引方法与规则

《中分表》对我国公共图书馆文献标引工作和检索工作都具有重大的现实意义，不仅对已经分类的文献可自动补标主题词建立主题目录，沟通分类检索系统与主题检索系统两者的联系，为读者提供相互补充的分类族性检索与主题词的特性检索途径，而且能分别或同时用于文献的分类标引和主题标引，即一体化标引。

所谓“一体化标引”，就是对文献信息的主题进行一次性分析，在此基础上通过《中分表》的“分类号—主题词对应表”及“主题词—分类号对应表”给出分类检索标识和主题检索标识的过程。《中分表》电子版为文献信息资源标引系统和检索系统提供了公共应用接口和通俗易懂、友好的用户检索界面，分类主题互动显示的概念体系及其同步定位对应的检索标识为一体化标引提供了极大的便利。

一般而言，文献信息标引多先从分类标引入手，再根据分类标引的结果进行主题标引。这是因为分类标引的立足点是主题内容的知识体系，重视整体主题的归纳和归类，更容易把握文献信息的基本主题。从分类标引入手的一体化标引，基本步骤是：先根据文献主题分析结果确定文献信息主要类号、次要类号；其次在分类号所对应的主题词中选择与该主题直接相关的主题词（标题）进行主题标引；如果分类号对应的主题词还不足以描述文献主题，再从其他角度查找合适的主题词进行标引，这在主题标引中是非常重要的。

当文献信息不容易先从分类标引入手时，则可先从主题标引入手进行一体化标引。先要根据文献信息主题分析、提炼的情况，将整体主题和局部主题、主要主题和次要主题分别选词标引出来，再根据主题标引的情况和分类规则决定文献信息的分类号，即通过主要标引词（描述文献信息整体内容或主要内容的）对应的类号判断主题的类属。由于主题标引与分类标引揭示文献信息的角度不同，由主题词向分类号转换时一定要把握文献信息整体主题所属的知识领域。对于论文资料的标引，由于涉及的内容比较专深，且常常涉及多个主题、多个方面，更适合从主题标引入手进行一体化标引。主题标引，除了正确概括文献信息的内容、提炼主题概念外，还要善于利用电子词表提供各项功能，查找主题词。

从“分类号—主题词对应表”入手进行分类标引时，应遵守《中图法》的分类标引规则。从“主题词—分类号对应表”入手分类标引，只能起辅助作用，即从主题字顺入手查到分类号后，必须回到“分类号—主题词对应表”中进行核对，以便确定准确、完整的分类号。从“分类号—主题词对应表”入手进行主题标引时，一般是根据分类标引所得的结果转换出主题标识（主题词及主题组配形式）。从“主题词—分类号对应表”入手进行主题标引，必须遵守主题标引的选词规则、组配标引规则、上位概念词标引规则、靠词标引规则。具体可概括为以下几点：

第一，标引词应首先选用最专指的主题词，必须使用与词表中主题词的书写形式完全相同的正式主题词，非正式主题词不得用作标引词，它只作为查找正式主题词的入口词。

第二，当没有合适的专指词时，应选用最直接、最相关的若干主题词进行概念组配，即参加组配的主题词，应建立在概念逻辑组合的关系上，分别按概念交叉关系、概念限定关系、概念说明关系为优先选择顺序，以概念分析与综合为手段，以揭示概念的本质为目标，组合起来表达一个新的专指概念的方法。

第三，如果组配无法达到专指概念标引要求时，应选用最直接的上位叙词标引。

第四，如果上位词仍不合适，可选用最相关的主题词进行靠词标引。对于比较重要且标引频率较高的主题概念，可使用增词标引，如果某主题概念的重要程度还不足以作为新增词，采用词表外自由词标引。

3.《中图法》《中分表》在网络环境下的发展

进入21世纪后，计算机技术和网络技术在我国图书馆逐渐得到了广泛应用与发展，计算机网络联合编目、OPAC Web资源检索等逐渐形成规模，《中图法》《中分表》不仅通过更新换版系统完善各类学科体系，补充新概念，而且也对网络环境化下知识服务平台的搭建、网络化构建、动态实时维护、社会用户的参与、用于数字信息资源的组织结构以及服务机制等进行研究和开发。针对在网络环境下它们如何成为面向创新的图书馆知识服务的知识组织工具，如何应用到信息组织和检索的各个环节及领域，在其机读化、电子化、网络化、语义化方面开展了多项研究，并推出相应版本，适应网络环境下知识服务的需求。主要包括以下几方面的研究发展：

（1）机读化研究及数据库建设

1991年美国研制发布了“USMARC Classification Format”。2000年，IFLA在“USMARC Classification Format”基础上修订发布国际标准“Concise UNIMARC Classification Format”。1999年《中图法》编委会办公室根据“USMARC Classification Format”的设计思想，结合《中图法》类目体系和类号结构特点，草拟出“《中图法》机读数据格式”即“CLCMARC ”，建设完成《中图法》第四版机读数据库。2002年，又根据IFLA推出的国际标准“UNIMARC Classification Format”，制订“中国分类法的MARC格式（CNMARC Classification Format）”，与UNIMARC规范格式（UNIMARC Authorities Format）结合，建设完成《中分表》第二版“分类号—主题词对照表”机读数据库。

这套格式及数据库可使《中图法》与国际分类法交换MARC数据，解决了类目规范化、形式化的描述，等级关系正确的动态显示，以及与主题词概念体系、《中图法》其他版本体系兼容共建数据库等问题。可与《中分表》第二版“主题词—分类号对照表”机读规范数据库实现互操作。

（2）电子化研究及电子版的研制

《中图法》《中分表》的电子化研究，主要指在其机读化的基础上，针对类表与词表的编制功能、更新功能、显示功能开发计算机管理系统并能集成各应用功能的动态服务产品，即电子版。2001年，出版了《中图法》第四版电子版，这是我国自行开发研制的第一部电子化的、可用于机助标引的分类法。2005年，又在《中分表》第二版机读数据库基础上，研制出版《中分表》第二版的电子版，该版本真正实现了类目与主题词的互操作及互动映射，实现了分类主题一体化的机助标引和检索，它同样是国内第一部电子化的、可应用于局域网服务的分类—主题一体化的知识组织工具。在两个电子版开发技术的基础上完成了分类主题一体化的电子化管理系统。该系统可方便地生成不同版本形式，导出ISO 2709及转换XML、SKOS等格式数据，并与其Web服务版系统关联，实时更新Web版数据。该系统将成为计算机及网络环境下《中图法》《中分表》等系列版本同步维护和发展的基础。

这两部电子版的最大特点是打破了书本式固定的排列顺序和有限的几种成族显示形式，通过多途径检索、多途径浏览、多窗口显示，构成多种聚类、聚词方式的类表和词表及其互动的概念体系，两个电子版都不同程度地提供了与文献编目系统和文献检索系统关联的联机接口，可辅助文献标引和检索，降低标引难度，可直接向最终用户提供知识系统学习和文献检索服务。

（3）网络化、社会化、语义化研究及《中分表》Web 服务版的研制

《中图法》《中分表》的网络化、社会化、语义化研究，主要指通过互联网技术开展各层次（用户层、概念层、应用层等）的信息服务，让最终用户在服务过程中参与各版本的维护。最终目的是将专用于图书馆、文献信息机构的《中图法》系列版本推广应用到 Web 语义网中，使每个知识概念的不同形式（类目、叙词等）通过 URI 标识成为 Web 语义网中的一部分，为广大互联网用户开展各类型知识服务。

2009 年 6 月，《中分表》Web 服务版发布并推出运行。该版本是通过互联网技术为《中图法》《汉语主题词表》《中分表》的广大用户（包括业界和读者）提供各类信息资源的知识组织、知识检索、学科导航和实时更新的一个通用的数字型知识组织系统服务平台，也是国内第一个综合性的面向全球的华文知识组织系统服务平台。具体可提供如下服务：

第一，提供各类知识内容、主题词、分类号的在线浏览、互动显示和多途径检索服务。

第二，为广大读者和参考咨询人员、资源采集补藏人员提供文献检索服务。可与多个 Web OPAC（联机公共检索目录）连接，提供文献信息内容的多库实时检索和学科导航服务。

第三，为信息组织者提供分类和主题标引发送服务。把所需分类号或主题词的机读格式数据快速发送到剪贴板中，供标引系统使用。

第四，为各类用户提供评论注释服务。针对知识款目或主题词等添加评注，方便用户建立个人书签。同时，可以通过评注快速了解读者及用户使用信息，及时维护更新数据，提高《中分表》的数据质量，更好地开展知识服务。

第五，为图书馆业界提供《中分表》第二版和数据实时更新服务。利用其网络更新系统、检索词统计系统和评注系统可实时更新《中分表》的数据。日常更新对《中分表》版本起到缩短修订周期的作用。刚发布的 CCT Web 版，在第二版基础上，将出版后发布的所有修订信息以及国家图书馆批量修改的数据都呈现在 Web 版中，共增补和修改 7000 多条学科主题、个人名称、地理名称、机构名称及对应标目等概念款目，并更新了所有数据的关系系统。

第六，提供 XML、SKOS 等特殊需求的数据服务。可为知识组织系统研究试验、用于应用系统开发提供通用格式数据。

综上所述，网络环境下《中图法》《中分表》的发展，不仅开创了中国知识

组织工具机读化、电子化、网络化的先河，而且也为中国知识组织系统语义化的进一步发展奠定基础，并进一步将网络化数据库的知识体系深入概念层，融入社会化网络共享的语义环境中，打破 HTML 语言形式的存储方式，以 RDF 为基础，对语义关系进行精准描述，使每一个知识概念拥有固定的网络唯一标识，方便语义网调用，为机器自动处理、各知识组织系统的集成、复用和共享提供服务。

五、馆藏资源组织的其他方法

1.资源库的划分方法

公共图书馆进行馆藏资源组织时，一般为方便资源保护、存贮和开展用户服务，首先会区分资源类型分别建库，如纸质资源库，缩微资源库、电子资源库、数字资源库。其次对纸质资源库需再区分为图书库、期刊库、报纸库、古籍善本库等。大型公共图书馆根据馆藏需要，一般还需再进一步按语种区分为中、外文库；根据服务对象可进一步区分为基藏库、保存本库、开架阅览库或闭架借阅库、新书库、地方文献库、不同时间段的各类型资源库等；对缩微资源、电子资源根据资源规模和特点也可以进一步进行物理区分，如视听磁带库、视听光盘库等。

馆藏库信息是信息资源的索书号、索刊号、索报号、索盘（带）号等索取号或唯一标识符的重要组成部分，是否合理划分资源库会直接影响资源长期保存、资源利用、资源发展以及资源库中的排架组织。

2.排架方法

资源排架是对资源库中每一个实体进行整序的过程。排架方法一般取决于资源类型及其编目信息。普通书依据分类索书号按其内容特征分类排架；对服务对象明确的图书或非书资源也可以采用专题排架，或根据资源题名、责任者名称等字顺排架；对非书资源如报纸、缩微资料等一般根据入藏登录流水号固定排架。总之，对书库尤其是开架借阅书库（室）的资源组织一般最常用的方法为分类排架法。同类书需配以书次辅助号、同种区分号进一步区分，同类书区分号主要有依据著者号码表编制的著者号、种次号、出版年代号等；同类同种书的情况下，还需配以同种区分号进一步区分，主要有版本号、卷册号、复本号。若各资源类型、各文种需统一组织排架，还需区分资源类型号、各文种代码等。

分类排架法在我国各类型图书馆中使用较广泛，如中国国家图书馆普通书刊，首都图书馆书刊及电子资源，上海图书馆书刊，天津图书馆书刊、电子资源及缩微资料，广东省立中山图书馆书刊及缩微影印资料，吉林省图书馆书刊报，浙江省图书馆书刊、电子资源，中国科学院国家科学图书馆普通图书，北京大学图书馆书刊报等[54]。

专题排架法属于辅助性的内容排架法，一般用途明确，用于新书展览、专题陈列或专藏文献等，根据专题内容和形式特点以及用户群，自拟分类表分类排架。根据资源题名、责任者名称等字顺排架一般用来单独排列报刊等非书资源。固定排架法是根据资源入藏先后次序密集排架，排架号一般由库室号、书架号、格层号和书位号组成，一般用于不宜分类排架的保存性资源。除此之外，还有根据文献本身序列代码再加辅助流水号等方法排架，如报纸的国别代码、地区代码，专利文献的专利号，标准文献的标准号等。

近年来，经济发达地区的图书馆或特色资源库采用 RFID 技术、色标法等可视化方法排架，便于图书准确定位，可以不受分类索书号等专业化的局限，以动画图示或颜色图示的方法明确文献的位置，同时方便馆藏上架查找、盘库、排架、归架等工作，降低图书馆人工成本，节省读者查找时间，但同时也增加了加工成本和设备投资等。

色标法是指通过不同颜色来区分文献的各种不同类别，可用一种颜色或多种颜色的组合来代替分类号中的字母或数字，从而形成的颜色分类排架法。20 世纪 90 年代，国家图书馆、北京大学图书馆、北京航空航天大学图书馆等单位参与设计并使用了颜色书标，在此基础上，还编制了《文献分类颜色标识规则》，拟申报国家标准。近年来，有中小型图书馆、儿童图书馆及大型图书馆的特色资源库利用这种方法对开架阅览室和辅助书库藏书组织分类排架。

颜色标识一般使用到分类法二三级类目，个别用到四级，在使用颜色书标的同时使用书号书标，便于图书进入基藏书库后闭架借阅索取。以《中图法》为例，色标法使用时，一般将索书号中《中图法》的 22 个大类及 0—9 的数字，依据“字母—颜色对应表”“数字—颜色对应表”表示出来，形成一种或多种组合的颜色书标，用于图书排架。如 A 类为大红颜色，1 为玫瑰红，A1 则为两种颜色的色条组合[55]。

RFID（Radio Frequency Identification）技术即射频识别技术。目前，RFID 技术在图书馆领域得到较为广泛的应用，其中在图书排架、整架、盘库等方面起到辅助藏书组织与管理的作用。利用 RFID 设备系统与图书馆藏书集成管理系统，通过扫描图书条形码或采集架位数据建立 RFID 系统的电子标签，记录藏书位置信息，如库存信息、分类排架信息等。使用 RFID 设备后，可动画图示排架位置，利用手持点检设备进行排架、顺架工作，可节约大量劳动力。藏书 30 万册左右的图书馆，一般配备 3—4 台手持点检设备，可在 2—3 天内顺架盘检一遍[56]。

近年来，我国经济实力较强的一些图书馆，如国家图书馆、杭州图书馆等选择分阶段、分阅览室等开展 RFID 的应用。近日，由国家图书馆牵头起草的《射频识别　图书馆　数据模型》的文化行业标准已通过评审验收。该标准借鉴并吸纳了相关国际组织与其他国家的研究成果，并结合我国图书馆应用射频识别技术的实际需要，做了相应的规定与处理。该标准将为图书馆应用无线射频技术提供有利的政策依据，避免因技术不统一带来的资源浪费等问题[57]。

参考文献

[1]马张华，侯汉清，薛春香.文献分类法主题法导论（修订版）.北京：国家图书馆出版社，2009

[2]黄俊贵.文献编目工作.北京：北京图书馆出版社，2000

[3]国家图书馆《中国文献编目规则》修订组.中国文献编目规则（第二版）.北京：北京图书馆出版社，2005

[4]吴建中.DC 元数据.上海：上海科学技术文献出版社，2000

[5]Dublin Core Metadata Initiative.[2011-05-27].http://dublincore.org/about-us/

[6]刘炜，楼向英，赵亮.DC 元数据的历史、现状及未来.[2011-05-27].http://eprints.rclis.org/bitstream/10760/6077/1/DCMI4%e5%b9%b4%e5%88%8a_DC.pdf

[7]Andy Powell, et al. DCMI Abstract Model.[2011-05-27].http://dublincore.org/documents/abstract-model/

[8]Mikael Nilsson, Thomas Baker, Pete Johnston. The Singapore Framework for Dublin Core Application Profiles.[2011-05-27].http://dublincore.org/documents/singapore-framework/

[9]刘炜.DC 元数据年度进展（2007）.数字图书馆论坛，2007（11）：19-22

[10]DCMI-Libraries Working Group. Library Application Profile.[2011-05-27].http://dublincore.org/documents/2004/09/10/library-application-profile/

[11]戴维民.信息组织（第二版）.北京：高等教育出版社，2009

[12]The Linking Open Data cloud diagram.[2011-11-15].http://richard.cyganiak.de/2007/10/lod/

[13]刘炜.关联数据：概念、技术及应用展望.大学图书馆学报，2011（5）：5-12

[14]Resource Description Framework（RDF）：Concsepts and Abstract Syntax.[2011-06-27].http://www.w3.org/TR/2004/REC-rdf-concepts-20040210/#section-simple-data-model

[15]陆建江等.语义网原理与技术.北京：科学出版社，2008

[16]RDF Vocabulary Description Language 1.0：RDF Schema.[2011-06-22].http://www.w3.org/TR/rdf-schema/

[17]SKOS Simple Knowledge Organization System.[2011-11-21].http://www.w3.org/TR/2009/REC-skos-reference-20090818/

[18] IFLA Study Group on the Functional Requirements for Bibliographic Records. Functional requirements for bibliographic records:final report.[2011-05-26].http://www.ifla.org/VII/s13/frbr/frbr.pdf

[19]国际图联规范记录的功能需求与编号(FRANAR)工作组.规范数据的功能需求概念模型.[2010-11-21].http://www.ifla.org/files/cataloguing/frad/frad_2009-zh.pdf

[20]IFLA Working Group on the Functional Requirements for Subject Authority Records(FRSAR). Functional requirements for Subject Authority Data(FRSAD):a conceptual model.[2011-10-21].http://nkos.slis.kent.edu/FRSAR/FRSAD-Report.pdf

[21]International Working Group on FRBR and CIDOC CRM Harmonisation.FRBR:object-oriented definition and mapping to FRBRER(version 0.9 draft),January 2008.[2011-05-15].http://archive.ifla.org/VII/s13/wgfrbr/FRBRoo_V9.1_PR.pdf

[22] Riva P, Doerr M, Žumer M. FRBRoo: enabling a common view of information from memory institutions.[2011-05-26] http://archive.ifla.org/IV/ifla74/papers/156-Riva_Doerr_Zumer-en.pdf

[23]Rodríguezee McGarry D.Consolidated ISBD:a step forward.[2011-05-26].http://archive.ifla.org/IV/ifla73/papers/145-EscolanoRodriguez_McGarry-en.pdf

[24]IFLA Cataloguing Section and IFLA Meetings of Experts on an International Cataloguing Code. Statement of International Cataloguing Principles.[2011-05-11].http://www.ifla.org/publications/statement-of-international-cataloguing-principles

[25]Italian cataloguing rules(REICAT).[2011-10-26]http://www.iccu.sbn.it/upload/documenti/ReicatEN.pdf

[26]刘素清.IFLA 书目记录功能需求(FRBR)初探.大学图书馆学报,2004(6):65-69

[27]Le Pepa P.Expressing FRBR in UNIMARC,Yes we can! [2011-10-16].http://conference.ifla.org/past/ifla77/187-pape-en.pdf

[28]高冉.FRBR 模型对 OPAC 检索功能的影响.国家图书馆学刊,2006(4):15-19

[29]李恺.读书笔记:如何在图书馆中推行 FRBR 模型.[2011-10-12].http://nalsi.net/posts/20110424191900.html

[30]汪玉红.FRBR 对 OPAC 的影响.图书馆理论与实践,2007(2):29-32

[31]Le Boeuf P;王松林译.美好的 FRBR 新世界.国家图书馆学刊,2006(4):82-86,96

[32]张建勇,孙月琴.书目记录的功能性要求.现代图书情报技术,1998(1):38-45

[33]吴晓静.FRBR 对 RDA 的影响初探//21 世纪的信息资源编目:第一次全国编目工作研讨会论文集.北京:北京图书馆出版社,2006

[34] Coyle K, Hillmann D. Resource Description and Access(RDA):cataloging rules for the 20th

century.[2011-05-26].http://www.dlib.org/dlib/january07/coyle/01coyle.html

[35]Working Group on the Future of Bibliographic Control. On the record: report of the Library of Congress Working Group on the Future of Bibliographic Control.[2011-05-14].http://www.loc.gov/bibliographic-future/news/lcwg-ontherecord-jan08-final.pdf

[36] Joint Steering Committee for Development of RDA. RDA: Resource Description and Access. Prospectus.[2010-06-20].http://www.rda-jsc.org/rdaprospectus.html

[37]Kiorgaard D.RDA Core elements and FRBR user tasks.[2010-12-02].http://www.rda-jsc.org/docs/5chair15.pdf

[38] Schulz N. Changes to AACR2 Instructions. [2010-08-16]. http://www.rda-jsc.org/docs/5sec7rev.pdf

[39]Tillett B.Changes from AACR2 for Texts.[2010-10-26].http://www.loc.gov/today/cyberlc/feature_wdesc.php?rec=4863

[40]ISBD Review Group.ISBD Area 0:Content Form and Media Type Area.[2011-03-16].http://www.ifla.org/publications/isbd-area-0-content-form-and-media-type-area

[41]RDA in MARC.[2011-03-16].http://www.loc.gov/marc/RDAinMARC29.html

[42]吴晓静.RDA——资源描述与检索的新标准.数字图书馆论坛,2010(12):1-7

[43]First RDA Vocabularies Published.[2011-09-10].http://www.rdatoolkit.org/content/221

[44]Report and Recommendations of the U.S.RDA Test Coordinating Committee.[2011-07-21].http://www.loc.gov/bibliographic-future/rda/rdatesting-finalreport-20june2011.pdf

[45]RDA in Europe:making it happen! EURIG-JSC seminar on RDA.[2010-10-02].http://www.slainte.org.uk/eurig/meetings.htm

[46]胡小菁.RDA 在法国.[2011-10-19].http://catwizard.net/posts/20111007192833.html

[47]EURIG-Cooperation Agreement.[2011-10-14].http://www.slainte.org.uk/eurig/docs/EURIG_cooperation_agreement_2011.pdf

[48]顾犇.美国国会图书馆有关 RDA 的网页.[2011-10-14].http://blog.sina.com.cn/s/blog_495d62640102dt8r.html

[49]LC Cataloging Staff Involved in US RDA Test to Resume RDA Cataloging in November 2011.[2011-10-29].http://www.loc.gov/catdir/cpso/news_rda_resumes_111021.html

[50]Wiggins,B.The U.S.RDA Test and Impact of the Decision to Implement.[2011-10-18].http://lib.rc.usf.edu/ifla2011/presentation-downloads/

[51]Chris Oliver Chosen to Copy Edit RDA.[2011-11-18].http://www.rdatoolkit.org/blog/288

[52]Resource Description and Access:ALA Rep notes.[2011-11-18].http://www.personal.psu.edu/jxa16/blogs/resource_description_and_access_ala_rep_notes/

[53]IFLA.《规范数据的功能需求》(中文翻译版).[2011-06-25].http://www.ifla.org/files/cataloguing/frad/frad_2009-zh.pdf

[54]贺燕等.国内外及地区主要图书馆馆藏文献排架体系研究报告.国家图书馆课题,2007

[55]刘湘生等.文献分类岗位培训教程.北京:华艺出版社,1993

[56]国家图书馆 A007-RFID 子项目组.RFID 系统业务需求说明书.北京:国家图书馆,2006

[57]孙一钢等.文化行业标准《射频识别—图书馆—数据模型》顺利通过专家评审.[2011-11-18].http://www.nlc.gov.cn/newsyzt/newboke/201111/t20111111_54481.htm

第五章　公共图书馆用户

公共图书馆是一个以用户为中心的综合性服务体系。随着社会的发展和进步，公共图书馆的理念也在不断地进行着更新。公共图书馆通过一系列的自我调适、自我完善，在实现其基本功能的同时，也通过与新的信息表达方式、技术手段、管理方式相结合，不断地丰富自身功能，努力维护并提升满足用户信息需求的能力。

通过专业化、人性化的服务，在最大限度上满足公共图书馆用户的信息需求，这是公共图书馆存在的理由，也是公共图书馆社会文化价值的集中体现。在公益性信息服务领域，公共图书馆在组织馆藏文献信息资源、规划图书馆服务体系、构建服务运行和管理系统等各个方面，无一不以对用户整体利益和长期利益的保障为立足点和出发点，以满足用户信息服务需求为导向。因此，对公共图书馆用户的研究，将为图书馆的持续发展提供动力和方向，关注和研究公共图书馆的用户，其本质就是对图书馆未来发展的关注和研究。

第一节　公共图书馆用户研究

一、用户概念内涵的演变

随着公共图书馆服务理念的演进以及现代公共图书馆用户理念逐步形成，作为公共图书馆服务对象的图书馆用户，无论其概念、内涵还是所需服务的深度和广度等方面，都发生了巨大而深刻的变化。公共图书馆用户概念内涵的演变过程，体现着图书馆事业的发展以及人们对于公共图书馆基本属性认知的渐进过程。

在免费的公共图书馆出现之前，图书馆用户是一些特定的对象群体。图书馆用户多由皇室成员、贵族、神职人员和知识精英等社会阶层的人员构成，对于占人口比例大多数的社会公众而言，其事实上被排除在图书馆用户群体之外。

早在 17 世纪初，法国著名图书馆学家诺德（Gabriel Naudé）在《关于创办图书馆的意见书》中提出：图书馆不应该专为特权阶级服务，而必须向一切研究人员开放；馆藏不应当有倾向性和排他性，无论是新书或旧书、异教徒或非异教徒的书、宗教书和一般图书，都要一视同仁。这可以说是自由利用公共图书馆思想的肇始[1]。

19 世纪中叶，英国图书馆学家爱德华兹首倡“免费的公共图书馆”，这一概念的提出将图书馆的服务对象扩大到了全体社会成员[2]。平民化图书馆这一崭新服务理念的提出，将公共图书馆用户从特定的少数人群扩大到全体社会成员，这也成为公共图书馆由古典阶段发展到现代阶段的一个重要标志。在这样一种服务理念的推动之下，图书馆用户成为公共图书馆关注和研究的对象。1940 年，美国学者 E.W.McDiarmid 在美国图书馆学会发表的《The library survey：problems and methods》一文中就谈到公共图书馆围绕人们如何利用图书馆的藏书满足其信息需求的各种调查，而这种调查甚至可以追溯到 20 世纪 20 年代和 30 年代所进行的一系列研究工作[3]。

19 世纪后期，公共图书馆在美国开始快速发展起来，以杜威为代表的美国图书馆学者，在平民化图书馆理念的基础上，进一步提出将公共图书馆视为一个社会教育机构，是“人民的大学”[4]。杜威所倡导的“人民的大学”的公共图书馆服务理念进一步丰富了公共图书馆的发展思想，也成为社会对公共图书馆及其服务理念的共识。1949 年版《UNESCO 公共图书馆宣言》，在其“人民的大学”一节中明确指出：依靠训练有素、学识丰富和充满想象力的工作人员，充足的预算和公众的支持，公共图书馆就能成为一所人民的大学，为所有的读者提供一个开放式的教育。一个民主社会的公民需要这种在任何时候都可以进行自我教育的机会。今天复杂多变的生活，更使这种需要成为一个紧迫的问题[5]。

杜威的公共图书馆服务理论虽然带有一定程度的理想主义色彩，但却进一步促进了图书馆与社会公众之间的互动，密切了两者间的关系，也使图书馆用户涵盖全体社会公众的理念得到强化。

第二次世界大战之后，伴随着世界各国战后重建和社会经济生活的恢复，公共图书馆也进入了新的发展阶段，公共图书馆作为社会化的公共文化事业的定位更为明确，人们对于公共图书馆及其用户的观察视角也发生了新的变化。

1947 年，美国图书馆学会发表了 S.H.Ditzion 的《民主文化的武器库》，这部著作第一次将公共图书馆的职能与对社会底层人士的人文关怀联系在一起，深刻揭示了现代公共图书馆与现代民主政治的关系。这部著作也为《联合国教科文组织公共图书馆宣言》奠定了理论基础[6]。随着《世界人权宣言》和《联合国教科文组织公共图书馆宣言》等一系列纲领性文件的颁布，公共图书馆及其面向全体社会成员的服务，已经发展成为“民主社会的保障”的新理念[7-8]。

根据《IFLA 公共图书馆服务发展指南》中对公共图书馆的定义，公共图书馆是一种由地方政府、区域性政府、国家政府以及其他一些社会组织形式建立、管理和资助的组织机构。它通过提供一系列资源和服务来满足人们对知识、信息和形象思维作品的需求，社区所有成员有享受其服务的权利，而不受种族、国际、年龄、性别、宗教信仰、语言、能力、经济和就业状况或教育程度的限制[9]。

这一定义表明，公共图书馆不仅是一种社会机构，而且是一种社会制度，是一种通过调节知识或信息的分配实现社会知识或信息保障的社会制度。公共图书馆作为面向全体社会成员提供服务的公益性社会机构，以全体社会成员为服务对象，为其参与社会生活提供信息和服务。公共图书馆的用户涵盖全体社会成员，公共图书馆的存在使社会中每一个公民获得了自由获取知识或信息的权利[10]。

与世界先进国家相比，我国公共图书馆的发展相对滞后，在相当长的一段时间里，将公共图书馆服务对象主要定位于社会精英。改革开放以后，随着社会经济的发展，我国社会物质文明和精神文明程度都得到大幅提升，伴随这一过程，我国图书馆事业和图书馆学理论研究也得到长足发展。从 20 世纪 90 年代起，我国图书馆开始与国际接轨，1996 年第 62 届 IFLA 大会在北京召开，为我国图书馆事业的发展提供了一个新契机，我国公共图书馆事业的发展也由此进入了一个快速发展阶段，对图书馆服务和图书馆用户的研究和认识也达到了一个新高度。

2008 年 10 月，中国图书馆学会正式颁布了《图书馆服务宣言》，宣言开篇就指出“中国图书馆人经过不懈的追求与努力，逐步确立了对社会普遍开放、平等服务、以人为本的基本原则”。并具体指出：“图书馆以公益性服务为基本原则，以实现和保障公民基本阅读权利为天职，以读者需求为一切工作的出发点。图书馆向读者提供平等服务。各级各类图书馆共同构成图书馆体系，保障全体社会成员普遍均等地享有图书馆服务。图书馆在服务与管理中体现人文关怀。图书馆致力于消除弱势群体利用图书馆的困难，为全体读者提供人性化、便利化的服务。”[11]

随着全社会对文化事业的认知水平不断深化，在国家中长期发展战略中，包括公共图书馆事业在内的公益性文化事业，已经进入加速发展的轨道。《国家“十一五”时期文化发展规划纲要》提出“十一五”时期，我国文化发展要坚持的方针原则，其中之一就是“坚持以人为本，保障和实现人民群众的基本文化权益，使广大人民群众共享文化发展成果”[12]。在《中华人民共和国国民经济和社会发展第十二个五年规划纲要》中进一步明确指出：增强公共文化产品和服务供给；注重满足残疾人等特殊人群的公共文化服务需求；建立健全公共文化服务体系；改善农村文化基础设施，支持老少边穷地区建设和改造文化服务网络；完善城市社区文化设施，促进基层文化资源整合和综合利用；广泛开展群众性文化活动[13]。这成为未来一个阶段，我国明确公共图书馆服务定位、规划公共图书馆发展方向最为重要的社会和政策依据。

在这样的背景之下，我国有多个省市先后制定和颁布了本地的图书馆条例，用以规范和保障公共图书馆事业的发展，国家也启动了“公共图书馆法”“公共图书馆服务规范”等一系列用以保障和规范公共图书馆事业发展的法律和国家标准。公共图书馆作为一个以保障全体社会公众基本文化权益、满足社会公众基本文化需求为宗旨的公益性服务机构，将全体社会公众纳入其服务对象的范畴，已经通过法律或行政法规等形式加以确定，一个全新的图书馆用户服务理念正在我国逐步确立起来。

二、用户权利及其保障

权利是指公民依法行使的权力和享受的利益，或者法律关系主体在法律规定的范围内，为满足其特定的利益而自主享有的权能和利益。权能是指权利能够得以实现的可能性；利益则是权能现实化的结果。对于公共图书馆而言，在其开展服务的过程中，图书馆用户也享有特定的权利。推进和完善公共图书馆的服务，必须对图书馆用户的权利给予足够的重视和保障。

随着公共图书馆服务理念的转变，公共图书馆用户数量得以大幅提升；社会文明程度的不断提高，也推动了社会公众维权意识的增强，因此，图书馆用户权益保障问题逐渐成为公共图书馆服务领域新的研究课题[14]。

1.图书馆用户权利的构成

构成图书馆用户权利的因素有很多，一般说来可以概括为如下几个方面：

（1）文化权利

文化权利是公民的基本权利之一，是指公民在社会文化生活中应当享有的不容侵犯的自由和利益。由于公共图书馆是公共文化活动设施，因此文化权利是公共图书馆用户应当享有的最基本的权利。文化权利的彰显与实现既是社会走向文明的必然过程，也是社会进步的基本动力。

一般而言，图书馆用户的文化权利主要包括：参与文化生活的权利、分享文化发展成果的权利、参与文化活动及文化事务管理的权利、文化创造自由权和文化成果得到保障的权利等几个组成部分。

（2）平等地享受公共图书馆服务的权利

联合国教科文组织在其1972年版《公共图书馆宣言》中明确规定：每一个人都有平等享受公共图书馆服务的权利。因此，确保公共图书馆用户能够平等地享有公共图书馆服务，是公共图书馆在开展用户服务的过程中必须遵循的原则。

公共图书馆用户，无论其性别、种族、职业、教育背景、身体健全程度或社会地位如何，在利用公共图书馆时都应享有平等的权利。图书馆在开展服务的过程中，不应因用户自身属性的差异，而采取带有歧视性的服务政策加以区别对待，进而对用户的文化权利造成损害。

（3）自由获取信息的权利

公共图书馆在开展服务的过程中应充分尊重用户自由获取信息的权利。公共图书馆负有向用户公开其各类文献信息资源收藏情况和布局、服务种类、服务时间，以及与用户服务相关的各类规章制度等信息，并有义务解答用户询问，辅助读者更好地利用图书馆的资源和服务。同时，图书馆在利用馆藏开展服务时，应在最大程度上为用户提供各类文献信息，不应因自身好恶等原因，通过隐匿馆藏或设置人为障碍等方式阻碍用户获取相关信息。

（4）用户隐私得到保护的权利

隐私权是指自然人享有的私人生活安宁与私人信息秘密依法受到保护，不被他人非法侵扰、知悉、收集、利用和公开的一种人格权，而且权利主体对他人在何种程度上可以介入自己的私生活，对自己是否向他人公开隐私以及公开的范围和程度等具有决定权。

公共图书馆在开展服务的过程中，不可避免地会收集和掌握用户的部分私人信息，如用户的姓名、地址、联络方式、阅读习惯等，图书馆对于这些服务过程中收集到的私人信息负有尊重和保密的义务，确保用户个人信息不向外泄露，也不利用所掌握的这些信息侵扰用户的生活。

2.图书馆用户权利的保障措施

图书馆的核心价值在于服务，图书馆社会文化职能的发挥，要通过图书馆用户及其对图书馆文献信息和服务的利用情况进行评判。在图书馆的活动中，图书馆员和图书馆用户的权利构成一个有机体。图书馆关注和保障用户权利，也就是在关注和保障图书馆自身的权利。

图书馆用户权利主要通过以下四个方面加以保障：

（1）法律保障

公共图书馆作为社会公共文化活动的一个重要参与者，应在法律框架内设计和开展各项活动。纵观世界各国公共图书馆所处法律环境的整体情况，公共图书馆在开展各项活动时，除需遵守专门用于规范和描述公共图书馆各项基本法律原则的公共图书馆法外，还有很多相关法律与公共图书馆开展日常活动密切相关，如涉及馆藏建设的有出版物呈缴方面的法律法规，涉及馆藏资源服务的有著作权方面的法律法规，涉及数字资源建设与服务的有资源数字化和网络传播领域的法律法规，涉及用户安全的有公共场所建设及运维方面的法律法规等。这些法律法规是公共图书馆开展各项活动所必须遵守的基本原则，也是对图书馆用户享有图书馆各项服务的根本保障。

（2）服务理念

公共图书馆作为社会公共文化生活中一个重要组成部分，承担着传承文明、服务社会的文化使命，因此，对于公共图书馆而言，应当牢固树立服务为本、用户至上的服务理念，从思想上高度重视用户权利保障工作，从公共图书馆事业自身发展的高度充分认识和理解用户权益保障工作的意义，切实做到以用户为中心设计并开展各项工作。

（3）行业规范

制度建设是保障事业发展的重要措施和核心工作环节。通过行政手段，在公共图书馆业界及公共图书馆内部制定行业行为规范和业务工作准则，并以此作为筹划资源建设、规范用户服务、提升管理科学性、提高服务质量的制度化措施，规范公共图书馆的行为，保障用户权利，使公共图书馆的规章制度、服务内容、服务方式等各项领域业务工作的开展都有着明确的规范。从基础业务到服务整合，从技术标准到用户服务，建立起完备的业务和管理规范体系，不仅可从制度层面对用户权利提供保障，也是公共图书馆实现科学管理和自我完善的一种有效手段

（4）技术措施

随着信息技术的发展以及在图书馆业务管理和服务领域的广泛应用，图书馆自动化程度得到前所未有的提升，通过技术手段对用户服务进行管理和维护已经成为公共图书馆普遍采取的方式，数字图书馆技术也在全球范围内得到迅速的普及和应用。目前，在公共图书馆的各项业务工作中，数字资源发现与获取、数字版权保护、远程访问控制、读者信息管理等多个领域都有成熟的技术解决方案可

供选择，这也为用户权利保护提供了技术方面的保障。

（5）社会教育

公共图书馆是一个面向全社会开放的文化机构，公共图书馆的建设是一个需要全社会共同参与的工作，因此，社会教育也是图书馆用户权益保障工作中的一个重要组成部分。在公共图书馆内部，强化图书馆员的法律意识、职业道德和业务规范的教育，对用户权利保障工作的落实将起到直接的作用；在图书馆用户层面，进行公共图书馆服务相关法律政策和业务规范的宣讲，将有助于图书馆用户树立正确的法理意识，了解保护自身权利的正确方法和途径，自觉做到保护权益和履行义务的统一；在社会层面进行广泛宣传，将有助于相关政府部门和全体社会公众正确认识和把握公共图书馆的特点和服务属性，在有效监督公共图书馆用户权益保障及各项工作的同时，对公共图书馆事业的发展给予更全面的理解和支持。

三、用户研究的基本内容与常用方法

公共图书馆以公益性信息服务为主要服务内容，以社会公众为服务对象。公共图书馆的用户涵盖了社会各行各业和各个阶层。公共图书馆的用户研究，就是在社会总体信息环境下，针对公共图书馆用户的结构、信息需求、心理和信息行为，在实证性研究的基础上，揭示用户信息行为规律，并以此为基础，对公共图书馆服务策略进行验证、评估和调整，从而达到信息服务资源、信息传播方式、信息服务技术、信息服务主体、信息服务对象的最佳结合，优化公共图书馆的信息服务，实现公共图书馆公益性信息服务效益最大化。

1.基本内容

由于公共图书馆用户具有广泛性的特点，因此，对于公共图书馆用户的研究，也必须根据用户的不同类型和特点，有针对性地进行研究。一般而言，公共图书馆用户研究的内容，主要包括如下几个方面：

（1）用户结构和分类

公共图书馆用户结构和分类研究主要包含两方面的内容：基于用户自然属性的用户结构和分类研究与基于用户信息利用特点的用户结构和分类研究。

基于用户自然属性的用户结构和分类研究。由于公共图书馆面向全体社会成员开放，因此，与专业图书馆或机构内部图书馆相比，公共图书馆的用户组成显然更为复杂。另一方面，任何一家公共图书馆都设置在特定的物理场所，其用户分布也会相对集中在特定地域范围内，不同公共图书馆的用户组成彼此之间存在差异，但是就某一公共图书馆而言，其用户组成又是相对稳定的。因此，对于公共图书馆而言，对其用户的年龄结构、性别组成、职业特点、教育背景、经济状况、地域分布、民族分布、宗教信仰等内容开展有针对性的研究，将十分有助于公共图书馆根据用户结构组成的特点，有针对性地开展服务，以满足不同类型用户的信息需求。

基于用户信息利用特点的用户结构和分类研究。公共图书馆虽然以全体社会公众为服务对象，但由于各种原因，不同人对公共图书馆的利用程度存在很大差异，因此根据社会公众对公共图书馆利用情况的不同，又可将其划分为公共图书馆的现实用户和潜在用户。对这两类用户的各种属性进行进一步研究和分析，将对图书馆服务策划和服务推广提供重要的参考依据。

（2）用户信息需求

公共图书馆的作用就在于通过提供一系列资源和服务来满足人们的信息需求，因此，公共图书馆在社会中的声望和影响力，在很大程度上取决于它对用户信息需求的满足程度。

公共图书馆用户的信息需求是各式各样且富于变化的。不同用户有着不同的信息需求，信息与用户之间存在着一一对应关系；当用户的一个信息需求得到满足后，新的信息需求又可能被启发出来，因此同一用户在不同时空条件下也会有不同的信息需求。

一般而言，公共图书馆用户的信息需求主要体现在以下几个方面：

对文献信息的需求。公共图书馆拥有大量的馆藏文献资源，包含可以满足不同用户信息需求的大量文献信息内容。对于公共图书馆用户而言，无论是带有特定专题的文献需求目的，还是一般性浏览，公共图书馆大量的馆藏文献资源都是吸引用户前来图书馆的重要原因。公共图书馆对用户文献信息需求的满足程度，也是影响用户对公共图书馆服务满意度的一个重要因素。

对数据或特定专题内容资料进行查考的信息需求。这类用户往往有着明确的信息需求，但没有具体的文献指向。他们往往需要通过图书馆的工具书或二次文献获得相关线索，进而达到对特定专题内容资料进行考证的目的。也有读者会选择委托参考咨询馆员协助检索的方式来满足这方面的信息需求。

对信息检索技能的需求。无论是传统的纸质印刷型文献，还是数字资源，用户必须通过特定的检索工具、掌握相应检索方法才能很好地利用这些资源，而这些技能往往是用户所缺乏的。帮助用户掌握必要的信息检索技能，是公共图书馆读者辅导工作中的一项重要内容。

对信息服务环境的需求。随着公共图书馆服务设施的完善，公共图书馆吸引了一类特殊的用户，与使用图书馆馆藏相比，他们更倾向于利用公共图书馆的网络环境、自习空间、研讨场所，这类用户对于公共图书馆的信息服务环境具有较高的要求。

（3）用户心理和信息行为

公共图书馆用户在接受图书馆服务的过程中，因其对信息的需求预期、获取情况和利用情况的不同，其心理会发生一系列微妙的变化。掌握用户信息心理，科学分析和判断用户的信息行为，把握用户信息行为规律，使用户的行为与信息服务相适应，是公共图书馆提升用户管理水平、提升服务质量、提高用户满意度的一项重要手段。

2.常用方法

公共图书馆对用户的关注和研究，根据研究目标的不同，可以分别从理论研究、服务战略规划和服务项目设计等几个不同层次来进行。无论是怎样的研究目标和研究内容，采取何种研究方法和工具，开展公共图书馆用户研究的最根本目的还是在于将用户研究的成果应用于公共图书馆服务的管理和实践当中。

用户研究是图书馆信息学领域的一个重要研究方向。用户的信息特征、用户的信息需求、用户信息行为、用户的信息环境等内容作为构成用户信息活动的基本要素，对用户的信息体验和结果都会产生重大的影响。因此，针对用户研究的不同内容，研究方法也各异。

公共图书馆用户研究的常用方法主要有：

（1）调查研究法

调查研究法是在科学研究中搜集科学事实、获得感性材料的经验科学研究方法。这一研究方法包含了两个过程，即：调查——用科学的手段和方法收集研究材料的过程，研究——对收集的材料进行整理和分析的过程。调查研究方法由于可以兼顾微观研究和宏观研究、定性研究和定量研究、主观感受和客观描述、长期研究和短期研究，并且具有形式灵活多样，实用性强等特点，因此长期以来一直是学者乐于采用的一种研究方法。如台湾学者邹静芬、詹妍均在对参考咨询过程中咨询馆员和读者行为策略的探讨中就采用了这样的研究方法。

研究人员通过对参考咨询过程中咨询馆员和读者行为的观察，总结出如下规律：

> 在咨询过程中，读者通常仅在开始时发问问题，之后皆是由馆员掌握问题，读者扮演消极被动的角色。

图书馆员策略:摆脱读者并让他们自行找答案。图书馆员用来结束参考咨询的策略主要有:

●参考馆员没有继续追踪的转介服务

●参考馆员立刻将读者转介到其他地方

●馆员暗示读者在寻求参考服务前要先做过其他的尝试

●馆员希望读者更容易接受“搜寻到的信息”而非“实际需要的信息”

●馆员总是先警告读者别抱太大的期望

●图书馆员鼓动读者自愿放弃参考咨询

●图书馆员以声调、转过头去或做其他事的动作等非语言表示的方式来暗示参考活动结束

●图书馆员明确地表示搜寻活动已遇瓶颈

●图书馆员宣称图书馆内并没有此类的数据,或者根本没有这种数据

●图书馆员离开去找资料后就一去不返

读者策略:扮演积极主动角色,勿让馆员太早放弃。读者延续参考服务所采用的策略主要有:

●当获得无用的信息,读者会回来要求更多的帮助且倾向于故意找寻不同于原先的馆员

●读者拒绝接受到另一个图书馆或偏远的资料来源

●读者学着装笨

●读者拒绝接受所提供的答案,问题起源于不恰当的参考咨询馆员未发现读者可接受的重要答案

●读者借由发问让参考咨询继续,扮演主动且提供更多信息之角色

●读者拒绝接受馆员自动终止参考咨询服务,如“这真的对您很重要吗?”

●读者察觉馆员兴趣与耐心在减少时,采取行动策略,如建议多种方式让检索继续,但有时仍会失效

●读者要求更多的协助,如资料来源、图书区域、找出更多图书馆参考资源

●读者拒绝接受信息不存在的回复,觉得馆员希望读者告诉他此信息并不重要而离开

● 读者察觉咨询过程有偏离时，会主动提供修正或补充信息

● 读者与第二个馆员重新开始检索过程，有三分之一的案例显示读者试着减少失败，而与相同图书馆或另一图书馆的另一馆员重新开始参考咨询

通过调查研究方法所得到的这一研究成果，为我们生动地展示了参考咨询过程中参考咨询馆员和用户之间的博弈画面，同时也为我们根据这一研究结果，有针对性地制定参考咨询业务服务规范提供了很好的素材

（2）归纳和演绎方法

归纳是从个别事物中概括出一般原理的思维方法，演绎是从一般到个别的推理方法，即以一般原理为指导，对个别或特殊的事物进行分析、推理，从而得到个别结论的方法。归纳的方法可以从大量的经验事实中寻找到普遍特征，而演绎则可帮助人深化对具体事物的认识，做出科学的预见。归纳和演绎两种研究方法相互补充，在一定条件下又相互转化，是信息研究活动中的重要研究方法。

国家图书馆在正式开通网上参考咨询服务之前，曾进行了连续 7 周的服务测试工作，并将测试数据通过归纳和演绎的研究方法进行处理，为这项服务的规划和管理提供了重要的依据。

在为期 7 周的服务测试结束后，对服务数据进行归纳整理，结果如下：

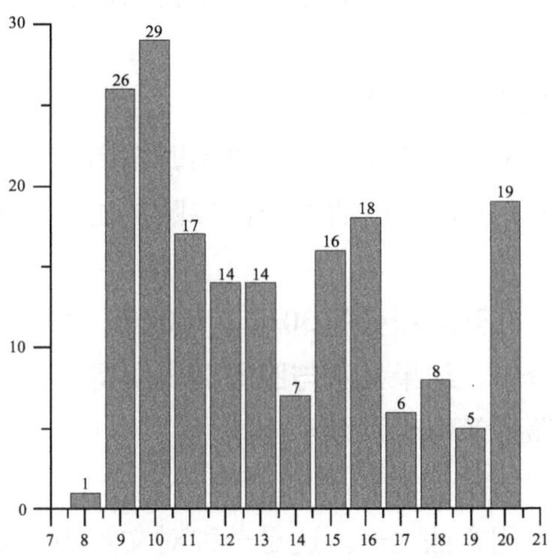

图 5-1 每天 24 小时实时咨询量变化趋势

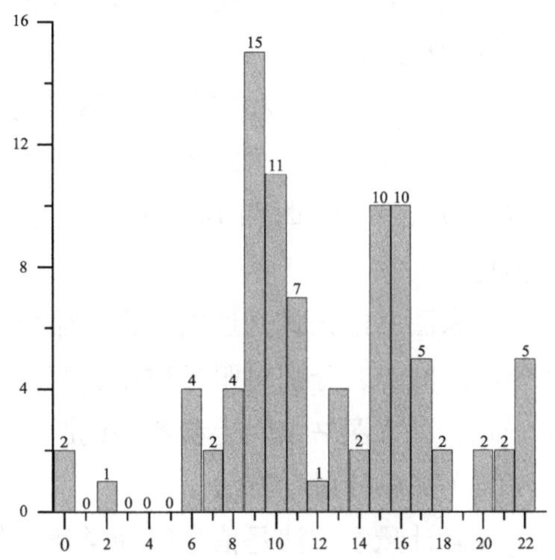

图 5-2 每天 24 小时表单咨询量变化趋势

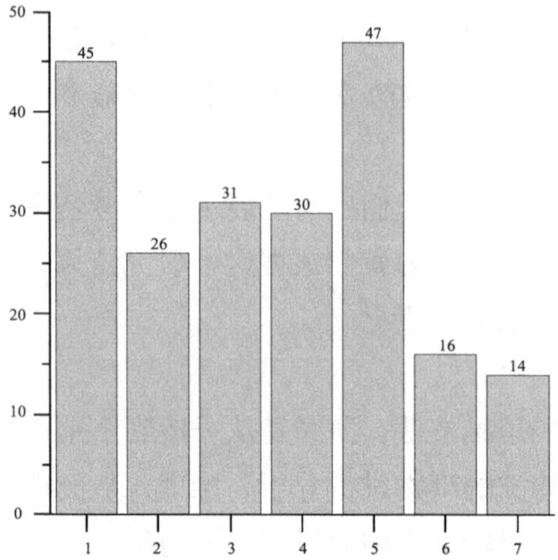

图 5-3　每星期实时咨询量变化趋势

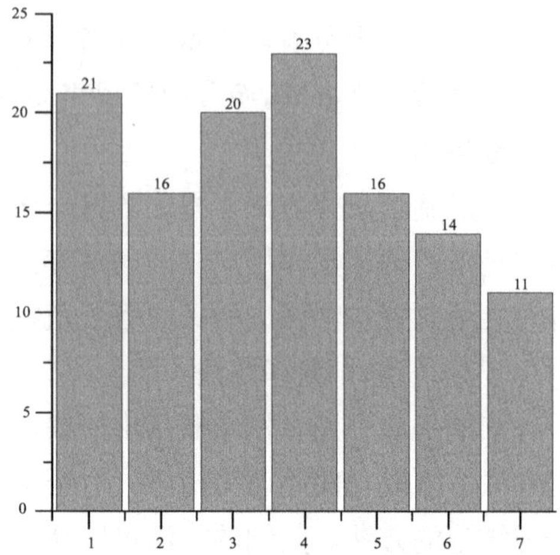

图 5-4　每星期表单咨询量变化趋势

统计结果显示：

①在提供 24 小时连续服务时，实时咨询请求在每天 9—10 时、15—16 时和 20 时相对较为集中；表单咨询请求集中出现的时段较实时咨询晚一小时左右。

②在每周 7 天中，实时咨询请求在周一和周五相对较多，表单咨询请求在周一和周四相对较多。

③实时咨询请求和表单咨询请求的数量之比约为 2 ∶1。

根据上述结论，国家图书馆在正式开通网上咨询服务时，将实时咨询服务时段定为每天 9—11 时和 14—16 时两个时段，值班人员的安排也参照上述结论进行调配。

国家图书馆正式开通网上咨询服务后，在开通服务的 30 天、100 天、半年和两年的时间点，分别对服务数据进行统计分析，结果显示与服务测试所得结论基本一致，国家图书馆网上参考咨询服务的服务策略也延续至今。

（3）文献计量学方法

文献计量学方法是信息管理学研究的专门方法之一。这是一种对文献和文献工作进行定量研究的方法，这种方法因具有深刻的描述性能、高度的概括性能、准确的评价性能和良好的预测性能而受到高度重视。在信息管理领域多用于出版物统计、文献引证和被引证情况统计等研究工作，在读者统计和文献利用情况统计等研究中也可采用。如对读者的数量、不同专题文献阅览室的读者来源分布、读者使用图书馆资源和服务的时间—流量分析等。

第二节　公共图书馆用户及其信息行为特征

信息服务是一种在特定用户与特定信息之间建立关联的活动。公共图书馆用户作为一个结构成分复杂的群体，不同用户自身的信息素质和信息需求各不相同，公共图书馆针对不同类型读者所采取的服务策略也应有所差异。因此，在对公共图书馆用户进行分析和研究时，除了将图书馆用户个体作为对象，研究其信息需求和行为规律，并用于公共图书馆服务的评估和改善以外，更多的研究着眼于图书馆用户的群体，通过研究公共图书馆特定用户群体所表现出的群体性特征，为公共图书馆服务项目的设计和服务策略的制定寻找依据。

公共图书馆的用户具有明显的社会性和广泛性。对用户群体进行多角度分类，是深入分析和把握用户信息需求特征，有针对性地开展用户信息服务工作的有效方式。

一、普通用户类型及其信息行为特征

在对公共图书馆不同用户类型进行研究时，可以采取的分类方法有很多，有学者根据社会分层来对图书馆用户进行研究[15]，也有学者从用户对信息服务需求特点的不同而划分读者类型[16]。在实践中，根据不同的研究目的和研究内容，往往采取不同的分类原则对公共图书馆用户进行考察和分析。根据不同分类方式，公共图书馆用户可以被划分为不同用户类型，并各自表现出不同的特点。

1.根据利用图书馆的目的进行分类

（1）研究型用户

研究型用户是指为了探索新的学科领域或解决在科学研究、教学、生产活动中的具体问题，在公共图书馆进行有目的的信息活动的用户。

信息需求特点：对图书馆某一特定专业领域文献收藏的系统性、连续性、时效性具有较高要求。

用户行为特点：多为长期用户；由于长期对某一特定领域文献进行连续性阅读，对图书馆特定专业馆藏情况熟悉程度较高，其对该类文献资源建设方面提出的建议具有较高参考价值。

对公共图书馆的服务要求：注重专业文献入藏的系统性和连续性；在阅览区域内配备相应专业的工具书和字词典；图书馆员应熟悉相关专业文献的收藏情况

和检索方法；在资源建设和服务方面能够对用户的意见和建议进行响应。

（2）学习型用户

学习型用户是指以系统学习某一领域专业知识为目的而在图书馆进行信息活动的用户。

信息需求特点：对特定专题的文献有集中需求。

用户行为特点：在图书馆的信息行为具有较强的规律性；具有较强的自主性。

对公共图书馆的服务要求：安静、整洁的阅读环境；在阅览区域内配备相应的工具书。

（3）休闲型用户

休闲型用户是指无特定的阅读要求，以丰富个人文化生活、进行艺术享受和文化休闲为目的的图书馆用户。

信息需求特点：对小说和休闲类的文献和音像资料具有较多需求。

用户行为特点：阅读文献的内容带有一定的随意性；注重阅读环境的舒适度；对图书馆的讲座和读者活动有较高的关注程度。

对公共图书馆的服务要求：良好、舒适的阅览环境；必要的视听设备；通过各种方式提前发布读者活动公告。

2.根据使用公共图书馆频度分类

（1）长期用户

长期用户是指具有长期在公共图书馆进行信息活动的经历的用户。

信息需求特点：具有稳定、连续的信息需求和服务需求。

用户行为特点：对公共图书馆馆藏和服务具有较深的了解；自主性较强；对图书馆馆藏格局和服务的变化较为敏感。

对公共图书馆的服务要求：图书馆提供的各项服务设施和服务内容稳定、连续；能够迅速反馈读者提出的意见和建议；图书馆馆藏布局和服务出现变更时，需做好必要的告知工作。

（2）临时性用户

临时性用户是指因暂时性文献信息需求而到公共图书馆利用馆藏文献的用户。

信息需求特点：会使用到公共图书馆各类文献信息资源；信息需求的内容和形式都带有一定的不确定性。

用户行为特点：因对图书馆馆藏和馆舍布局不熟悉，需要图书馆员更多的协助。

对公共图书馆的服务要求：随着公共图书馆开放程度的提升，临时性读者的数量和比例都会有所增加，需提供更多的读者辅导。

（3）潜在用户

潜在用户是指对图书馆不了解或知之甚少的社会公众，他们从未利用过公共图书馆的馆藏和服务。

信息需求特点：有信息需求，但尚未把自己的信息需求与公共图书馆的服务相联系。

用户行为特点：更倾向于从图书馆以外的信息渠道获取信息。

对公共图书馆的服务要求：加大图书馆服务的宣传；提升公共图书馆的公知度；引导潜在用户参与公共图书馆的活动。

3.根据用户的群体属性分类

（1）个人用户

个人用户是指以自然人为单位独立在公共图书馆进行信息活动的用户。个人用户是公共图书馆主要的服务对象。

信息需求特点：会使用到公共图书馆各类文献信息资源。

用户行为特点：公共图书馆日常接待用户中的绝大部分为个人用户，他们散布于公共图书馆的各个读者活动区域，几乎可以利用到公共图书馆所提供的全部服务项目和服务设施。

对公共图书馆的服务要求：合理的阅览室布局，使用户可以方便地取阅馆藏文献；安放导引牌，便于用户顺利抵达所需的服务位置；设置咨询台，使用户在有咨询需求时可以便捷地得到图书馆员的帮助；完善的图书馆配套设施，满足个人用户在阅览以外的需求，减少等候时间，如复印、餐饮等；制定完善的突发事件预案，确保用户在异常情况下的生命和财产安全。

（2）集体用户

集体用户是指以某一机构或团体为单位在公共图书馆进行信息活动的用户。

信息需求特点：集体用户中的各个成员，大多有共同的文献内容需求。

用户行为特点：集体用户多为长期稳定的图书馆用户；大都有共同的阅读方式；在某一特定时段内，集中提出信息服务要求的概率较高。

对公共图书馆的服务要求：应针对集体读者在文献借阅等方面制定单独的服务政策；指定对口服务机构和联络人，负责图书馆与集体用户之间的日常工作联络；必要时，可以集中授课方式对集体用户进行有关公共图书馆信息服务方面的培训；建立服务跟踪反馈机制，提升集体用户服务的针对性。

4.根据用户利用公共图书馆服务时与图书馆的空间位置关系分类

（1）到馆用户

到馆用户是指在利用图书馆的文献和服务时，居于图书馆馆舍内部的用户。

信息需求特点：与数字资源相比，更倾向于利用传统载体形式的馆藏资源；对于图书馆活动信息多具有较高关注。

用户行为特点：对图书馆馆舍的服务设施和环境具有较高要求；有可能利用到图书馆所提供的各项服务设施；参与图书馆在馆舍内举办的各种类型的活动。

对公共图书馆的服务要求：具有良好的读者导引系统和完备的服务设施；布局合理的读者辅导服务点。

（2）网络用户（虚拟用户）

网络用户（虚拟用户）是指极少甚至从未到达过提供服务的公共图书馆，主要通过互联网、手机或有线电视等网络途径利用公共图书馆资源和服务的用户。

信息需求特点：对公共图书馆的数字资源和网络服务具有较强服务要求。

用户行为特点：主要通过网络方式利用公共图书馆的数字资源；服务过程中产生的通信费用对用户的信息需求有制约。

对公共图书馆的服务要求：图书馆应有稳定连续的网络服务；数字资源内容丰富；服务应有一定的交互性。

二、特殊用户群体及其信息行为特征

在公共图书馆的用户中，存在着这样一类群体，他们虽然在数量上并不能构成公共图书馆服务对象的主体，但是因其自身的特殊属性，需要公共图书馆采取特殊的服务方式，以满足这类用户的信息和服务需求。以下所讨论的就是这样的一些特殊用户群体。

1.少年儿童

少年儿童是国家的未来和希望，加强对未成年人的教育和培养，是关系到一个国家和民族未来发展的一项具有战略意义的工作。也正是基于这样的原因，面向少年儿童的服务也成为公共图书馆的一项重要职责。

国际图联在其《儿童图书馆服务发展指南》中指出：对于世界各地的儿童和他们的家庭来说，儿童图书馆服务从未像现在这样重要。培养获取知识和获得世界多样文化财富，以及获得终生学习和信息素养的能力已经成为当今社会的首要工作。好的儿童图书馆应能帮助儿童获得终生学习和信息素养的能力，使他们能够参与社会并为社会做出贡献。图书馆的服务应该与不断发展的社会相适应，满足儿童信息、文化和娱乐的需求，使每个孩子熟悉和乐于使用当地的图书馆，并拥有利用图书馆的一般技能[17]。2010 年文化部颁布了《关于进一步加强少年儿童图书馆建设工作的意见》，明确指出：少年儿童图书馆是我国图书馆事业的重要组成部分，是以广大未成年人为对象的重要的社会教育机构，是未成年人的第二课堂。加强少年儿童图书馆建设，是保护广大未成年人的文化权益、建立健全公共文化服务体系的重要举措[18]。

少年儿童作为未成年人，在信息需求方面有着特殊的要求。首先在信息内容上，公共图书馆应针对少年儿童的特点，采集知识性、趣味性、教育性强的图书、报刊、音像制品和电子出版物，特别是要注重加强未成年人喜闻乐见的动漫作品、多媒体等新型载体资源的建设，努力满足少年儿童的需求；在信息内容表现形式上，要充分考虑未成年人的心理特点、行为习惯以及对新知识的接收能力和适应力较强的特点，充分利用现代信息技术和服务手段，通过多媒体交互、音视频、游戏、活动等新奇、有趣的形式，激发少年儿童的阅读兴趣，在专门馆藏的基础之上开展与阅读相关的各类活动，培养少年儿童积极健康的文化素质和生活情趣。

针对少年儿童的特点，公共图书馆在开展少年儿童服务时，在设备、人员、服务规划等方面也有着特殊的要求。文化部曾颁布一系列少年儿童图书馆评估标准，从办馆条件、基础业务建设、读者服务工作、业务研究、辅导、协作协调、文化共享工程建设和管理等多个方面对少年儿童图书馆提出了明确的要求。

2.青少年用户

青少年时期是处于成人和儿童之间的一个十分特殊的成长阶段，青少年在体格和心智方面都处于快速成熟的过程中，求知欲旺盛，是人生中十分重要的学习阶段。

针对青少年的特点，国际图联在《青少年图书馆服务发展指南》中指出：青少年图书馆的服务，应提供基于青少年独特需求的从儿童向成人过渡的服务；青少年需要并且应该得到旨在解决他们的教育、信息、文化和休闲需求的服务；服务旨在提升青少年的文化和信息素养、推进青少年终身学习，并使其更好地享受阅读的乐趣。并具体提出了图书馆开展青少年服务的十个具体目标[19]。

青少年用户对新的信息内容和服务形式具有强烈的好奇心和很强的领悟能力；他们信息需求内容广泛，但是对信息需求的表达能力和信息内容的鉴别能力都有局限性；他们对知识有强烈的渴望，但是尚不能够自主地安排生活和学习，也缺乏足够的自控能力。有学者曾经对青少年的图书馆使用情况进行调研，结果显示青少年对图书馆具有较高的使用频度，但主要是以学习和娱乐为目的，主观上并没有将查找信息作为目的，对于图书馆的各项辅助服务则利用很少，总体上缺乏对图书馆功能的充分了解和利用[20]。

针对青少年的特点和在利用图书馆中出现的问题，公共图书馆在面向青少年用户群体开展服务时，应采取更有针对性的服务策略，强化公共图书馆与青少年之间的沟通和交流，帮助青少年了解图书馆作为信息获取渠道的基本功能。通过有针对性的信息资源和服务方式满足青少年的阅读和学习需求，在帮助青少年在学习和生活中获取有用信息的同时，也帮助青少年养成依托图书馆获取信息，以及终身学习的良好习惯。

3.残疾人士

残疾人士是指由于生理功能、解剖结构和心理状态的异常，部分或全部失去以正常方式从事活动的能力，在社会生活的某些领域中不利于发挥作用的人。根据残疾人士缺失的功能，可以分为视力残疾、听力残疾、肢体残疾和认知残疾等类型。残疾人士虽然在生理上存在一定的缺陷，从不同感官和功能上影响了与外界的信息交流，难以从事正常的阅读活动，但是在智力上，除了认知残疾人士外，其他类型的残疾人士并无缺陷，具有与正常人一样的阅读需求和阅读能力。

构筑一个平等、人道、和谐的生存发展环境，既是社会文明的标志之一，也是一个社会政治、经济、文化状况的综合反映。我国拥有庞大的残疾人群体，2006 年我国进行的第二次全国残疾人抽样调查结果表明，中国残疾人总数达 8296 万，涉及 2.6 亿家庭人口[21]。公共图书馆作为奉行公平服务原则的公共信息服务机构，针对残疾人的信息需求及其特点进行研究，面向残疾人提供无障碍的信息服务，既是公共图书馆履行其信息传播职责的一项重要工作内容，也是全面提升残疾人服务水平和残疾人生活质量的重要举措。

2011 年，中国图书馆学会提出了《图书馆促进信息资源公平获取》行动倡议书，倡导全国图书馆界一起，逐步搭建起相对完善的残疾人阅读服务体系，共同为残疾人提供更加丰富的服务，公共图书馆的残疾人服务正在从服务理念向服务实践发生着转变。

4.农民工

农民工是伴随着我国改革开放而出现的一个独特的社会群体。2008 年第二次全国农业普查结果显示，截至 2006 年末，我国农村外出从业劳动力13 181万人[22]，他们是中国产业工人的重要组成部分，为中国城市建设和经济发展做出了巨大的贡献。但是由于各种原因，一直以来，农民工始终作为一个特殊群体而工作和生活着，他们的基本权利与合法权益没有得到充分而有效的保障。在文化生活和信息服务领域，农民工虽身处城市，但是由于这一群体受文化水平、经济收入和生活区域等方面的限制，始终处于边缘化的地位和社会的底层，成为一个庞大的弱势群体。这种现象已经引起社会广泛关注，政府部门也着手采取措施，改善农民工社会保障与社会贡献之间的不对等局面。

2004年文化部颁布了《文化部关于高度重视农民工文化生活，切实保障农民工文化权益的通知》，提出充分发挥公益性文化设施作用，努力提高农民工文化素质；要充分利用图书馆、文化馆、文化站等公益性文化设施，发挥文化工作在提高农民工思想道德素质和科学文化素质方面的作用，使农民工在城市建设的过程中不断加强自身文化建设，为城乡的经济、社会发展提供强大的精神动力、智力支持和思想保证[23]。2006年国务院颁布《国务院关于解决农民工问题的若干意见》，明确提出把农民工纳入城市公共服务体系[24]。2011年文化部着手起草《关于进一步加强农民工文化工作的意见》，积极推动以公共文化服务体系为支撑的农民工文化工作机制[25]。

在图书馆业界，为农民工提供信息服务已经开始纳入工作实践当中。2005年首都图书馆与北京建工集团合作建立了首都图书馆北京建工集团分馆，成为北京市第一个专门为农民工开设的图书馆。此后，甘肃、河南等地也都先后出现了面向农民工群体的图书阅览服务。

第三节　公共图书馆用户培训

“以用户为中心”是现代公共图书馆所奉行的服务原则，现代公共图书馆也是以用户服务为核心要素进行服务体系的设计和建设的。通过面向图书馆用户的培训辅导工作，可以有效地提升用户利用公共图书馆的能力和水平，因此，用户培训工作历来是公共图书馆读者服务工作的一个重要组成部分。随着图书馆服务理念的演变，图书馆对用户培训认识程度逐渐加深。与此同时，信息技术的发展进一步推动了我国图书馆事业的现代化进程，为图书馆用户培训提出了新的内容要求，也为公共图书馆更好地开展用户培训工作提供了新的工具。

公共图书馆有计划、有目标、有步骤地开展用户培训工作，既是社会公众的文化需求，也是公共图书馆必须履行的工作职责，更是公共图书馆提高资源利用率、拓展服务的有效方法。

一、用户培训的主要内容

公共图书馆用户培训的目的不是要把用户训练成为专业的图书情报工作人员，而是要使他们能够具有良好的文献信息使用习惯，能够准确表述自己的信息需求，并自如地将所得到的信息应用于相关领域的学习和工作中。

公共图书馆以全体社会公众为服务对象，因此，在进行用户培训时会面临着较一般学校和培训机构更为复杂的局面，其培训内容和形式的需求也会因用户群体的不同而有很大差异。总的来说，公共图书馆用户培训主要包括如下几类内容。

1.图书馆基础知识培训

这是帮助用户初步了解图书馆、掌握利用图书馆基本技能的培训，其培训内容包括图书馆基本概况、馆藏资源特点及其布局、图书馆图书文献的组织分类常识与查找方法、图书馆各类服务的介绍等。对于公共图书馆用户而言，图书馆基础知识的培训是图书馆各类培训中最为基础、最为重要的培训。通过这样的培训，可以帮助用户对公共图书馆的概况有一个全面而准确地了解，也为将来充分利用图书馆的各类资源和服务奠定良好的基础。

2.图书馆资源与服务推介

计算机和信息技术的发展，使图书馆的数字资源不断丰富，现代信息技术也为图书馆开展用户服务提供了更为广阔的舞台和更为丰富的服务手段，现代公共图书馆为满足不同用户的个性化信息需求，正越来越多地为用户创造着可供选择的空间。要帮助图书馆用户从众多类型的图书馆资源和服务中，迅速寻找到适合自己信息需求特点的服务和内容，迅速了解图书馆最新推出的资源和服务，图书馆资源与服务的推介就是一个很好的选择。

3.文献信息检索技能培训

这类培训主要包括文献信息检索与利用的基本理论、基本检索技能、检索技巧和检索策略。大多从网络信息的查找技巧，搜索引擎的使用方法，各类信息源的连接网址、内容特点和使用方法等问题入手，通过与某一特定类型或内容资源相结合的方式展开，分析其检索方法和技巧，帮助用户提升对文献资源的利用能力以及了解各类信息资源的价值和适用范围，进而举一反三，培养用户掌握独立选择和利用文献信息资源的能力。

4.图书馆用户信息素质培训

信息素质是人们在工作中运用信息、学习信息技术、利用信息解决问题的能力[26]。随着数字图书馆技术的兴起和广泛应用，图书馆馆藏的载体形式呈现多样化的特点，不同类型资源的组织加工方式各异，呈现出的状态也千差万别。用户不仅要在合理的时间内从种类繁杂、数量庞大的各类资源中获取有用信息，在对检索结果进行整理和再利用时还要面临将不同形态的资源进行整合的工作。显然，这些都对用户的信息素养提出了新的挑战。图书馆用户信息素质培训正是针对此种情况而进行的一类比较综合的培训，旨在帮助图书馆用户能够更为全面地掌握信息加工和处理的方法，更好地驾驭信息工具。

5.其他

除以上几种内容的培训以外，很多图书馆还通过各种形式开展其他内容的培训，如外语培训、艺术类培训、计算机应用技术培训等，这些培训有的与图书馆的资源或服务有一定关联，旨在拓展图书馆的服务领域，有的则更类似于社会培训，以营利为主要诉求。这些培训虽然与图书馆用户服务并无必然联系，但是也在一定程度上提升了公共图书馆的社会影响力，客观上起到为图书馆培育潜在用户的作用。

二、用户培训的主要方式

公共图书馆用户培训的目的在于提高用户的信息素养，帮助用户更深入地了解和利用图书馆。在图书馆用户培训实施的过程中，由于培训对象、培训内容和培训目的的不同，培训方式也十分灵活。

1.到馆用户培训

公共图书馆都拥有相对独立的馆舍和配置合理的功能区域，因此以本馆馆舍为阵地面向到馆用户开展培训和各类服务，是公共图书馆通行的做法。

针对到馆用户进行的培训主要包括两种类型：

（1）在专门设置的培训空间内进行的用户培训。现在公共图书馆大多设有设施较为完善的培训空间，这为图书馆制度化地开展用户培训提供了良好的条件，很多图书馆都制定有较为系统的用户培训规划，在固定时间和固定地点面向用户进行系列化的培训活动。也有图书馆以电子阅览室等设施为依托开展用户培训。这种培训方式可有效提高用户对图书馆培训的关注度和参与度，十分利于图书馆打造服务品牌，提升总体服务效果。

（2）与图书馆日常业务工作相结合的读者辅导工作。这是一种将对读者的培训辅导与图书馆日常工作相结合的培训方式，也是图书馆参考咨询服务的一项重要工作方式。通过在图书馆的服务点设置咨询人员，使用户在利用图书馆资源和服务的过程中，随时得到图书馆员的指导和帮助，迅速解决用户使用图书馆过程中遇到的问题。这种服务方式可以有效地强化用户服务感受，提升用户满意度。

2.用户所在机构的现场培训

公共图书馆用户中有一个较为特殊的用户类型——机构用户。机构用户因其从属于某一特定专业机构，在信息需求方面带有相当大的共性，如大多具有相同或相近的学科背景，信息素养差距不大，在对文献信息资源和服务的需求上带有相当大的一致性等。因此对于机构用户，在培训内容上，可以根据培训对象的特点大大提升培训的针对性，更容易形成培训讲师与用户的互动，是一种十分有效的培训方式。

3.通过各种媒体和网络进行远程培训

无论是在图书馆内还是在用户机构进行培训，都是以面授方式进行培训。这种方式生动直观，互动性强，用户感受度较高，但是也因其在时间和空间方面的限制而带有难以克服的局限性，因此图书馆大多采用集中面授培训与借助网络进行远程培训相结合的方式开展用户培训工作。

（1）开设有专门的网络培训平台/培训栏目主页

图书馆在网站中设置专门的培训栏目或开设专门的网络培训平台，是图书馆突破面授培训的时空限制，扩大用户培训范围的一种有效手段。图书馆制作专门的培训录像、交互式培训课件或讲义，并将其上传至网络中加以传播，具有服务成本低、服务范围广、便于维护等特点。有的图书馆通过虚拟参考咨询系统向用户提供远程辅导，也在一定程度上提升了这种服务方式的交互性。

（2）利用广播电视网络的服务

新媒体服务是目前公共图书馆拓展用户服务的一个重要领域，传统的通信网络可以实现点对点的链接，带有很好的交互性，但是由于信息传输对带宽需求相对较高，且会产生一定的通信费用，因此，在一定程度上影响了其服务的推广。

在我国，通过广播电视进行教育培训已经具有50余年的历史了，数字电视技术的应用为图书馆利用广播网络开展服务提供了新的平台。目前一些图书馆已经建设有数字电视频道，可通过有线电视网络将高清晰度数字信号培训教育节目直接送至居民家中，成为图书馆以经济便捷的方式进行用户培训的新渠道。

第四节　公共图书馆用户满意度测评

现代公共图书馆是以用户为中心、以用户的信息需求为导向进行服务的设计、管理、组织和实施。因此，提供高质量的信息与服务就成为公共图书馆存在价值的集中体现。公共图书馆的质量虽然在一定程度上受制于图书馆的馆舍、馆藏等物质条件的影响，但是公共图书馆质量的核心问题则是图书馆服务质量。用户满意度的测评，是公共图书馆服务质量评价的一个重要组成部分。

一、缘起

公共图书馆事业发展到今天，质量观念已然成为图书馆职业精神的一个重要组成部分，牢固地树立在图书馆人的观念中。但是，包含公共图书馆用户满意度测评内容在内的图书馆质量管理与质量评估的历史却只有短短 30 余年的时间。

公共图书馆开展用户满意度测评，至少要满足三个方面的先决条件：

1.公共图书馆服务观念的转变

随着现代公共图书馆事业的发展，公共图书馆的服务理念也发生了深刻的变化，逐步实现了从“书本位”向“人本位”的转移，也即实现了从“以馆藏建设为中心”向“以用户服务为中心”的转移。传统的图书馆质量评估大多着眼于图书馆自身，围绕馆舍、馆藏、馆员等内容进行统计和评价。随着“以人为本、服务至上”的服务理念逐步得到推崇，图书馆人逐渐认同了“公共图书馆存在的价值是通过对用户的服务来体现的”这一价值观，因此图书馆的质量评估也由自我评判转为用户评判，从对自身条件的评估转为对用户服务的评估。图书馆的质量评估实质上就成为图书馆服务质量的评估，公共图书馆进行用户满意度测评也由此产生。

2.质量评估的理论基础

图书馆质量评估的理论基础源自 20 世纪 80 年代全面质量管理理论的形成和发展，美国服务质量管理专家帕拉苏拉曼（A.Parasuraman）等人提出的服务市场营销学的相关概念，为图书馆的服务评价问题提供了理论依据。

帕拉苏拉曼于 1988 年提出，服务质量是指服务实绩是否符合顾客的期望。服务质量的评估是在服务传递过程中产生的，需要从以下五个方面来定义：

- 有形性：指有形的设施、设备、人员和沟通材料的外表；
- 可靠性：指可靠、准确地履行服务承诺的能力；
- 响应性：指帮助顾客并迅速有效提供服务的愿望；

• 保证性：指员工所具有的知识、理解以及表达出自信和可信的能力；

• 移情性：指设身处地为顾客着想和对顾客给予特别的关注。

上述五点构成了判断服务质量的五个基本要素。

3.评价体系

从 20 世纪 80 年代开始，图书馆界已经开始着手研究制定绩效指标来对图书馆工作进行评价。1982 年美国图书馆协会出版了《公共图书馆的绩效评估》一书，成为美国公共图书馆开展绩效评估的指南性文件[27]。从 20 世纪 90 年代开始，图书馆质量评估绩效指标体系的国际标准研发形成热潮，通过 10 余年的努力，最终形成了 ISO 11620:1998 图书馆绩效指标、ISO 11620:1998/Amd.1：2003 图书馆绩效指标 补充本 1.增订图书馆绩效指标、ISO/TR 20983:2003 电子图书馆服务绩效指标、ISO 2789:2006 国际图书馆统计等 4 项国际标准，构成了图书馆质量评估的绩效评估体系的基础。

与此同时，从用户角度来评估、衡量图书馆服务质量与服务效果的图书馆成效评估体系的研究也日趋深入。1996 年《学术图书馆成效评估报告》白皮书的发布，成为图书馆界成效评估研究史上里程碑式的事件[28]。

由此，一个包含绩效评估和成效评估两大类型评估的完整的图书馆质量评估架构已经初步形成了。

二、意义

1.评估服务成效，调整服务策略，提升服务绩效

公共图书馆开展用户满意度测评的直接结果，就是可以帮助公共图书馆迅速了解用户对图书馆所开展服务的直观感受，判断在服务流程中潜在的问题和漏洞，把握用户需求的变化及其趋势，适时对图书馆的服务策略进行必要的调整和优化，进而达到提升图书馆服务绩效的目的。

2.改善服务品质，提升馆员素质

公共图书馆服务品牌的塑造，与其服务品质始终保持在一个高水平状态是密不可分的。公共图书馆用户满意度测评，可以对用户服务中存在的问题进行准确定位。通过对问题的分析研判，公共图书馆能够有针对性地采取处置措施，改善用户服务感受，提升用户满意度。在改善服务、满足用户不断提升的服务需求的过程中，图书馆员也经历了一个学习和提升的过程。

3.利于服务工作的持续性改进和创新

用户满意度测评可以帮助公共图书馆发现服务工作中不能满足用户需求的原

因。在工作实践中，通过对测评结果的分析，图书馆可以确定改进服务的优先顺序，对服务战略和服务改进规划的制定起到决策辅助作用，而新一轮次的用户满意度测评又可以成为对当前服务改进效果的判断依据。公共图书馆服务调整的过程，就是公共图书馆将自己提供的服务与用户的信息服务需求不断契合的过程，也是围绕用户中心不断提升服务和改进创新的过程。

4.增强公共图书馆在信息服务领域的竞争力

当前的信息环境是一个信息无所不在的环境，社会上很多信息服务与图书馆服务之间存在着交叉。当代服务质量研究指出，在服务领域，质量是竞争优势的基础，服务的竞争主要是服务质量的竞争。图书馆用户满意度测评，可以通过不断地调整服务方式和提升服务质量，来调适公共图书馆与其用户之间的关系，通过提升用户服务满意度来增进用户对公共图书馆的忠诚度，增强公共图书馆在信息服务领域的竞争力。

三、基本流程

由于不同公共图书馆开展用户满意度测评工作的目的和规模不同，用户满意度测评的方法和步骤也可以是多种形式的。一般而言，公共图书馆用户满意度测评的基本流程主要包括如下 9 个环节：

1.明确测评目的

用户满意度测评是一个十分宽泛的概念，它可以对公共图书馆的整体服务进行测评，也可以对某一项具体的服务措施进行测评，在着手进行满意度测评方案设计时，首要的问题就是要明确测评的具体目的，对测评的内容边界进行约定和规范。

2.确定测评对象

如前文所述，公共图书馆用户是一个结构十分复杂的群体，不同类型用户对公共图书馆提供的同一项服务的感受，也会因此而存在一定程度的差异。公共图书馆的服务有针对整个用户群体的一般性服务和针对特定用户群体的针对性服务，因此公共图书馆进行用户满意度测评时，应根据测评目的和内容，选择适当的对象参与测评活动，做到既保证测评对象具有广泛性和代表性，同时也不致因测评对象与测评内容的不一致，对测评结果产生干扰。

3.明确测评指标体系

When it comes to...	My Minimum Service Level Is	My Desired Service Level Is	Perceived Service Performance Is	
	Low High	Low High	Low High	N/A
1) Employees who instill confidence in users	1 2 3 4 5 6 7 8 9	1 2 3 4 5 6 7 8 9	1 2 3 4 5 6 7 8 9	N/A
2) Making electronic resources accessible from my home or office	1 2 3 4 5 6 7 8 9	1 2 3 4 5 6 7 8 9	1 2 3 4 5 6 7 8 9	N/A
3) Library space that inspires study and learning	1 2 3 4 5 6 7 8 9	1 2 3 4 5 6 7 8 9	1 2 3 4 5 6 7 8 9	N/A
4) Giving users individual attention	1 2 3 4 5 6 7 8 9	1 2 3 4 5 6 7 8 9	1 2 3 4 5 6 7 8 9	N/A
5) A library Web site enabling me to locate information on my own	1 2 3 4 5 6 7 8 9	1 2 3 4 5 6 7 8 9	1 2 3 4 5 6 7 8 9	N/A

When it comes to...	My Minimum Service Level Is	My Desired Service Level Is	Perceived Service Performance Is	
	Low High	Low High	Low High	N/A
6) Employees who are consistently courteous	1 2 3 4 5 6 7 8 9	1 2 3 4 5 6 7 8 9	1 2 3 4 5 6 7 8 9	N/A
7) The printed library materials I need for my work	1 2 3 4 5 6 7 8 9	1 2 3 4 5 6 7 8 9	1 2 3 4 5 6 7 8 9	N/A
8) Quiet space for individual activities	1 2 3 4 5 6 7 8 9	1 2 3 4 5 6 7 8 9	1 2 3 4 5 6 7 8 9	N/A
9) Readiness to respond to users' questions	1 2 3 4 5 6 7 8 9	1 2 3 4 5 6 7 8 9	1 2 3 4 5 6 7 8 9	N/A
10) The electronic information resources I need	1 2 3 4 5 6 7 8 9	1 2 3 4 5 6 7 8 9	1 2 3 4 5 6 7 8 9	N/A

When it comes to...	My Minimum Service Level Is	My Desired Service Level Is	Perceived Service Performance Is	
	Low High	Low High	Low High	N/A
11) Employees who have the knowledge to answer user questions	1 2 3 4 5 6 7 8 9	1 2 3 4 5 6 7 8 9	1 2 3 4 5 6 7 8 9	N/A
12) A comfortable and inviting location	1 2 3 4 5 6 7 8 9	1 2 3 4 5 6 7 8 9	1 2 3 4 5 6 7 8 9	N/A
13) Employees who deal with users in a caring fashion	1 2 3 4 5 6 7 8 9	1 2 3 4 5 6 7 8 9	1 2 3 4 5 6 7 8 9	N/A
14) Modern equipment that lets me easily access needed information	1 2 3 4 5 6 7 8 9	1 2 3 4 5 6 7 8 9	1 2 3 4 5 6 7 8 9	N/A
15) Employees who understand the needs of their users	1 2 3 4 5 6 7 8 9	1 2 3 4 5 6 7 8 9	1 2 3 4 5 6 7 8 9	N/A

When it comes to...	My Minimum Service Level Is	My Desired Service Level Is	Perceived Service Performance Is	
	Low High	Low High	Low High	N/A
16) Easy-to-use access tools that allow me to find things on my own	1 2 3 4 5 6 7 8 9	1 2 3 4 5 6 7 8 9	1 2 3 4 5 6 7 8 9	N/A
17) A getaway for study, learning, or research	1 2 3 4 5 6 7 8 9	1 2 3 4 5 6 7 8 9	1 2 3 4 5 6 7 8 9	N/A
18) Willingness to help users	1 2 3 4 5 6 7 8 9	1 2 3 4 5 6 7 8 9	1 2 3 4 5 6 7 8 9	N/A
19) Making information easily accessible for independent use	1 2 3 4 5 6 7 8 9	1 2 3 4 5 6 7 8 9	1 2 3 4 5 6 7 8 9	N/A
20) Print and/or electronic journal collections I require for my work	1 2 3 4 5 6 7 8 9	1 2 3 4 5 6 7 8 9	1 2 3 4 5 6 7 8 9	N/A

When it comes to...	My Minimum Service Level Is	My Desired Service Level Is	Perceived Service Performance Is	
	Low High	Low High	Low High	N/A
21) Community space for group learning and group study	1 2 3 4 5 6 7 8 9	1 2 3 4 5 6 7 8 9	1 2 3 4 5 6 7 8 9	N/A
22) Dependability in handling users' service problems	1 2 3 4 5 6 7 8 9	1 2 3 4 5 6 7 8 9	1 2 3 4 5 6 7 8 9	N/A

Please indicate the degree to which you agree with the following statements:	
23) The library helps me stay abreast of developments in my field(s) of interest.	1 2 3 4 5 6 7 8 9 Strongly Disagree Strongly Agree
24) The library aids my advancement in my academic discipline or work.	1 2 3 4 5 6 7 8 9 Strongly Disagree Strongly Agree
25) The library enables me to be more efficient in my academic pursuits or work.	1 2 3 4 5 6 7 8 9 Strongly Disagree Strongly Agree
26) The library helps me distinguish between trustworthy and untrustworthy information.	1 2 3 4 5 6 7 8 9 Strongly Disagree Strongly Agree
27) The library provides me with the information skills I need in my work or study.	1 2 3 4 5 6 7 8 9 Strongly Disagree Strongly Agree
28) In general, I am satisfied with the way in which I am treated at the library.	1 2 3 4 5 6 7 8 9 Strongly Disagree Strongly Agree
29) In general, I am satisfied with library support for my learning, research, and/or teaching needs.	1 2 3 4 5 6 7 8 9 Strongly Disagree Strongly Agree
30) How would you rate the overall quality of the service provided by the library?	1 2 3 4 5 6 7 8 9 Extremely Poor Extremely Good

图 5-5　LibQUAL+™评价指标(2012 年版)

从图书馆用户满意度测评的工作时间来看，通常采取的做法是，根据测评内容，选取一个相对成熟并为图书馆界所广泛采用的图书馆服务质量评价模型为基础框架，结合不同测评的具体特点，对原有框架的测评维度和评价指标进行必要的修正和调整，对每个指标和不同指标之间的层级及权重关系进行量化处理，以利于后续工作的进行。

目前，图书馆界应用最为广泛的从用户角度评价图书馆服务质量的工具，是由美国研究图书馆协会开发的 LibQUAL+™。从 2000 年至今，LibQUAL+™都会根据调查的结果对模型的维度和评价指标进行调整，以适应图书馆测评的需要。图 5-5 是 LibQUAL+™2012 年度的最新调整结果，整个模型包括服务的影响、信息控制和图书馆整体环境三个维度，共计 22 个指标。此外，还包括用于评价信息能力和满意度的 8 个附加指标[29]。

4.问卷设计

问卷设计是用户满意度测评工作中最为关键的一个环节，公共图书馆进行用户测评能否达到预期目标，在很大程度上取决于问卷设计的成功与否。

问卷一般包括背景介绍、填写说明、测评对象基本情况和测评问题等内容。问卷设计中，可以采取各种方式将已经建立起的用户满意度测评指标体系铺陈在问卷上，供测试对象填写。

5.确定抽样方法

对于任何测评，都不可能是面向全体用户的全面测评。因此，在实施测评工作前，需要提前确定测评对象的产生办法。一般而言，采用随机抽样的方式较为常见。

6.实施调查

公共图书馆实施问卷调查的方式有很多，可以通过本馆员工进行问卷调查，也可考虑由专业机构完成调查活动；在调查途径上，可以根据情况选取当面问询、信函、电话、网络等各种形式进行。

7.数据整理及分析

这是一个对回收的测评问卷进行整理和分析的环节。通常是将无效问卷剔除后，根据不同维度和指标对问卷问题进行分类统计和汇总，并通过图、表等方式对汇总后的数据进行可视化处理，增强统计结果的可读性。

8.编制测评报告

在完成测评数据统计分析的基础上，将满意度测评的背景、目标、测评指标设计、调研情况、测评数据分析、测评结果分析等内容汇集成册。

9.制定改进方案

这是用户满意度测评工作的最后一个环节。根据满意度测评结果和测评中发现的问题，逐一对问题产生的原因和拟采取的解决方案进行阐述，并根据整个测评结果，对改善用户满意度实施策略和步骤进行规划，制定出具有针对性和可行性的服务改进方案。

参考文献

[1]侯汉清.外国图书情报界人物传略.太原:山西省图书馆学会,1984

[2]Edward Edwards.Free town libraries,their formation,management,and history : in Britain,France,Germany & America.New York.London,1869

[3] Wilson T D. Information Needs And Uses: Fifty Years of Progress. [2011-08-06]. http://informationr.net/tdw/publ/papers/1994FiftyYears.html

[4]Herbert Baxter Adams.Public Libraries and Popular Education.Albany: University of the State of New York,1900

[5]UNESCO.The Public Library a living force for popular education(UNESCO 1949).[2011-08-06].http://www.fundaciongsr.es/documentos/manifiestos/mani49ing.pdfunesco

[6]Sidney Herbert Ditzion.Arsenals of a democratic culture : a social history of the American public library movement in New England and the middle states from 1850 to 1900.Chicago : American Library Association,1947

[7]世界人权宣言//爱德华·劳森；汪瀰等译.人权百科全书.成都:四川人民出版社,1997

[8]联合国教科文组织.公共图书馆宣言//肖东发.中国图书馆年鉴(2001).北京:北京图书馆出版社,2001

[9]Christie Koontz,Barbara Gubbin.IFLA Public Library Service Guideline.2nd ed.De Gruyter Saur,2010:1

[10]范并思.维护公共图书馆的基础体制与核心能力——纪念曼彻斯特公共图书馆创建150周年.图书馆杂志,2002(11):3-8

[11]中国图书馆学会.图书馆服务宣言.[2011-08-16].http://www.lsc.org.cn/admin/MakeTopictoHTML.php?Action=ViewNews&channelID=11&topicID=207&newsID=2579&language=CN&keyword=%CD%BC%CA%E9%B9%DD%B7%FE%CE%F1%D0%FB%D1%D4

[12]国家“十一五”时期文化发展规划纲要(全文).[2011-08-16].http://news.xinhuanet.com/politics/2006-09/13/content_5087533_1.htm

[13]中华人民共和国国民经济和社会发展第十二个五年规划纲要.人民日报,2011-03-17

[14]房明,温国强.国内关于图书馆用户权益研究综述.图书馆杂志,2009(4):10-13

[15]束漫.公共图书馆服务研究.北京:国家图书馆出版社,2009

[16]吴慰慈.图书馆学新探.北京:北京图书馆出版社,2007

[17]国际图联儿童图书馆服务发展指南.[2011-08-16].http://archive.ifla.org/VII/s10/pubs/ChildrensGuidelines-cn.pdf

[18]文化部关于进一步加强少年儿童图书馆建设工作的意见.[2011-08-16].http://www.gov.cn/zwgk/2010-12/14/content_1765361.htm

[19]Guidelines for Library Services For Young Adults.[2011-08-16].http://archive.ifla.org/VII/s10/pubs/ya-guidelines-en.pdf

[20]李桂华.当代公共图书用户:需求、行为与结构.成都.四川大学出版社,2010

[21]中国残疾人总数达 8296 万 总量增加.[2011-09-12].http://www.china.com.cn/txt/2006-12/01/content_7436699.htm

[22]国务院第二次全国农业普查领导小组办公室,中华人民共和国国家统计局.第二次全国农业普查主要数据公报(第一号).[2011-09-12].http://www.stats.gov.cn/tjgb/nypcgb/qgnypcgb/t20080221_402463655.htm

[23]文化部关于高度重视农民工文化生活,切实保障农民工文化权益的通知.[2011-09-12].http://law.lawtime.cn/d356460361554.html

[24]国务院关于解决农民工问题的若干意见.[2011-09-12].http://www.gov.cn/jrzg/2006-03/27/content_237644.htm

[25]《关于进一步加强农民工文化工作的意见》起草完毕.[2011-09-12].http://www.mcprc.gov.cn/sjzz/shwhs/qzwhhdhwcnrwhjs/201108/t20110808_129496.html

[26]李哲汇.数字化进程中的图书馆.北京:北京图书馆出版社,2007

[27]Douglas Zweizig,Eleanor Jo Rodger.Output measures for public libraries : a manual of standardized procedures.Chicago: American Library Association,1982

[28]K.G.Saur.Measuring Quality.International Guidelines for Performance Measurement in Academic Libraries.München.New Providence.London.Paris,1996

[29] 2012 Procedures Manual.[2012-04-15].http://www.libqual.org/documents/LibQual/publications/ProceduresManual.pdf

第六章　公共图书馆服务

服务是公共图书馆赖以生存和发展的基础。本章阐述公共图书馆服务的基本原则等基本理论问题，概述公共图书馆服务的基本内容和基本规范。针对我国公共图书馆服务的重要方面，包括阅读与阅读推广、参考咨询服务、讲座、培训与展览服务、面向特殊群体的服务、政府信息公开服务以及基于新媒体的图书馆服务，进行具体介绍和讨论。强调以公共图书馆服务理论指导实践，强调在做好公共图书馆基本服务基础上创新服务，强调面向未来发展我国公共图书馆服务。

第一节　公共图书馆服务的原则、内容与规范

服务是公共图书馆的永恒主题。美国著名图书馆学家谢拉曾说过：服务，这是图书馆的基本宗旨。美国 Wancda Dole 等人 2000 年就图书馆的核心价值问题到世界各地进行调查，结果显示，“服务”排在核心价值的第一位[1]。程亚男认为：“服务是贯穿图书馆发展的主线，是图书馆的核心价值观。”[2]卢子博认为：“图书馆的核心价值就在于为用户提供需要，为社会创造价值。”[3]程焕文提出：“服务是馆员的天职，服务是智慧的土壤，服务是人生的弘扬。”[4]黄宗忠提出：“办图书馆的根本目的就是为人服务，而服务于社会，满足人对信息知识的需求就成为图书馆最大的最高的价值。”[5]黄俊贵强调，“图书馆核心价值应以服务社会为本”，“图书馆核心价值是公共知识服务效益”[6]。柯平指出：“服务是图书馆的生命。”[7]公共图书馆必须进一步提升服务的重要性。今天，必须从理论上阐明图书馆服务在图书馆系统中的作用与影响，探讨图书馆服务的基本规律，奠定图书馆服务在图书馆事业中的不可动摇的核心地位。还必须从实践上提高服务的效率与效果、水平与质量、显性价值和隐性价值、社会效益与经济效益等，改变过去将服务仅仅作为一线或前台的基本定位，从而在图书馆资源分配、队伍建设、经费使用、管理体制、组织结构等方面充分考虑到服务地位的体现。

一、公共图书馆服务原则

1.理论基础

公共图书馆服务是指公共图书馆面向读者提供文献与信息并开展各种活动的一个体系，包括工作内容、工作方法和实践经验等。在概念上，公共图书馆服务过去称为读者工作或读者服务，随着服务功能和范畴的不断扩大，发展为“图书馆服务”。

我国公共图书馆服务的基本特点是：

（1）以世界图书馆学与图书馆事业的基本定律为理论基础。公共图书馆服务要以图书馆学基本定律为理论依据。印度图书馆学家阮冈纳赞 1931 年提出了著名的五定律，“书是为了用的；每个读者有其书；每本书有其读者；节约读者的时间；图书馆是一个生长的有机体”，被视为图书馆事业的总原则，也是关于图书馆服务的阐释。第一定律确立了以图书馆利用为根本的服务宗旨；第二、三定律从根本上确立了图书馆服务从书本位到人本位的基本思想认识，用“为人找书”和“为书找人”这两个短语十分简练地进行了概括；第四定律强调图书馆服务的效率和效益；第五定律概括了图书馆服务的发展观。五定律成为图书馆服务的指导原则，对于今天的公共图书馆服务仍有重要的指导意义。

1995 年，Micheal Gorman 提出新的图书馆学五定律：“图书馆服务的使命是为人类文化素质服务；掌握各种知识传播方式；明智地采用科学技术来提高服务质量；确保知识的自由存取；尊重过去，开创未来。”与阮冈纳赞的五定律相比，戈曼的新五律更适用于今天的信息环境，而且是明确地高举图书馆服务大旗，突出了图书馆服务在图书馆事业中的主体地位。柯平进一步将阮氏五定律和戈氏新五律中关于图书馆服务的精神进行提炼，结合现代图书馆服务的发展要求，提出建立图书馆服务的新五定律：第一定律“全心全意为每一个读者或用户”；第二定律“服务‘效率、质量与效用’的统一”；第三定律“提高读者或用户的素养”；第四定律“努力保障知识与信息的自由存取”；第五定律“传承人类文化”[8]。

（2）将读者作为公共图书馆服务的基本点。杜定友 1932 年提出图书馆“书、人、法”三要素。刘国钧 1934 年在《图书馆学要旨》中提出“图书、人员、设备和方法”四要素，1957 年在《什么是图书馆学》中又提出“读者、图书、领导与干部、工作方法、建筑与设备”五要素。新中国成立以后公共图书馆在服务实践上强调真心为读者服务，在态度上诚恳为读者服务，尊重读者，急读者之所急，想读者之所想。

（3）公共图书馆服务直接体现图书馆的社会功能。公共图书馆是社会文化、教育、科学机构之一，因而公共图书馆服务在文化传承、社会教育等方面发挥重要作用，有教育作用、科学作用和文化作用。服务是一种社会教育，读者从服务中提高素养是一种能动的力量，它与服务本身有着相互作用的关系，服务越好，越能提高读者的文化素养特别是信息素养。图书馆服务促进人类的知识和信息传播，使劳动者素质得到全面提高，进而促进生产力和社会的进步，从长远来说促进人类文化的发展。

（4）公共图书馆服务追求充分有效。公共图书馆服务既要强调效率，快速地提供文献或信息，节约读者的时间；也要强调质量，准确地提供文献或是信息；也要强调效用，使读者获得的文献或信息发挥作用，体现经济效益或社会效益。在实践上曾概括为“广、快、精、准”。

2.基本原则

我国长期以来一直强调读者服务“主动服务、充分服务、区分服务和科学服务” 四大原则。北京大学张树华等将读者工作的原则归纳为“满足读者的需求，充分发挥藏书效益，区别服务”三项，并指出“‘满足读者的需求’是读者工作的基本原则，‘充分发挥藏书效益’是贯彻第一项原则的重要措施，只有充分利用文献，发挥文献的作用，才能达到‘满足读者需求’的目的，而‘区别服务’是实现第一、第二项原则的重要保证，只有有区别地服务，才能提高服务质量，真正发挥藏书的作用”[9]。2003 年，黑龙江大学蒋永福、付军提出图书馆服务应遵循五大原则：开放原则、方便原则、平等原则、创新原则和满意原则[10]。2006 年，国家图书馆陈力认为公共服务是图书馆服务的根本属性，作为公共服务重要组成部分的图书馆服务应体现以下基本原则：公平原则、公益性原则、无差别原则、适度原则、资源与服务的共享原则、不断发展原则。公共图书馆要处理好现代数字化信息服务与传统的实体文献借阅服务的关系，处理好大众性的一般借阅和各种形式的文献信息提供服务与参考咨询等专业化水平较高的服务的关系。在为公众提供基本的公共服务的同时，不能放弃图书馆服务能力不断提高的机会[11]。

从图书馆服务的理论基础出发，结合公共图书馆服务的实际，综合已有的理论与实践，公共图书馆服务有以下三个基本原则：

（1）公益开放原则

我国 20 世纪 80 年代中期以来展开了收费服务的讨论，一些公共图书馆提出

“以文补文”，通过创收来补充图书馆经费和图书馆员的收入。在免费服务与收费服务的争论中，借鉴信息服务业中的信息增值服务，出现了图书馆增值服务的概念，产生了图书馆服务新的划分：常规服务（包括借阅服务等）和非常规服务即增值服务[12]。实际上，有偿服务只是增值服务中的一种形式。经过讨论，人们逐渐明确：公益开放、免费服务才是公共图书馆服务的根本。

公益开放作为公共图书馆的首要原则，其理论依据是：其一，《公共图书馆宣言》指出“公共图书馆原则上应该免费提供服务”；《公共图书馆发展指南》也指出“图书馆必须向公众免费提供因特网/万维网的检索利用，使所有的人不管经济状况如何，都可以使用电子载体的信息”。英国《图书馆宣言》也强调“图书馆对社会的每一个成员免费开放”。公益免费的思想已成为世界图书馆界的共识。其二，公共图书馆是社会提供的公共物品（Public Goods），公共图书馆服务必须是一种公益服务，具有使用的非排他性和非竞争性，能够满足社会公共需要。公共图书馆的公共物品特性正在加强，特别是在知识化社会和和谐社会的构建中，提供公共信息与公共知识，开展公益性图书馆服务，将是图书馆生存与发展的重要原因。其三，虽然我国公共图书馆曾出现过收费服务或有偿服务，但都是有条件的和暂时的，随着经济好转，必然向免费服务过渡。从长远来看，公共图书馆的服务免费是根本，对任何公共图书馆来讲，服务的最终目标就是全免费，不应该收取读者任何费用，因为图书馆是公民自由获取知识的地方，是社会福利的表现；图书馆的资金、文献都来自税收，理所当然应该为公民免费服务。

（2）以人为本原则

以人为本原则来源于20世纪50年代以来的“读者第一”原则，并作为读者工作的根本原则。到了20世纪80年代，美国罗森帕斯旅行管理公司总裁倡导了一种“顾客第二”的企业管理方法。图书馆界引入这一理念后产生了80年代末90年代初“读者第一”还是“馆员第一”的争论。从图书馆服务乃至整个图书馆事业的角度，读者第一是不能动摇的基本原则。但从图书馆管理的角度，要解决长期以来不重视馆员、将馆员与读者对立起来的问题，要调动图书馆员的积极性，只有把图书馆员放在一个重要的位置，才能更好地做好读者工作，真正实现读者第一。

以人为本既是为了在服务中充分体现一切为了读者，满足公众对知识与信息的需求，也是为了充分发挥图书馆资源的作用，在恰当的时间将恰当的信息送到恰当的读者手中，正是“Right time，Right information，Right reader”的三R理念。美国有 9000 多个公共图书馆系统，大约有16 500座公共图书馆，68%的美国人拥有读者证，每年大约有 14 亿人次到馆访问，比持 Visa 卡的人和到麦当劳的人数量都多。

（3）普遍均等原则

20 世纪末以来关于平等服务与区分服务关系之争，已形成了图书馆服务理念的讨论。从区别服务到平等服务在图书馆服务理论和实践上都是一个进步。“区分服务”的理论依据是教育学中的“区别对待”理论，长期以来，我国图书馆服务将其作为一个重要原则，写进了教科书并贯彻到图书馆的各项读者工作之中，在一定历史时期有其存在的合理性。新中国成立以后，公共图书馆区分服务形成了公共图书馆区分读者、区分馆藏的服务，也形成了公共图书馆的等级和图书馆服务的分工，缓解了许多地方公共图书馆馆舍与藏书等资源不足的矛盾，还促进了少儿图书馆的建立与发展，在相当长的时间里发挥了重要作用。但是，公共图书馆的区分服务也存在许多问题，如馆藏布局的不合理，对公众过分的限制，服务制度不合理，对借书范围、册数和期限、服务方式、服务措施的严格区分，以及重点服务对象和一般服务对象的区别对待，带来读者在公共图书馆的不平等。然而，随着人类文明和社会的进步以及图书馆服务的发展，人们普遍认识到“平等服务”的重要性。上海图书馆提出“平等享用”服务理念，打破常规，使人人都可以利用公共图书馆。

《公共图书馆宣言》指出：“公共图书馆应当随时都可以让人到馆，它的大门应当向社会上一切成员自由地、平等地开放，而不管他们的种族、肤色、国籍、年龄、性别、宗教、语言、地位或教育程度。”所谓平等服务，是指图书馆对待任何读者都应当是平等的，或者说，读者在图书馆应当获得平等的服务。具体来说，包括：（1）对任何读者在任何图书馆都是一视同仁的，不论他的年龄、种族、性别。（2）读者应当平等享有利用图书馆的权利。（3）图书馆应当在服务内容、服务方式、服务质量等方面对读者提供平等的服务。今天，平等服务应当成为公共图书馆服务的重要原则，与读者第一的根本宗旨相吻合，并成为新图书馆学的重要理念。

3.《图书馆服务宣言》

中国图书馆学会自 2006 年 12 月开始启动《图书馆服务宣言》的制定，经过专项研究和调研，2007 年 8 月在中国图书馆学会年会上推出草案。此后，组织专题讨论、广泛征求意见，经过了充分的酝酿，数易其稿，反复讨论，凝聚着理论界与实践界的共同心血。2008 年 4 月在中国图书馆学会常务理事会和理事会上原则通过，2008 年 10 月在中国图书馆学会年会上正式发布。

《图书馆服务宣言》是中国图书馆界一份极为重要的文件，它第一次用与国际现代图书馆学及图书馆核心价值观接轨的语言，试图表达中国图书馆人的行业承诺。《图书馆服务宣言》的发布，在中国图书馆界正式确立了图书馆服务的重要地位，标志着图书馆服务进入一个新时代。这个时代，正是图书馆前所未有的一个极好机遇，是图书馆服务面对新环境的开始。

《图书馆服务宣言》包括一个总纲和七个条款，分别提出了公益性原则、平等服务、人文关怀、应对新技术的挑战、信息资源共享、促进学习型社会和争取社会支持等重要目标。

（1）图书馆服务体现新的职能与使命

在信息时代和知识社会的大背景下，图书馆在保存文化、传承文明的历史使命基础上，增强了信息与知识使命。《图书馆服务宣言》开篇就明确了图书馆的社会功能："图书馆是通向知识之门，它通过系统收集、保存与组织文献信息，实现传播知识、传承文明的社会功能"；提出了现代使命："现代图书馆秉承对全社会开放的理念，承担实现和保障公民文化权利、缩小社会信息鸿沟的使命"；重申了基本原则："中国图书馆人经过不懈的追求与努力，逐步确立了对社会普遍开放、平等服务、以人为本的基本原则。"

《图书馆服务宣言》一方面以 UNESCO/IFLA《公共图书馆宣言》等为基础，其"图书馆是通向知识之门"源自《公共图书馆宣言》第一节的标题"A gateway to knowledge"，与《国际图联因特网声明》中"图书馆和信息服务机构为人们提供进入因特网的基本方法、指导和帮助，又是知识、信息之门"相关；其"秉承对全社会开放的理念，承担实现和保障公民文化权利、缩小社会信息鸿沟的使命"以及"确立了对社会普遍开放、平等服务、以人为本的基本原则"等，与《公共图书馆宣言》中"每一个人都有平等享受公共图书馆服务的权利"等基本理念一脉相承。

另一方面，《图书馆服务宣言》紧密结合我国图书馆事业实际，体现了国家和民族使命。公共文化服务体系建设将赋予图书馆特定的使命，《图书馆服务宣言》极有特色地反映了我国公共文化服务的思想。《国家"十一五"时期文化发展规划纲要》中关于"公共服务普遍均等"、中共中央政治局 2007 年提出的加强公共文化服务体系建设中的"基本文化权益"以及党的十七大报告关于推动社会主义文化大发展大繁荣的精神，在《图书馆服务宣言》中都得到了较好的体现。

（2）坚持公益服务、平等服务和人文关怀

公益服务是图书馆服务的基点，是公共图书馆服务的基准。《图书馆服务宣言》第一条声明：“图书馆是一个开放的知识与信息中心。图书馆以公益性服务为基本原则，以实现和保障公民基本阅读权利为天职，以读者需求为一切工作的出发点。”

普遍均等和以人为本是图书馆服务发展的需要。《图书馆服务宣言》第二条声明“图书馆向读者提供平等服务。各级各类图书馆共同构成图书馆体系，保障全体社会成员普遍均等地享有图书馆服务”。第三条声明“图书馆在服务与管理中体现人文关怀。图书馆致力于消除弱势群体利用图书馆的困难，为全体读者提供人性化、便利化的服务”。图书馆的普遍均等服务、人性化便利化服务在《图书馆服务宣言》的号召下，将成为这个时代的基本要求。

（3）强调图书馆服务质量

《图书馆服务宣言》第四条声明“图书馆提供优质、高效、专业的服务。图书馆充分利用现代信息技术，提高数字资源提供能力和使用效率，以服务创新应对信息时代的挑战”。在图书馆服务新的时代，图书馆既要应对外在环境的机遇与挑战，也要用新的手段与方法发展图书馆服务。图书馆服务提升正是在现有服务的基础上，通过服务环境分析、服务分级、服务创新等，将图书馆服务提高到一个新水平。服务提升不仅指创建新的服务方式、服务项目和服务模式，而且指创新服务思想、服务观念和服务原理。面对全球化与民族文化的冲突，数字化浪潮对传统阅读、对图书馆的冲击，《图书馆服务宣言》提出“以服务创新应对信息时代的挑战”。

（4）促进信息资源共享和全民阅读

《图书馆服务宣言》提出了图书馆服务“优质、高效、专业”的目标，在服务的提升中，一方面要加强信息资源共建共享，另一方面要加强全民阅读服务。因此，《图书馆服务宣言》第五条声明“图书馆开展信息资源共建共享。各地区、各类型图书馆加强协调与合作，促进全社会信息资源的有效利用”。

比较重要的是，在公共文化服务发展中，全民阅读是图书馆服务的一个重点。《图书馆服务宣言》第六条声明“图书馆努力促进全民阅读。图书馆为公民终身学习提供保障，促进学习型社会的建设”。这里，与第一条“以实现和保障公民基本阅读权利为天职”相联系，并与终身学习、学习型社会结合起来，强调为公民终身学习提供服务，以促进学习型社会的建设。

（5）重视社会合作

《图书馆服务宣言》第七条声明“图书馆与一切关心图书馆事业的组织和个

人真诚合作。图书馆欢迎社会各界通过资助、捐赠、媒体宣传、志愿者活动等各种方式，参与图书馆建设”。这里与第五条的“各地区、各类型图书馆加强协调与合作”相联系，在此基础上，强调更广泛的合作，吸引社会各界关心图书馆，参与到图书馆建设中来。

二、公共图书馆服务内容

1.公共图书馆服务划分

公共图书馆服务从功能上可分为基本服务和辅助服务。基本服务是公共图书馆必须开展的基本服务项目，如提供阅读条件和文献满足公民学习需求、保障公民获得基本信息（包括政务公开信息）；而辅助服务是在做好基础服务的前提下，开展多样化的新型信息服务和特色服务，以满足公众不断发展的知识需求，适应变化的社会形势。

公共图书馆免费服务的范畴为基本服务。2006 年 6 月，杭州地区公共图书馆联盟发布《杭州地区公共图书馆服务公约》，10 家公共图书馆宣布免费向社会提供服务。2007 年，博物馆开始免费向公众开放，杭州、深圳等市级图书馆大规模推行面向全社会成员的免费开放。截至 2008 年 5 月，全国已有近 10 家省级公共图书馆和近百家市、县级公共图书馆实行了免费开放服务[13]。2008 年初，国家图书馆实行减免服务收费后，读者到馆人数两次创出历史新高，网上读者更是增加了 408%，增加的幅度史无前例。温家宝总理在《2010 年政府工作报告》中提出“推进美术馆、图书馆、文化馆、博物馆免费开放，丰富人民群众的精神文化生活”。2011 年初，文化部、财政部出台的《关于推进全国美术馆、公共图书馆、文化馆（站）免费开放工作的意见》 规定：2011 年底之前，国家级、省级美术馆全部向公众免费开放；全国所有公共图书馆、文化馆（站）实现无障碍、零门槛进入，公共空间设施场地全部免费开放，所提供的基本服务项目全部免费。这一政策推动了全国公共图书馆免费开放进入一个新高潮[14]。

公共图书馆服务从内容上可分为传统文献服务和现代信息服务。传统文献服务主要表现为以纸质图书和期刊为主要载体的服务，借阅服务、新书通报、导读服务等是主要的活动；而现代信息服务是在计算机与通信结合的新技术环境下特别是在网络环境下开展的服务活动，它将传统的卡片目录检索发展为联机书目查询和 OPAC 服务，将传统参考咨询发展为虚拟信息咨询等。

公共图书馆服务从形式上可分为基础服务和高级服务。基础服务是图书馆所有服务中的基础部分，主要有流通服务、阅览服务、导读服务、复制服务、一般检索服务、一般咨询服务、信息素养培训等；而高级服务是在基础服务之上形成的知识化和专业化服务，如高级咨询服务、定题服务、翻译服务、查新服务、学科馆员服务、机构知识库服务等。

公共图书馆服务从空间上可分为物理空间服务和虚拟空间服务。前者以图书馆建筑为标志，分为馆内服务和馆外服务；后者主要表现为计算机网络服务、手机服务、广播电视服务等。

随着技术在图书馆服务中的应用和图书馆服务的创新，服务细分化，新形式和类型不断增加。例如，流通服务在单馆借还服务基础上发展了通借通还，通过一卡通方式，实现多馆之间的身份认证、流通管理、消费管理和统计管理。而图书馆一卡通的类型又分为银行/图书馆一卡通、校园一卡通、馆内一卡通、全城外借一卡通等，一卡通在图书馆服务中的应用，既提高了服务效率，便于统一管理，又减少读者持卡数量，方便了用户使用。

我国公共图书馆在服务内容上趋向于多样化。据国家图书馆重大项目对全国126个公共图书馆的调查数据，公共图书馆20个服务项目普遍开展的情况依次为：书刊借阅服务（97.62%）、信息咨询服务（82.54%）、网络浏览服务（80.16%）、新书通报服务（77.78%）、讲座或报告服务（73.81%）、展览服务（67.46%）、联机书目查询（64.29%）、多媒体服务（64.29%）、阅读普及服务（62.70%）、社区延伸服务（61.11%）、读者培训服务（60.32%）、馆际互借服务（59.52%）、专题服务（55.56%）、信息导航服务（54.76%）、读者互动服务（54.76%）、特色文化推荐（53.97%）、经典导读服务（32.54%）、广告宣传服务（21.43%）、翻译服务（7.94%）、其他（4.76%）。[15]可见，有60%以上的公共图书馆开展了前11项服务，讲座、展览、社区延伸等服务发展迅速，体现了公共图书馆的优势，基础服务总体开展较好，而高级服务和知识服务还有待加强。

2.城市公共图书馆服务的主要内容

（1）知识服务与终身学习服务

2002年，党的十六大就把“形成全民学习、终身学习的学习型社会，促进人的全面发展”作为全面建设小康社会的重要目标之一；2007年，胡锦涛总书记在党的十七大报告中再次提出了建设学习型政党，构建学习型社会的庄严承诺。可见，学习始终是一个国家、一个民族、一个政党永葆生机的不竭动力。而图书馆作为传播先进文化的重要载体，在建设学习型社会和学习型城市中，担负着提升市民素质、促进城市文化发展的历史重任。具体而言，图书馆是城市居民终身读书和继续教育的学校，在保证城市居民自由、平等地获取各种文化信息、提高科学文化素质等方面发挥了重要的作用，是实现面向大众的文化关怀、文化享有、文化提高、文化创新的重要方式。可以说，在跨越学校教育、社会教育两者之间的鸿沟和促进社会成员的终身学习、教育的过程中，图书馆不仅是学校教育之外最为主要的后续教育平台，也是个人终身学习的主要服务体系，满足了城市中每一个成员成长过程中不断学习的需要。图书馆在发挥其文化教育职能、为民众终身学习服务等方面可以有很多途径，诸如开展阅读教育活动以营造读书学习氛围——通过积极组织各种书评、书展、征文、演讲、讲座、报告会等丰富多彩、灵活多样的活动，吸引更多市民到图书馆，激发读者的潜在需求，营造全民读书氛围；拓展文化服务项目以满足读者学习需求。

（2）文化服务与竞争力服务

图书馆的文化服务项目可以拓展到讲座朗诵、主题报告会、文化展览、专题陈列、音乐欣赏、影视观摩、学术交流、网上咨询、文献提供、新书发布、多媒体互动、文化休闲等；可以开展主题文化教育活动以推动文化传承与发展，如开展主题式乡土文化教育活动等，让居民更好地了解城市的地方方言、标志性建筑以及民俗等乡土文化，推进地域文化和民族文化的传承与发展。

提高综合竞争力是21世纪城市发展的主题。一个城市是否具有吸引力，是否具有竞争力，很重要的一点是看它的文化资源、文化氛围、文化发展水平。建设学习型城市，就是要在全体市民中塑造一种现代城市精神，陶冶市民情操，活跃市民文化生活，从而产生强大的凝聚力和向心力，把人们潜在的能量激发和释放出来，进而推动和促进本地区经济发展和社会全面进步。市民是城市的发展主体，所以一座城市要增强实力、加快发展步伐，不仅要加强建设和管理，也要注重城市文化和人文精神的塑造。塑造的根本就在于对市民整体素质的提高，从而提高城市人文资源的质量和档次，提升城市的文化品位。作为民众终身学习的最佳阵地，图书馆可以责无旁贷地担负起这一重任。这一方面的服务也可以采取灵活多样的方式，如举办馆藏文献专题展、建立分类馆、网络展览、网络荐书等以本馆为背景的文化展示；利用图书馆的场地、人气和环境优势，与城市宣传、文化、教育和工青妇等部门以及相关个体文化经营者，联合组织举办以城市为背景的各类文化艺术展等[16]。以此努力创造出与当代城市生活相适应的精神文化氛围，扩大城市文化的影响力和辐射力，从而进一步提升城市的综合素质。

（3）城市信息服务

随着公共图书馆理念的发展，“保障公民信息权利”已经成为城市公共图书馆的必然功能。因此，城市图书馆要将收集、组织和传播纷繁复杂的信息作为重要任务，为公众提供有关其学习、工作、生活、娱乐等各个方面的信息，让市民可以自由地从图书馆获取自己需要的信息而不受环境、身份、地域、经济条件等外在因素的影响，从而最大限度地维护社会信息公平。当其信息服务涵盖了诸如天气预报、列车时刻、就业信息等与人们生活息息相关的内容时，城市图书馆在市民心目中的地位自然会有质的飞跃。

满足居民不同层次的信息需求也应成为城市图书馆服务的宗旨之一。这方面我们可以借鉴美国几个城市图书馆的经验。其一，哥伦布市立图书馆电话咨询服务内容可谓五花八门，包括查电话号码、看病找医生和如何做菜等，工作人员每天平均要接听300多个电话，而且全部免费。其二，纽约皇后区图书馆提出来的服务口号是“有困难找图书馆”，与我们通常所说的“有困难找警察”可谓异曲同工。有时为了圆满地解答读者提出来的问题，图书馆会复印有关资料传真给读者，如果复印的资料不超过 15 页，一般都不收费。其三，纽约的每一个分馆都向读者免费提供纽约市地铁、公交车线路图以及政府的出版物《绿皮书》。《绿皮书》上详细登载了市政府各部门及负责人的电话、地址，居民需要帮助时，可按上面提供的电话咨询。为及时准确地回答读者提出的各种问题，美国公共图书馆一般都配备有电话咨询专业人员，并建有专门的常用工具资料库，资料库除一些常用的工具书以外，还有不少剪报资料和网上资料库，而且随着电话咨询服务的深入不断扩充与更新。另外，美国公共图书馆的“211”工程——紧急呼叫服务已经启动，在美国的版图内，任何人只要有信息和参考服务方面的需要（尤其是公共健康和人文信息），都可以拨叫“211”。“211”连线通过当地的信息服务中心或图书馆迅速为呼叫者提供帮助，各地的公共图书馆成了“211”工程的连锁图书馆。自 1997 年在美国亚特兰大市开通了全美第一条“211”服务热线以来，“211”已成为全美文献利用信息专用号码，7×24 小时全线开放，没有节假日。

“社区信息服务”（Community Information Service）理念20世纪60年代产生于美国，之后在西方国家发展起来。据英国图书馆协会的研究报告，“社区信息服务是帮助个人或团体解决日常问题，参与民主进程的服务。该服务的重点在于人们所面临的至关重要的问题，即与其家庭、职业、权利有关的问题”。英国公共图书馆于20世纪60年代之后加入社区信息服务提供机构行列，建立社区信息馆藏（Self-help Collection）。如英国东部剑桥郡，布雷顿图书馆与当地市民建议局的工作人员和社区卫生委员会的代表合作，在图书馆内为当地市民提供“布雷顿援助计划”，并在之后发展成为专门的社区信息服务项目。伦敦市分区图书馆与一些义务咨询中心合作，为各分区的市民提供相关的社区信息服务项目。

3.农村公共图书馆服务的主要内容

（1）加强农村图书外借与阅读引导

农村图书馆服务要为农村居民培育图书馆意识，大力宣传图书馆功能，通过服务吸引读者。首先是流通服务，包括图书的外借和阅览。农村图书馆流通阅览的基本要求是保证开放时间。农村图书流动车要保证每次按时到达指定位置。由于藏书较少，复本较少，一般农村图书馆提倡以馆内阅览的方式进行服务，同时接受图书预约、馆际互借等要求。对于外借图书，要登记并限定册数及归还期限。对于一些因各种原因不能来馆或者不便来馆的读者，农村图书馆（室）要摸清状况，可以实行送书上门的服务。其次要重视阅读引导，要引导读者阅读优秀读物，读正版图书，自觉抵制封建迷信读物、黄色书刊等不健康读物和盗版书刊、盗版光盘，指导读者选准适合农民的读物，对读书内容、阅读方法、工具书使用进行具体指导。针对一些农民阅读目标不明确和盲目阅读现象，加强阅读教育。农村图书外借与阅读引导要深入每个乡村，结合农村特点开展。

（2）农村扫盲服务

农村乡镇的很多居民文化水平不高，在一些边疆及少数民族村庄，文盲现象还十分普遍，面对这种情况，工作人员可以开展朗读服务。通过阅读报纸、杂志使他们了解外部世界，受到文化的熏陶。另一方面，针对农民不会使用计算机的“机盲”和不会使用手机、网络等“信息盲”的状况，普及信息知识，应教会农民学会使用信息工具和新一代阅读工具，让农民对网络阅读产生兴趣并受益。

（3）开展“三农”咨询服务

有条件的农村图书馆可以开展简单的“三农”问题参考咨询服务。农村图书馆是农村重要的信息来源，是农民获得农业科技信息的主要途径之一，但对于理论性过强的书籍，他们在利用上存在困难，因此需要进行参考咨询服务。农村图书馆的参考咨询可以分为三个层次：第一层是咨询一般读书问题；第二层是咨询一般技术到何处查找；第三层是咨询高难问题。农村居民的参考咨询一般集中在第一层和第二层，因此要加大对于工作人员的培训，对于书籍的熟悉程度是工作人员业务培训的一个重点。农村图书馆的参考咨询工作要以本乡村的农业生产为主要方向，同时可以采取联合的方式与农业技术人员合作完成参考咨询。

（4）托幼与课后辅导服务

大部分农村图书馆有自己的馆舍和馆藏资源，可以为本乡村的孩子提供丰富多样的服务。乡村中许多农民由于要面对辛苦的农业劳动，对于孩子的辅导工作可能既没时间又没有能力顾及。农村图书馆可以面向乡村少年儿童提供课后辅导服务，依托馆藏的教辅、文艺等少儿读物开展工作。农村图书馆的工作人员要求具有一定的文化水平，对于小学生可以进行作业与学习的辅导，同时还能培养他们从小读书的习惯。对于学生来说，与城市孩子相比，他们不可能自己拥有众多的故事书、科普书和教辅书，农村图书馆为他们提供了一个阅读的机会，同时他们也能够在这里得到学习帮助。托幼服务的开展也是为了方便读者，但是这项服务要求比较高。图书馆也可以组织乡村少儿参加各种读书活动、竞赛活动，活跃孩子们的文化生活。

（5）农业科技信息的收集和发布

农村的生产生活与农业科技是分不开的。农村图书馆（室）可以成为一个信息发布的平台，通过收集图书和报刊信息，发布各种与本乡村有关的农业种植信息、农产品销售信息等。

（6）举办各种培训活动

农村图书馆（室）还可以联系农技部门和文化部门，开展各种培训和讲座。农村乡镇需要知识，但是很多培训活动在农村乡镇却找不到培训场地和培训设施，农村图书馆（室）可以主动联系各种部门，来馆进行培训，尤其是进行农技培训和讲座，将最新的农业信息传递到农民手中。

三、公共图书馆服务规范

1.国外公共图书馆服务规范

国外对图书馆服务规范比较重视。2006 年 4 月，英国文化部于 2001 年在《全面高效的现代化公共图书馆——标准与评估》（Comprehensive，Efficient and Modern Public Libraries—Standards and Assessment）基础上公布《公共图书馆服务标准》（Public Library Service Standard），评估指标由原来的八大目标共 19 项指标削减到十大标准。其中除了对原来的 4 项关于读者对图书馆各项服务的满意度指标整合为分别按年龄（16 岁及 16 岁以上和 16 岁以下）划分的图书馆用户综合满意度评价两项指标外，另外还删减了 7 个指标，包括图书借阅时间、读者每次能够借阅的图书册数、每千人访问图书馆主页次数以及每千人拥有的图书馆员工数等。2007 年 12 月，英国文化部正式发布修订版标准。2008 年 4 月，英国文化体育传媒部又进行了第三次修订并于 2008 年 6 月公布（见表 6-1、表 6-2）。

表 6-1　英国新标准关于固定图书馆一定距离内的家庭覆盖率

<table>
<tr><th rowspan="3">不同地方当局类别</th><th colspan="3">家庭覆盖率(%)</th></tr>
<tr><th rowspan="2">1 英里</th><th rowspan="2">2 英里</th><th>人口稀薄地区</th></tr>
<tr><th>2 英里</th></tr>
<tr><td>内伦敦</td><td>100</td><td></td><td></td></tr>
<tr><td>外伦敦</td><td>99</td><td></td><td></td></tr>
<tr><td>大都市区</td><td>95</td><td>100</td><td></td></tr>
<tr><td>自治区</td><td>88</td><td>100</td><td>72</td></tr>
<tr><td>郡治区</td><td></td><td>85</td><td>72</td></tr>
</table>

表 6-2　英国新标准的其他一些重要规定

项目	规定	2007 年修订标准	2008 年修订标准
所有图书馆平均每千人累计固定开放时间		128 小时	
能够提供联机电子信息资源查阅的固定图书馆的比例		100%	
网络		平均每万人拥有的能够对读者开放、能联机上网并能联机进行书目查询(通过固定、流动图书馆或其他服务点的方式能够供公众使用)的电子阅览室的个数	
预约		自图书预约到通知借阅者图书已到这段时间,有 50%在 7 日内到,70%在 15 日内到,85%在 30 日内到	
平均每千人到馆人次		内伦敦区 7650 人次(提升人口则为 6800 人次);外伦敦区 8600 人次;大都市区 6000 人次;自治区 6300 人次;郡治区 6600 人次	

续表

项目	规定	2007 年修订标准	2008 年修订标准
16 岁或 16 岁以上的图书馆用户分别认为图书馆的服务Ⅰ很好、Ⅱ好、Ⅲ一般、Ⅳ不好、Ⅴ很糟的比例		本标准建议应有 94%的应答者认为图书馆服务“很好”或“好”	
16 岁以下的图书馆用户分别认为图书馆的服务Ⅰ很好、Ⅱ好、Ⅲ一般、Ⅳ不好、Ⅴ很糟的比例	2004 年修订本标准限定 77%	本标准建议应有 90%的应答者认为图书馆服务“好”	本标准建议应有 87%的应答者认为图书馆服务“好”
平均每千人年新购置件数	2001 年标准第 17 条曾明确各类文献,如成人小说、成人非小说等的年新购置件数总和为 225 件	216 件 2007 年标准修订版对文献类型未加细分	
外借馆藏翻新所需时间	2001 年标准中设定在三年规划期内,该指标的目标是 8.5 年	6.7 年	

此外，2002 年英国威尔士国民议会（The National Assembly for Wales）发布《威尔士全面、高效、现代化的公共图书馆——标准与引导》(Comprehensive, Efficient and Modern Public Libraries for Wales—Standards and Monitoring)。2005 年发布了新三年标准，副标题改为“2005—2008 年促进更高服务标准”(Promoting Higher Service Standards 2005-2008)，2008 年着手制定未来三年的新标准。

2.我国公共图书馆服务规范

公共图书馆服务规范有两类：一类是图书馆服务的职业行为规范，另一类是图书馆服务的业务标准规范。图书馆职业行为规范是图书馆从业人员在图书馆职业生活中的行为准则和指导思想。其中，职业道德规范是对图书馆行业形成的道德关系的概括和反映，是每一个图书馆员必须履行的责任。2002 年 11 月，中国图书馆学会通过了《中国图书馆员职业道德准则（试行）》。图书馆服务的业务标准规范主要是规范公共图书馆开展的全部服务活动，包括服务方式、手段、内容和次数，如各级公共图书馆的藏书借阅次数、参考咨询件数、举办公益性讲座次数等。

继 2008 年 11 月 11 日江西省文化厅颁布《江西省公共图书馆服务标准》、2008 年 12 月 4 日山东省质量技术监督局颁布《图书借阅服务规范（山东省地方标准）》之后，2009 年 3 月 26 日，上海市文化广播影视管理局颁布了《上海市公共图书馆行业服务标准》。

2009 年 4 月，山东省《图书借阅服务规范》发布，作为地方标准由山东质量技术监督局正式发布并实施，成为首个图书借阅服务行业的政府标准。《图书借阅服务规范》不仅仅强调服务的标准化和规范化，更坚持“以人为本”的服务原则。规范围绕方便读者、满足读者的需求，要求为读者提供优质服务，规范图书借阅服务流程，对开放时间、读者借阅环境以及图书管理员的职业要求、书库管理、创造便利条件方便读者等方面给予了明确的阐释说明，将读者的利益放在了首位。

为建立公共图书馆服务的国家标准，《公共图书馆服务规范》由文化部提出，全国图书馆标准化技术委员会归口，上海图书馆作为主要起草单位，联合浙江图书馆、长春市图书馆共同起草完成。该标准规定了图书馆服务资源、服务效能、服务宣传、服务监督与反馈等内容，适用于县（市）级以上公共图书馆，街道、乡镇级公共图书馆以及社区、乡村和社会力量办的各类公共图书馆基层服务点可参照执行[17]。2011 年 12 月，《公共图书馆服务规范》（GB/T 28220—2011）作为国家标准由国家质量监督检验检疫总局、国家标准化管理委员会批准发布。

该标准的总体框架是四化一度，即服务均等化、服务多样化、服务便捷化、服务规范化和服务满意度。服务均等化指从实现服务均等化的目标，组织、整理、提炼出反映公共图书馆服务公益性的指标内容；服务多样化指从满足人民群众日益增长的文化需求的目标，组织、整理、提炼出反映公共图书馆服务多样化的指标内容；服务便捷化是从以人为本、达到方便读者使用的目标，组织、整理、提炼出反映公共图书馆服务便捷化的指标内容；服务规范化是从行业自律，达到规范服务的目标，组织、整理、提炼出反映公共图书馆服务规范化的指标内容；服务满意度是从达到让读者满意的目标，组织、整理、提炼出反映公共图书馆服务所需关注的满意度的指标内容。按照《公共图书馆服务规范》，公共图书馆服务可从四个方面评价[18]。

（1）服务资源

服务资源指公共图书馆在开展服务过程中所拥有的物力、财力、人力等各种物质要素，主要包含了硬件资源、人力资源、文献资源和经费资源。

①硬件资源。主要指公共图书馆的建筑设施条件。建筑方面涉及馆舍建筑指标和建筑功能总体布局的要求，图书馆选址要考虑服务半径、服务人口等因素，并按《公共图书馆建设用地指标》（建标［2008］74号）和《公共图书馆建设标准》（建标108-2008），安排图书馆的总建筑面积、阅览室用房使用面积的比例、总阅览座位数等；少年儿童阅览区应与成人阅览区分开，宜设置单独的出入口，有条件的可设室外少年儿童活动场地；视障阅览室宜设在图书馆本体建筑与社会公共通道之间的平行层。设备条件方面主要指图书馆内的电子信息设备，具体包括：图书馆计算机设备配置及用途指标；网络与带宽接入指标；馆内的信息节点与无线网络接入服务。

②人力资源。主要指从事图书馆服务的工作人员和相关人员。对于公共图书馆人员要求、人员配备、人员数量都要有具体指标，还应制定并坚持实施针对全体工作人员的教育培训计划，规定用于人员教育培训经费比例和培训时间。公共图书馆应导入志愿者服务机制，吸引更多图书馆工作人员和社会公众加入志愿者队伍。

③文献资源和经费资源。公共图书馆应明确文献采集原则，对于馆藏文献包括印刷型文献、电子文献、缩微文献等的收藏数量应依据图书馆的规模和级别做出相应的规定。公共图书馆要根据当地读者和居住的外籍人员的需求积极配置相应的外文文献，收藏与本地少数民族状况相适应的少数民族语言文献，少数民族聚集地区的各级公共图书馆应承担该地区少数民族文字文献资料的收藏和服务的职能。省级公共图书馆负有依法接受地方出版机构呈缴出版物和保存地方文献版本的职能。公共图书馆的文献购置经费由各级政府投入，专款专用，确保公共图书馆服务的正常开展，文献购置经费应与财政收入的增长同步增加。在文献购置经费中安排电子文献购置经费，并根据馆藏结构逐年提高其与印刷型文献的比例。

（2）服务效能

服务效能指读者和用户对公共图书馆所提供服务的期望与公共图书馆投入的各项资源转换成直接的、技术性的业绩在读者和用户心中所产生的认知。

基本服务。公共图书馆的基本服务是保障和满足公众的基本文化需求的服务，包括为读者免费提供多语种、多种载体文献的借阅服务和一般性的咨询服务，组织各类读者活动以及其他公益性服务。省级馆在基本服务的基础上，还可提供专业服务和决策咨询服务；地级馆在基本服务的基础上，还可提供专业服务；县级馆应以基本服务为主。公共图书馆要因地制宜地开展形式多样的总分馆服务，形成统一的机构标识，统一的业务规范；应通过流动站、流动车等形式，将文献外借服务和其他图书馆服务向社区、村镇等延伸，开展巡回流动服务。在服务时间上，各级图书馆也应有相应的标准。

拓展服务。公共图书馆应利用互联网、手机等信息技术手段和载体，开展不受时空限制的网上书目检索、参考咨询、文献提供等远程网络信息服务。还应该为个人、企事业机构及政府部门提供多样化的、灵活的个性化服务。

服务效率。公共图书馆的服务效率涉及文献加工处理时间、闭架文献获取时间、开架图书排架正确率、馆藏外借量、人均借阅量、电子文献使用量、文献提供响应时间、参考咨询响应时间等。

（3）服务宣传

服务宣传是指为了读者更好地了解和利用文献信息以及图书馆的各种资源所做的形式多样的宣传推广活动。

公共图书馆要建立科学的导引标识系统，包括使用标准化的文字和图形建立方位区域标识，在主体建筑外、图书馆入口处和每一楼层均有醒目的标识以显示导向和布局功能；在阅览区和书库设置文献排架标识；还应设置无障碍设施的专用标识。

公共图书馆的服务范围、服务内容、服务时间、服务公约、读者须知、借阅（使用）规则、服务承诺等基本服务政策应在馆内醒目位置向读者公示，其他服务政策及各类服务信息等应通过各种途径方便读者获取。还应有闭馆告示，包括经上级同意后的因故暂时闭馆告示以及遇公共安全、网络安全等突发事件须临时闭馆或关闭部分区域、暂停部分服务的告示。

公共图书馆应重视馆藏揭示，通过计算机管理系统，将纸质、电子和缩微等不同载体的馆藏文献目录向公众揭示，提供题名、著者、主题等基本检索途径，方便读者查询。还应通过网站、宣传资料、专题展览等形式，向公众推介、揭示最新入藏的文献和特色馆藏。

公共图书馆要重视活动推广，应通过媒体、网站、宣传资料、宣传栏及应用各种现代化通信手段等形式，邀请、吸引读者的参与和互动。

（4）服务监督与反馈

公共图书馆应在显著位置设立读者意见箱（簿），公开监督电话，开设网上投诉通道，建立馆长接待日制度，组建社会监督员队伍，定期召开读者座谈会。认真对待并正确处理来自读者的意见或投诉。

公共图书馆每年应进行一次读者满意度调查，可自行或委托相关机构向馆内读者随机发放读者满意度调查表。应对回收的读者满意度调查表进行分析，并提出整改意见。调查数据应系统整理，建档保存。

该规范从三个方面提出了要求：一是对政府提出履职主导和统筹规划的要求；二是对图书馆管理者和服务人员提出了管理和考核的要求；三是对读者和社会提出监督和共建要求。这一标准既是公共图书馆提升服务的基本标准，也可以作为公共图书馆评估的依据。这一标准以中国大陆省级公共图书馆、地级公共图书馆、县级公共图书馆为适用范围，街道乡镇公共图书馆、独立建制的各级少年儿童图书馆以及社区乡村和社会办的各类公共图书馆基层服务点参照实施。

公共图书馆服务规范迫切需要制定，更需要实施与修订完善。公共图书馆服务需要全国性的规范，同时要结合本地、本类型图书馆的实际，制订不低于全国标准的地区和类型图书馆服务规范，各公共图书馆也可结合本馆实际，制订具体的实施细则。

第二节　阅读与阅读推广

一、公共图书馆与全民阅读

阅读是人们从书籍中获取信息的行为活动。大众阅读能力的提升反映的是整个国民素质的极大提高。公共图书馆是对书籍贮藏与管理并为社会公众提供服务的部门，因此公共图书馆开展阅读活动有着得天独厚的资源优势和人才优势。全民阅读一经倡导，公共图书馆就开展全民阅读活动并进行大力的宣传。

全民阅读起源于联合国教科文组织的推动，1972 年被确定为“国际图书年”，1982 年提出了“走向阅读社会——八十年代的目标”项目，1997 年联合国教科文组织总干事和埃及文化部长签署了关于发起国际“全民阅读”（Reading for All）项目的备忘录。1995 年将每年的 4 月 23 日定为“世界图书与版权日”（World Book and Copyright Day），我国称之为“世界读书日”，旨在全球范围内倡导阅读，提出“让世界上每一个角落的每一个人都能读到书”的口号。2001 年，联合国教科文组织又发起“世界图书之都”（World Book Capital）计划[19]。

在全球经济迅速发展的今天，人们文化需求日益增长。全民阅读的理念迎合了人们的文化需求而在世界范围内蓬勃发展起来。许多国家也借世界读书日之机开展大量的全民阅读活动。在以色列，人们把读书放在首位，联合国教科文组织的调查表明，以色列人均拥有图书馆和出版社的数量居世界之首。在冰岛，人们以阅读消磨时光，2004 年 12 月，只有 24 万人口的冰岛就销售了 40 万册书，平均每个人在一个月里买了近 2 本书，创世界最高纪录。在法国，调查显示，2004 年，24%的法国人读了 12 本书，55%以上的人读书 1 至 12 本，以人口计算，平均每人读书 11 本。2005 年，日本读卖新闻社对日本全国的读书情况做了一次调查，结果如下：每天读书 1 个小时的占 14%，读书半个小时的占 19%，读 20 分钟的占 10%，读 10 分钟的占 9%，不读书的占 27%。在日常生活中，想多读一些书的人有一半以上，占 64%。

1.我国全民阅读的兴起与存在问题

1997 年 1 月，中共中央宣传部、文化部、国家教委、国家科委、广播影视部、新闻出版署、全国总工会、共青团中央、全国妇联九个部委共同发出了《关于在全国组织实施“知识工程”的通知》，提出了实施“倡导全民读书，建设阅读社会”的“知识工程”。 2000 年，该小组将每年的 12 月规定为“全民读书月”。2004 年，“全民读书月”活动交由中国图书馆学会负责承办。 2006 年 4 月，中宣部等 11 个部委借机 4 月 23 日“世界读书日”共同倡导全民阅读。2007 年 4 月 23 日世界读书日，中宣部、中央文明办、新闻出版总署、中华全国总工会、共青团中央等 17 个部门联合发出了开展以“同享知识，共建和谐”为主题的全民阅读活动倡议。2009 年，中宣部、新闻出版总署联合印发《关于进一步推动做好全民阅读活动的通知》，旨在进一步推动全民阅读活动的开展，在全社会形成“多读书、读好书”的文明风尚。2010 年全民阅读活动“手牵手——农村青少年阅读行动”在京启动。2010 年“全国少儿阅读公共论坛”在京举办。2011 年中德儿童阅读活动在各地公共图书馆展开巡讲。

2009 年 4 月 23 日，国务院总理温家宝在国家图书馆参加“世界读书日”活动时说：“读书决定一个人的修养和境界，关系一个民族的素质和力量，影响一个国家的前途和命运。一个不读书的人、不读书的民族，是没有希望的……读书可以给人智慧，可以使人勇敢，可以让人温暖。”

在我国全民阅读兴起过程中，也存在一些不能忽视的问题：

（1）阅读率的“走低”与“上扬”。图书阅读率是指识字者阅读率，即每年至少有读一本书行为的读者总体与识字者总体之比。我国新闻出版研究院自 1999 年开始在全国组织国民阅读调查，到 2010 年共开展了 8 次，数据显示，17—70 岁人群的图书阅读率呈现出一个走低复苏的变化。1999 年首次调查发现全国

17—70岁人群图书阅读率为60.4%，2001年为54.2%，2003年为51.7%，而2005年为48.7%，首次低于50%，比2003年再次下降3%，比1999年则下降了11.7%。个人读书时间增加的比例显著减少了，网上阅读的比率越来越高。连续几年的阅读率走低，反映了人们对传统经典阅读的减少，而网络阅读的盛行却极大地促进了阅读率的提升。2011年4月21日公布的第八次全国阅读调查结果显示，2010年我国国民图书阅读率恢复为52.3%，国民各媒介综合阅读率达到77.1%，比2009年的72.0%增加了5.1个百分点。图书、报纸、杂志的阅读率和数字化阅读方式的接触率较2009年均有增长[20]。

（2）阅读深浅之争。网络阅读对阅读率的影响更为深入，但是网络阅读处于一种浅阅读的状态。虽然浅阅读满足了大众的阅读需求和求知欲望，但是阅读缺乏深度，功利性的浅阅读盛行的同时致使阅读呈现快餐化。当今时代的发展仍需要深度阅读来浸润心灵，回归深度阅读、亲近经典势在必行。

（3）经典阅读之殇。新媒体的发展，给人们的视觉带来了冲击，甚至深入地影响了人们的阅读，读图时代悄然来临。这种视觉的冲击和便利给经典阅读以很强烈的打击。人们的阅读逐渐远离了深入与思考，逐渐远离了经典，造成了经典阅读之殇。

2.公共图书馆在全民阅读中的领导作用

公共图书馆不仅是推动和实现全民阅读的主要力量，而且要在全民阅读中起着重要的引领和领导作用。“阅读文化领导权”意在表示社会在提倡和努力形成社会阅读文化的时候，需要有一个组织或机构来承担这种领导的责任，同时，当其执行这种权力的时候，能获得最大程度的民众的响应度，被最广泛的民众所接受，因此，这种领导权是民众所认同的。从另一个角度来说，就是在这个组织或机构引领社会形成阅读文化的时候，民众的接受度和认可度能达到最大值，而同时这个组织或机构又能够将这份责任尽到最完善[21]。因此，公共图书馆掌握阅读文化领导权同义于承担了构建社会阅读文化的责任与使命。

公共图书馆服务全民阅读是公共图书馆服务的功能拓展，在引领和领导全民阅读的过程中，要重视两个方面：

（1）将公民阅读纳入公共文化服务体系和图书馆的重点工作

公共图书馆是社会公共文化服务体系的重要部门，全民阅读既是公共文化服务的组成部分，也是公共图书馆在参与建设公共文化服务体系时着力建设的部分。公共图书馆服务全民阅读，从大众的阅读需求和利益出发组织，做好全民阅读活动提高国民综合素质，是对社会公共文化发展的贡献。要开拓公共图书馆的服务内容，将全民阅读活动纳入公共图书馆的服务范围，服务大众是公共图书馆义不容辞的责任。

（2）坚持公共图书馆服务原则进行全民阅读，促进信息与知识传播以及学习的公益、公平和平等

公共图书馆要坚持公益原则，服务全民阅读。公共图书馆服务的群体是社会大众，不仅仅是知识分子，其服务要关注社会中的每一个人。在开展全民阅读活动的时候，要关注到弱势群体的阅读需求，为盲人提供书友会，为社区老人提供专项阅读都将是体现公平性的良好示范。公平性原则是指导公共图书馆开展全民阅读的精神准则，体现着公共图书馆对社会大众的人文关怀。同时，公共图书馆服务全民阅读要以公平性原则为准绳，不可人为设置阅读障碍，要全面开展阅读活动，根据不同人的阅读心理，以真诚、平等、友善的服务满足读者需求，努力为读者营造一个高雅、宽松、温馨的文化氛围[22]。公共图书馆服务公众的平等性应该体现在公共图书馆所开展的全民阅读活动之中，要有针对性地为不同民族、不同国家、不同年龄、不同性别的人群提供多样的阅读活动。

3.公共图书馆服务全民阅读的策略

（1）转变观念，适应多元文化

2005 年底，中共中央、国务院颁布的《关于深化文化体制改革的若干意见》把文化单位划分为行政执法类、公益事业类和经营开发类 3 种类型，并明确指出："要加大公益性文化事业投入，调整资源配置，逐步构建公共文化服务体系。"公共图书馆作为公共文化服务体系中重要的一个环节，在观念上更应加强对公益性的理解，将公益性的观念深入到全民阅读服务之中，才能使全民阅读活动在明确的观念指导下顺利开展。公共图书馆应该明确自身在社会文化服务体系中的定位，发挥自身的资源优势和人才优势，确保全民阅读活动的良性开展，为提升国民素质服务。在文化大发展的今天，适应多元文化的融合，促进公共图书馆的公益性职能的功效[23]。

（2）寻求多方合作，发展公益事业

公共图书馆在开展全民阅读活动中应寻求多方合作，同其他公共部门或者公益性机构共同合作，通过合作和公益手段开展全民阅读活动，通过合作方的资源整合创新全民阅读活动。生态学的竞合理论认为通过竞争与合作可以促进生态的演化与发展。虽然公共图书馆同档案馆、出版机构、书店等相关部门有着读者资源上的竞争关系，但是通过合作，进行资源整合，却可以给全民阅读活动带来很好的社会效益，达到共赢的效果。而且公共图书馆和公益性机构的合作，可以促

进社会公益事业的发展。

（3）配备专业人员，辅导全民阅读活动

要保证全民阅读活动的有效进行就要配备专业的人员给予辅导。专业人员要对活动有策划，在活动执行的过程中要进行统筹。美国公共图书馆的阅读活动经常是以项目的形式开展的，活动伊始会成立项目委员会，然后逐渐开展项目策划、项目宣传、项目组织。除此之外，在美国还有一些非营利性的研究机构提供相关项目，由公共图书馆或其他机构进行申请，然后研究机构为其人员提供培训与指导。例如肯塔基人文理事会（KHC）是一个非营利性的研究机构，为公共图书馆提供了一个家庭阅读项目（Family Reading Program），由申请人提出参与项目的申请后，机构对公共图书馆派出的协调员（Co-ordinator）进行培训，指导阅读项目的开展。

二、馆内阅览

馆内阅览服务是公共图书馆为其读者提供的基础服务之一。馆内阅览服务是指在图书馆内为读者提供的阅览服务。馆内阅览是相对于馆外阅览而言的，馆外阅览需要公共图书馆提供较多的复本，同时流通周期也影响到图书文献的使用，提供馆内阅览服务在某种程度上缓解了馆外阅览带来的问题。馆内阅览除了为读者提供阅览图书的作用外，还能够起到保护珍贵文献、特有文献的作用。公共图书馆可供阅读的阅览室一般有书刊阅览室、多媒体阅览室、特色馆藏阅览室等。公共图书馆为读者提供普遍、均等的服务，因此馆内阅览也要重视基础设施建设、相关服务的开展等。

1.加强基础设施建设

基础设施是馆内阅览得以顺利开展的保障，同时相关基础设施的购买可以提高公共图书馆馆内阅览服务的能力。基础设施的建设，一要加强基本硬件的投入，保障读者的阅读空间。如设置休闲空间、学习空间，增强读者的阅读体验，让公共图书馆不仅仅成为市民学习研究的好地方，也变成市民休闲与娱乐的好去处。二要加强可便利读者的基本设施建设，如桌椅、饮水机、打印机等的配置。三是随着网络的发展，公共图书馆读者的网络需求加大，在基础设施建设进程中要加大投入，如增加有线终端的提供和无线网络的搭建等。

2.拓展传统服务

除了传统的图书阅览服务外，公共图书馆的馆内阅读还应该拓展其功能性的服务，如为读者提供信息检索服务、导读服务等。公共图书馆为方便读者查找信息，一般会在馆内阅览区配置计算机以便读者利用OPAC查找馆藏资源，同时也有公共图书馆设置导读岗，辅助读者阅读文献。导读是指导读者阅读的工作，包括读者阅读理念、方法、技术教育和相关教育等。为吸引读者可编制宣传册和读者指南一类的材料进行辅助。

3.结合新技术，提升服务

利用现代信息技术为读者提供自助服务，如自助打印、复印，自助查询检索，自助借还书系统等。如中国国家图书馆就为读者提供自助办证、自助还书和自助复印的服务。较为典型的还有利用RFID技术提供的自助图书馆借还书系统，如杭州市图书馆就是采用RFID技术为读者提供自助借还书服务。另一较为典型的是由深圳图书馆自主研发的“城市街区24小时自助图书馆系统”，其服务模式集数字化、人性化、智能化为一体。目前，首批40台自助图书馆服务机分布在深圳市6个区，并顺利通过文化部的项目验收。截至2009年5月31日，自助图书馆共办理新读者证81 715张，服务读者217 679人次，处理文献566 650册次，平均每台服务机每天处理文献123册次，完成预借送书16 252册次[24]。

4.开展相关活动，创新服务模式

公共图书馆在提供馆内阅览服务的同时也不应局限于图书馆内传统的图书阅览，还可以利用图书馆的资源开展相关活动，促进馆内资源的利用。如日本新宿区图书馆的总馆和分馆每天都有固定时间的“读书会”，由馆员或志愿者给小朋友读书讲故事。东京丰岛区的图书馆普遍开辟了面向13岁至19岁的“小大人”的“图书之角”[25]。在我国，也经常有读书活动和暑期阅读夏令营活动。

5.馆内阅览的管理

从管理上来讲，公共图书馆馆内阅览要制定相应的规章制度以保障顺利进行，其次要对馆内阅览进行必要的统计工作以为优化馆内阅览服务提供相关数据，同时为采购人员提供参考。有的图书馆也引进一些先进技术来辅助管理，如有的图书馆引进或开发图书馆座位管理系统，解决了图书馆的座位管理问题。

三、文献流动服务

文献流动服务是为远离图书馆和不便来馆的读者及潜在读者提供文献服务的一种服务方式，通常也称移动图书馆或者流动图书馆。这种服务方式是图书馆开展其延伸服务的有效形式。

文献流动的形式多种多样，较为常见的是流动书车，也可称为汽车图书馆。文献流通服务都是将图书馆的部分资源及服务设备装载于不同载体之上送往偏远的山区、厂矿等公共图书馆服务所不能覆盖的地域，为其提供图书馆的“流动服务”。在北欧沿海地区还出现了图书船、图书艇向当地渔民提供服务。我国最早的汽车图书馆于1953年建于上海和北京，至1989年7月，全国已有74个汽车图书馆。其中广州图书馆的汽车图书馆在开办后的一年里出车282次，接待读者（外借）2.7万人次[26]。

1.文献流动服务是图书馆馆内服务的延伸

图书馆馆内所提供的服务是静态的，只有读者到馆才能享受其服务。而文献流通服务则是动态的，是馆内服务的补充与延伸。首先，对于时间不充裕不方便来馆的读者也能享受到图书馆的服务。以天津市图书馆为例，每月三次为老干部服务中心的读者送书上门，精心挑选图书以满足这些老人的精神需求。其次，可以吸引潜在读者到图书馆来阅读。一些社区流动书车，进入社区服务可以使一些不了解公共图书馆的人群对图书馆有更深入的了解，激发潜在读者的阅读需求。再次，服务弱势群体。文献流动服务可以将服务送上门，走进弱势群体提供便利服务。

2.文献流动服务的优势

文献流动服务将公共图书馆的服务立体化，推动了公共图书馆事业的进一步发展。文献流动服务的灵活性，决定了其可形成覆盖面广泛的城乡服务，为更多的群体提供文献服务，在城市与乡镇的文化发展方面具有一定的促进作用。文献流动服务的针对性很强，可以针对不同的群体开展有针对性的服务，因此在图书馆服务的开展中要给予足够的重视。

3.寻求多方支持，坚持可持续发展

文献流动服务的开展离不开众多机构的支持。首先，要寻求政府支持。文献流动点的设置是对其所在区域文化发展的补充，但是文献流动服务的开展需要经费的支持，因此要求政府加大投入力度才能更好地开展这一服务。其次，可向社会公益机构寻求支持，将社会公益基金用于支持文献流动服务点的建设。再次，开展文献流动服务要进行规范化，保障文献流动服务的可持续发展。

四、阅读推广

阅读活动离不开阅读推广，公共图书馆是开展阅读推广的重要主体。在埃及，1999年开展阅读推广活动的图书馆就达到9671所。在美国，1977年成立的图书中心以推广图书、阅览、素养与图书馆为核心任务，30多年来，举办了国家图书节、一城一书活动、文学通信年度比赛、词汇之河环保国际诗歌和艺术比赛等重要活动，被认为是推动全美阅读的原动力[27]。在英国，1998 年由国家文学基金会代表教育职业部启动“国家阅读年”活动，2002 年成立的阅读社（The Reading Agency）与图书馆合作开展阅读推广，2005 年有近 93%的公共图书馆加入世界读书日阅读推广活动行列[28]，英国阅读协会的“夏季阅读挑战”在 97%的英国公共图书馆中开展；2006 年的数据显示，公共图书馆每年向公众开放时间的总数已超过 600 万小时，到馆人数约 2.9 亿人次，图书馆每年回答用户问题数量达 4750 万人次，超过 92%的用户对图书馆提供的服务表示满意；据拉夫堡大学统计，英国人口中大约有 58%的成人和 82.6%的儿童拥有图书馆借书证，2009 年居民人均到访公共图书馆 5.3 次[29]。

公共图书馆阅读推广的形式多种多样，通过阅读推广将阅读活动推介给读者。阅读推广的意义在于宣传阅读活动进而扩大其影响力。

1.阅读推广的开展与意义

推广是推衍扩大的意思，有两层含义，一是推出去进行宣传，二是在宣传的基础上进一步扩散开来扩大影响力。公共图书馆的阅读推广也是要将阅读活动推出去并进一步扩大其影响力。在进行阅读推广的过程中要明确推广的对象，通常要划分阅读等级。划分阅读等级有多种方法，要根据不同需要进行筛选，选择适合本馆活动的划分方法，提高阅读推广的效果。按照年龄层次进行划分，可分为幼儿阅读、少儿阅读、青年阅读、成年阅读和老年阅读。在阅读推广的过程中同时要有针对性地关注弱势群体的阅读，根据不同需求开展有针对性的阅读推广。阅读推广的意义在于宣传阅读活动，提升阅读活动的社会影响力。通过阅读推广让更多的人了解全民阅读活动，参与其中，进而提高全民素质。

2.阅读推广的途径与方法

阅读推广的途径有多种，公共图书馆在开展阅读活动的推广时，可以根据活动的需要选择适合的推广途径。总体看来，公共图书馆开展阅读推广的途径大体有两种：一种是依托公共图书馆的传统服务而开展阅读推广，如导读、书目推荐、图书展览等；一种是以项目形式而开展的阅读推广活动，如暑期阅读俱乐部（Summer Reading Club）、阅读节、书友会、主题阅读推广、展示区推广等。从阅读推广的主体划分，阅读推广可以由图书馆单独组织，也可以由图书馆与其他机构如政府、企业、大学、中小学校、研究院所、事业单位等合作组织。

阅读推广的方法主要有：

（1）宣传单推广。通过印发有关阅读推广的宣传单，向公众和单位发放。

（2）宣传礼品推广。通过向大众发放图书馆精心制作的礼品如阅读书签、明信片等，或向读者赠送“阅读大礼包”、免费赠阅书刊等方式，进行阅读推广。

（3）宣传活动推广。通过组织有关的座谈会、报告会等多种形式，进行阅读推广。

（4）新闻媒体推广。通过电视新闻采访、报纸新闻报道、网络媒体合作等多种方式而进行阅读推广。

（5）网络推广。主要是为阅读活动建立独立的网页，让期望参加阅读活动的读者通过访问网页而了解活动的相关信息。

（6）手机推广。与手机运营商合作，以手机为载体，开展阅读推广活动。

新闻媒体推广、网络推广和手机推广是图书馆阅读推广现代化的主要方法。

3.阅读推广的反馈与评价

阅读推广的目的是对阅读活动进行宣传，阅读推广的效果反馈和评价对下一次阅读推广的进行有很强的推动作用。对于正向的反馈和评价在下一次开展阅读推广的时候要坚决采纳，对于负向的反馈和评价要找出原因进行改进或者替代。反馈和评价可以了解阅读推广的效果和存在的问题，进而进行经验总结和推出改进意见，反馈和评价的结果会促进阅读推广的持续发展。

第三节　参考咨询服务

参考咨询服务是公共图书馆服务的核心业务之一，随着时代的发展，参考咨询结合新的政治、经济、文化等社会环境要求不断变革出新的服务方式和内容。公共图书馆的立法决策服务是针对中央及各级政府的立法决策活动而开展的文献服务，是在参考咨询服务基础上建立的一种信息咨询模式。

一、参考咨询服务的起源及发展

1.参考咨询服务的概念

参考咨询服务来源于美国，19 世纪末期的公共教育运动拉近了图书馆与社会全体公民之间的距离，图书馆不再是仅供少数精英阶层享用的专属地方，普通的工人和农民阶层也能利用图书馆，这促使美国的图书馆向真正的公共图书馆转变。工人和农民阶层在这之前很少或是几乎没有利用过图书馆，不知道该怎样查找文献、使用馆藏资料、获取有用知识等，因此图书馆在面对这些新的用户时要开始考虑如何帮助他们利用图书馆资源，于是催生了参考咨询服务。这一服务旨在通过参考馆员与用户的交互，解决用户在利用图书馆过程中的各种问题。

关于参考咨询服务的概念，理论者和实践者有着各不相同的界定，但是核心的定义要素大体一致。首先，参考咨询服务的提供者主要是图书馆的参考馆员；其次，服务内容是围绕最大限度地帮助用户并回答其问题，同时还要对用户进行必要的技能培训；最后，服务形式则依据用户问题的不同而采取不同的专业形式，如口头回答或是书面形式。综上，可以认为，参考咨询服务是指图书馆员解决用户在获寻图书馆信息资源中提出的问题，并以一定的专业方式向用户提供尽可能的帮助。

不同类型图书馆的参考咨询服务呈现出各不相同的特点。公共图书馆的参考咨询服务强调为所有人服务，服务职能是为信息咨询对象直接以其需要的方式提供信息、知识或解决方案。除此之外，还要教育用户，多方位地满足用户需求。

2.从传统参考咨询服务到虚拟参考咨询服务

伴随着信息化的浪潮，计算机网络全面普及，图书馆的内外部环境发生改变，传统的参考咨询服务逐渐与网络环境结合，由此出现了基于互联网的参考咨询服务，即我们所说的虚拟参考咨询服务。究其本质，虚拟参考咨询服务提供的服务与传统的参考咨询服务在目的上是一致的，只不过服务环境和咨询工具都转变为以网络技术作为依托，可利用的参考信息除了纸质文献外更多的是数字文献。

虚拟参考咨询具有及时交互性、开放广泛性、公益指导性、服务手段网络化、服务方式个性化、服务资源共享化等特征。其类型主要有 FAQ、案例（问答知识）库、E-mail、网络表单、邮件列表、BBS 服务、实时交互式服务 IRS、网络呼叫中心、合作虚拟参考咨询 9 种[30]。

合作虚拟参考咨询服务的产生无疑是虚拟参考咨询服务发展迈出的一大步，合作能打破时间和空间的限制，将同步参考咨询服务和异步参考咨询服务整合在一起，弥补了单一图书馆在人力配备、资源拥有量、咨询时间等方面的不足。

3.世界公共图书馆虚拟参考咨询的发展

美国是最早出现虚拟参考咨询服务的国家，从起先的网上留言咨询发展到基于即时通信技术的实时虚拟参考咨询服务，依靠的是迅猛发展的信息技术。2000 年 2 月新泽西州启动合作数字参考服务，简称“Q and A NJ”，2001 年 10 月 1 日开始运行，是全美第一个全州范围的虚拟咨询服务。2001 年俄亥俄州的 Clevnet 图书馆联盟推出的“Know It Now”是全美第一个全天候虚拟参考服务项目。美国国会图书馆 1999 年提出开展合作数字参考服务 CDRS（Collaborative Digital

Reference Service），又称为分布式虚拟参考咨询服务，后来与 OCLC 合作成功开发 QuestionPoint 全球实时虚拟咨询系统。

在英国，1997 年 11 月 EARL（Electronic Access to Resources in Libraries）推出了合作虚拟参考服务——Ask A-Librarian。在俄罗斯，2000 年出现虚拟咨询，“公共图书馆虚拟信息咨询服务”是由俄联邦文化部领导和支持的信息咨询网站 library.ru 于 2003 年 11 月面向网络用户推出的全俄合作性虚拟信息咨询服务，该网站由成立于 1997 年的区域公务图书馆协会和莫斯科“基辅”集成图书馆系统建立，实施每周五天的离线咨询，并形成了来自俄罗斯 80 多个城市和世界 40 多个国家的 1 万多个咨询问答的咨询库。它不仅为公众提供虚拟咨询服务，还肩负着推进俄罗斯公共图书馆改革、网上传播和普及俄罗斯文化信息、促进社会和经济改革的重任[31]。

在我国，各级公共图书馆积极开展虚拟参考咨询。1998 年国家图书馆牵头筹建了“全国图书馆信息咨询协作网”。此后，上海图书馆牵头联合上海各文献机构，于 2001 年 5 月试运行上海中心图书馆网上知识联合导航站，率先开展了分布式地域性合作模式的数字参考咨询服务，是国内影响最大的区域网上虚拟参考服务平台，2001 年至 2008 年入库咨询数量19 845条。而广东省立中山图书馆牵头组建的“联合参考咨询网”，于 2001 年 8 月投入运行，2003 年后联合全国各地区 40 多家公共图书馆及特色资源，从一个省级虚拟参考咨询服务系统发展为分布式跨地区合作模式的数字参考咨询服务系统，注册用户 10 余万人，2002 年至 2007 年接受咨询1 577 494条，传递文献4 969 908篇，现已成为我国公共图书馆参与规模最大的合作式数字参考咨询系统。此外，还有由南京图书馆牵头组织实施的全省公共图书馆网上联合参考咨询服务等。

二、面向立法决策机构的咨询服务

1.立法决策咨询服务的概念

为中央和地方各级党政机关提供立法决策服务是公共图书馆的重要服务职能，如我国国家图书馆从 1998 年确定了为中央国家机关立法与决策服务这一职能，次年还在原参考研究部的基础上成立了立法决策服务部。那么，何谓立法决策服务呢？这要从理解立法决策开始。在我国，主要的立法决策主体是全国人大及其常委会，辅助立法决策主体包括全国人大各专门委员会、人民团体、个体公民和组织等，这些主体根据改革发展需要，结合党和国家的重大决策方针做出立法决策。立法决策服务的对象指的就是这些立法决策主体，当这些主体在立法决策过程中遇到问题时，可以向公共图书馆提出咨询申请，寻求解答。概括起来，立法决策服务是指图书馆的立法决策服务部门或参考咨询部门以及专门人员解答用户在立法决策活动中提出的各种问题，包括帮助检索、提供文献资料、收集数据等具体服务行为。

2.立法决策咨询服务的一般过程

立法决策咨询服务是参考咨询服务中的一个实践方向，国外很多公共图书馆把它视为业务上重要一环，如美国国会图书馆、日本国立国会图书馆、英国议会图书馆等都有一套专门针对立法决策服务的完备的保障制度。美国国会图书馆1914年创建立法参考服务部（Legislative Reference Service），1970年改名为研究服务部（Congressional Research Service），该部直接服务于国会议员、国会的各个委员会和国会工作人员，服务体现了及时、客观、无党派和保密性的特点[32]。英国议会的上下两院图书馆被定位为议会的助理机构，上议院的秘书长部下辖上议院图书馆，下议院的六个机构中有下议院图书馆，其服务部下辖的研究与信息服务部划分为商业与运输、国内事务、国际事务与国防、议会与宪法中心、经济政策与数据、科学与环境、社会政策、社会与统计等10个业务科组，服务范围覆盖了英国政府和下议院各委员会，信息服务与服务对象的需求之间存在着极其紧密的供需关系[33]。立法决策咨询服务作为一项咨询活动，从咨询报告的最终形成形式来分，可以是简单的口头咨询，也可以是复杂的以完成报告为核心的咨询；从咨询对象来分，可以是个人的咨询，也可以是大的立法决策权力机关咨询；从咨询方式来分，可以是面对面的咨询，也可以是网络咨询。不管区分的方式如何，立法决策咨询服务都得遵循一定的活动流程。

第一步，用户提交咨询问题，公共图书馆对问题进行鉴别与筛选，接收属于立法决策咨询服务范围的问题，随即把问题分配给立法决策部门的参考馆员。

第二步，若用户采用的是面对面的口头交流且无最后形成的报告要求，需要参考馆员在短时间内迅速解决，若是不能解决的，便记录下来，与用户预约时间再解答。若用户明确需要最后的咨询报告或是采用的是网络咨询，则需要参考馆员分析接收到的问题，根据馆藏的电子资源对问题加以数字化编辑，通过问题属性去查找馆藏资源，问题情况更复杂时就必须设计详细的解决方案，按照报告的规范要求给出咨询结果。

第三步，公共图书馆把已完成的咨询报告发给用户，并确认用户是否已收到。

第四步，用户对咨询报告及本次立法决策服务做出评价，反馈评价信息给公共图书馆。馆内人员依据用户的反馈信息形成本次咨询案例日志，并存档以备今后查询使用，总结本次咨询过程以便于以后完善自身服务。

3.公共图书馆为“两会”服务

国家图书馆从1998年开始便为每年一次的全国人民代表大会和中国人民政治协商会议提供咨询服务，在充分发挥为国家立法决策服务职能的同时，也在国家立法、决策的科学化和民主化进程中发挥着积极的作用。2010年国家图书馆首次在政协委员驻地以电子触摸屏形式提供信息查询服务，引起政协委员的积极响应。2011年“两会”期间，国家图书馆为“两会”代表、委员提供高效优质的信息服务，推出国家图书馆“两会”专题文献信息专报——《观点》，还与全国人大和全国政协合作，面向“两会”代表和委员，全面开通国家图书馆立法决策服务平台。该平台包括“两会”专报、实时报刊、电子书库和专题资源等多项专门为“两会”代表和委员量身定制的信息内容，全国人大代表和政协委员可以分别通过人大和政协各自的内部信息平台，直接访问国家图书馆立法决策服务平台的“两会”服务平台，远程利用国家图书馆的特色资源和服务。此外，进一步扩大电子触摸屏服务，在延续和完善在驻地提供电子触摸屏查询服务的同时，在人大新闻中心也安置了电子触摸屏设备，实时向参与“两会”报道的新闻媒体提供最新的会议信息和相关资料。

为发挥国家图书馆的示范和引领作用，促进国家图书馆与全国省级公共图书馆间的合作，整体提高全国省级公共图书馆为“两会”服务水平，国家图书馆于2011年1月10日启动为全国地方“两会”服务工作。致力于在地方“两会”召开期间为全国公共图书馆“两会”服务提供业务指导；为全国公共图书馆服务本地“两会”代表提供支撑和帮助；协助公共图书馆制订服务当地“两会”的框架方案；筹划开通面向地方全国“两会”代表的“国家图书馆立法决策服务平台”等。2011年全国各地“两会”召开期间，国家图书馆共接电话咨询25件，邮件咨询15件，为全国省级公共图书馆的地方“两会”服务提供了后援支持[34]。

在国家图书馆的带动下，各地公共图书馆也陆续开展了当地“两会”服务。浙江省文化厅2011年1月17日下发了《浙江省文化厅关于利用图书馆资源为两会代表委员提供信息服务的通知》，要求各市县公共图书馆为当地“两会”服务。海南省图书馆在2011年海南“两会”会场开展服务。陕西省图书馆成立信息服务小组，共发送各种陕西省图书馆2011年“两会”信息服务宣传资料1600份，为各位委员解答咨询160人次，为委员提案提供参考资料16人次，办理借书证18个，共有41位委员填写了“信息需求调查表”。

4.拓展公共图书馆立法决策咨询服务的方式

立法决策咨询服务方式不应是单一的，而是随着环境变化、用户需求量增减和服务的深入而更新服务方式。

目前，公共图书馆需要在两个方面拓展立法决策咨询服务的方式。第一个方面是在地域上延伸服务。同最初的传统参考咨询服务一样，馆员们都在馆内等着咨询者自动上门，既对用户的信息需求没有事先了解，也缺乏对预知问题的充分准备，这样的咨询工作难免存在耗时长、针对性模糊、信息资源整理不全面等一系列问题。因此，公共图书馆的立法决策咨询服务要走出馆外，主动和立法决策主体联系，提供实时上门咨询服务。第二个方面是与其他组织机构或利益群体合作以共同提供立法决策咨询服务，合作的原因在于，尽管公共图书馆拥有丰富的馆藏文献信息，但是依然会遇到用户要咨询的问题在馆藏文献中无法找到答案的情况，这时就要与其他组织或群体合作来获取足以解决问题的信息。

5.深化公共图书馆立法决策咨询服务的内容

关于立法与决策，公共图书馆主要进行的是文献咨询服务，即利用馆内文献直接解答咨询问题。而公共图书馆立法决策咨询服务不仅仅包括文献咨询，还包括对咨询者的培训、重要立法与决策活动前的服务宣传。比如，一部分用户到馆咨询是因为不会使用计算机进行检索或者是没有掌握正确有效的检索方法，从而导致无法获得自己所需要的信息，那么针对这些用户，公共图书馆可以建议他们参加馆内定期开展的用户培训，使他们具备基本的信息素养。再如，重要的立法与决策活动之前，专家要做立法论证或决策论证，遇到问题的时候往往不会想到去公共图书馆寻求解答，因此公共图书馆要对立法决策咨询服务进行推广宣传，让所有人都知悉本馆的该项服务并能够利用。

国家图书馆在党的“十五大”明确提出加强立法工作的新形势下，将为中央国家机关立法与决策服务作为图书馆的首要服务职能，立法决策咨询服务经历了十年发展，在中国图书馆界开创了一种全新的服务模式而引起业界的高度关注和效仿[35]。2010 年 6 月 10 日，国务院法制办公室在国家图书馆举办“政府立法咨询服务座谈会”，国家图书馆成立“国家图书馆国情咨询顾问委员会”和“国家图书馆国情咨询专家委员会”，建立了国家图书馆信息联络员工作制度，国家图书馆的立法决策功能正在加强，服务不断深化，在全国公共图书馆立法决策咨询服务中起着引领和指导作用。

此外，国家图书馆在剪报服务中心基础上创建了舆情监测中心，舆情分析是图书馆参考咨询服务的重点业务之一，也是图书馆服务党政机关和社会各界的一种新尝试[36]。公共图书馆可以参考咨询和立法决策咨询为基础，开展舆情分析工作。所谓舆情，是“舆论情况”的简称，指在一定的社会空间内，围绕中介性社会事件的发生、发展和变化，作为主体的民众对作为客体的社会管理者及其政治取向产生和持有的社会政治态度。公共图书馆通过媒体和调研获得的舆情分析，对于各级政府具有关注民意、解决民生问题的决策参考价值，对于广大读者和研究者也具有一定的参考作用。

三、面向科研机构与企业的咨询服务

科研机构和企业是两类具有不同发展目标的组织，但是对于公共图书馆而言，这两个组织均因其自身的活动需要有必要使用来自馆内的各种资源，而且这种需要尤其在公共图书馆的咨询服务层面上体现出了一定的共性。从组织构成和利益实现来看，科研机构和企业有着明显的不同，因此公共图书馆在面向该二者的咨询服务项目、服务提供方式和资源提供种类等方面存在差异。

1.围绕科研机构与企业的特定需求

科研机构是专门进行科学研究和技术开发的组织机构，可分为营利性科研机构和非营利性科研机构，包括独立的科研单位、高等院校部门、企业的技术研发中心以及政府的研究科室等，总体来说涉及各个专业学科门类，其组织属性决定了其关注的是以知识为核心的创新活动。科研机构人员主要是由长期从事科技活动、开展不同领域研究的学术工作者构成，这样的群体大多拥有较高的学历层次、基本完备的理论基础、扎实的专业技能和较强的文献获取能力。因此，科研机构的咨询需求产生于学科研究、技术活动及知识创新等科研工作中，与此对应的是，公共图书馆必须针对科研机构的特定需求并充分考虑到其中学术工作者们的信息素养层次，提供依托海量文献资源的、科技含量高的、有利于科研创新的高效咨询服务。

和科研机构相同的是，企业使用公共图书馆的参考咨询服务也是基于企业作为一个组织发展需要的特定目的。不同的是企业内部人员并不像科研机构那样同质性较高，企业人员出于多样化的考虑而对信息的需求层次不一，概括地说他们通常需要知悉与本企业良性运行相关的若干信息，以便能达到企业利益的最大化。公共图书馆进行咨询服务时，需要分清企业的规模大小和咨询要求，量体裁衣地为企业提供合适的、致力于解决企业内外部问题的、促进企业发展的有效咨询服务。

2.面向科研机构的一般咨询服务类型

按照参考咨询的性质，大致可以把公共图书馆面向科研机构的一般咨询服务划分为事实知识咨询、专题咨询、相关信息检索、文献跟踪服务和综述撰写等五类。

事实知识咨询是指依据科研机构提出的需求，查找具体的产品、人物、事件、数据和图片等，往往可以为科研机构提供关于某一事实的具体信息或关于某一领域的专门知识，可以涉及政治、经济、文化、生活等各个方面。专题咨询是围绕科研机构提出的某一特定主题，查找所有能获取到的相关资料，包括文献资料、有关信息、情报线索等。相关信息检索指的是公共图书馆为科研机构提供围绕某一课题的信息检索服务。文献跟踪服务是对某个学科领域或科研机构的业务领域进行动态文献跟踪，主要为科研机构的研究方向、领域发展前沿和国内外研究难点提供文献的实时监测服务。综述撰写则要在全面系统的文献检索基础上，进行文献的深度分析和加工，为科研机构提供某一研究课题的文献综述。

3.以情报产品提供为主的企业咨询服务

企业在发展的每个阶段都需要大量的信息，如国家政策信息、不断更新的高新技术信息、变幻莫测的市场数据、整个行业的持续发展可行性分析等，而公共图书馆在这些信息的拥有量方面对其具有非常大的吸引力。另外图书馆还能充分利用这些信息为企业的相关领域发展提供国内外未来拓展方向、业务指导与培训、新技术的创新性评价、产品或成果的发展趋势等。

公共图书馆要为企业解决一系列现实问题，企业一般会要求图书馆提供政策分析、决策建议、统计数据分析等报告。以国家图书馆为例，它的企业信息服务中心就明确指出会为前来咨询的企业提供媒体原稿、危机预警、市场数据、行业动态、研究报告等深加工情报产品，还会针对企业需求开展信息定制服务。

四、面向一般公众的咨询服务

公共图书馆开展的参考咨询服务除了以立法决策机构、科研机构及企业为重要服务对象之外，还开展面向更为广泛的一般公众的咨询服务，内容包括解答用户咨询、编制书目推荐、信息检索服务和情报服务等。为了保证公共图书馆能长期性地对一般公众提供咨询服务，需要在以下三个主要方面做出努力。

1.重视面向一般公众的咨询服务

公共图书馆对一般公众的咨询服务有所忽视表现在两个方面：第一个方面是许多公共图书馆常常在参考咨询服务的理解上出现偏差，认为只需要为读者提供文献的常规性指引如告知藏书方位等就是进行了咨询服务。第二个方面是一些公共图书馆只重视立法决策机构、科研机构、企业等服务对象，疏于答复一般公众提出的问题，出现了不同服务客体的区别对待。公共图书馆应该从本质上认识参考咨询服务，从思想上真正重视起来，使咨询服务能更好地开展下去。

2.保障一定的公共图书馆经费

图书馆的经费直接影响到图书馆服务，参考咨询服务作为图书馆服务的组成部分，当然也在很大程度上受到经费的制约。若公共图书馆的经费紧缺，面向一般公众的咨询服务也会被打折扣，这是由馆内所获资源匮乏、咨询手段落后、技术设备老化等原因导致的，结果是读者对公共图书馆服务的印象和信任度大大降低，进而导致读者大量流失。所以，一定的公共图书馆经费保障是必须实现的，这是一般公众咨询服务有效且深入开展的物质基础。

3.建设专业化程度高的参考咨询人才队伍

参考咨询工作对图书馆员的基本能力要求较高，除了需要掌握文献检索、整理和加工技能外，还要具备一定的外文文献阅读理解能力，并且能有良好的文献信息学基础以及相关专业知识。一般公众的咨询需求是多种多样的，这就要求公共图书馆的参考咨询队伍中有复合学科背景、知识面广、学历较高的人才，从而可以应对多样化的知识领域问题。再者，培养一批参考咨询专业人才有助于公共图书馆服务的深化发展，这也对公共图书馆建立一整套关于人才招聘、业绩管理、薪酬机制等制度体系提出了更高要求。

五、作为参考咨询服务的文献提供

公共图书馆的文献提供依赖于馆内丰富的文献资源，可以体现为文献传递、参考咨询、馆际互借、信息传播等服务形式。作为参考咨询的文献提供是以咨询服务为根本目的，通过提供文献检索、查询、传递服务来满足用户的咨询需求，用户在此过程通常需要负担费用。

1.文献提供的资料类型

针对不同用户的需求，文献提供在承担参考咨询服务功能的时候可以提供依附于各种载体的任何类型、任何语种的资料。按有形载体的类型来划分，可以分为纸质材料、电子文档、磁带、光盘、胶卷等；按照资料种类来划分，可以分为图书、期刊、论文等。理论上来讲，公共图书馆在以文献提供形式来完成参考咨询服务时，能够用以解答用户问题的文献资料都应全部提供，而且用户的要求应尽量满足，但在实际工作中，图书馆却往往无法做到，比如一些用户要求图书馆提供免费的电子文档，而出于对著作权和知识产权等方面的长远考虑，公共图书馆会让用户签订协议书，并采取诸如文档格式转换的折中办法。

2.文献提供的发送途径

作为面对面的参考咨询的文献提供，其文献发送可以采用当面呈递的方式。在信息技术迅猛发展的今天，传统的参考咨询方式逐渐演变为数字参考咨询方式，因而作为数字参考咨询服务的文献提供可以采用文献传递系统、E-mail、传真、电话等途径。除此之外，普通邮寄、快递、航空邮寄等信件方式也是可操作的，具体选择哪一种发送途径要视文献类型、用户需求、馆内实际情况等而定。

3.文献提供的主要业务

文献提供的主要业务包含两个方面：远程文献提供服务和到馆文献提供服务。

远程文献提供服务需要遵循一个完整的业务流程。首先，用户需要签署关于文献提供服务的协议书，明确图书馆和用户各自需要承担的义务和责任，同时知晓服务所需支付的相关费用。其次，用户需要提交文献提供申请，申请的路径可以是信件、电话、传真或网络，若该申请未被用户取消则被图书馆接受并处理。再次，图书馆通过一定的发送途径将文献送达给用户。最后，图书馆与用户结清此次文献提供服务所发生的一切费用。

到馆文献提供服务一般有用户自助和用户委托两种，其流程相对较简单些，用户在使用参考咨询服务中所必需的文献若能直接在馆内查找得到，则具备了此次提供服务的先决条件。公共图书馆将文献提取出来供用户直接阅览，如果用户需要复制文献，则可以直接利用馆内相应设备进行复制，由此发生的费用一并由用户承担。另外，如果用户到馆咨询的当时不取走文献，则可以委托图书馆的文献提供部门在日后通过邮寄或电子方式送达。

4.文献提供的服务管理系统

联合参考咨询与文献传递网（UCDRS）是全国文化信息资源共享工程的一个子项目，其前身是广东省立中山图书馆的联合参考咨询网，2008 年实现系统升级。该系统功能由用户档案中心、用户信息中心、数字资源共享系统、咨询调度与文献传递服务系统、数字资源服务统计中心、联合目录系统、信息发布与管理系统、资源统一认证、门户网站发布、网管中心十大模块（100 多个功能）组成，采取合作馆之间平行的服务模式，依托各图书馆的参考咨询专家资源和电子馆藏资源，为广大用户提供免费的网上参考咨询和文献远程传递服务。用户咨询分普通咨询、文献咨询和外文咨询三种，普通咨询是需要咨询员根据用户的信息或关键词查找一些相关的参考资料提供给用户；文献咨询是用户已经检索到所需要的文献信息，向咨询员申请文献传递；外文咨询是专门解答外文需求。

国家图书馆自1997年成立文献提供中心，2003年自行研发“委托服务管理系统”，2009年启用“馆际互借与文献传递系统”，实现了从用户提交请求到服务完成全流程的电子化管理。2007年11月国家图书馆发起建立文献提供协作网，包括跨库检索、业界动态、标准规范、学校园地、业务交流等功能模块。国家图书馆于2007年10月、2009年10月、2011年11月召开了三届全国馆际互借与文献传递研讨会，推动了各系统文献传递的合作与发展。

第四节 公益性讲座、培训与展览服务

一、公益性讲座

讲座是由主讲人向听众讲解或传授知识、技巧、技能等的一种公开或半公开的学习形式。公共图书馆开展的讲座是读者获取相关知识的一种途径，也是一种很好的知识交流方式。公共图书馆开展的公益性讲座也是作为公共文化服务体系重要组成部分的公共图书馆的平等性、公平性的体现。公共图书馆讲座的开展也有利于学习型社会的构建，其重要性不言而喻。

1.公益性讲座的形式与方法

公益性讲座的形式一般有资源讲座、专题讲座以及专家讲座。资源讲座是为了帮助公共图书馆读者利用图书馆文献和指导读者使用文献而开展的讲座，重点在于向读者介绍图书馆拥有的资源，尤其是电子资源的检索和利用。专题讲座是按照相关专门的主题而开展的一系列讲座，有很强的针对性，可以根据读者关心的热点问题开设专题讲座，也可以由读者预约专题而开展预约专题讲座。专家讲座是公共图书馆为了满足读者的文化以及学习需求，聘请某一领域的专家或社会知名人士为读者所做的讲座。专家来源于相关领域的知名人士，其所做的讲座也是分享经验、心得和普及知识的过程。其社会效应明显，往往更能满足读者的需求。

公益性讲座的开展是利国利民的一项活动，对于社会大众来讲，通过参与公益性讲座可以学习到知识，是学校教育的延伸。对于一个国家来讲，公益性讲座的开展可以增强国民的综合素质，提高社会的文明程度。对于公益性讲座的开展我们可以从以下几个方面给予关注。

（1）多种途径进行宣传

公共图书馆在开展公益性讲座的过程中，要多种途径进行宣传以吸引读者来

馆学习。宣传的途径有很多种，如宣传海报、网页宣传、媒体宣传等。有的公共图书馆还专辟地点作为开展讲座的场所，如美国波士顿公共图书馆建立讲座大厅作为开展讲座的场所，同时也举办会议、节日庆典等活动。通过多种途径的宣传使公益性讲座的相关信息（时间、地点、简要介绍）让读者有所了解，读者可以根据自身需求而进行选择。

（2）寻求多方支持与合作

公共图书馆应向多方寻求支持与合作，可以向本地区的知名高校、知名企业、公益事业单位寻求支持与合作，同时也要跨区域合作，向其他地区的公共图书馆、高校和企业寻求合作机会，整合彼此的资源，开发公益性讲座项目。亦需要向数据库提供商寻求支持，同书商、出版社、著者合作丰富讲座的内容和形式，吸引读者。

（3）积极发展特色讲座

公共图书馆应该整合自身的资源优势发展特色讲座，诸如名家讲坛与系列讲座等等，将有特色的讲座持续发展下去，扩大其社会影响力，吸引读者来馆学习。公共图书馆还应该大力发展品牌讲座，走品牌发展之路。应使公共图书馆的优势讲座形成特色，铸造品牌，如由国家图书馆开展的“文津讲坛”、由上海图书馆举办的“上图讲座”、湖北省图书馆开展的“荆楚讲坛”、杭州图书馆的“文澜讲坛”等。品牌的形成促进了公共图书馆讲座的大力发展，讲座的品牌效应产生了很大的社会影响，得到了社会大众的认可。

（4）坚持公益性发展之路

公共图书馆本身是公益性的事业单位，其举办的讲座更应该突出公益性，让社会公众受益，履行其社会教育的职能。坚持公益性发展之路就要为读者提供平等免费的公益性讲座，从读者的社会需求出发开发公益性讲座资源，而使公益性讲座的开展去利益化，真正做到惠及民众。

2.讲座联盟

讲座联盟形成以前，公共图书馆界已经实现了讲座资源的某些共享合作，例如，上海图书馆联合了江浙地区图书馆开展讲座，并且给予西部一些图书馆以支持。这些活动是自发组织的，没有形成一定的规模，并且缺少指导和规范。2005年，在文化部全国文化信息资源建设管理中心、国家图书馆和上海图书馆的倡议下，全国近60家图书馆共同签订了《公共图书馆讲座资源共建共享协议书》。2009年6月，浙江公共图书馆系统先后成立了“浙江省公共图书馆讲座联盟”和“公共图书馆信息服务联盟”两大联盟。2009年8月，“全国公共图书馆讲座工作研讨会”召开，这是国内第一次全国性讲座联盟会议，66家图书馆签订了《全国公共图书馆讲座联盟合作意向书》。2010年12月16日，全国公共图书馆讲座联盟正式成立，提供了各图书馆讲座合作的新平台，使得共享优势资源、共同发展成为可能。

我国讲座联盟产生的动因主要有：其一，地区文化差异致使资源分布不平衡，缺少名师、名人而难以形成品牌讲座，进而难以得到相关部门领导的重视。北京、上海等地是讲座资源比较充足的地区，而其他二线城市的居民文化需求就很难得以满足，为了解决这一矛盾现象才组建讲座联盟以整合优势讲座资源，共同促进公共图书馆讲座服务的开展。其二，地区的财政收入分配比例差异致使投入公共图书馆的资金存在较大差异。缺少资金的支持，致使公益性讲座很难维持，这也是促使进行优势讲座资源整合，建立讲座联盟的诱因之一。其三，社会经济的发展，促使我国公共文化服务事业快速发展，国家提出大力发展我国公共文化服务体系，逐渐推进文化服务部门的免费开放。其四，社会大众日益增长的文化需求，也迫使更多的公共图书馆开展讲座服务，当资源不能满足用户需求的时候，公共图书馆就会寻求这一出路共享优势讲座资源。

讲座联盟具有以下优势：一是整合优势讲座资源。讲座联盟的成立有利于整合优势讲座资源，使发达地区的特色讲座有了走进不发达地区的可能，可以满足不发达地区社会大众的文化需求。二是资源共建共享。讲座联盟的成立使公共图书馆的资源共建共享工作更进一步，不仅仅局限于文献资源的共建共享，更加会促进公共图书馆服务的共建共享。三是促进讲座活动交流。讲座联盟的成立促进了区域间的合作与交流，如全国公共图书馆讲座联盟网的建立即是联盟成立的成果。联盟网上有全国公共图书馆的讲座预告、视频精品和讲座选登。

讲座联盟的重要意义首先在于它缩小了地区之间的差距，使得地区间有合作与交流并使共享优势讲座资源成为可能，也为优势讲座资源由发达地区走向不发达地区提供了可操作的模式。其次，讲座联盟这一形式是服务联盟的一种类型。这一形式的创新开展可以为以后其他服务（展览、参考咨询等）创建联盟提供可借鉴的模式与经验，同时使文献资源的共建共享向服务资源的共建共享迈进。再次，讲座联盟促进了公共图书馆的社会影响力，通过互通有无延伸公共图书馆的服务，一定程度上促进了我国公共图书馆事业的发展。

讲座联盟是社会公共文化发展的产物，公共图书馆有进行社会教育的职能，而公益性讲座和讲座联盟的发展正是公共图书馆履行这一职能的体现。公益性讲座和讲座联盟延伸了公共图书馆的服务，其产生的社会效益也备受社会关注。在公益性讲座发展的过程中公共图书馆也逐渐摸索出了自己的特色之路、品牌之路。发达地区的公共图书馆凭借着资源优势形成了有自身特色的讲座业务，逐渐发展出了许多优秀讲座和经典讲座，同时将其以多种形式如图书、光盘等进行出版发行，通过多种载体（电视、网络、视频光盘等）进行宣传与传播，产生更加持久、广泛和意义深远的影响。全国公共图书馆讲座联盟的成立推进了我国公共图书馆服务的发展，这一平台的搭建促进我国公共图书馆讲座资源的共建与共享，整合优势讲座资源，均衡地区差异，形成从国家馆到省、市、区（县）多层次的完善的讲座业务格局[37]。

二、培训服务

培训服务通常也被称作读者培训服务。培训是进行读者教育的主要方式，也是最直接最有效果的方式，如通过读者信息素质教育，可以缩小数字鸿沟。社会公众日益增长的文化需求也需要公共图书馆提供培训服务。

培训服务的特点在于其针对性强，主题鲜明，形式多样。其针对性体现在针对不同的培训对象制定不同的培训计划：针对少年儿童开展少儿阅读培训，针对大学生开展外语培训等。主题鲜明体现在培训内容上：公共图书馆开展的培训关注社会热门，为就业、学习等提供主题鲜明的培训服务。形式多样化体现在公共图书馆不仅为读者提供固定的培训服务，并且接受读者的预约，提供预约培训服务。除此之外，公共图书馆不应只局限于面对面的培训服务方式，还应为读者提供网络培训服务，使互联网读者有可以访问的网络培训资源。

培训服务的类型，按照时间可以划分为短期培训和长期培训；按照空间可以划分为馆内培训和馆外培训；按照功能的不同，可以分为业务培训、资源培训、技能培训、课程培训等；按照培训对象的年龄层次不同，可以分为少儿培训、成人培训与老年人培训。加强公共图书馆的培训服务要从以下几个方面加以认识：

（1）贯彻公益性服务宗旨

公共图书馆开展的培训服务要贯彻公益性服务的宗旨，依托图书馆的资源优势开展培训服务，服务社会大众。公益性培训服务是公共图书馆向大众敞开大门的一种形式，让公众可以平等免费地享有公共图书馆的培训资源。

（2）关注弱势群体的培训服务

公共图书馆服务要遵循平等与公平的原则，对于弱势群体的关注更是体现着公共图书馆的责任。社会弱势群体同样有其培训需求，因此公共图书馆应该围绕弱势群体的需求而开展培训业务，给予弱势群体的培训业务以足够的重视，为其提供无障碍服务。例如美国盲人和残疾人图书馆服务处（NLS）于 1999 年利用网页点字系统为盲人用户提供服务[38]。深圳图书馆于 2006 年至 2010 年持续为盲人开办免费电脑培训班。

（3）创新培训服务形式，贴近读者需求

公共图书馆开展的培训服务要贴近读者需求，采取多种形式创新培训服务。从空间上讲，培训从馆内移向馆外，进入社区为广大居民提供培训服务。从内容上来说，以少儿阅读培训为例，可以开展故事会、朗读会、阅读竞赛等形式多样的活动。从载体上看，可以开辟网上培训室，为互联网用户提供培训。

（4）加强交流与合作

公共图书馆之间应该加强交流与合作。可以联合举办系列培训，也可以联合力量共同搭建网络培训平台，整合优势培训资源。通过交流，与合作馆之间可以互通有无、交流培训心得，从而提高培训水平。公共图书馆应依托自身资源优势同其他机构（学术机构、文化机构等）针对社会大众的需求开展交流与合作，如联合办学、联合开展社会教育与培训等。

公共图书馆开展培训服务，定位至关重要。首先要依据所属地区服务对象的特点和城市特色设计培训工作原则、确定培训内容、评估培训效果，同时还要培养专门从事培训服务工作的图书馆管理人员，提升培训服务的质量。此外公共图书馆培训服务应注重引进先进技术，如开展网上培训工作，缩短公共图书馆同读者时间和空间上的距离。

培训服务是公共图书馆履行社会教育职能最直接的方式之一。培训服务以灵活方便的形式为读者提供学习所需的培训。随着互联网的发展，公共图书馆逐渐创新服务方式开展网络培训。网络培训通过网络对读者进行培训，是对传统培训方式的补充。网络培训打破了地域和时间的限制并且可以反复播放，深受读者欢迎。公共图书馆应该根据所处地区的读者需求有选择性地开展培训服务。

三、展览服务

公共图书馆由于场所的便利和资源的优势，经常会举行一些展览服务。《辞海》将展览一词定义为用固定或巡回方式公开展出工农业产品、手工业制品、艺术作品、图书图片以及各种重要实物、标本、模型等，供群众参观、欣赏的一种临时性组织活动。随着展览业务影响范围的扩大和良好的社会效益，这种服务走进了公共图书馆。《全国公共图书馆评估标准（2003 年）》将展览服务纳入评估项目之中[39]。2010 年 12 月，时值浙江省图书馆建馆 110 周年，召开了浙江省公共图书馆展览工作研讨会。

展览服务的目的首先是要对热点问题进行报道，针对社会热点问题搜集相关资源进行展览，向社会大众普及相关知识。其次是要引导大众文化走向，通过对古典文献的展览或是对国学的展览来唤醒民众，通过展览的方式让被大众遗忘的文化遗产重归大众的视野。

公共图书馆开展的展览服务主要有以下几种形式：

（1）本馆资源展览服务

公共图书馆会依托自身的资源优势开展本馆资源的展览服务。包括文献展览、一般展览与特色资源展览三种形式。文献展览服务是图书馆比较常见的展览服务，图书馆将馆藏中有关某一主题的文献集中起来，在一定时期内公开陈列和展示，以便向读者宣传、推荐文献，促进文献的利用[40]，如一些科普展览、某一著者的书籍展览等。一般展览是普通意义上的常规展览，如书法展览、绘画展览等。特色资源展览是图书馆将其收藏的特色馆藏进行陈列展览，如民俗文物展览、地方志展览、珍本善本展览等。

（2）在线展览服务

在线展览是图书馆为了满足在线读者的需求而建立的展览服务。城市发展飞速，由于时间和交通的因素导致部分读者不能亲自到图书馆来参加展览活动，因此在线展览就解决了用户时间与空间上的限制。同时在线展览也是宣传图书馆展览服务的阵地。读者可以通过互联网访问在线展览服务，可以选择自己感兴趣的内容进行浏览。这种在线展览方式扩展了展览服务的形式，可以节省读者的时间。进行在线展览服务要注意用户界面的设计，界面要涵盖展览的主要信息，同时要注意用户界面的友好性设计。国家图书馆提供了在线展览服务（http://www.nlc.gov.cn/zxfw/zxfw_zl.htm），如“艰难与辉煌——纪念中国共产党成立九十周年馆藏珍贵历史文献展”，共向读者提供各类文献 4500 余种，其中包括领导人手迹、名家手稿、珍贵档案 400 余种，网站上不仅有展览的主要版面，而且有展览信息、观众留言等。

（3）合作展览服务

合作展览服务是公共图书馆开展的一项个性化展览服务。合作展览服务是指图书馆同其他企事业单位进行合作为读者提供展览服务的一种形式。由图书馆提供场地和人员，合作单位提供展览内容，面向图书馆读者进行展览。如上海图书馆与上海交通大学等合作在上海图书馆举办的《纪念人民科学家钱学森回国五十周年图片展》、上海图书馆与新疆摄影家协会和新疆艺术学院等单位联合在乌鲁木齐美术馆举办的《水禾田摄影展—中国江南水乡寻梦》，都产生了良好的社会效益，扩大了上图展览的社会影响力[41]。

展览服务的宣传形式主要有媒体宣传和网络宣传两种方式。媒体宣传是通过电视、报纸等对展览活动进行报道，从展览的前期准备、中期开展到后期评价给予全方位的报道，向社会大众进行宣传。网络宣传是通过互联网对展览进行宣传的一种方式。网络宣传有很多优势，一方面，网络宣传的时效性很强，通过网络可以快速传播展览服务的动态；另一方面，网络可以建立专门页面对展览服务进行宣传。此外，网络宣传可以灵活多变，具有一定的交互性，读者可以发表看法，进行评论。美国波士顿公共图书馆在其主页（http://www.bpl.org/）上列出了相关的展览信息，如 2011 年 5 月 12 日至 12 月 31 日的“150th Anniversary of the Civil War”。上海图书馆以展览主题的方式向用户提供展览信息，包括读书乐、馆藏精粹、乡土艺术、西部畅想、墨香画韵、光影瞬间、人物春秋、走进世博等[42]。

展览服务需要精心地组织与管理。公共图书馆要有主动开展展览服务的意识，有条件的公共图书馆可以开辟专门的场所用于展览服务。要组织与管理好展览服务，首先，需要组织一支优秀的团队。有专业的人员从事展览服务的组织与管理会促进展览服务水平的提高。其次，要确定展览的主题。有了明确的主题才能明确展览工作的每个环节。再次，要坚持有特色的展览，并持续开展下去。通过坚持与发展才能形成一定的社会影响力，才能形成品牌特色。最后，要注重展览服务的合作与共享。应通过相互交流促进公共图书馆展览资源整合与共享。

第五节　面向特殊群体的服务

一、少年儿童服务

少儿图书馆服务通常指公共图书馆和少儿图书馆以年龄在 12 岁以下的读者为对象的服务。1982 年美国学者 F.H.Thomas 在博士学位论文《美国公共图书馆少儿服务的创始：1875—1906》中将少儿服务划分为五个组成要素：专门馆藏、专门空间、专业人员、针对少年儿童的服务与活动、合作网络。

1.重视少年儿童服务

公共图书馆和少儿图书馆应当将少年儿童作为图书馆的重要读者对象提供主动充分的服务，少儿图书馆服务应在公共图书馆服务中占有突出地位。少儿享受图书馆服务是少儿的权利。1994 年 10 月 29 日，国际图联/联合国教科文组织在《公共图书馆宣言》中提出了公共图书馆的 12 项主要使命，其中第 1 条和第 4

条分别是“尽早培育并加强儿童的阅读习惯”和“激发儿童和青年的想象力和创造力”。

在国际图书馆界，各国越来越重视少儿图书馆服务，加强和发展少儿服务成为公共图书馆的大趋势。在美国，公共图书馆一般都附设专门的少儿图书馆，例如芝加哥公共图书馆总馆附设的儿童图书馆的面积超过 1.8 万平方尺，藏书数量逾 10 万册，堪称世界上最大规模的儿童图书馆[43]。美国国会 1977 年建立的图书中心是利用国会图书馆的资源和声望，促进图书、阅读、扫盲和图书馆发展的全国性组织，中心设有帮助监督青年文学会和儿童图书委员会的全国大使，首任大使是乔恩。该中心专门开办了为儿童和青少年、家长等提供阅读资源的网站（www.read.gov），其中被称为“精美的僵尸之旅”的系列故事，是与全国儿童图书和扫盲联盟（www.thencbla.org）的联合项目。美国图书馆协会儿童图书馆服务委员会于 1997 年提出并于 1999 年修订的《公共图书馆儿童服务馆员资格》，对公共图书馆儿童服务馆员的专业资格提出 7 项条件，包括：（1）顾客群的相关知识；（2）行政及管理技能；（3）沟通技巧；（4）资料与馆藏发展；（5）策划及学习活动能力；（6）建立公共关系的技能；（7）专业素养与发展潜能[44]。2009 年 10 月，美国国会图书馆首次设立少年读者中心（Young Readers Center）。在俄罗斯，《俄罗斯联邦图书馆事业法》第 8 条规定“儿童和青少年有权在公共图书馆、专门国立儿童和青少年图书馆享受图书馆服务”[45]。在日本，短短的 50 多年间，日本儿童室的设置率从 30% 上升到 72%，图书馆数量增加了 3.18 倍，有儿童室的图书馆增加了 9.25 倍[46]。

在我国，文化部、教育部和共青团中央曾于 1981 年 5 月 12 日至 20 日，在北京联合召开了全国少年儿童图书馆工作座谈会，国务院办公厅转发了文化部等单位关于全国少年儿童图书馆工作座谈会的情况报告的通知，提出了发展少儿图书馆工作的 9 条意见。2010 年 5 月 31 日，中国国家图书馆少年儿童图书馆正式开馆。2010 年文化部在天津召开了全国公共电子阅览室建设试点工作会议和全国少年儿童图书馆工作会议，随后，国家图书馆举办了“全国图书馆少儿服务工作座谈会”。截至 2009 年底，我国共有公共图书馆 2820 家，其中独立建制少儿图书馆 91 家。从 2000 年到 2008 年，我国独立建制的少年儿童图书馆经费总投入由 6237 万元增加到 2 亿元；少儿馆馆舍面积从 14.4 万平方米增加到 23.5 万平方米；总阅览人次增加了 1.4 倍。周和平提出，要加强对少儿图书馆事业发展的研究，在深入调研、广泛征求意见的基础上，定期发布我国少儿图书馆事业发展状况的报告，同时开展对事业发展中所涉及的一些重大理论和实践问题的研究，策划带动行业发展的项目；要建设国家少儿文献资源库，为基层少儿图书馆建设提供支持与服务。设立“国家图书馆文津少儿图书奖”，编制《少儿图书馆（室）基本藏书目录》和年度推荐书目，作为各馆文献入藏的参考，指导少儿馆的基础文献建设；同时应加快少儿数字图书馆的建设，构建多层次服务体系，不断提高服务水平，扩大社会影响力[47]。

2.亲子服务

公共图书馆的亲子服务是指以少儿家庭为服务对象，通过亲子活动、家庭阅读指导等，促进亲子阅读和家庭对图书馆的利用的系列过程。在英国，“智力开发”国家计划由公共图书馆与地区健康中心协作，在父母带9个月婴儿来做健康检查时，交给每对父母一个包，包里面装着图书、读书建议和利用图书馆的申请书。其目的是劝父母读书给孩子听，把读书当作一件家务事。在俄罗斯，从1990年开始，家庭阅读课程成为一门独立的课程编入文化类大学的教学计划。俄罗斯中心图书馆进行的一项调查显示，有86.3%的家庭希望从图书馆获得各种信息；新乌拉尔国家青少年中心图书馆的工作人员经过调查发现，大多数家庭希望得到图书馆的阅读建议和指导，愿意根据图书馆制定的阅读大纲来进行阅读[48]。我国2010年第八次国民阅读调查显示，0—17岁的未成年人图书阅读率、人均图书阅读量均超过成年人，0—8岁儿童的家长平均每天花费22.78分钟陪孩子读书。实际上，亲子服务是“图书馆+家庭+社会”的一种服务模式。

亲子阅读是亲子服务的主要形式，它既可以帮助婴幼儿克服对陌生环境的不适应，满足他们依恋家长的心理需要，又可以吸引他们对图书的注意，从而产生对图书阅读的兴趣。0至6岁是婴幼儿大脑成长、智能开发的最佳时期，研究表明，唤醒孩子阅读意识是从18个月到4岁，儿童语言发展的敏感期是2岁左右，书写敏感期出现在3.5岁至4.5岁时期，阅读敏感期出现在4.5岁至5.5岁时期[49]。公共图书馆要根据婴幼儿的特征，结合家庭需求，开展亲子服务。图书馆应有相对独立的亲子服务空间，在布局上重视美化装饰，为低幼儿童设计的亲子服务区要色彩鲜明和主题多变，辅以人性化的家具设计和配套设施，营造良好的亲子服务环境。

3.少儿阅读服务

少儿阅读推广既是公共图书馆的重要职责，也是全社会的重要任务。国家必须发展少儿阅读，营造全社会重视少儿阅读的氛围。日本早在10年前就积极推广儿童阅读运动。1995年一群国会议员开始推动设立国际儿童图书馆。1997年日本修正“学校图书馆法”，规定学校规模只要超过12个班，都必须指派学校图书馆员。为培养婴幼儿阅读习惯，日本从英国移植了“图书起跑线”运动，鼓励新生代父母讲故事给襁褓中的孩子听。2001 年底，儿童阅读进入国家法律，《日本儿童阅读推进法》颁布，指定 4 月 23 日为日本儿童阅读日。在我国，2009 年中国图书馆学会精心筹划了“全国少年儿童阅读年”活动，全年先后共举办了少儿科普图书展、少儿阅读讲故事大赛等 100 余项 3400 场次形式多样的阅读活动，共有 400 余万青少年踊跃参与，取得了良好的社会效益。

公共图书馆举办少儿阅读节，是推动阅读的一种良好形式，让少年儿童以书为伴，以读书为乐。洛杉矶公共图书馆经常举办阅读节。例如，1999 年 5 月 15 日在马克·吐温分馆的免费春季阅读节以图书吸引社区居民，排队一直到了街区的尽头，工作人员和志愿者将 3000 多种新的英语和西班牙语图书送给洛杉矶南部儿童及其家人。6 月 12 日，中央馆举办幼儿阅读节，从全市四周赶来的儿童及其家人创下 2 万人的记录。阅读节影响着阅读俱乐部，在中央馆和各分馆举办的阅读俱乐部计划将 10 万余年轻人带进图书馆。

从组织形式上，可以由少儿馆员对少儿读者直接进行阅读指导，也可以通过家长对少儿读者进行阅读指导。志愿者辅导阅读是一种可行的方法。洛杉矶公共图书馆 1998 年 10 月 25 日发动了“Read to Me L.A.”全市阅读活动，图书馆工作人员准备了各种资料：阅读书目、书签、广告、教学录像带和其他双语资料。这一活动训练志愿者教会父母如何有效地给婴幼儿、小孩和学龄前儿童阅读。因此，少儿图书馆阅读活动要与学校教育、家庭教育、素质教育和创新教育等有机结合起来。

美国的儿童心理学家认为，0—3 岁是养成儿童阅读兴趣和学习习惯的最佳时期，3—6 岁则是培养儿童阅读和学习能力的关键阶段[50]。从方法上，少儿阅读指导要根据少儿的生理和心理特点，结合兴趣爱好，有针对性地采取不同的方法，还要根据少儿思想状况和文化基础，采取有效的方法进行针对性的阅读指导。阅读指导要将阅读方法与经验相结合，将儿童阅读方法通过实际阅读的形式传授给小读者，让少儿在阅读中逐步掌握常用读书方法和技巧，纠正不科学的读书方法。还要教会少儿读者通过阅读来积累资料，并学会使用必备工具书如字典词典和手册等，教会少儿在茫茫书海中选好书、读好书，提高阅读效果，增长知识和提高学习能力。

4.根据年龄与功能分区服务

公共图书馆与少儿图书馆的少儿服务要根据少儿年龄的差异和功能的不同，设置不同的分区，便于有效地开展服务，其设计原则是年龄适用性和灵活多样性。伊利诺伊州 Urbana 市的公共图书馆少儿部里设有阅读区、电脑（上网）区、棋牌游戏区、活动区、玩具区和亲子区（大人可以抱着孩子坐在摇椅上，朗读图画书）[51]。洛杉矶公共图书馆（Los Angeles Public Library）是美国最大的公共图书馆系统，由中央馆和 72 个分馆构成，服务人口 400 万，服务地域 470 平方公里。洛杉矶公共图书馆中央馆的服务非常重视两个方面:儿童服务和青少年服务。儿童文学部和青少年园地成为 11 岁以前儿童、11—18 岁少年接受知识和服务的启蒙学校。儿童文学部布置精美，内容丰富，图书、杂志和电脑提供启蒙知识，开发儿童智力，是儿童们阅读学习的迷人天地。有一个可容 63 人的小剧院——KLOS 故事剧院，每逢星期六下午提供免费节目，有孩子们喜爱的木偶剧表演活动和阅读俱乐部。南加州 Ronald McDonald 儿童慈善多媒体中心也在该部。青少年园地提供一片全新的世界，有青少年喜爱的图书、杂志和录像带，是专为满足青少年兴趣和教育而选的，而且还有大学和择业导向文献，这里既有静谧的读书环境，又有活跃的电脑中心，供青少年上网，或和朋友们一起做家庭作业，还举办戏剧表演等活动。青少年在此欢聚一堂，尽情地探索图书馆中的奥秘。洛杉矶公共图书馆专门为少年儿童开发了网站“Kid’s Path ”。

纽约皇后区最大的儿童阅览室在法拉盛图书馆。除了儿童图书馆资料和高层次藏书外，阅览室营造了易于探索的氛围。“电车”提供座位和想象的游戏空间。儿童室藏有杨松明的玻璃壁画《花的世界》。单间提供儿童计划项目，这里的兴奋和嘈杂不会影响年轻的学者们工作。Latchkey 计划为放学后的儿童提供安全而促学的避风港。此外，在儿童室的计算机上还可进入皇后区图书馆自己的 KidsLinQ，它有一个进入皇后区图书馆电子目录的友好界面，提供最佳的因特网导引，由儿童图书馆员评价和更新，通过它可提高计算机和研究技能并在电子写作方面获得良好开端。

我国香港中央图书馆二层是儿童图书馆，服务 12 岁以下的儿童，设有借阅部、参考部、画书角、玩具图书馆、儿童多媒体资料室、儿童活动室、资讯服务。而青少年图书馆在六层，服务 12 岁至 17 岁的青少年。

5.少儿读者活动策划与推广

策划少年儿童服务项目是公共图书馆服务创新的重要内容。我国台湾地区儿童图书馆策划开展了多种服务项目，有读书会、说故事时间、演讲、班访、小博士信箱、图书馆利用教育、参考服务、影片欣赏、阅读指导、好书介绍、征文比赛、新书展示、推荐书单、各项展览、专题书展等。深圳少年儿童图书馆经常策划大型活动，每年举办“六一”小脚印系列游园活动。1998 年开展了小学生中英文讲故事大赛、百童书“虎”、大型游艺活动；1999 年举办了“深圳市中学生说句心里话”征文大赛、科技宣传周以及“勤、奇、书、话”小状元大赛；2000 年举办了“新世纪——我来了”千禧之子小脚印采集及百名幸运小读者金卡抽奖活动，“多彩的希望——深圳的明天”少儿书画、摄影展览。深圳少年儿童图书馆举办了历届“深圳读书月”少儿系列活动，如 2001 年与深圳电视台合作的“青春期与虚拟世界”魔方舞台节目，2002 年的“深圳书香溢四方·西部之旅”活动，2003 年的“深圳书香溢四方·东部之旅”活动等。不仅立足深圳开展青少年读书活动，而且面向全国开展[52]。

• 在图书馆做作业：在美国，许多公共图书馆专门为放学后的学生服务，如“Do homework at the library”（洛杉矶），学生们到图书馆做家庭作业，也有学生把图书馆当作放学后的安全教室，等待家长到图书馆来接。在英国，许多公共图书馆设立了家庭作业俱乐部，专为放学后的学生服务。

• 讲故事：讲故事活动在美国很早就是儿童图书馆和中小学图书馆的主要服务方式之一。美国早在 19 世纪末期即已开展讲故事活动，当时的讲故事活动仅局限于学龄儿童。20 世纪 30 年代至 40 年代讲故事活动的对象已经大大扩展。60 年代针对中小学生对影视资料的喜好，开展了“故事和电影活动”，就是根据电影讲故事，受到中小学生的普遍欢迎。此外，美国旧金山市立公共图书馆还开展了“拨电话听故事”活动，中小学生或儿童可以打电话到图书馆，便能听到经过图书馆员选择的故事、儿歌及童谣等录音，而其他图书馆纷纷效仿[53]。

• 图书馆读者运动：洛杉矶公共图书馆想方设法在全市扩大读者。在图书馆基金会的赞助下，1998 年 7 月 1 日，开始发动图书馆读者运动（library card campaign），邀请篮球球星来做宣讲，利用广告栏、报纸广告、广播和电视的公共服务通报刺激读者办证并增进对图书馆的了解。在当年夏季运动中，图书馆发放了数千个新的借书证。

• 科技与文艺活动：公共图书馆举办科技活动和文艺活动，不仅起到了普及科学和文艺知识的作用，而且吸引了广大少儿对图书馆的利用，成为少儿图书馆服务的重要形式。以洛杉矶公共图书馆为例，该馆举办有科技活动，组织热心的少年和著名发明家、喷气推进实验科学家、Mt. Wilson 天文台天文学家及其他人员一起探索宇宙奥秘和空间乐趣，在便携式天文仪中少年们还认识了星座。1999 年 1 月 23 日，市馆举办的天文活动在 67 个分馆展开。该馆还举办艺术活动，如 1998 年 10 月 3—4 日举办的喜剧艺术节，大批少年来到中央馆与蜘蛛人创作者 Stan Lee 及其他重要人物见面，这些少年许多过去从未来过图书馆，通过艺术节，参加了职业实习班、代表作品选评会、写作和绘画班、日本动画剪辑放映。

• 玩具图书馆：香港中央图书馆玩具图书馆专为0—8岁儿童而设，提供启发智能的玩具和教育材料供家长与子女在馆内使用。馆内有四个主题角：婴孩游戏区，模仿及想象游戏区，创意游戏区，智慧游戏区。馆藏约1400件玩具，分为十类：棋板游戏，建筑游戏，咭牌游戏，创意游戏，电脑型玩具，音乐游戏，技巧游戏，体能游戏，砌图游戏，扮演游戏。深圳盐田区少年儿童玩具图书馆效仿香港中央图书馆玩具图书馆的运行模式而建，分为婴儿区、合家欢区、游乐区、益智区、美术创意区和波波球区，馆中配备有各种各样的少儿玩具124种，主要为0—6岁的低幼读者提供益智玩具，用寓教于乐的方式开发低幼读者的智力，体现对低幼读者的人性关怀，创建互动交流的活动空间。

• 艺术展览：公共图书馆举办少儿绘画展，展出少年儿童自己的作品，既可以是综合性的，也可以是专题的展览。公共图书馆还可举办中小学生作文展、书法展、摄影展、图片展等。

• 志愿服务：杨浦区少儿图书馆2003年成立志愿者服务基地，从起初的十余人逐步发展至240余人，服务内容从单一走向多元，拥有“大手牵小手”爱心助学行动等四项核心服务项目。2006年1月起，进一步深化“小小图书管理员”志愿服务项目，进行图书整理、解答咨询、推荐好书、策划小型读书活动，此项目共招募志愿者82人，不少骨干小志愿者累计服务时间达200多小时。2007年11月成立读书会，会员达80余人[54]。

此外，少儿图书馆的动漫阅览室，让少儿在图书馆进行动漫创作；设立图书馆参观日，有专人讲解，让公共图书馆成为文化旅游景点。

在少儿服务活动策划中，要体现少儿的主体地位和少儿的主人翁意识，但也不能让少儿活动完全孤立起来，要让少儿加强参加社会活动的意识，策划少儿与成人共同参与的活动。因此，少儿图书馆也要重视“中介读者”，即和少年儿童有密切关系的教师、作家、家长和一切为儿童服务的单位、个人[55]，他们在少儿图书馆工作中有着重要作用。要加强中介读者服务，提高图书馆员为中介读者服务的水平。

6.重视Google一代的网络信息服务

1993年后出生于互联网环境的青少年们已经因其过多地依靠互联网和搜索引擎而被称为“Google一代”。国外研究表明，Google一代普遍缺乏信息搜寻能力和信息素养，这些能力的缺陷严重影响了他们的学习[56]。

比较重要的是，公共图书馆要大力建设少儿网站，以网络平台吸引少儿利用图书馆。深圳少年儿童图书馆与全国 14 家图书馆和科研机构共同建设了“中国少年儿童信息大世界——网上图书馆”（http://www.cclibrary.org.cn），这是以广大少年儿童、家长、教师及各类少年儿童工作者为服务对象的数字图书馆。在网上提供健康有益的融科学性、引导性、知识性、趣味性、服务性于一体的综合性信息服务。还可以实现网上借书、网上阅览、网上阅读指导、网上专题信息检索、网上咨询等。上海、广州等少儿图书馆网站也都提供了内容丰富、形式多样的服务，如阅读图书和连环画，在线娱乐（观看电影、欣赏音乐），学习礼仪知识、健康知识，查找电子数据库、家教知识等。截至 2011 年 4 月，国家图书馆少儿数字图书馆的访问量超过 50 万次。2011 年 4 月，国家图书馆少儿馆主持的“全国少年儿童阅读推广服务平台”项目成功立项。该项目是基于电子书阅读器开展少儿阅读推广的实验性项目，旨在通过开展数字阅读调研和研讨，探索少儿图书馆的新媒体服务模式，通过推广少儿数字阅读，引导少年儿童学习正确的数字阅读方法。该平台的目标是建设一个国家级的专门为全国少年儿童阅读推广服务的开放平台，它将是一个安全、可靠、开放、共享的少儿网络阅读社区。

二、残障人士服务

2002 年 3 月，朱镕基总理在第九届全国人大第五次会议上所做的政府报告中明确提出“对弱势群体要给予特殊的就业援助”。“弱势群体”一词首次出现在国家官方文件，由此引发了国内外各界对这一群体的关注，而图书馆界也开始重视为弱势群体服务。残障人士又是弱势群体中比较突出的一部分群体，是公共图书馆履行其社会责任的重要体现。

1.制定相关制度给予导引

制度是为残障人士提供服务的保障，完整的制度体系包括宏观、中观和微观三个层面。宏观层面是国家的制度，包括国家的法律法规；中观层面是公共图书馆行业制度；而微观层面是指公共图书馆的内部制度。

从宏观上来看，国家层面要制定相应的法律法规来保障公共图书馆为残疾人士提供服务。在我国现行的国家法律法规中尚未有关于公共图书馆服务残障人士的相关政策，而一些地方性的法律法规中仅有描述性的规定，无详细的服务条例。从中观上来看，公共图书馆行业应形成相应的行业规定，共享设施与资源，交流服务模式，为残疾人士提供无障碍的信息服务。从微观上来看，公共图书馆内部应有针对残障人士的制度来给予保障，包括基础设施建设、提供教育与培训机会、提供特色服务以及加大对弱势群体信息需求的研究。

制度的制定是为了给向残障人士提供服务以一定的导引。虽然国家层面的法律法规尚未出台，但是公共图书馆有义务建立本行业的相关政策，保障公共图书馆行业开展针对残障人士的服务。同时各公共图书馆应根据自身所在辖区的具体情况，制定本馆的服务策略，为残障人士提供免费、均等的服务。

2.提供针对残障人士的便利设施

设施是为残障人士提供服务的基础，有了便利设施才能为残障人士提供优质的服务。同时要满足残障人士基本的信息需求，也离不开基础设施的建设。据新华网报道，目前我国残疾人数量已超过 8300 万，但人们在大街上却很少看到残疾人的身影[57]。这是由于他们出行不便造成的，因此公共图书馆服务残障人士，要打造便利的环境。

公共图书馆服务残障人士，首先应改善本馆的环境，并购置相应的无障碍设施。2007 年南京图书馆与南京市残联共建了占地 420 平方米的“南京市残障人活动基地”，基地在信息交流无障碍等方面做了精心设计，装备了大量先进设备，服务便捷、环境舒适，能听、能看、能玩。2008 年由陕西省残疾人联合会与陕西省图书馆联合开办的视障阅览室正式对外开放，收藏各类盲文图书和视听资料 1200 多册（件），配置 9 台联想电脑、2 台盲文点显器、1 台盲文刻印机、1 台盲人读书机、2 台多功能视频助听器、1 台传真机、2 台 CD 录音机及触觉语音地图、多功能盲杖等国内外高科技视听产品，通过明盲文转换软件及语音软件，实现图书文献电子化盲文阅读、语音阅读、网上交流信息、读写文件、刻印文件等多重功能[58]。其次要做好宣传，将残障人士吸引到公共图书馆来。可同相关部门共同举办活动，让残障人士了解图书馆，走进图书馆。再次，公共图书馆对于残障人士的服务体现着公共图书馆的社会责任，因此日常对这些设施要进行专门管理，给予足够重视，并加强本馆服务残障人士的基础设施建设。

3.给予残障人士以相应的指导与培训

残障人士前来公共图书馆阅读，需要图书馆像医院为患者提供导医、商场为消费者提供导购一样，为他们提供导读服务。导读可以节省残障人士的阅读时间，同时可以针对图书馆的资源和设施，对其进行培训，使他们更快地熟悉图书馆的设施，利用图书馆的资源。2011 年 3 月 24—25 日，以“保障残疾人阅读权利，推进信息无障碍交流”为主题，由重庆图书馆主办、上海浦东图书馆协办的“视障读者服务研讨会暨视障者电脑使用推广培训班”在重庆图书馆隆重举行[59]。这一培训教授和指导盲人使用电脑，更好地利用公共图书馆的资源。美国很多州的公共图书馆举办培训和讲座为残障人士提供指导，一些图书馆面向自闭症患儿举办讲座，定期接待智障人士，为其提供与接触社会的机会[60]。可见，阅读指导和培训是促进残障人士利用图书馆的良好形式。

除此之外，还可以开展一些专题讲座，尤其是健康知识的普及，为文化水平不高的人培训扫盲，提高他们的素质。同时还可以开展读书竞赛、有奖知识问答、看电影、给智力障碍残疾人讲故事等丰富多彩的活动[61]，拓展残障人士的知识面。

4.针对残障人士开展无障碍服务

无障碍服务是指在服务中无干扰，各个环节紧密相连不脱节的服务。对于公共图书馆来讲，可涵盖两方面内容。一是设施无障碍，就是要在设施的配置上来满足残障人士对图书馆的利用。二是服务无障碍，要开展便捷的公共图书馆服务以满足残障人士的需求。具体地讲：其一，要保障馆内阅览无障碍。加大馆内基础设施投入，增加便于残障人士馆内阅览的相关基础设施，为残疾人提供无障碍通道，为盲人提供阅读文献的设备和视听资源，为他们提供计算机上网等服务。其二，要保障馆外阅览无障碍。为残障人士提供流动书车服务，将图书馆送到残障人士身边，保障残障人士在图书馆之外也可享受到图书馆的服务。此外，公共图书馆还可以建设针对这一目标群体的数字图书馆服务，延伸公共图书馆服务，保障馆外阅览无障碍。其三，要保障信息服务无障碍。对于信息无障碍，中国互联网协会给出了一个定义：信息无障碍是指任何人（无论是健全人还是残疾人，无论是年轻人还是老年人）在任何情况下都能平等地、方便地、无障碍地获取信息、利用信息。信息无障碍包括两个主要范畴：一个是电子和信息技术无障碍；另一个是网络无障碍[62]。国务院扶贫办公室主任任铁民也指出，信息无障碍是残障人士贫困人口等弱势群体的基本发展权[63]。对此要高度关注，加大投入，建立信息无障碍网站等。

三、农民工服务

伴随着改革开放，我国农民群体于20世纪80年代末大规模从农村向城市流动，90年代初期迅速扩大，到90年代中后期达到顶峰。据《中国农民工调研报告》，我国在外务工的农民数量将近1.3亿人次，如果再加上在本土乡村企业打工的农民，农民工总数大约2亿人，平均年龄为28.6岁。而今后10年内，我国从农村转移到城镇的人口总量将达到1.76亿，预计今后20年，农村人口向城镇转移的总量将超过3亿[64]。农民工已成为图书馆读者群中的一个特殊群体，为农民工服务成为公共图书馆一项长期的重要任务。

1998年3月，时任国务院总理朱镕基提出把"保障下岗职工的基本生活，切实抓好再就业工程"作为当年各级政府需要抓好的重点工作之一。同年5月，党中央国务院在北京召开了有关"国有企业下岗职工基本生活保障和再就业"的工作会议，并且再次把"下岗工人的再就业"工作与整个社会政治、经济的发展相关联起来，成为国家头等大事，呼吁社会各界共同帮助关心这一弱势群体。2010年1月31日中央一号文件《关于加大统筹城乡发展力度，进一步夯实农业农村发展基础的若干意见》中提出，为了让新生代农民工城市化，要求采取积极有效的措施，切实解决新生代农民工问题。该文件中提出，要"着力去解决关于新生代农民工的问题"，从而表明党中央对"新生代农民工"这一新群体的高度重视。因此，公共图书馆做好农民工服务工作，既关系着公共图书馆服务的广泛性，也关系着响应党中央号召，在推进城镇化和和谐社会建设中发挥作用。

1.将农民工服务作为公共图书馆的重要任务

从2005年起，北京、成都、甘肃等地率先开展农民工图书馆建设活动，深圳、河北、武汉等地积极响应。首都图书馆与北京建工集团在建设工地创办了第一个专门"工地图书馆"[65]。2007年11月，甘肃省在农民工比较集中的地方设立了6家农民工流动图书馆[66]。深圳1200万的总人口中有近1000万是外来务工人员，从2006年以来，深圳各区文化部门和区图书馆把建设劳务工图书馆当作一项重要的业务指标，截至2008年底，全市建有劳务工图书馆近100个。深圳许多公共图书馆分别在劳务工集中的工厂企业建立图书馆分馆，宝安区、龙岗区、南山区图书馆分别在大型企业厂区建立藏书2万册以上、订阅报刊100种以上的劳务工图书馆25个（有的馆还配备电脑10台以上）。因全市600多所区图书馆、街道图书馆、社区图书馆农民工服务出色，深圳市文化局被国务院农民工工作办公室授予"全国农民工工作先进单位"称号[67]。

在公共图书馆为农民工服务的探索中，有关农民工图书馆研究涉及"兴建的必要性""建设现状和经验总结""服务与举措""对农民工以及农民工子弟的知识援助""在和谐社会构建进程中的社会意义"五个方面，取得了系列重要成果[68]。

公共图书馆高度重视为农民工服务，不仅具有重要的现实意义，也具有重要的政治意义，是公共图书馆的职责所在。从公共图书馆的使命角度，公共图书馆要为社会的每一个成员服务，也包括为农民工提供服务。从读者权利出发，公共图书馆应重视和关注农民工读者的权益。例如，为农民工服务时，需要尊重农民工，注意农民工读者与其他类型读者服务是否平等的问题，保障农民工读者平等权；图书馆推出各种形式的农民工服务时，要让农民工有充分的服务知情权；在农民工办证和读者管理中要注意农民工的隐私权是否得到了保护。

2.针对农民工的需求开展阅读服务与信息服务

农民工从农村到城市，在城市务工的过程中迫切需要获得有关生活与工作诸方面信息。2006 年夏针对武汉市 495 名农民工进行的问卷调查[69]以及针对北京市 188 名农民工的问卷调查结果[70]都显示出，从事简单劳动、体力劳动的农民工，信息知识能力在整体上比较低下，获取信息知识的渠道比较传统；他们中的大多数因业余时间少、经济收入低等原因阅读匮乏，但他们求知欲望也很强，渴望走入图书馆；而对图书馆不了解、图书馆收费等因素，是阻碍农民工利用图书馆的主要原因。

公共图书馆要重视“新生代农民工”的需求，他们出生于改革开放后的 80 年代初，平均年龄在 25 岁以下，偏小者居多，大都在新世纪初进城务工或做小本生意；跟他们的父辈相比，他们接受教育的条件与机会更好更多，所以通常受教育程度较高，很少参与农务，许多人甚至完全没有接触过农务，这些生活经历让他们进城务工的目标和对自己的期望受到很大的影响[71]。调查显示，报刊、电视、广播、互联网等媒介已成为“80 后”农民工信息获取主渠道[72]。2009 年针对广州两代农民工信息需求的问卷调查显示，41.9%的新生代农民工工作与生活中最需要的信息是“职业介绍”，比老一代农民工的 30%高出了 11.9%；在业余爱好上，58.1%的新生代农民工选择了上网，远高于老一代农民工的 8.2%，也高于选择看电视、电影的 55.2%、选择逛街的 50.5%、选择睡觉的 39%、选择读书看报的 33.2%、选择交朋友的 30.5%[73]。另据调查，新生代农民工的信息需求以就业、休闲娱乐、经济法律以及文学小说类为主；目前最常用的信息获取渠道还是网络与电视广播；企业和书店是绝大部分新生代农民工获取信息的主要来源，而利用图书馆的相对较少。调查还发现，大部分新生代农民工对图书馆缺乏了解，时间和精力不够、不知道图书馆的具体位置、手续麻烦以及图书馆太远等成为妨碍新生代农民工利用图书馆的最主要原因[74]。

根据农民工的需求特征，公共图书馆要为农民工提供各种休闲、娱乐性强的小说、文摘、故事书等书刊。通过加强宣传阅读、指导阅读，引导农民工走进图书馆这所“没有围墙的学校”，既让农民工阅读到免费的休闲娱乐读物，充实他们的业余精神生活，又让农民工接触到人类优秀的精神产品，避免“黄赌毒”的影响与毒害，营造良好的信息环境和健康的社会环境。

3.开展以就业和提高技能为中心的培训

在我国，二、三产业从业人员中农民工占半数以上，76.4%的农村劳动力没有接受过技术培训[75]。2003 年 10 月，由农业部等 6 个部门共同制订的《2003—2010 年全国农民工培训规划》为农民工培训提供了指南。国办发（2010）11 号文件《关于进一步做好农民工培训工作的指导意见》指出："加强农村实用技术培训与创业培训。加大力度提高培训水平，让农民工能通过培训掌握一门实用技术，使他们的就业率得到显著提高。"公共图书馆要以此为依据开展农民工培训服务。

公共图书馆应根据农民工的需求和社会就业热点，及时为农民工提供职业技能培训，开展安全生产讲座，开展以提高技能为中心、以就业为目标的培训服务；运用网络信息和技术，如全国文化信息共享工程网站的进城务工栏目的信息和视频，组织他们学习家政物业、建筑装修、车辆电器维修、营销技能、美容保健等热门职业技能，使他们基本掌握一项在城镇创业、就业的技术，在激烈的就业竞争环境中提高生存能力。此外，图书馆可以和城市劳动部门、就业指导培训中心联合，为农民工开展专题培训。还可以与学校合作，充分利用大学生志愿者开展针对农民工的计算机、外语、专业性的培训。如重庆图书馆每个月第二个星期四定期开办农民工免费电脑培训班，根据农民工需求量身定做免费电脑培训，发放上机练习卡，提供 45 个学时免费上机时间，已免费开展电脑培训 17 期，培训 600 多人次[76]。

4.开展多种形式的活动提高农民工及其子女的文化素养

公共图书馆为农民工服务，要通过多种形式提高农民工的文化素养。公共图书馆可以从三个方面开展服务：

一是要培养农民工及其子女积极向上的价值观和良好的道德素质，让农民工及时了解国家政策。

二是培养农民工及其子女的科学文化素养，引导他们学习科学文化知识、了解历史地理等，真正提高农民工的文化程度。针对农民工在打工中经常遇到的拖欠工资、劳资纠纷以及遇到的人权伤害等问题，图书馆要加强法律信息知识服务，促进农民工及其子女的法律知识学习，用法律保护农民工的权益。图书馆要在农民工及其子女中大力普及法律法规知识，通过订阅法律书刊、举办法制培训班、提供法律咨询、法律援助等方式，增强农民工的法制意识，提高依法维权能力，使他们在遵纪守法的同时学会运用法律武器，解决打工过程中可能出现的工伤、医疗、养老保险等问题，维护自己的基本权益。另外，通过对农民工进行电脑、普通话、英语、社交礼仪、文明行为、心理健康等知识的培训，提高他们的综合素养。

三是可以促进文化上的融合，增强农民工及其子女对城市的认同感、归属感。外来移民要融入当地社会，除了经济上、政治上的融合，更重要的是文化上的融合。由于农民工这种身份的特殊性，在他们进城务工后长期处在社会底层，其心理压力和经济承受能力比较薄弱，也易于引起矛盾激化，并有可能危及社会稳定。公共图书馆可以组织座谈会、讲座，让农民工了解城市文化，融入城市文化，有利于促进全社会文明程度的进步。

第六节 政府信息公开服务

政府信息公开是政府信息资源整合发展的必然方向，是服务型政府信息化发展的要求。它以公民的民主权利为根本诉求，其根本理念与公共图书馆的服务内涵是相契合的。分析和探讨公共图书馆的政府信息公开服务，对于我们理解公众、政府和公共图书馆三者之间的互动关系具有重要的现实意义。

一、政府信息与政府信息公开

关于政府信息，2007 年 4 月 5 日由国务院公布的《中华人民共和国政府信息公开条例》（以下简称《条例》）中对其做了明确的概念界定，即“是指行政机关在履行职责过程中制作或者获取的，以一定形式记录、保存的信息”[77]。从产生主体来看，政府信息来源于行政机关，即行使国家权力的各机关和依法被授权管理公共事务的各组织。对于行政机关的概念，国外一些法律法规中做了明确规定，如《日本行政机关拥有信息公开法》将“行政机关”定义为“依据法律规定在内阁中设置的机关以及属内阁管辖的机关、国家行政组织法有关条款规定设置的国家行政机关、国家行政组织法有关条款规定的特别机关、会计检察院”[78]。从信息属性来看，政府信息产生于行政机关履行职责这一信息活动过程，它作为一种不可或缺的国家信息资源，具有社会共享共有的公共属性。记录和保存政府信息的载体可以是文本、图片、录音、影像等，获取方式具体有查阅、摘录、复制、下载、 收看等。从接收客体来看，政府信息与社会各成员间均有着直接或间接的利益关系，因而从这个意义上来说，社会公众是接收行政机关依照一定法定程序公开的政府信息的客体，他们享有依法获得政府所掌握信息的权利。但是对于社会公众作为自然人的属性而言，由于政府信息是与一个国家的内部发展情况息息相关的，所以公众的性别、职业、社会地位、健康状况等都不是客体确定的矛盾点，主要的讨论分歧在于该接收客体的国籍，各国的国情不同，则客体被界定的国籍范围就不同。

政府信息公开是政府信息的传播方式之一，这表明行政机关在除开那些归属国家秘密、商业机密、个人隐私等的信息外，应主动以“公开”的形式向社会公众提供政府信息。作为一项庞大的社会系统工程，政府信息公开一方面关系到社会主义民主法治和政治文明。传统政治文化下的政府机构不愿意让公众知道他们手中的信息，而公众在不能充分了解政府信息的同时也无法真正地参政、议政，这无益于构建一个民主的法治文明社会。另一方面，政府信息公开关系到政府转型中对政府信息资源的高效开发与利用。政府执政方式的转变、服务职能的深化和行政体制的改革要求大力提倡和推进政府信息公开，其中重要的是使政府信息资源能被社会公众有效运用。对政府信息公开的社会环境可以从三个方面认识。首先，实施政府信息公开是信息化社会与政府转型合力的结果。这是建立在大量的信息化工作基础之上的，信息已成为比物质更重要的资源。知识经济的兴起以及政府面向公众服务的实践，都体现出政府信息公开的必要性。其次，公民的信息需求与权利意识的转变需要政府信息公开。前者涉及公民的知情权，作为一项基本人权，政府信息公开中的知情权指的是公民有权利知悉并获取政府信息，且政府应保障公民的这一权利不受剥夺；后者提到的权利意识即公民的民主权利意识，这种意识的逐渐苏醒促使占据社会信息资源很大比重的政府信息向着更广泛的利用空间发展演化。再次，《条例》的颁布实施给政府信息公开带来了新的契机，体现了我国政府信息公开制度取得了阶段性的成果。它从法律上规定了政府信息公开的范围、方式、程序、监督和保障等，尽管还有不完善之处，但是其在推进我国民主法治建设中起到的作用不容忽视。

二、开展政府信息公开服务的措施

政府信息公开关系到社会各阶层和各利益群体，其中政府部门、非政府组织、公共信息服务机构及全体公民所承担的责任义务不尽相同，随着信息公开的进程，所具备的功能各有侧重。《条例》第十六条规定：“各级人民政府应当在国家档案馆、公共图书馆设置政府信息查阅场所，并配备相应的设施、设备，为公民、法人或者其他组织获取政府信息提供便利。行政机关可以根据需要设立公共查阅室、资料索取点、信息公告栏、电子信息屏等场所、设施，公开政府信息。行政机关应当及时向国家档案馆、公共图书馆提供主动公开的政府信息。”[79]公共图书馆是政府的文化服务设施及服务机构，毋庸置疑地要在政府信息公开中发挥重要作用并有所作为。我国公共图书馆在政府信息公开工作中的作用表现在以下五个方面：一是参与到相关标准的制定工作中去；二是做好政府公开信息资源的组织与整合；三是想办法把政府公开信息推送到广大老百姓的身边；四是着力于政府公开信息资源的长期保存和永久利用的技术与机制研究；五是如何降低公共图书馆参与政府信息公开的一些成本[80]。

1.公共图书馆开展政府信息公开服务的具体措施

（1）以政府信息的可公开性为主导方向

公共图书馆拥有丰富的信息资源，其中包括大量的政府信息资源，因此公共图书馆在开展政府信息公开服务上有天然的优势。实施政府信息公开是整个社会民主发展的趋势，这种趋势是一个不断向前发展的累积过程，需要全社会的各个组成部分来共同努力。对于公共图书馆来说，首先就是要保障政府信息的可公开性，这关键在于公共图书馆对待政府信息的服务意识问题。过去的服务意识是与权力本位思想相对应的，使得政府信息与公民之间的距离感一直存在，掌握在少数人手中的政府信息变成了一种稀缺资源，很难通过公共图书馆这个信息渠道来广而告之。如今的公共图书馆要摒弃以前的保守姿态，转变遮掩政府信息以不为人知的固有观念，推动政府信息公开服务的有序开展。

（2）与政府有关部门和领导密切协作

在政府信息公开行为中，公共图书馆与政府之间是一种密切协作的关系，一方面政府有关部门需要公共图书馆这一平台来公开政府信息，另一方面公共图书馆可以主动向各级政府部门索取信息。两者之间的互动可体现在两个层面上。第一个是抽象的信息流动层面，政府的各个行政机关参与生产、制造和形成信息，这些信息通过一定的合法渠道流向公共图书馆。要指出的一点是，该层面中的政府信息不是单向从行政机关到公共图书馆的流动，公共图书馆对可被接收的政府信息还要起到把关人的作用，也就是说要对其进行鉴别、筛选以及及时反馈。第二个是具体的人际合作层面，指的是公共图书馆的政府信息公开服务有关部室与政府的相关领导建立良好的交往关系，只有在一种紧密协作、健康互利的氛围下，才能更好地激励政府信息的传播与公开。

（3）全面搜集可供公开的政府信息

公共图书馆服务要强调主动性，没有主动性便会使图书馆缺乏活力，同时也会失去很多重要信息，具体到政府信息公开服务上就是公共图书馆要全面搜集政府信息，尤其是那些可供公开的信息。这里对公共图书馆主要提出了两点要求，首先是“全面”搜集，即公共图书馆要发挥自己所有的主观能动性，通过各种正当的合法途径或手段来获取政府信息。当然，信息得到的多少是与行政机关对政府信息的释放程度、当时的社会环境要求、技术限制等因素有关，但必须保证在自身能力范围内得到最全面的信息。其次是搜集“可供公开”的政府信息，公共图书馆要区分哪些是可以公开的政府信息，哪些是不能公开的政府信息，对于那些可以公开的就要去尽力获取，对于不能公开的则要慎重，以免在提供政府信息公开服务中出现与政策、法律、制度相悖行的情况。

（4）满足所有公民对政府信息的需求

政府信息公开制度产生的一个基础条件是公民权利意识的不断提高，公民逐步意识到自身在推进社会民主化中的重要作用，而不是一味地置身事外，因而作为一种政治参与力量的公民有知悉政府信息的需求。针对这种需求，公共图书馆要以完善的政府信息公开服务来满足，这是保障公民知情权和话语权的途径之一。为了所有公民能方便快捷地获得政府信息，公共图书馆不仅仅在馆内的物理环境上要发生一些变化，如增设公开政府信息的布告栏、显示屏、电子查阅点等设施和设备，而且在服务内容上也要改变，如除了提供一般性的政府信息公开服务外，还应在定期的读者培训中加入如何解读政府信息的部分内容。

（5）充分开发和合理利用政府信息资源

搜集政府信息是公共图书馆提供政府信息公开服务的基础，更重要的是关注这些信息的实用性和适用性。政府信息是重要的资源，只有重视和开发所获取的政府信息资源，才能推动其合理利用，二者相辅相成。公共图书馆，尤其是国家图书馆、发达城市中的省市级公共图书馆等，有相对完善的信息开发技术和稳定的内部人才结构，即这些馆已基本具备了开发政府信息资源的技术条件和人才条件，而对于那些在软硬件方面还未达到一定标准的公共图书馆，不能以资源开发能力不足作为借口来忽略对政府信息资源的开发，应该加大建设力度以支撑政府信息公开服务。开发政府信息资源是为了能最终利用，但要在一个合理的范围内利用，低于了这个范围的下限值便会形成资源浪费，高于这个范围的上限值就是对资源的过度利用，将会造成对政府信息资源的滥用、乱用和误用，公共图书馆要做的是通过开展政府信息公开服务来达到社会各个利益群体对政府信息资源利用的合理化和有效化。

2.公共图书馆在政府信息公开服务中应注意的问题

政府信息公开活动是一个庞大的系统工程，涉及方方面面的问题，公共图书馆在提供政府信息公开服务的时候首先应把握政府信息公开活动的本身规律和特点，其中包括活动实施的法律性、系统各要素间的连接性、阶段分层的复杂性、持续发展的长期性以及切合我国国情的文化性等。另外，公共图书馆开展政府信息公开服务时必然会遇到许多矛盾和冲突，需要每个公共图书馆人密切注意，这些问题主要集中在以下三个方面。

（1）平衡好政府和公民之间的关系

在政府信息公开中，政府是主导者，即政府信息由政府机构来发布。公民既是服务对象又是参与者，而公共图书馆是作为公共信息事业部门来主动介入，除遵守《条例》中的相关规定外，一方面要利用专业特长、信息技术和人力资源等内在优势协助各级政府，通过编制信息公开目录和指南、进行公民信息素养培训、协助加工初始文档等活动扩大自身影响，推动信息公开；另一方面是要调动公民的主观能动性，进一步强化服务对象的参与意识，强调政府与公民的共同主导，以此促进政府信息公开的循序渐进开展，奠定民主政治的基本保障。公共图书馆做好政府信息在政府机构和社会公众之间有效流动，积极收集政府信息的同时，需要整合这些信息以向社会公众公开，公众也可以向公共图书馆提出想要知道政府信息的要求，从而形成政府信息在社会各群体中转移传递的良性互动。

（2）协调政府信息公开与保密之间的尺度

政府信息公开并不是指要把所有的政府信息全部公开，而是公开不具保密性质的那些信息，公共图书馆要注意保护政府部门的隐私。一般来说，根据对政府部门权益的保护程度，政府信息的公开在内容范围上有三个层次：公开、部分公开、不公开。公开的和部分公开的政府信息均可以接受公民的公开请求，只不过部分公开的政府信息必须除去了不公开信息部分后才能向请求人公开，不公开的政府信息是受保密法及相关法律法规保护的。对于公共图书馆而言，所拥有的政府信息很有可能涵盖了这三个层面，那么就需要公共图书馆在提供政府信息公开服务时把握好政府信息公开与保密之间的尺度，对政府信息进行分类，在不违背保密原则和不侵犯隐私权的条件下，保障服务的有序开展。

（3）切实保障网络环境下的政府信息安全

公共图书馆是公民在网络环境下获得政府信息的一个重要的信息接入点，网络为公共图书馆开展政府信息公开服务提供了有效且便利的条件，比起单一的纸质政府信息提供来说更易被如今的大多数公民所接受，但如何从意识、技术和制度方面保证政府信息安全、网络安全和国家安全却是公共图书馆面临的一个考验。网络技术因素在当前的信息安全中显得尤为重要，没有坚实的技术作为后盾就谈不上对网络信息的安全保护。公共图书馆既然要成为政府信息的提供者，就必须考虑到在网络环境下提供的政府信息是否能够被公开，已公开的信息是否存在着安全隐患，是否做好了在政府信息受到威胁时的应对准备等一系列现实问题，这也是在信息化背景下对公共图书馆的政府信息公开服务提出的挑战。

第七节　基于新媒体的服务

媒体的变革给公共图书馆领域带来的冲击常常是深刻的，在报纸、广播、电视三大媒体为主导的时代，媒体与公共图书馆服务的关系更多的是被收藏与收藏的关系，体现在馆藏文献的数量和种类上。当信息化浪潮席卷而来之时，网络成为第四媒体逐渐发挥作用，公共图书馆服务可以说从形式到内涵都发生了巨大改变，计算机的普遍使用为公共图书馆打开了一条通往未来数字化服务的道路。手机作为第五媒体逐渐被公众所接受和认可，其与公共图书馆的结合也给公共图书馆服务增添了新的活力。

一、新媒体对公共图书馆服务的影响

当前的各类媒体按媒介产生时间划分，可以分为五大类媒体，从第一媒体到第五媒体的代表性媒介分别是报纸、广播、电视、网络、手机。新媒体这一概念的产生是依托于信息技术的飞速发展，媒体呈现出新的形态，大多指的是五种媒介在不同程度上的复合形态，不同媒体优势互补，如网络电视、数字电视、移动媒体等。新媒体环境下图书馆服务的特点包括：一是开放式，无论是文献资源的收集还是数字资源的访问，都注重开放性；二是交互式，用户可以参与到图书馆提供的服务中进行互动；三是多样性，服务内容和服务形式越来越多样化；四是泛在化，新媒体使图书馆为用户提供了一种到身边、到桌面、随时随地的服务，图书馆服务无处不在、无时不有，用户在哪里，服务就在哪里[81]。

新媒体对公共图书馆服务的影响，促进了公共图书馆服务与新媒体的结合，其中有机遇也有挑战，由于发展时间尚短，总体说来是机遇远大于挑战。目前，新媒体给公共图书馆服务提供的机遇有三个方面。

1.创新了公共图书馆服务的手段

媒介技术的进步在公共图书馆服务中的最直观反映就是服务手段的更新。在网络尚未出现的时候，图书馆服务必须依靠大量的人力，每一个阶段都必须有人来参与，服务手段相对比较单一。以借阅书籍为例，传统的公共图书馆服务要求

读者必须到馆借还书，如果要续借图书仍需到图书馆来，这对于没有时间到馆的读者很不方便，久而久之，他们就不愿意来图书馆了。当互联网迅速普及之后，数字图书馆的概念被提出并慢慢被构建出来，读者可以足不出户就获得图书馆的各种信息资源，另外很多公共图书馆纷纷建设网站，读者在计算机上就能享受到图书馆的外借服务，其中的所有步骤都可以在网络环境下进行，而不必反复去到图书馆这个实体环境。对于公共图书馆而言，采用计算机远程服务的手段也减轻了过去馆员的工作量，服务手段的创新带来的是公共图书馆与时俱进的发展。

2.缩短了公共图书馆与读者之间的距离

理解公共图书馆与读者之间的距离有两层含义，表面上的含义是指图书馆与读者之间的物理距离，通常指的是读者住处与图书馆间的相隔路程，这不是新媒体应用就能改变的。我们说的缩短距离指的是让读者更乐于上图书馆来主动接受信息或知识，图书馆服务也加入新媒体技术来吸引读者，比如可以开展最新图书书目推送服务、手机新闻退订阅服务、馆内免费无线上网服务。以国家图书馆为例，如今它利用新媒体技术可以提供以下服务：移动数字图书馆服务、数字电视服务、数字资源触摸体验系统、数字共享空间服务、国图手机报服务、无线局域网服务、虚拟现实服务、手持阅读器服务、智能架位服务、自助借还书服务、整合发布服务等。这些可以具体操作的新媒体服务无疑拉近了公共图书馆与读者间的关系，使服务在方便快捷且人性化的同时更深入人心。

3.降低了公共图书馆服务的成本

用机器服务代替人力服务，这在一定程度上本身就是降低成本的举措。因此新媒体技术在公共图书馆服务中的引进，一是在所有的图书馆服务环节中尽可能地使用了新媒体信息技术之后，就会替代掉原先的人工岗位，从而大大降低人力成本；二是将大量的馆藏资源数字化，在一个图书馆联盟中的其他图书馆就可以同时共享，省去过去单个馆为了提供全面化的文献服务而耗费的购买成本。

二、各类基于新媒体的服务

基于新媒体的公共图书馆服务已经打破了过去由于地域限制而导致的服务范围有限化，互联网络接入点的逐渐增多以及公共图书馆的日益数字化，在网络环境中便架构出游离在图书馆实体空间之外的公共图书馆服务模式。只要用户在网络上对图书馆进行访问，面向用户的服务就已经开始，这种服务摆脱了面对面近距离交流的形式，而是通过一个网络媒体来建立联系，但是服务依然可以进行。

公共图书馆是面向全体公民的，其精神和宗旨是实现普遍均等，从这个意义上来说，新媒体的出现为公共图书馆实现其理念提供了很好的契机。社会信息化的全面发展，让面向所有群体的公共图书馆服务变得无处不在，任何时候、任何地点、任何人都可以通过一个网络终端享受到公共图书馆服务，获得自己想要的信息。

数字鸿沟是信息富有者和信息贫困者之间的差距，公共图书馆一直在努力缩小这个差距。新媒体技术将不同媒体进行深度融合，优势在于能发挥不同媒体的优势，如手机与电视的结合使用户能随时随地观看到电视节目，而不用局限在过去电视的非便携性上。公共图书馆对新媒体技术的运用，削弱了以前的媒体技术对适用环境的挑剔，让更多的人能使用现代通信和网络基础设施，并平等获得公共图书馆所提供的信息资源。因此，公共图书馆服务可以应用新媒体技术的有利方面，在一定程度上做好缩小数字鸿沟的有力推行者。

1.触摸屏图书馆服务

触摸屏是一种信息查询输入设备，在人机交互控制下，人们可以利用所设置的应用软件，在触摸屏上直观、简便地查询和获取各种信息，因而被各行业广泛应用。随着触摸屏技术在图书馆的应用，触摸屏成为图书馆服务的新形式日益普及。英国大不列颠图书馆的读者借助触摸屏可以近距离翻阅珍贵的书籍和手稿，德国汉堡中央图书馆通过触摸屏完成馆藏的自动归还，韩国国立中央图书馆数字图书馆入口处设有触摸屏检索亭，可提供信息检索及阅览服务。我国国家图书馆2008年新馆开馆时推出了触摸体验系统，设置了服务介绍、馆藏资源、电子报刊、在线展览、中国政府公开信息整合、少儿频道等栏目。

公共图书馆开展触摸屏服务，可以在馆内设置，方便到馆用户；也可以在居民点集中的地方设置，以吸引公众注意。触摸屏服务内容广泛，涉及图书馆介绍、图书馆利用指南、电子报刊、电子图书、政府信息、城市信息、特色馆藏等，成为读者了解图书馆的直观窗口和直接接受图书馆信息服务的新形式。目前已有一些图书馆服务供应商与公共图书馆合作，推出图书馆触摸屏服务。还有一些媒体主动在公共图书馆内设立免费媒体触摸屏，在扩大媒体传播功能的同时，也增加了图书馆的服务项目。

2.自助图书馆服务

随着无线射频识别（RFID）技术的应用，图书馆服务走上了智能化的道路。1998年新加坡国家图书馆率先使用RFID技术进行图书管理，随后美国、澳大利亚、荷兰等国的图书馆也相继使用。2006年集美大学诚毅学院图书馆和深圳图书馆在国内率先开始运用RFID技术。2006年7月，深圳图书馆新馆开放，较早在大型图书馆运用 RFID 技术。此后，一些公共图书馆应用 RFID 技术，完成图书自助借还、图书智能归架、防盗体系、馆藏定位等服务工作。据统计，应用 RFID 技术的图书馆以每年 30% 左右的速度增长，截至 2009 年底，全球约有 3000 余个图书馆采用 RFID 技术管理图书；到 2010 年 7 月，全国约有 52 家图书馆实施或尝试 RFID 技术管理图书，其中公共馆 30 家[82]。

在 24 小时服务的自助银行、自助售货机等自助服务的影响下，图书馆开展了自助借还服务，美国、澳大利亚、英国等国和我国台湾、香港地区的许多图书馆都陆续使用了自助借还书系统，自助图书馆迅速兴起。2005 年 7 月 22 日，我国台湾省台北市图书馆率先尝试建立了 OpenBook 无人服务图书馆。2007 年 12 月，东莞图书馆推出国内首台图书馆 ATM，无人值守的自助图书馆藏书万余册，配有阅览桌椅、报纸、空调等设施设备，在主馆闭馆期间提供自助借还书和阅览服务。2008 年 4 月，深圳图书馆第一台“城市街区 24 小时自助图书馆系统”通过验收投入试运行，向广大用户开放。经过 3 个多月的试运行后，于 2008 年 7 月正式在街区布点开始正常运行，2009 年 4 月首期投入运行的 40 台服务机系统全部开通。其他地市也陆续引进开通这种 24 小时自助图书馆系统，如沈阳市和平区自助图书馆（2008 年 12 月）、首都图书馆（2010 年 2 月）、三亚市图书馆（2011 年 1 月）等。

3.移动图书馆服务

随着技术的发展，手机阅读服务、手机图书馆正在全球迅速兴起。手机阅读服务是图书馆提供手机可阅读的数字资源，用户通过手机与图书馆的联结，在手机上下载、复制和浏览图书馆的书刊报等，并利用手机的随身性和移动性特点进行阅读的新型服务方式。其主要功能有：用户可以按兴趣订阅、下载、导入、阅读图书馆的数字资源，定期进行下载更新，对订阅的内容进行分类、排序，并在阅读过程中进行查找、页面跳转以及添加书签、批注、加亮、画线等笔记操作等；图书馆可以对用户进行注册管理、利用统计、阅读推荐、阅读指导等。而手机图书馆是在手机阅读服务的基础上，在手机上进行图书馆借阅和信息咨询等各项活动，具有更强的管理与服务功能，包括手机阅读服务、离线导航服务、WAP 服务等。离线导航服务指用户将图书馆用户指南或图书馆平面确定位置的导航图下载到手机上，通过浏览查找进行定位。WAP 服务是用户以智能手机替代计算机，利用手机上网功能接入图书馆主页，使用图书馆检索、在线阅读、视频点播、电子资源访问与下载等业务的服务。

在国外，以日本、韩国、芬兰等国为主导，陆续推出了移动图书馆计划，如美国的俄亥俄州图书馆、英国汉普郡图书馆、芬兰国会图书馆等。

我国移动电话用户达85 900万户[83]，随着移动用户的普及，公共图书馆要开展移动图书馆服务，逐步实现“图书馆在您身边，服务在您身边”“读者到哪里，服务就在哪里”。近几年来，国家数字图书馆、全国文化信息资源共享工程国家管理中心、上海图书馆、苏州图书馆、深圳图书馆、武汉图书馆等相继推出自己的移动图书馆应用服务，主要包括短信提醒（图书到期/预约到馆）、短信查询（图书馆基本信息、书目信息）、书目 WAP 查询等。国家图书馆的“掌上国图”手机服务包括了移动数字图书馆、短信服务、国家图书馆 WAP 网站、手机阅读和国图漫游五部分内容。2010 年 9 月，国家图书馆手机门户 WAP 网站正式改版上线，新版 WAP 网站承载了大量国家图书馆特色资源，包括千余种公开版权图书，500 余小时的音频讲座，将近 10 万篇学位论文元数据，32 000张特色资源图片，为读者提供内容丰富、体验良好的特色资源展示，读者可以通过手机 WAP 网站直接在线分享国家图书馆的讲座、展览、书刊阅读等内容。上海图书馆在 2005 年短信服务基础上，于 2009 年开通“手机版图书馆网站”和客户站服务，前者服务内容包括上海与世博、动态新闻、上图讲座、分馆导引、上海电子书、服务与简介，后者服务内容包括书目查询、读者卡已借图书查询、读者卡有效期以及卡功能查询、上图讲座查询和预定、阅览室开放时间和读者卡功能要求查询等。深圳图书馆的手机服务涉及定制信息提醒、图书续借、查询、自助缴费等。

4.电视图书馆服务

随着电视网络的发展，公共图书馆可利用电视网络平台开展服务入户。数字电视是采用数字技术处理电视节目的采集、制作、编辑、播出、传输、接收的全过程，具有比传统电视模拟信号更高的声音和图像质量，信号损失小、接收效果好。国家图书馆和各省公共图书馆将资源传递与文献信息资源共享工程相结合，利用数字电视开展图书馆的信息服务，当前主要有三种形式[84]：①有线电视和数字电视模式。如辽宁主要通过三种方式进行，一是开通专门的模拟频道直接播发文化信息资源共享节目；二是在未实现数字电视整转的城乡，利用 Z9 频道，通过推流（Push VOD）方式和专用机顶盒（带 160GB 硬盘）实现离线式点播；三是利用数字电视技术，在实现整转和具备双向能力的 HFC 网络上实现真正的在线免费点播文化共享节目。②IPTV 模式。如河南、山西、广西等省区图书馆通过“宽带网络+机顶盒+电视机或计算机”，与党员远程教育网结合，以合作共建方式，将资源提供给党员远程教育网，通过该网络实现乡镇和村文化站的覆盖。③数字电视模式。国家图书馆、杭州图书馆和广西壮族自治区图书馆等与数字电视运营商合作，在有线数字电视中开设相关频道，通过高清机顶盒，以互动方式，选择阅读数字书刊和讲座等视频节目，为公众提供服务。目前，这些形式在我国乡镇和农村文化建设和图书馆服务中已发挥了重要作用。

交互数字电视使数字电视具有更强的“互动”功能。在城市，图书馆双向交互式电视服务已经起步，2008 年国家图书馆联合北京歌华有线电视网络公司研发“国图空间”电视服务，并于 2009 年在北京正式发布，目前受众群体已达 137 万多户，该服务包括视频服务、图片浏览服务、图书阅读服务和资讯服务。此外，首都图书馆也已开始进行基于广播通道的数字电视服务；杭州图书馆借助当地的电视运营商，推出了“文澜书话”数字电视服务。

国家广电总局宣布，2015 年广播电视全部转为数字化，2010 年在全国下发了 4 张 IPTV 电视牌照。图书馆人已敏锐地抓住这个机遇，借助更广阔的平台，推广图书馆的数字服务，与央视国际、上海文广等机构的合作已经开始[85]。2010 年三网融合的正式启动，新媒体在公共图书馆服务中将有较大的发展空间。

参考文献

[1]李严.追求卓越，彰显图书馆服务的核心价值.图书馆，2009(1)：73-75

[2]程亚男.再论图书馆服务.中国图书馆学报，2002(4)：18-21

[3]卢子博.关于中国图书馆事业未来发展走向的几个问题.中国图书馆学报，2002(2)：14-18

[4]程焕文.跨越时空的图书馆精神——“三位一体”与“三维一体”的韦棣华女士、沈祖荣先生和裘开明先生.中国图书馆学报，2002(5)：61-65

[5]黄宗忠.论图书馆的核心价值(下).图书馆论坛，2008(1)：1-2

[6]黄俊贵.图书馆核心价值及其实现.中国图书馆学报，2008(5)：15，19

[7]柯平.图书馆服务进入新时代.中国文化报，2009-01-04

[8]柯平.图书馆服务理论探讨.大学图书馆学报，2006(1)：38-44

[9]张树华，赵世良，张涵.图书馆读者工作教程.北京：北京大学出版社，1986

[10]蒋永福，付军.图书馆服务五原则.中国图书馆学报，2003(3)：21-24

[11]陈力.公共服务中的图书馆服务.中国图书馆学报，2006(1)：5-12

[12]沈怡.图书馆有偿服务与无偿服务的思考.情报资料工作，2000(6)：9-10

[13]余胜，吴晞.免费开放：理论追寻、历史回顾与现实思考.中国图书馆学报，2011(3)：10-16

[14]柯平.公共图书馆免费开放的理论思考.图书馆，2011(3)：1-5

[15]柯平.公共图书馆的文化功能——在社会公共文化服务体系中的作用.上海：上海交通大学出版社，2010

[16]张丽.论图书馆在城市文化建设中的作用.图书馆理论与实践，2006(6)：21-22

[17]《公共图书馆服务规范》发布 将于5月1日起实施.[2012-02-10].http://www.chinanews.com/cul/2012/01-20/3619394.shtml

[18]《公共图书馆服务规范》编制小组.关于《公共图书馆服务规范》编制的若干问题.中国图书馆学报,2011(3):24-37

[19]刘亮.联合国教科文组织的阅读推广活动与图书馆.图书与情报,2011(5):36-39

[20]黄小希.去年中国国民综合阅读率达77.1%.[2011-05-04].http://news.ifeng.com/mainland/detail_2011_04/21/5893951_0.shtml

[21]李益婷.公共图书馆阅读文化领导权研究.天津:南开大学,2008

[22]刘亮,杨玉麟.公共图书馆与全民阅读.山东图书馆学刊,2010(4):61-63

[23]柯平,尹静.省级公共图书馆在公共文化服务体系中的功能定位.国家图书馆学刊,2008(4):40-45

[24]中国文化报.公共图书馆服务大步创新.[2011-11-28].http://www.szlib.gov.cn/newsshow.jsp?itemid=1778

[25]东京的公共图书馆这样提供服务.[2011-11-28].http://www.qstheory.cn/tbzt/whtzgg/lwt/201008/t20100819_43493.htm

[26]其他流动图书馆.[2011-11-28].http://baike.baidu.com/view/4251607.htm

[27]郎杰斌,吴蜀红.美国国会图书馆阅读推广活动考察分析.图书与情报,2011(5):40-45

[28]冯媛.我国公共图书馆的阅读推广活动研究.江西图书馆学刊,2010(4):60-62

[29]秦鸿.英国的阅读推广活动考察.图书与情报,2011(5):46-50,55

[30]柯平.信息咨询概论.北京:科学出版社,2008

[31]贺延辉.俄罗斯的公共图书馆虚似信息咨询服务.中国图书馆学报,2005(6):61-65

[32]卢海燕.拓展业务发展空间,强化立法决策服务职能——访问美国国会图书馆的启示与思考.国家图书馆学刊,2008(3):65-68

[33]卢海燕,李嘉.英国议会图书馆立法决策服务解析与思考.国家图书馆学刊,2011(1):12-17

[34]中国广播网.国家图书馆“两会”服务全面启动,将提供优质信息服务.[2011-04-01].http://www.cnr.cn/china/gdgg/201103/t20110301_507736756_2.html

[35]王磊,卢海燕.国家图书馆立法与决策服务十年历程回顾与思考.国家图书馆学刊,2008(1):10-15

[36]郭锦海,戴维,王磊.做好舆情分析工作,提升图书馆信息服务水平——以国家图书馆为例//中国图书馆学会.中国图书馆学会年会论文集(2011年卷).北京:国家图书馆出版社,2011:116-120

[37]吴娜,庄建.全国公共图书馆讲座联盟成立.光明日报,[2011-05-05].http://epaper.gmw.cn/gmrb/html/2010-12/22/nw.D110000gmrb_20101222_5-01.htm

[38]Frank Kurt Cylke.Progress through the Years 1973—2004.[2011-5-10].http://www.loc.gov/nls/progress.html

[39,41]梁丽霞.关于公共图书馆展览工作的几点思考.图书馆论坛,2008(2):130-132

[40]束漫.公共图书馆服务研究.北京:国家图书馆出版社,2009

[42]上海图书馆.走近展览.[2011-11-15].http://www.library.sh.cn/dzyd/SHAShow/

[43]刘建秋.美国公共图书馆少年儿童服务及启示.农业图书情报学刊,2010(9):334-336

[44]蔡楚舒.我们需要什么样的少儿图书馆员——美国《公共图书馆儿童服务馆员资格》及启示.中小学图书情报世界,2006(8):62-64

[45]尤小明.俄罗斯联邦图书馆事业法.图书馆界,1996(2):49-55

[46]孙颉,原保忠.日本公共图书馆的少儿服务及启示.现代情报,2010(10):123-125,173

[47]中华读书报.少儿图书馆事业成绩突出差距明显.[2011-06-20].http://epaper.gmw.cn/zhdsb/html/2010-10/27/nw.D110000zhdsb_20101027_1-02.htm

[48]王静美,朱明德.俄罗斯图书馆的家庭阅读新模式研究.图书馆工作与研究,2005(1):18-20

[49]许精仪.公共图书馆开展亲子服务浅析.深图通讯,2008(2):45-47

[50]刘建秋.美国公共图书馆少年儿童服务及启示.农业图书情报学刊,2010(9):334-336

[51]陈敏捷.美国公共图书馆少年儿童服务现状概述.图书馆研究与工作,2007(1):63-69

[52]陈力,叶的.少年儿童图书馆如何做好信息服务工作.图书馆论坛,2007(3):127-130

[53]王京山.美国图书馆重视为中小学生服务.图书馆杂志,2001(1):62-63,55

[54]上海志愿者网.杨浦区少儿图书馆志愿者服务基地简介.[2011-06-21].http://www.volunteer.sh.cn/website/News/NewsItem.Aspx?id=483

[55]陈力.少儿图书馆的中介读者工作.中国图书馆学报,2005(6):90-91

[56]BL,JISC.Researchers of Tomorrow A three year(BL/JISC)study tracking the research behaviour of Generation Y' doctoral students.[2010-12-20].http://explorationforchange.net/attachments/054_Summary%20Report%20Final.pdf

[57]民调:55.8%的人感觉残障人士出行不便.[2011-11-28].http://news.xinhuanet.com/society/2011-05/03/c_121371577.htm

[58]让残障人士享受公共文化的阳光——陕西省图书馆视障阅览室正式揭牌对外开放.[2011-11-28].http://www.snwh.gov.cn/whdongtai/bsxw/shwh/200812/t20081203_64105.htm

[59]让盲人生活更美好——重庆图书馆举办“视障读者服务研讨会暨视障者电脑使用推广培训班”. [2011-11-28]. http://www.lsc.org.cn/CN/News/2011-03/Enable Site_ReadNews1923452561301328000.html

[60]美国公共图书馆面面观 不止是“图书之馆”.[2011-11-28].http://news.xinhuanet.com/world/2011-02/25/c_121122153.htm

[61]邱奉捷,王子舟.北京市残疾人阅读及公共图书馆利用情况的调查报告.图书馆,2009(3):50-61

[62]信息无障碍.[2011-11-28].http://baike.baidu.com/view/2001077.htm

[63]任铁民.信息无障碍是残障人士贫困人口等弱势群体的基本发展权.现代电信科技,2007

(3):1-3
[64]国务院研究室课题组.中国农民工调研报告.北京:中国言实出版社,2006
[65]黎政祥,李馨.北京首个工地图书馆开馆.[2010-11-30]http://news.xinhuanet.com/book/200-01/14/content_2457993.htm
[66]赵锋.甘肃:农民工流动图书馆大受欢迎.[2010-11-30].http://nc.people.com.cn/GB/61878/7161711.html
[67]李峰,熊军,杨榕.深圳市公共图书馆为来深建设者(农民工)服务研究.河南图书馆学刊,2009(3):33-36,25
[68]张久珍.国内农民工图书馆研究综述.国家图书馆学刊,2011(2):47-50
[69]董克等.武汉市农民工知识能力及图书馆需求调查报告.图书馆,2008(4):11-17
[70]郜向荣,候玮辰,王子舟.北京市农民工知识能力及对图书馆需求的调查报告.图书馆,2008(4):4-10
[71]王春光.新生代农村流动人口的社会认同与城乡融合的关系.社会学研究,2001(3):63-76
[72]福州"80后"农民工知识需求调查报告出炉.http://www.fjsen.com/channel /2009-08 /20 /content_760000.htm
[73]胡晓鹰.珠三角新生代农民工信息需求与服务对策研究.图书馆论坛,2011(5):42-44,111
[74]金洪燕.新生代农民工的图书馆需求研究.天津:南开大学,2011
[75]我国农民工的生存现状.[2010-11-21].http://www.zgny.com.cn/ConsHtml/5/9/8/98792.html
[76]赵德菊.浅谈公共图书馆服务农民工的必要性及措施——以重庆图书馆为例.科技情报开发与经济,2011(25):63-65
[77]国务院法制办公室.中华人民共和国政府信息公开条例注释与配套.北京:中国法制出版社,2008
[78]曹康泰.中华人民共和国政府信息公开条例读本.北京:人民出版社,2007
[79]中华人民共和国政府信息公开条例.[2007-04-24].http://www.gov.cn/zwgk/2007-04/24/content_592937.htm
[80]李国新.公共图书馆在政府信息公开体系中的地位和作用.情报资料工作,2008(4):10-13
[81]李荣艳.数字图书馆的新媒体服务//中国图书馆学会.中国图书馆学会年会论文集(2011年卷).北京:国家图书馆出版社,2011:137-141
[82]刘绍荣,杜也力,张丽娟.RFID在图书馆使用现状分析.大学图书馆学报,2011(1):83-86
[83]国家工业和信息化部运行局.2010年全国电信业统计公报.[2011-10-10].http://www.miit.gov.cn/n11293472/n11293832/n11294132/13578942.html
[84]程亚男等."十一五"时期公共图书馆服务发展回顾.中国图书馆学报,2011(4):70-86
[85]张炜,李春明.图书馆新媒体服务的应用与多屏合一初探//中国图书馆学会.中国图书馆学会年会论文集(2011年卷).北京:国家图书馆出版社,2011:133-137

第七章　公共图书馆管理

公共图书馆也是一个投入产出系统，为了获取最大效益并保证系统的顺利运行，需要建立科学合理的管理体系。为了进一步提高公共图书馆管理效率，最大限度地发挥公共图书馆各种资源的潜能，图书馆界不断探索、引进新的管理理论，公共图书馆管理内容不断丰富，其管理技术与手段也不断得到改进与提升。本章在对应用于公共图书馆管理中的管理理论进行总结分析的基础上，从人才队伍建设、经费与设备管理、统计、营销以及评估等方面，探讨如何有效组织公共图书馆的运作，以最大限度发挥其系统效益。

第一节　应用于公共图书馆的管理理论

管理是指通过计划、组织、领导、决策、控制及创新等手段与合乎逻辑的程序，合理地分配人力、物力、财力、信息等资源，使之发挥最大效益，以高效地达到组织或个人预期目标的过程。管理活动涉及工商企业、行政机关、公共事务等诸多社会领域，公共图书馆的管理也历来受到关注和强调。随着市场经济和信息技术的发展，人们尝试着将经济手段、市场规律、竞争机制、激励理论等现代管理理论移植到图书馆管理中来，通过定额管理、绩效奖惩、轮岗聘任等方法，试图消除弊端，提高服务工作效率。

早在20世纪20年代，我国就已开始把图书馆管理作为图书馆学的一个分支进行研究，在传统研究方法的基础上，吸收了系统论、信息论、控制论、行为科学理论、科学管理理论、耗散结构理论以及协同论等学科的方法和成果，开拓了图书馆管理研究的新领域。伴随着管理科学由“科学管理”阶段到“行为科学”阶段，再到当今理性与人性相结合的管理理论新阶段，公共图书馆不断吸收着相关学科的理论营养。在众多的相关管理理论中，公共图书馆应用较多的理论包括：面向核心职能的知识管理理论、面向业务流程的目标管理理论、面向读者服务的质量管理理论、面向馆员工作的绩效管理理论等。

一、知识管理理论

1.知识管理基本原理

知识管理（Knowledge Management，KM）最早起源于企业界，Karl-Eric Sveiby 于 1986 年出版的《知识型企业》，标志着知识管理理论与实践的诞生；1987 年出版的《知识型企业的管理》一书，提出了一整套知识管理理论和实用方法；1990 年出版的《知识管理》一书，是世界上第一部以“知识管理”为题的著作。学界对知识管理有多种解释，Carl Frappaolo 的定义得到较广泛的公认：“知识管理就是运用集体的智慧提高应变能力和创新能力。”它是为实现显性知识和隐性知识共享提供的新途径，“是利用组织的无形资产创造价值的艺术”（Karl-Eric Sveiby）。知识管理的核心在于应变和创新，目的是在组织中建构一个人文与技术兼备的知识系统，让组织中的信息与知识，透过获得、创造、分享、整合、记录、存取、更新等过程，实现知识的不断创新，并回馈到知识系统内，促进个人与组织的知识不间断的累积。

知识管理包含知识、信息、技术、人才、文化五个基本要素，以及对知识的识别、获取、开发、分解、使用和存储等基本活动。知识管理的内容包括和知识相关的诸多活动，如知识设施、知识人员、知识特征、知识获取存储交流利用的所有活动。知识管理的具体流程包括五个基本环节：个人知识创造与整合、知识的加工与编码、知识的转移与扩散、知识的共享与交流、组织知识创新。前三个环节主要是个人行为，后两个环节则依赖于组织工作[1]。

知识管理活动通常在知识的转化、共享和创新等层面上展开。日本知识管理专家野中郁次郎和竹内广孝最早将显性知识与隐性知识概念引入知识管理中，并于 1991 年提出了显性知识与隐性知识相互转化的 SECI 过程，即从隐性知识到隐性知识的社会化过程、从隐性知识到显性知识的外化过程、从显性知识到显性知识的组合化过程、从显性知识到隐性知识的内化过程。通过单向、双方或多向传递形式，显形知识和隐性知识以信息系统、会议、学习等途径得以在个体、群体和组织之间被交流和分享。为了追求新发展、探索新规律、创立新学说、积累新知识，进而促进组织乃至社会的发展，通过科学研究，获取新的基础科学和技术科学知识，在技术、管理和制度等方面实现知识创新。

2.图书馆管理中的知识管理

顾敏认为：知识管理是为了解决大量知识或者大量资讯/信息的创新、组织与扩散的问题，其主要内容涉及知识创新的处理技术、知识组织的管理方法和知识扩散的路线与途径。知识管理具体可区分为不同的层面和范围：一是个人的知识管理，目的在于将“公共知识”转化成为“个人知识”，并运用个人智能，创造出新的知识；二是公司/企业团体的知识管理，旨在对组织内部的知识加以控制和管理，以达到该组织的目标；三是社会的知识管理，其影响面最为广泛，涉及社会整体提升和人的素质提升问题，关乎生活经济改善与致富、社会伦理构筑、文化资产积蓄以及综合社会潜质与能量等问题。涉及的机构包括图书馆、博物馆、档案馆、文物馆、美术馆、音乐馆等[2]。

图书馆的性质决定了其知识密集型的组织特征，作为知识的集散地，知识传播交流的中心，图书馆的工作重心逐渐由文献信息组织向知识服务倾斜，馆员的知识储备与服务技能日益受到重视，对馆员隐性知识资源的开发利用与共享逐渐提上日程，管理内容也从知识服务逐渐扩展到图书馆内部的组织知识层面。由此，图书馆的知识管理面临着双重任务，即组织自身知识的管理与社会知识产品的管理。图书馆对自身具有的知识的管理对象包括显性知识和隐性知识，对社会知识产品的管理则包括图书馆编目、文献流通、馆际互借，以及目前图书馆界正积极开展的“知识导航”或“知识服务”等知识内容的管理与服务。一方面，图书馆的很多工作环节，如文献的收集、整理、传播、共享、利用等与知识管理环节类似，图书馆还具备丰富的资源，如信息资源（纸质文献、数据库、网络信息等）、人力资源（馆员的丰富经验、技巧等），同时图书馆还具备一定的基础设施，如阅览空间、服务设备、信息技术等，对于实施知识管理具有先天性的优势；另一方面，先进的知识管理体系能够帮助图书馆充分利用馆员、读者、信息服务合作机构以及竞争对手的相关知识，提高图书馆整体的应变能力和创新能力，在信息资源的价值挖掘和读者用户的需求满足等方面提供有利条件。

具体而言，图书馆知识管理是图书馆以读者和工作人员为主体，以知识信息为对象，以实现知识的价值和创新知识为目标，以知识增值和读者需要为中心的管理。广义的图书馆知识管理包含着两大范畴，一个是对图书馆馆藏知识资源的组织与管理，另一个是运用图书馆的集体智慧开展业务活动，提高图书馆创新能力和可持续发展能力的图书馆管理[3]。对于数字图书馆而言，知识管理则通过对其所拥有的包括信息、知识各种要素在内的所有智力资本进行组织、开发和运营，实现知识创新、知识扩散和知识增值[4]。

二、目标管理理论

1.目标管理基本原理

目标管理（Management by Objective，MBO）是在泰勒的“管理学说”和梅约的“人群关系学说”基础上发展形成的一种企业管理体制。德鲁克于1954年在其《管理的实践》中首先提出目标管理的思想。随后，这种管理形式逐渐成为西方国家企业开发人力、物力、财力资源的科学实用、行之有效的措施。作为一种高效率、参与式的管理方法，目标管理也逐渐被应用到各行各业的组织机构及其动作环节中。目标管理方法提出来后，美国通用电气公司最先采用，并取得了明显效果。其后，在美国、西欧、日本等许多国家和地区得到迅速推广，我国于20世纪70年代将其引入。

目标管理是以目标为导向，以人为中心，以成果为标准而使组织和个人取得最佳业绩的现代管理方法。目标管理旨在促进组织成员的积极参与，自上而下地确定工作目标，并在工作中实行“自我控制”，自下而上地保证目标实现。目标管理乃是一种程序或过程，它使组织中的上级和下级一起协商，根据组织的使命确定一定时期内组织的总目标，由此决定上、下级的责任和分目标，并把这些目标作为组织运作、评估和奖励的标准。

目标管理的指导思想以管理学的Y理论为基础，是泰勒科学管理的进一步发展，即组织成员能够对自己负责，根据在一定时期的总方针，确定目标，然后将总目标层层分解，逐级展开。通过上下协商，制订出各层次、各部门乃至每个人的分目标，使总目标指导分目标，用分目标保证总目标，最终把目标完成情况作为评价管理绩效的依据。

目标管理的具体做法分三个阶段：第一阶段为目标的设置，第二阶段为实现目标过程的管理，第三阶段为测定与评价所取得的成果。目标的设置包括四个步骤：制定高层管理目标，重新审议组织结构和职责分工，确立下级的目标，上级和下级就实现各项目标所需的条件以及实现目标后的奖惩事宜达成协议。实现目标过程的管理包括若干内容：利用上、下级经常接触的机会和信息反馈渠道进行定期检查，通报实施进度，便于互相协调，帮助下级解决工作中出现的困难问题，当出现意外、不可抗力严重影响组织目标实现时，也可以通过一定的程序，修改原定目标。测定与评价旨在达到预定的期限后，下级首先进行自我评估，提交书面报告，然后上、下级一起考核目标完成情况，决定奖惩；同时讨论下一阶段目标，开始新循环。如果目标没有完成，则分析原因，总结教训，力求未来决策更为科学合理。

2.图书馆管理中的目标管理

图书馆的目标管理是运用目标管理方法来开展图书馆的各项管理活动，它集中反映了图书馆工作的重点和方向，是对图书馆工作内容的高度概括和一切管理活动的依据。具体而言，图书馆的目标管理对象包括各类具体的目标，其中，工作目标包括藏书结构、数量、借阅方式、服务职能的发挥等内容，质量目标包括服务质量、文献满足需要的程度，用户评价等内容，现代化目标包括图书馆管理现代化、情报服务手段现代化等内容，精神文明建设目标包括思想工作、公益劳动、组织纪律、职业道德、团结协作、（部、室）管理等内容[5]。

根据目标管理理论的原理，图书馆的目标管理可细分为目标制定、目标分解、目标控制及目标评价四个阶段[6]。

（1）目标制定阶段，图书馆二级管理者（馆长、部主任）在广泛论证的基础上，根据图书馆的性质、当前任务及读者需要，结合各种主客观条件，共同制定出图书馆的整体目标，明确在一定时期内必须完成的工作数量与质量要求。目标的类别按时间可分为长期目标和短期目标，长期目标的实现由循序渐进的短期目标的完成予以保证。在制定目标的过程中要明确各个方面的责任人，目标责任的确立是目标实现的基本保障。

（2）目标分解阶段，图书馆馆长通过同各职能部门协商，充分听取下级意见，同时明确规定下级的工作目标和职权，根据责、权、利相统一的原则，把图书馆的整体目标分解成各职能部门分担的分目标。对需要多个部（组）协作才能完成的目标，在目标分解时，馆领导应明确划界，分清责任。各职能部门再把所承担的目标分解成由个人承担的具体目标，并根据每个工作人员承担的目标限定其职责。一般而言，下一级目标是对上一级目标的具体化，各级目标将成为未来绩效考核的主要依据。在目标制定后，馆领导应抓宏观的综合性管理，把必要的权力授予下级部门，要坚持逐级授权的原则，上一级只授权给邻近的下一级，以确保责权的对应。

（3）目标控制阶段，一方面，馆领导应经常深入基层，调查研究，实行总体控制；另一方面，应大力提倡部（组）与馆员根据目标完成情况，实时进行自我调节和自我控制。由于图书馆内部门较多，工作职责和范围各不相同，分派的任务应避免畸轻畸重，分目标的完成过程中应注意资源分配的均衡。同时，图书馆的总目标制约着各职能部门的分目标，应加强控制，做到上下一致，协同实施。

（4）目标评价阶段，针对原定的社会效益和经济效益方面的目标，就图书馆的服务效果进行认真、严格、及时、准确的考核。评价的方式包括自我评价和集体评价，前者是由馆员对照目标要求，检查自己在达标过程中的实际工作绩效；后者是结合各部（组）和馆员的目标完成情况，进行民主讨论，集体评价。在进行目标评价时，可用定量和定性的方法评出等级，予以相应的奖罚。同时，各级目标的评价要把握目标达到的程度、实现目标的困难程度及主观努力程度等要素。

三、质量管理理论

1.质量管理基本原理

根据 GB/T 6583—1994 的定义，质量管理（Quality Management，QM）是确定质量方针、目标和职责，并在质量体系中通过诸如质量策划、质量控制、质量保证和质量改进使其实施的全部管理职能的所有活动。在质量方面的指挥和控制活动，通常包括制定质量方针和质量目标以及质量策划、质量控制、质量保证和质量改进。发达国家通过对近百年管理经验的总结，提出了 ISO 9000 族标准，以过程为基础致力于实现组织的质量方针、质量目标，达到持续改进、提高组织整体绩效的目的。

质量管理在经历了 20 世纪前的质量检验阶段和始于 20 世纪 20 年代的统计质量控制阶段之后，从 20 世纪 50 年代开始，随着生产力和科学技术的飞速发展，人们对产品的质量从注重一般性能演变为注重耐用性、可靠性、安全性、维修性和经济性等，在生产技术和企业管理中要求运用系统的观点来研究质量问题，全面质量管理的概念得以提出。质量管理理论得到新的发展，质量的概念也从狭义的符合规范发展到以“顾客满意”为目标。全面质量管理不仅提高了产品与服务的质量，而且在组织文化改造与重组的层面上，促进组织获得持久的竞争能力。全面质量管理的内容涉及多个层面：一是全面的质量，包括产品质量、服务质量、成本质量；二是全过程的质量，指质量贯穿于生产的全过程，用工作质量来保证产品质量；三是全员参与的质量，对员工进行质量教育，强调全员把关，组成质量管理小组；四是全组织的质量，目的是建立企业质量保证体系。

从研究的角度来看，质量管理的理论方法包括全面质量管理、六西格玛，以及检查表、排列图、散布图、数据分层法、休哈特控制图、鱼骨图、直方图等。研究的内容包括质量和质量管理的基本概念、指导思想和原理；质量管理工作的常用方法和工具；有关验收抽样和工序控制的理论；有关质量设计的方法和技术。此外，质量管理学还建立了由内部故障成本、外部故障成本、预防成本和鉴定成本组成的质量成本的概念以及计算方法和评价方法。

从实践的角度来看，质量管理包括质量保证和质量控制两方面的活动内容，前者涉及企业内部各个部门和各个环节，从产品设计到售后服务的质量信息反馈为止，形成一个以保证产品质量为目标的职责和方法的质量保证管理体系。后者则为保证产品的生产过程和出厂质量达到质量标准而采取的一系列作业技术检查和有关活动，是将测量的实际质量结果与标准进行对比，并对其差异采取措施的调节管理过程。

2.图书馆管理中的质量管理

20 世纪 80 年代中后期，欧美图书馆界开始探讨和研究在图书馆环境下实施全面质量管理的可行性；90 年代末期，国际图书馆界的质量管理革命进入繁盛时期，不仅形成了成熟的图书馆质量管理的理论，还开创了以一系列国际标准为代表的适合图书馆行业自身特性的质量评估方法和工具，质量观念已内化成为图书馆职业精神的一部分[7]。

从 20 世纪 90 年代初开始，Hebert[8]、Nitecki[9]、Wisniewsk 和 Donnelly[10] 等在图书馆尝试性地运用了 SERVQUAL。随后，美国研究图书馆协会（ARL）在研究和改进 SERVQUAL 的基础上，提出了更为合理的图书馆服务评价体系LibQUAL+[TM]。21 世纪之初，我国部分图书馆也先后运用 SERVQUAL 原型和LibQUAL+[TM] 的修正模型进行了各自的服务质量调查，开展了质量管理理论在我国图书馆界应用的实践。经过探索，我国目前已有图书馆顺利通过了 ISO 9001质量体系外部监督与复评审核，开创性地正式启动了全面质量管理。

图书馆质量管理体系是以满足用户为目的，全员参与为基础，提高服务质量为中心，综合利用各种质量管理方法，对图书馆全部业务流程进行全面监控，持续改进信息资源和服务质量的系统。该体系以坚持用户中心、全员参与、持续改进为核心的全面质量管理为根基；利用服务质量管理方法和顾客满意度工具，全面了解、追踪、分析用户的需求和期望，寻求图书馆业务、产品、服务改进的契机和关键环节，并为制定各种决策提供依据；借鉴 ISO 9000 体系，建立起完善的质量文件保证机制（质量目标、服务规范、评估标准等），指导、规范质量管理的实际操作。综合运用 ISO 9000、服务质量管理、顾客满意度理论，全面质量管理所要达到的效果之一就是提升整个组织的服务意识和质量意识，建立并强化以素质为核心的组织文化[11]。

为了使信息产品质量或信息服务质量能满足不断更新的质量要求，图书馆的质量管理体系包含了质量方面的指挥和控制组织等内容，涉及策划、组织、计划、实施、检验和监督、审核等所有管理活动，其核心在于建立一个自我控制、自我协调、自我改进的运行机制。在质量管理体系的流程中，主要的步骤包括：建立领导机构，全面负责图书馆的贯标活动；开展馆员培训，熟悉标准内容；策划符合本馆情况的质量体系；编制体系文件（包括质量手册、程序文件、工作文件、质量记录等）；运行 ISO 9000 质量管理体系进行完善监管体系等。

四、绩效管理理论

1.绩效管理基本原理

绩效管理（Performance Management，PM）是各级管理者和员工为了达到组织目标共同参与的绩效计划制定、绩效辅导沟通、绩效考核评价、绩效结果应用、绩效目标提升的持续循环过程。绩效管理最大的目的是持续提升个人、部门和组织的绩效，实现组织的目标，同时，绩效管理还能形成组织竞争、激励员工进取的氛围，选拔优秀人才，引导员工在本职工作中为组织整体目标的实现以及组织的可持续发展做出贡献。绩效管理的基础环节是绩效计划制定，重要任务是绩效辅导沟通，核心要素是绩效考核评价，关键步骤是绩效结果应用。

绩效管理强调组织目标和个人目标的一致性，强调组织和个人同步成长，形成“多赢”局面；绩效管理体现着“以人为本”的思想，在绩效管理的各个环节中都需要管理者和员工的共同参与。在绩效管理活动中，通过绩效评价将组织的战略目标传达到组织的部门和员工，从而实现个人、部门和组织绩效的同步，即组织战略的实现。

绩效管理活动的基本原理主要是通过对员工的绩效评价达到合理评价员工的绩效，从而一方面达成有效的根据考核结果激励员工的作用，另一方面通过对考核结果的分析，发现工作中的不足，从而提升员工的个人绩效，达成企业绩效提升的目的。随着绩效管理的完善，最终达到员工个人能力和企业绩效互动螺旋式上升的目的。

绩效管理体系的内容包括：绩效管理组织及职责，绩效管理系统，绩效考评方法及流程，绩效管理工具，绩效结果应用，关注团队绩效提升，绩效管理改进及保障制度等。

绩效管理流程主要包括五个环节：一是制订考核计划，即明确考核的目的和对象，选择考核内容和方法，确定考核时间；二是进行技术准备，即确定考核标准、选择或设计考核方法以及培训考核人员；三是选拔考核人员，通过培训，使考核人员掌握考核原则，熟悉考核标准，掌握考核方法，克服常见偏差；四是收集资料信息，建立一套与考核指标体系有关的制度，拓宽并确保信息收集渠道的畅通；五是做出分析评价，即确定单项的等级和分值，综合同一项目和不同项目的各考核来源的结果。

绩效管理的常用工具包括：①关键绩效指标（KPI），通常是对工作绩效产生重大影响或占用大量工作时间的内容，如销售额、利润率或市场份额等，它既保留了目标管理从上到下的指标分解过程，也结合了有形财务指标和无形指标（如工作态度、公共责任等）的思路，但更侧重过程中的辅导和沟通。②360 度打分，其用意在于从多维度来考核员工绩效，包括员工本人、上下级、同事之间以及终端客户的打分。通过清晰界定打分的内容，使其能够真正反映该岗位对用户的增值点，使打分更具有针对性。③平衡计分卡，其优势在于从财务、客户、流程以及学习与成长四个维度，将总体战略由组织、部门到员工逐层分解，不仅强调了纵向的一致，而且突出了横向的，也就是跨部门的协调。④EVA 价值管理，把组织内部制订的离散指标统一成一个最终指标，避免了考核中间过程指标可能造成的管理上的误导。该方法以从上至下的价值链相贯穿，能够有效地将高层压力分解到基层。随着独立绩效因素（IPF）的引入，把行政、人事等不创造价值的支持部门的奖金总额，与所服务的内部客户创造的价值额度按比重挂钩，再决定部门内每个员工的奖金分配。

2.图书馆管理中的绩效管理

与企业相比，公共图书馆作为非营利性组织，其社会效益的产生难以直接感受到来自市场的压力，绩效评价与管理因此成为一种有效的实现途径。绩效管理能够明确部门和个人的职责，帮助管理者用前瞻性的眼光来规划图书馆的发展，用组织绩效来导向组织文化，向馆员和读者传达战略思路。图书馆的绩效也因此被理解为图书馆提供公共服务和开展各项活动的工作实绩及所取得的社会效益[12]。

图书馆的绩效管理作为一种改进图书馆组织和资源效能的方法，强调以一切可行的效能标准来统一图书馆工作人员的思想，并指导其行动，把效能作为图书馆运营管理的宗旨，面向图书馆组织及组织流程、资源及结构，对组织和资源的效能进行规定、评估和分析，立足于提高图书馆组织和资源的运营效能。其管理过程是管理与质量的整合、管理与发展的整合，旨在图书馆运行过程中增强组织效能，提高资源效率，追求图书馆快速、优质、高效的可持续发展。

图书馆界的绩效管理活动起源于20世纪中期，1948年，Bradford提出的“布拉德福定律”，用数学形式揭示了期刊论文引文的分布情况，为图书馆采用分级方式有效组织馆藏提供了依据和测试方法。50年代末至60年代初，Maclellan建议根据图书的利用情况进行书架空间的系统分配。1965年，Clapp和Jordan提出利用定量方法评价图书馆馆藏。1968年，Morse的专著《图书馆效用：一种系统方法》利用数学模型来评估图书馆的效用。1969年，Hawgood和Morley主持的“评价大学图书馆利益项目”对建立测度图书馆价值的方法进行了探索。1977年，Lancaster的专著《图书馆服务的测量与评价》应用新观念和新方法对图书馆参考服务、馆际互借、馆藏发展、技术服务等内容进行了科学的评估。1984年，Kantor的专著《研究型图书馆的目标绩效测量》提出应以服务的理念、目的和目标为依据，从质和量两方面进行图书馆绩效的测量。1996年，Hernon与Altman的专著《高校图书馆的服务质量》论述了图书馆评估的效率、效能、成本效益等概念，提出了评估应以读者需求为评价的最终依归的观点。

在各国图书馆绩效管理的理论研究与实践基础上，国际化的评估标准在20世纪90年代应运而生，受企业管理的影响，作为绩效管理的核心，图书馆评估的重点转向了服务质量评估。如1996年国际图书馆联盟（International Federation of Library Associations，IFLA）出版了《质量测量：高校图书馆绩效测量的国际指南》，针对图书馆的服务效能设计了17项评估指标，用于各馆自行评量和决策的参考。此外，国际标准化组织（International Standard Organization，ISO）于1998年颁布了国际标准ISO 11620提出了五大类29项指标，针对图书馆服务的满意度、读者服务、技术服务、推广服务、人力资源利用等方面对图书馆进行绩效评估，以期了解图书馆服务的效益和效能。该标准的颁布，为世界各国制定图书馆绩效评估的具体指标提供了统一的指导，进一步推动了绩效评估和绩效管理在各国图书馆界的实施。

五、其他管理理论

除了知识管理、目标管理理论、质量管理理论、绩效管理等理论的应用，公共图书馆还广泛借鉴、吸收了其他众多的管理学研究成果，在人员管理、组织架构、实施策略等方面的研究和实践得到了相关管理理论的支撑。

（1）人员管理方面，工作—家庭边界理论解释了频繁在工作和家庭中转移的边界跨越者和他们的工作与家庭之间的复杂关系，该理论构建了工作家庭平衡的理论框架，既描述了工作家庭冲突的原因，又基于该原因提出维持工作家庭平衡的措施。馆员由此能够形成对工作和家庭生活的正确认识，找到工作与家庭之间的平衡点，从而调和工作与家庭之间的矛盾，缓解由于工作和家庭之间的冲突而给馆员带来的巨大压力，达到图书馆管理的有效与和谐[13]。领导生命周期理论将人们完成某项特定任务的意愿和能力程度划分为由低到高的四个等级，即代表着责任心、成就感、工作经验、教育程度等因素的成熟度。该理论认为领导方式的选择要与被领导者的成熟度相适应，实行动态管理。图书馆管理者应重视管理的随机性和灵活性，要根据被管理者成熟度由低到高的变化，依次采用命令方式、说服方式、参与方式和授权方式[14]。与此类似的职业成熟度理论也提出了工作成熟度，即馆员所具备的完成工作任务所必需的知识、技能、经验等；以及心理成熟度，即馆员的心理素质，如成就感、自尊、自信等。该理论的研究内容涉及组织适应、岗位的操作能力、工作习惯和态度、同事关系、追求进步、职业选择和规划等方面[15]。此外，针对读者管理的顾客满意理论也引起了学界的重视。该理论提出的图书馆理念满意、图书馆行为满意和图书馆视觉满意三要素相互联系、相互作用、相互制约、相互促进，从战略策略、战略执行和战略展开层面实现读者的心理满足[16]。

（2）组织架构方面，学习型组织理论主张通过系统思考、超越自我、改善心智模式、建立共同愿景和团队学习等“五项修炼”，促使组织成员养成终身学习的习惯，从学习过程中激发个人生命潜能，提高人生价值以充分实现自我，并进而带动组织的创新与进步，以形成良好的组织气候与组织文化，达成组织顺应变迁与长远发展的目的。对此，国外图书馆已就建立团队组织与学习型组织做出了很多有益的尝试[17]。耗散结构理论认为一个远离平衡态的非线性开放系统不断地与外界交换物质和能量，在系统内部某个参量的变化达到一定阈值时，通过涨落，系统可能发生突变即非平衡相变，由原来的混沌无序状态转变为一种非线性区形成的新的稳定的宏观有序结构。作为一种复杂的动态开放系统，图书馆要消除内耗，提高管理效率和服务质量，关键在于确认负熵流生成因素，并持续地从外界输入负熵流，相关措施包括建立合理的组织规模和结构，保证内部信息渠道畅通，强化内部管理，营造良好的文化氛围，建立有效的激励机制，加强与外部环境的联系等[18]。

（3）实施策略方面，权变理论因其灵活机动、因地制宜的特征，受到图书馆界的广泛关注。该理论强调组织内外环境对组织活动的影响，针对不同的具体条件和变化状况探求不同的最适合的管理方案、模式和方法。该理论的应用，能够通过大量事例的研究和概括，把各类复杂情况归纳为几种基本类型，为每一类型确定一种管理模式。它强调权变关系是两个或更多变量之间的函数关系，权变管理就是依据环境自变量和管理思想及管理技术因变量之间的函数关系确定的一种最有效的管理方式。权变管理理论力图研究分系统内部和分系统间的相互联系，以及组织和它的环境之间的相互联系，并确定各种变数的关系类型和结构类型[19]。在具体实践中，权变理论提出了图书馆领导行为的有效性取决于与下属相互作用的领导者风格，情境对领导者的控制和影响程度等因素，需要对领导者与被领导者的关系、工作任务结构，领导者所处职位的应有权力等变量加以重视[20]。

第二节　公共图书馆人力资源管理

一、馆员的职业素养

“素养”在《辞海》（第六版）中解释是“经常修习培养”，《现代汉语词典》则解释为“平日的修养”。无论是作为动词还是名词理解，馆员的素养均可视为以开展图书馆工作为目标的，需要经过日常修习培养的自身条件，即特定方面的素质、涵养。馆员素养与从事其职业所需的各项技能一样，是图书馆业务活动的必备前提和基本要素。

1.思想层面的素养

公共图书馆馆员不仅应有高尚的道德情操、远大的理想抱负，更应以图书馆事业的繁荣兴旺为奋斗目标，积极参与信息传播与文化服务实践，在高度的紧迫感和强烈的责任感中，树立职业道德，弘扬创新精神，在思想层面修习图书馆职业素养。

（1）心理素质

心理素质主要涉及个人的情感、个性、意志等活动领域。从一般意义而言，公共图书馆馆员应该具有强烈的自信心、良好的抗挫折能力、健康的情感品质、坚强的意志品质、良好的角色适应能力和情绪调控能力。

在开展工作的过程中，会有来自读者、同事、上级领导、事业经费、文献资源、工作进程等多方面的压力。面对工作压力，馆员必须具有良好的心理素质和心理承受能力，善于自我心理调控，正确进行自我评价，乐观地面对挫折与困难。面对不同的信息需求心理，馆员需要研究读者心理，耐心细致地为读者服务，并有效地控制、调节自己的情绪。同时还要理解周围人的情绪，和读者、同事保持良好的人际关系。要能够最大限度地承受来自工作、读者和思想感情等方面的压力，积极培养乐观的情绪、健康的性格、饱满的精神和高雅的情趣。

具体而言，公共图书馆馆员的心理素质包含若干内容：一是良好的意志品质，如自觉性、坚韧性与自制力，馆员以此自觉地调节自己的心态，使其活动符合图书情报工作规律并给读者以良好的心理影响；二是稳定的情绪，能够冷静地处理判断事物，尽量避免情绪波动对工作态度的影响；三是良好的品格，如持续地保持工作热情，对弱势读者群体富有同情心；四是清晰的自我意识，如自觉地评价和调节自己的行为，保持工作中的自尊、自重、自爱和自强。

（2）职业道德

职业道德是从职人员在职业活动中应当遵循的道德规范与操守原则，是在履行其职责、处理其职业关系的职业行为过程中应遵循的准则。公共图书馆馆员的职业道德建立在对图书馆正确的职业认知和深厚的职业情感基础之上，主要体现在政治思想品德、信息法制观念、敬业精神等方面，涉及职业信念、职业责任、进取精神、职业态度、形象与纪律等基本因素。

作为公共图书馆馆员应具备的基本素质，职业道德素养的具体要求包括：一要坚定正确的政治立场，拥有爱国精神和民族自豪感；二要树立科学的世界观、人生观和价值观，解放思想，更新观念，勇于创新和接受新事物；三要有良好的个人品行素质，为人正派、以身作则、心胸宽广、谦虚诚实；四要热爱图书馆事业，弘扬爱岗敬业精神，始终把读者的利益放在第一位；五要有刻苦钻研、甘为人梯的奉献精神，甘于寂寞，乐于奉献，具备为他人做嫁衣的高尚情操；六要有强烈的使命感、责任感和义务感，使忠诚与热爱人民的图书馆事业成为发自内心深处的真情实感。

文明服务是职业道德对其职业观念、态度、技能、纪律和作风的具体要求，因此，“读者第一、服务至上”的思想理念，传承文化、传播知识的使命感，以及爱岗敬业的奉献精神必须首先得以确立。在高度的责任感和高尚的职业道德引领下，崇尚科学、实事求是、精益求精、勇于开拓的职业精神才能得以弘扬。

作为调节信息创造者、传递者、使用者等群体之间相互关系的行为规范总和，信息道德也成为公共图书馆馆员职业道德的重要组成部分，是馆员必须具备的信息伦理道德修养。公共图书馆馆员要在以知识信息为主的社会中发挥文化传承与传播的重要职能，认识到信息和信息技术的意义及其在社会生活中所起的作用与影响，抵制信息污染，规范自身的信息行为活动，主动参与理想信息社会的创建。具体而言，信息道德的内容主要包括：①信息交流、传递目标与社会整体目标协调一致；②承担信息活动的相关责任和义务；③在信息获取、使用、创造和传播过程中要遵守、遵循信息法律、法规，抵制违法信息行为；④尊重知识产权，不非法获取他人的机密和成果；⑤正确处理信息创造、信息传播、信息使用等群体之间的关系，尽量平衡其权利与义务；⑥掌握防止计算机病毒和其他计算机犯罪的技术；⑦预防、制止信息活动中的各类泄密等违法犯罪问题。

（3）信息意识

信息意识是指人们对信息的感受力、持久力和注意力，以及对信息价值的评估和判断力，是在信息活动中产生的认识、观念和需求的总和。具备足够信息意识的公共图书馆馆员应该充分了解社会信息量的膨胀程度、信息流动速度和更新速度；能以超前的预见能力认识到信息的重要性，基于对信息的强烈渴求和开发使命感，捕捉一切有价值的信息；对所接触到的信息，能以准确的判断力和透彻的洞察力判断其价值与内涵，充分挖掘其潜在意义，使其融入社会信息服务系统。

信息意识的主要内容包括：①对信息保持认知力，认识到信息的重要意义，确立在信息时代尊重知识、终身学习、勇于创新的基本理念；②对信息保持敏感性，除了自发性的需求外，还应善于将读者的需求自觉转化为馆员个人内在的信息需求；③对信息保持洞察力，能迅速有效地发现并掌握有价值的信息，并善于从普通的信息中发现其隐含意义和价值；④对信息保持鉴别力，善于对信息的真实性、时效性、可获取性等特征予以辨别。

（4）创新精神

激烈竞争的社会不仅对公共图书馆的生存与发展提出了挑战，对馆员的职业行为也提出了更高的要求。公共图书馆的馆员需要在一定的信息基础上，对常见的信息进行创造性思维，创造出新颖、独到、有突破性的信息，同时，还应注重科研思路和服务模式等方面的创新，养成开拓性的能力与品格，以应对行业内外的竞争与合作。

创新是事业和个人发展的原动力，新世纪的公共图书馆馆员需要努力培养创造性的思维方式，不断开阔眼界、拓宽思路、善于提出新想法，并勇于实践，发挥自己的主观能动性；同时，还要善于探索新环境下工作的新方式、新方法，更新自身的知识结构，及时掌握新技术，增强创新能力。

2.知识层面的素养

除了最基本的思想层面的职业素养，公共图书馆馆员还应不断吸收外部知识，构建基于特定知识结构的从业基础。所需知识以图情领域的知识为根基，涉及相关学科，并向业务开展所涵盖的特定学科进行辐射，以此构成开展业务工作必备的基础知识体系和提高工作绩效所需的相关知识体系。

（1）基础知识

为确保公共图书馆常规业务的开展和人才队伍的建设，馆员需要掌握以下三个层面的基础知识。

①方法论知识。任何科学的发展，都伴随着该学科研究方法的发展。馆员在其服务和科研的过程中，首先是要掌握相关的方法论知识，并勇于对研究方法进行创新，从而促进学科的发展。方法论知识一般可分为哲学方法、一般方法和专门方法三个层次[21]。

②图情专业理论知识。公共图书馆馆员应该在了解图书馆事业史的基础上，掌握必要的图书馆学、情报学、信息学、目录学和文献学方面的基础知识，对这些专业知识掌握的程度，直接影响着其服务水平和能力的提高。此类知识包括：图书馆管理与服务、信息加工与管理、文献传递与服务、信息检索与咨询等。在这些人类智慧的结晶中，与信息有关的理论、知识和方法构成了信息素养的重要组成部分，其中涉及信息技术、信息查询、信息系统与网络等方面的内容，主要包括信息的理论知识，对信息、信息化的性质、信息化社会及其对人类影响的认识和理解，信息的方法与原则（如信息分析综合法、系统整体优化法等），信息技术的原理（如计算机原理、网络原理等），信息技术的作用、文化背景与未来发展等。

③特定学科专业知识。鉴于服务对象的多样化和需求的专业化，馆员应该熟悉和掌握一门或几门学科专业知识，了解其学科历史、研究热点、科研动态等学科发展和研究情况。具有多元知识结构的馆员，能够灵活运用图情专业和特定学科专业知识，正确地选择信息，恰当地将各学科的知识有机地联系起来，选择解决实际业务问题的最佳切入点。同时，具备其他学科专业知识的馆员，能够开展对不同学科领域信息的组织与开发，有效地为读者提供专业文献信息，解答专题性咨询。

（2）相关知识

为提高公共图书馆的工作绩效，馆员应该重视对外语、计算机、法律、心理学等领域知识的学习。

随着文献信息资源共享及全球信息通信网络的形成，要求公共图书馆馆员在全球范围内跟踪了解最新信息，分析、辨别和收集有用的外文文献。馆员应该不仅具备以英语为主的外语阅读能力，最好还要具有翻译能力和分析综合能力，以便对外文文献信息进行加工与挖掘。公共图书馆与相关机构的国际交流与合作日益增多，这也对馆员的外语水平提出了更高的要求。

随着信息技术日新月异的发展，数字图书馆共享平台纷纷创建，公共图书馆的服务面临着从传统的手工模式向自动化，乃至人工智能化的演进。为应对发展环境的变迁，有效利用信息技术提升工作效率，馆员应该具备不同层次的计算机知识，如基本的电脑运行原理和操作方法、网络信息检索与管理、数据库的创建和使用、纸质信息的数字化等。

信息政策与法规是国家用于调控信息产业的发展和信息活动，协调和保护相关各方信息权利的行为规范和准则。公共图书馆馆员在从事公共文化服务的过程中，应该时刻关注信息立法，熟悉信息政策和法规、公约和协议，特别是知识产权法的内容，促进信息服务的规范化、法制化、市场化和国际化。信息政策和知识产权知识通常包括三方面内容，即社会的信息化政策、信息产业政策和信息流通与利用政策[22]。它不仅对图书馆的信息资源建设和信息共享具有指导、调节、干预和规范作用，同时还对馆员的信息行为和服务内容具有规范和调节作用。保护知识产权、遵守信息伦理不仅能促进知识生产和创新，更是对广大文献信息工作者的尊重。由于公共图书馆的公益性和服务对象的复杂性，馆员应在合理使用的原则和范围内满足信息需求，确保不侵犯知识产权，扭曲信息伦理。与知识产权相关的法律有《中华人民共和国著作权法》《中华人民共和国商标权法》《中华人民共和国专利法》等，以及与之相关的实施细则、司法解释等。

此外，与公共图书馆业务相关的知识还涉及心理学、公共关系学、行政管理学、人际关系学、市场营销学、出版发行学，以及文秘、建筑设计等学科和领域，不同工作岗位的馆员应有选择地完善自身的知识结构。

二、馆员的职业技能

职业技能是公共图书馆馆员从事业务工作的主要条件，是特殊专业能力和知识结构，是馆员个体完成职业活动的本领和各种能力的总和，通常由工作经验、处事能力、组织能力、领导能力、表达能力等要素组成。除了健康的身体、旺盛的精力、顽强的毅力，以及以读、写、算能力为基础的文化素养等普适性从业条件外，图书馆员的职业技能更多地体现出脑力劳动和公共服务的特征。

1.信息能力

信息能力主要是指通过对信息的收集、整序、利用和评价进而创造新信息和新知识的能力，包括信息的收集能力、整序能力、利用能力、创新能力等[23]。公共图书馆馆员要学会对信息进行分析判断、去伪存真、去粗取精；具有筛选、评价和运用图书情报成果的能力；要建立和掌握信息源，掌握信息检索的技术、方法、途径；能指导用户使用各种信息源和信息技术找到必要的信息；了解信息分析研究及成果评价的程序、方法，使之成为具有科学价值的新信息，并善于传递、交流，以提高信息利用能力。

作为公共图书馆及其馆员在信息时代最为重要的发展要素，信息能力的内涵宽广，涉及信息资源管理、读者信息服务及馆员个人发展等方面。

（1）信息资源管理方面

①熟练利用信息存取媒介，高效地获取信息；

②客观、准确地批判和评价信息；

③确定潜在的信息源，科学地评估其价值；

④重视信息源的判别、收集与使用；

⑤开发原始的信息资源，生产二次、三次信息；

⑥将新信息与原有知识进行整合；

⑦跨语种收集、加工和利用信息资源；

⑧对收集的信息进行分析判断和科学的组织与加工；

⑨强化信息系统的安全防范能力，构建信息系统运行的应急预案；

⑩对信息进行筛选，过滤无用、有害的内容。

（2）读者信息服务方面

①对自身及他人的信息需求能准确地表达；

②能较好地解答读者的各类咨询；

③及时、广泛地发布优质信息资源；

④主动、多途径地传递读者所需的信息；

⑤通过网络或其他途径开展读者教育，推广信息服务；

⑥强化信息产品的营销能力，树立图书馆的信息服务形象。

（3）馆员个人发展方面

①掌握图书馆的工作流程以及各工作系统的操作方法；

②自主选题、自我学习，并善于形成科研成果；

③擅长使用文字处理、网页制作、图像识别、格式转换等信息技术工具；

④掌握科学的阅读方法，高效地理解信息内涵；

⑤在思考和问题解决的过程中准确、合理乃至创造性地使用信息；

⑥关注国内外的前沿信息技术，善于在图书馆工作中加以吸收、利用。

2.公关能力

公关能力是指公共图书馆及其馆员有目的、有计划地为改善或维持特定公共关系状态而进行实践活动的能力，通常表现为组织或个人在社交场合的介入能力、适应能力、控制能力及协调能力等。良好的公关能力是个体参与信息社会合作与竞争的必备素质，可以从馆员个人和图书馆组织两个层面进行能力塑造。

（1）个人沟通交流层面，公共图书馆馆员应具备良好的沟通、协调、合作和交流能力。针对读者，馆员应揣摩其心理活动，挖掘其潜在需求，使用发音标准、吐字清晰的表达方式，抓住问题关键，增强读者的认同和信任，避免因专业隔阂、语言表达、记忆失真等造成误解。对于同事，馆员应以实现图书馆战略发展目标为目的，平衡个人利益与群体利益，通过多途径的沟通渠道，优势互补，打造分工协作、富有凝聚力的团队。

（2）组织形象塑造层面，可以借鉴企业CI（Corporate Identity）战略的成功经验，构建VI视觉识别系统（Visual Identity），重塑图书馆文化品牌，树立大众传播的公共图书馆新形象。通过图书馆理念识别、图书馆行为识别和图书馆视觉识别[24]三个维度构建公共图书馆的CI系统，不仅能改善社会对图书馆在认识上的偏见，提升图书馆形象，还能引起政府和民众对公共图书馆事业的重视，更好地实现公共图书馆的社会价值和社会责任。组织层面的公关能力源于馆员的相关能力，这不仅决定着公共图书馆在公共文化服务体系中的地位与作用，更影响其与其他社会组织的协作。

3.职业礼仪

礼仪是人们长期共同生活和交往中逐渐形成并以风俗、习惯和传统等形式固定下来的道德行为规范，是人际交往的基本规则和行为秩序。公共图书馆的职业礼仪则是馆员在职业活动中应当遵守的礼节、仪式和其他交流行为的态度和方式，是旨在履行职责、维护形象、向读者表示尊重与友好的行为规范。

馆员的职业礼仪素养主要是为了提高读者服务质量，按照一定的礼仪规范约束自己的行为，并在礼仪品质、意识等方面所进行自我锻炼和自我改造，以此体现自身的工作态度和精神风貌。礼仪对人的要求包含有表里两个方面：既要求一个人要有与人为善的道德观念，又要有优雅得体的言行举止。就后者而言，馆员在仪容、服饰、言语等方面的行为规范则是职业礼仪素养的基本内容。

第一，馆员在着装方面要做到衣着整洁，着装一定要端庄、规范，最好穿馆服。第二，馆员在仪容方面要做到面部洁净、肢体自然、化妆淡雅、饰品简洁，营造好的服务环境和气氛。第三，馆员在言谈举止方面要做到落落大方，庄重典雅，多采用询问式语言，语气和顺，言辞亲切，用词准确，谈吐高雅。第四，馆员在服务态度方面要做到主动热情，耐心周到，文明礼貌，要热情积极，精神饱满，能够不厌其烦地回答读者的所有合理问题，以昂扬的精神风貌感染读者，传播文明。

三、馆员培训与教育

任何事业的发展都不能脱离人的主观能动性，公共图书馆的工作质量在很大程度上取决于图书馆员的专业水平。人力资源开发是现代管理的一项重要任务，在职人员的培训与教育已成为人力资本投资的主要形式，是开发现有人力资源和提高人员素质的基本途径。公共图书馆需要建立有效的人才培养机制和培训规划，更新和强化馆员知识结构，接受新知识和新技术，开阔视野，持续创新，提升组织服务水平，实现馆员个人价值。

1.培训与教育的模式

（1）按职业生涯发展阶段划分

公共图书馆馆员的职业生涯围绕着一个或多个工作岗位度过，不同的阶段对馆员有着不同的要求，培训与教育也应做出相应的调整。

①岗前培训。主要针对职业生涯早期阶段的馆员，目的是使其早日融入图书馆并胜任本职工作。这一时期应首先考察新馆员的志向和特长，以便在日后的工作中用其所长，发挥潜力。同时，开展两方面内容的培训：一是关于本馆基本情况的介绍，如本馆的历史、性质、目标、规章制度、组织文化等，增进新馆员对图书馆的了解，使其尽快融入集体之中。其二是工作岗位要求而新馆员尚未具备的专业知识、技能，主要是指图书馆学、情报学专业知识以及计算机等现代信息技术，使馆员顺利完成角色转换，尽快进入状态，胜任本职工作。

②在岗培训。主要针对职业生涯中期阶段的馆员，目的是使其在不离开工作岗位的情况下获得实现更高工作绩效所需的知识、技能和意愿。一方面，馆员需要了解本专业的最新动态，掌握有关的新技术和新方法，使自己拥有较宽的知识面和合理的知识结构，并针对职称、职位晋升以及工作绩效的提升进行目标明确、实效突出的培训。

③转岗培训。主要针对职业生涯晚期阶段的馆员，目的是使因组织结构重组或自身不能胜任现有岗位需求，或个人才能、特长、兴趣与现有岗位不匹配的馆员培养新的职业技能，提高素养，使其满足新的工作岗位要求。

④脱产培训。主要针对职业生涯转型期阶段的馆员，目的是通过暂时离开岗位到学校或相关机构再次深造，以实现学历的提升或技能的更新。从时间维度上可分为短期脱产培训和长期脱产培训，但培训结束通常均需返回原单位，在原来或其他岗位上从事更高标准和要求的工作[25]。

⑤终身教育。主要针对在整个职业生涯阶段中，富有学习意愿的馆员，目的是将正规教育与非正规教育相结合，家庭教育、学校教育与社会教育相结合，利用各种途径和方式实现个人职业素养的提升。

（2）按学习主体及其诉求划分

不同的馆员群体往往有着不尽相同的学习诉求，因此，要提供满足其需求的若干培训和教育的模式。

①工作性质层面。对于专职人员，除鼓励继续学习和终身学习外，应更注重知识更新教育以及信息技术应用能力的培养；对于兼职人员，除图书馆基础业务知识和职业道德外，要强化咨询服务规范和服务技能的培训，以提升其职业素养水平。

②受训形式层面。团队培训主要以增强图书馆的凝聚力和塑造图书馆组织文化为目的，重在协调为达成共同目标而努力工作的不同个人之间的合作，通过协调团队成员的个人绩效来实现组织愿景；自我教育则因不受群体标准和行为规范的约束，通常以非正规学习的方式扩展自身知识结构和提高工作能力，显得更为个性化，更具灵活性。

③学习内容层面。一方面重视实用技术与基础理论的结合，把图书馆学理论与实践的最新成果及时加入到馆员教育中，夯实理论基础，强化应用技能，推动服务水平的提升。另一方面，在进行普适性基础教育的同时，应该根据馆员自身的知识结构和岗位需求开展个性化定制教育，针对不同的学科、专业、人员层次做出异质化的调整。

2.培训与教育的方法

与全日制的正规教育不同，公共图书馆馆员的培训与教育拥有更大的灵活性和多样性。针对各种工作岗位类型和学习需求，可采取不同的培训方法。可将各类培训与教育方法按实施地点划分为馆内和馆外两大类。

（1）主要在馆内采用的方法

①学术研讨法。通过科研课题的申报与研究，以及学术研讨会的举办，开展同行间的切磋、探讨、交流、学习和借鉴。通过及时总结工作中的经验和教训，总结专业理论，推广研究成果，增强应用绩效。

②相互学习法。在知识结构、从业年限、思维模式等方面具有差异的馆员间可根据自己的专长互相搭配，互相影响，达到互通有无、取长补短的目的。能够在促进团队精神的塑造、强化组织文化的构建、激发职业理念的创新等方面取得显著的成效。

③“传帮带”培训法。传统的“师徒制”人才培养方式由馆内业务素质较高、表达能力较强、有一定学识水平的馆员充当培训教师，负责传授业务工作涉及的知识、技能和各岗位职责、目标、职业道德等内容。通过言传身教，能够对图书馆的各业务环节进行讲解、示范、练习与总结，从而快速培养大量新手，使新入行的馆员更快地进入工作角色。

④专家讲座法。公共图书馆可以聘请国内外著名图书馆学、情报学专家、学者，或国内外知名图书馆的馆长、业务骨干来馆系统讲授行业发展趋势、新学科的发展、新技术的应用等，使馆员开阔视野，了解公共图书馆事业的发展前景及学术研究动态。通过专题讲授，能够让馆员广泛了解其他图书馆的管理模式与工作经验，以点代面，博采众长，促进本馆服务水平的提升。

⑤轮岗培训法。岗位的轮换能够让馆员充分了解公共图书馆多个部门乃至整个图书馆的工作流程和所要掌握的业务技能。通过在每个岗位上的实践练习，馆员能获得不同岗位的工作经验，扩展专业知识面。同时，图书馆也能在工作轮换过程中了解馆员的专长和兴趣爱好，从而更好地开发其潜能，发挥其优势。

⑥课堂教学法。公共图书馆拥有的阅览室、报告厅可以作为培训教室，面向众多馆员进行课堂教学式的讲授。充分利用本馆的各种教育资源，能够取得扩大受训人数、拓展培训效益的效果。

⑦现场实习法。对于公共图书馆而言，较强的实践性技能需要亲临现场进行实际操作，置身于具体的工作岗位中，由授课老师进行现场指导、言传身教，及时发现并分析、解决实际问题，当场掌握和巩固业务技能。这种方法突出了以实践为本质特征图书馆职业素养形成路径，易于让受训馆员接受。

⑧以赛代练法。除了日常学习，馆员的素养还能通过专业知识竞赛、业务技能大赛、岗位定标比超等方法予以提升。在竞技争优的比赛中，不仅学习积极性将得到提高，也有利于团队协作精神的养成。鼓励在各自工作岗位上有一技之长

的职工充分展示自己的业务能力，能在很大程度上提升馆员的自信心，提高工作技能。

（2）主要在馆外采用的方法

①自学法。馆员的自我教育是提高馆员素质的一种基本、实际而有效的方式，能够不受时间、地点的限制，既不影响工作，又可利用图书馆得天独厚的条件，实现较好的自我素养的提升效果。这种方法的最大优势是紧密结合工作需要，在干中学，在学中干，使自己的知识结构不断完善，技能不断提高。

②参观考察法。根据本馆需求和条件，定期或不定期组织馆员前往具有先进经验的相关机构访问、参观、考察、调研或短期进修，以此开阔眼界，拓展思路，提高本馆馆员的自身素养。通过这种直观性较强的学习方式，能够掌握源于实践的知识和管理经验，促进不同组织间的相互了解，增进友谊，增长见识。

③网络授课法。可以利用电子阅览室的网络终端，接受来自馆外专家学者的远程教育培训。这种方式互动性强，内容生动，受益者众，经济高效。具体做法包括通过界面友好、内容丰富的培训课件进行具有讲义文本对照的视频讲解，建立 BBS 讨论区进行集体研讨等。

④学历教育法。根据本馆的业务需要，鼓励合适的馆员取得相关专业的更高级学历，以委托培养的方式，通过高层次的学历教育，促进高水平人才队伍的建设。

3.培训与教育的实施

公共图书馆馆员的培训与教育是提升人力资源素养的管理活动，兼具教育和管理的特点，需要有计划、有步骤地开展和推进。在实施过程中，需要关注培训职能机构的设立、师资力量的配备、配套的考核奖励机制的建立等问题，尤其对培训与教育的绩效评估要予以足够的重视。

（1）实施步骤

第一步，明确培训与教育需求。首先应该开展耐心细致的调查研究工作，对全馆员工的工作性质及个人成长需求进行评估，明确培训的对象和内容，以及本馆人力资源状况与组织发展目标之间的差距，以此确定培训需求。在培训前期的分析阶段，培训组织部门应通过调研、分析、磋商等方式，明确馆员的素养提升需求及相关问题，如馆员当前的专业技术水平，培训的预期目标与效果，合适的培训内容、教材、方法，培训资金的预算，培训的激励机制等[26]。

第二步，制定科学的培训计划。这一阶段需要制定培训时间表、明确受训人员的任务等，以便管理、控制及评估反馈。在计划制定过程中，首先要明确培训目标是否与本馆的战略发展目标一致，必须综合考虑主、客观条件，最大限度地确保培训目标的实现。其次是制定相应的措施以保证培训工作的顺利完成，培训与教育的实施策略涉及诸多方面的问题，后文将有详细论述。另外，培训计划的制定需要结合馆员现有的知识结构，广泛征求意见，取得共同认识，确保培训方案的科学性和可行性，

第三步，确定参与人员。包括培训与教育活动的受训馆员和讲授教师，前者需要根据年龄、学历、专业、工作岗位等特征予以区分；后者则可以根据实际情况，采取在本馆范围内遴选、外聘专家学者、外包给培训机构等形式予以确定。

第四步，设计合适的课程及教材。针对培训与教育的需要，设计出合适的培训项目，该项目可以仅包括一门课程，也可以是多门系列课程的总和。教材可以是基于本馆实情的自编讲义，也可以是较为成熟的权威著述，同时，应注意不断地修订与完善课程内容，以及核心教材与参考资料的有机配合。

第五步，选择培训设备与场地。培训过程中涉及的设备包括讲台、桌椅、电脑、投影仪、灯光、音响、空调、环境布置以及局域网或广域网的接口设施等。实施场地以本馆的电子阅览室或报告厅为主，也可根据培训内容的需要，选择馆外的文化场馆、实训基地、教育机构等相关场地。

第六步，开展前期宣传工作。正式实施培训教育之前，有必要开展一定的公关宣传活动，宣传培训的意义和作用，争取单位领导、主管部门和相关组织的支持与协作，激发馆员的参与兴趣和热情，为克服各种困难和障碍奠定基础。

第七步，正式开展培训与教育。有步骤、有重点地落实培训计划，注意处理好馆员的培训教育与公共图书馆日常业务工作之间的关系，做到理论与实践相互联系，学习与工作相互促进。

第八步，进行绩效评估。培训与教育的目的是提升馆员素养，提高工作业绩。绩效评估能够反映其最终成果，也为下一轮的培训开展提供科学、可靠的决策依据。

（2）实施策略

公共图书馆开展的馆员培训与教育活动受到诸多要素的影响，需要从组织建制、资源技术、基础保障等层面制定实施策略，以确保培训绩效的彰显。

第一，公共图书馆需要在组织建制层面明确根本目标，设立职能机构，设计运作机制。

①确保培训、教育目标与公共图书馆发展目标一致。完整的培训体系是从图书馆组织目标出发，基于岗位分析、人力现状分析，辅之以绩效管理、绩效考评

及薪酬奖励等手段设计的一个能够综合提升图书馆竞争力和实现人才战略的体系[27]。应使馆员个人的培养提升目标与图书馆的发展目标相互协调并达到一致，使馆员个人的培训计划服从于图书馆的发展计划，围绕图书馆与馆员共同发展的大原则，尽可能地找到双赢的最佳结合点、平衡点。

②设立培训职能机构。馆员培训是一项长期的工作，应在组织建制方面予以保障，需要专门的职能机构或专人负责，并最好有馆领导直接主管。同时，应建立培训目标责任制，与主要领导签培训目标管理责任状。

③建立相应配套的考核、奖励机制。通过激励调动受训馆员的积极性，提高其参与培训的热情，将培训同馆员的年终考评、职称评定、工资待遇、职务晋升等切身利益关联起来，将培训合格证书或具体成绩作为个人考核评估的主要依据之一，使培训工作逐步走向规范化、标准化和制度化[28]。

第二，公共图书馆需要对培训与教育的经费、师资、规划等予以足够的重视。

①加大培训投入力度。资源保障一方面要靠行政主管部门和社会各界的大力支持与帮助；另一方面要引起图书馆领导的真正重视，通过节约挖潜，筹措资金，确保培训与教育的可持续开展。

②强化师资力量。师资水平的高低直接影响培训效果，应选拔实践经验丰富、理论水平较高、培训效果突出的专家担任培训教师。不可只凭学历、资历衡量师资水平，而要注重实际效果。培训人员只有经过专业的培训管理和实施计划的训练，才能有效地开展馆员的培训工作，制订出合理有效的培训计划，保证培训的效果。图书馆若不具备相关人才，则可通过外包培训、联合培训或进修培养等方式解决。

③提升培训计划的可操作性。应结合本馆人、财、物等资源的具体特点，制订出切实可行的培训计划，将其纳入战略发展规划体系，明确下达培训目标和任务，使其具有长期性、稳定性、实效性。每个馆员则根据自己的实际情况，制订适应本人的培训计划，明确学习时间、内容、方法和预期目标。

第三，除了物质层面的投入，公共图书馆的馆员培训与教育还需要在学习氛围、宣传推广、防范意识、理论研究等方面得到保障。

①营造良好的学习氛围。通过创造良性的竞争环境，在馆内树立浓厚的学习风气，正确引导馆员正确看待个人职业素养的作用与影响，清醒地认识到培训与教育的必要性与紧迫性，只有不断地学习、更新知识，掌握新的理论和技能，才能紧跟信息时代的步伐。

②加强培训教育的宣传推广。图书馆领导应高度重视这一工作，做好宣传动员，让每位馆员都能明确培训的目的意义，理解专业知识和职业技能对个人成长的重要性。同时，要善于将培训成果由理论向实践转化，由总馆向分馆推广，由个体向团队扩散。

③加强培训投资风险防范力度。一方面可从法律制度上规范和约束馆员参与在职培训后的义务和责任，在正式培训前履行必要的法律合同手续，以约束双方的行为。通过签订培训协议，以合同的形式要求馆员在接受培训后必须为图书馆服务一定期限，形成馆员对图书馆的一种强制性忠诚。另一方面，应加强馆员心理契约的培养力度，增加馆员对图书馆的归属感，以提高馆员的忠诚度和诚信度，确保馆员培训绩效的最大化[29]。

④加强培训与教育体系和制度建设。馆员培训与教育的体系和制度建设包括教育和培训的培养目标、形式、途径和内容等[30]。在建设这一体系时需解决各种问题，如在岗教育和脱岗教育、阶段教育和终身教育的有机结合，实用技术培训和超前理论教育的互补，教育数量和教育质量的平衡等。同时，培训与教育的正常开展迫切需要建立健全相关的政策法规，提供必要的规章约束和指导性政策依据，在权利、标准、经费、时间及资格等方面做出具体的规定和指导[31]。

（3）绩效评估

科学的培训评估体系应是若干方面的有效组合。一是评估内容，包括受训馆员对所参与培训学习的评价，对培训组织管理的评价及其前后工作绩效差异的评价等。二是评估标准，各级各类评估指标要界定明确，力求科学合理，尽可能量化，具有可操作性。三是评估方法及周期[32]，对培训教育的评估以专家测评、自我鉴定、读者评价等方式为主，并根据图书馆的战略规划周期和馆员的职业生涯发展阶段划分评估周期。同时，应该将评估置于培训教育的前期、中期和后期等不同阶段，使其既能激发馆员的积极反应和学习热情，实现自我反省和改进，又能促进图书馆适时调整、修订培训方案。

主要的评估模式可分为总结性和过程性两类。总结性评估是针对受训馆员的学习结果是否达到培训计划的预期目标以及达到的程度如何进行检验。具体包括：获得了哪些知识和技能，多大程度上改变了原有的工作能力和服务态度，多大程度上能将所获得的知识和能力运用在服务工作上等。评估馆员学习效果的途径很多，可以采取书面测验、即席演讲、口试、实务操作、成果展示、心得报告、技能竞赛、综合座谈、意见反馈、问卷调查等方式进行。过程性评估是通过收集受训馆员对于培训计划内涵及其执行过程的反映意见，了解其在受训过程中的满意度。评估项目包括：方案目标、课程内容、时间架构、场地环境、参加人数、师资安排、实施方法、培训方案及实施过程等[33]。

具体的评估指标体系可根据主要的培训内容分为职业道德、专业知识与技能、现代信息技术、相关知识与技能等大类，大类下又由若干个次级的评估指标构成。例如，加拿大的《图书馆员培训需求评估体系》涉及图书馆工作的各个岗位，包括行政、管理、业务等各个方面，其中的专业程度技能包括了有良好的工作习惯、个人优良品质等具体下级类别[34]。

可为每个评估指标设计 5 个计分等级：1 分代表需大力提高；2 分代表需提高；3 分代表达标；4 分代表良好；5 分代表优秀。同时，根据每项指标相对被评估者所在岗位需要的重要程度，赋予相应的权重值，也分为 5 个等级：1 分代表与该岗位所需相关性较弱；2 分代表与该岗位的需求有一定的相关性；3 分代表该岗位需要此项素养；4 分代表该岗位必备此项素养；5 分代表此项素养对该岗位非常重要。

第三节　公共图书馆经费与设备管理

一、经费管理

经费是公共图书馆运行和发展的必要条件，经费管理是公共图书馆管理的一个重要方面。经费管理主要指公共图书馆对其经费来源、分配和使用进行审议、监督、控制的过程，其主要任务是合理编制预算、努力节约支出、加强经济核算、评价资金使用效益等。

1.公共图书馆经费保障

根据我国现行的公共图书馆分级行政管理体制，公共图书馆的经费主要来源于各级政府的财政拨款，这种单一的经费来源就决定了公共图书馆事业的发展完全取决于各级政府的经济能力和重视程度。虽然目前我国已建立起包括政策保障、评估保障、项目保障以及地方法规和规章保障在内的公共图书馆经费保障体系，但由于没有强有力的公共图书馆法律法规的约束，各地政府对公共图书馆的投入较为随意，公共图书馆的经费保障仍存在以下问题[35]。

（1）政策没有完全落实，财政投入不足

近年来，政府制定了一系列政策来保障公共图书馆的财政投入，财政投入力度也大为增加，“十一五”期间我国公共图书馆的经费总量就有明显增长。但与公共图书馆开展基本服务的需求相比，经费的差额依然很大，政策也并未得到完全落实，仍缺乏稳定有效的、可持续的公共图书馆经费保障机制。财政投入的不足，严重影响着公共图书馆事业的发展和服务功能的发挥。

（2）经费结构不合理，基本服务经费无法保证

我国公共图书馆在经费支出项目上优先保障人员经费，这与政府只保障公共图书馆的人员经费的机制相适应。虽然文献资料的购置费在逐步增加，但除图书以外的文献资料（音像制品、电子出版物等）的购置费比例过低，与文献资料载体的变化要求不相适应。同时，对于公共图书馆基本服务项目，如流动服务、咨询服务、网络信息服务、读者活动等，也没有设置相应的支出项目。也就是说，政府的投入只能保障公共图书馆的生存，而不能保障公共图书馆的服务，包括基本服务。

经费得不到合理有效的保障，严重制约着公共图书馆社会效用的发挥。为解决公共图书馆经费短缺问题，需积极拓展经费来源渠道，大力吸引社会资金以多种方式投入到图书馆建设，逐步形成以国家财政拨款为主、多渠道社会融资为辅的多元化经费保障体系。

2.公共图书馆经费支出

公共图书馆经费支出是公共图书馆开展业务及其他活动发生的资金耗费和损失，主要包括购书费、人员工资、设备设施运营三大部分，其中购书费和人员工资是图书馆经费支出的主体[36]。具体来说，可以将公共图书馆经费支出划分为事业支出和对附属单位的补助支出两大部分[37]。

（1）事业支出，即图书馆开展专业业务活动及其辅助活动所产生的支出，包括基本工资、补助工资、职工福利费、社会保障费、公务费、业务费、设备购置费、修缮费和其他费用，其中图书购置费包括在设备购置费中。

（2）对附属单位的补助支出，即图书馆用财政补助收入之外的收入对附属单位补助所产生的支出。

3.公共图书馆经费管理程序

根据实践操作过程，可将公共图书馆经费管理程序划分为以下四个阶段[38]。

（1）经费预算

经费预算是公共图书馆编制财务计划以获得上级拨款的依据，一般按年度编制。年度经费预算的编制，应在前一年经费收支情况的基础上，根据预算年度的主客观条件进行。经费预算编制方法通常是按照支出项目分别列出预算指标，即按往年的年度各项支出，考虑到物价上涨因素及其他变化情况，推算出下一年度的各项预计指出，然后编制出新的年度经费预算表。

（2）预算执行

经费预算即经费执行计划，一年的各项经费开支按照预算去执行。预算执行过程中的每一项支出都要做出正确的记录，以便上级部门根据图书馆经费预算的执行情况进行检查和控制，同时要遵守国家规定的各种财务制度和费用开支标准。各项支出既要考虑完成图书馆工作任务的资金需要，又要合理节约地使用资金。

（3）决算控制

为全面反映收支情况，年终前公共图书馆应根据上级财务部门的年度决算编审工作要求，对各项收支账目、往来款项、货币资金和财产物资进行全面的年终清理结算，及时编报图书馆经费决算。决算是图书馆经费年度收支情况的书面总结，一般包括年度会计报表和财务收支情况说明两部分内容。通过决算可以概括地反映并据以检查年度预算的执行情况，作为今后年度预算的重要参照资料。因此，决算是一种重要的财务控制手段。

（4）效益评价

有投入，就应该有产出。图书馆经费的投入也可以获得一定的社会效益，用户利用图书馆得到的效益就是图书馆经费所产生的效益。但这种效益具有多元性、间接性，难以具体衡量，需要用可衡量的变量代替不能衡量的效益。如用户利用图书馆后所获得的收益不易衡量，则可用对用户利用图书馆资源量的衡量代替对效益的衡量。

二、设备管理

信息和网络技术的飞速发展，为公共图书馆的变革带来契机，从根本上推动了公共图书馆的发展进程。公共图书馆采用各种自动化集成系统建立了内部网络环境，配置了各种类型的服务器、网络终端、打印机、缩微阅读器、光盘机等先进的设备以完成业务流程，服务社会公众。公共图书馆的业务流程离不开先进设备的支撑，先进的设备在一定程度上制约着公共图书馆的服务深度和广度。因此，科学严谨的设备管理体系，是维护公共图书馆正常运行的必要保障，同时也是公共图书馆管理体系的重要组成部分。

1.公共图书馆设备种类

以往公共图书馆的设备主要是书架和桌椅，随着计算机、网络通信技术的发展和图书馆自动化程度的提高，公共图书馆设备的种类不断增加，尤其是现代化设备。为了便于管理，可以把公共图书馆的设备分为三大类[39]：一是图书馆的自动化管理设备，如文献借阅、信息检索用的计算机、监测仪；二是图书馆网站建设所需设备；三是图书馆的各类管理系统软件及各种数据库。第一类设备是图书馆实现自动化的基础，各个图书馆都在普遍使用；第二类设备是图书馆数字化程度的体现，目前各个图书馆的发展很不平衡；第三类设备主要是指图书馆文献管理系统、图书馆办公自动化软件、图书馆电子阅览室管理软件和各种数据库等，它们在图书馆的信息服务中发挥着重要作用。

2.公共图书馆设备管理内容

公共图书馆设备管理包含设备选购、设备应用、设备维护、设备使用培训、设备更新换代等诸多方面，可以按时序划分为五个阶段：设备计划引进阶段、设备购置阶段、设备安装调试阶段、设备运用运行阶段以及设备更新阶段[40]。

（1）设备计划引进。图书馆根据工作需要引进相关设备时需首先做好引进计划，对资金需求、引进时间和安装环境等进行全面调研分析。

（2）设备购置。设备购置阶段需要进行市场调研以掌握相关产品的市场动态。

（3）设备安装调试。本阶段包含对设备的工作环境准备、使用定位、安装调试、质量验收、登记注册等，是设备运行前期的准备工作。

（4）设备运行。设备正式投入实际工作后，为充分利用设备，提高图书馆管理质量和服务水平，需建立相应的设备管理制度，并对涉及人员开展针对性培训。

（5）设备更新。对技术或经济上不宜继续使用的设备进行改造升级或更换。

随着网络化、数字化、信息化建设的发展，公共图书馆积极用现代化技术设备武装自己，但是公共图书馆经费有限，为了将有限的资金进行科学、合理地分配，对于设备购置需要加强调研，充分做好设备购置计划，使有限的经费得到最合理的使用。在不断加强硬件设施建设的同时还要重视设备的利用与管理，注重设备的维护维修、功能开发、改造升级以及延长使用寿命等，在确保设备正常运行的同时最大限度地开发设备的使用潜力。

第四节　公共图书馆统计

公共图书馆统计是利用统计、计量等方法对图书馆工作进行定量的记录与描述，用数据向人们展示图书馆的运行情况。公共图书馆统计既可以作为社会公众对图书馆的监督工具，也可以作为上级机构对图书馆的考核依据，同时还是图书馆开展内部管理的重要参照。

一、统计的内涵与作用

公共图书馆统计是公共图书馆管理工作的重要组成部分，是对公共图书馆各项工作的真实记录和反映。开展公共图书馆统计的动机，从宏观层面来说，是国家管理机构为了解公共图书馆事业运行与发展情况，而对公共图书馆系统的基本宏观情况进行统计；从微观层面来说，就是各个图书馆为了反映和记录各项业务活动，而针对本馆的具体微观情况进行统计。通过对公共图书馆工作运行中产生的各项数据的搜集、整理和分析研究，可以探寻其内在规律性，从而为公共图书馆工作的改进提供分析基础。因此，公共图书馆统计是从数量方面综合认识公共图书馆发展规律的一种工具。具体来说，公共图书馆统计是指对公共图书馆数量方面的资料进行搜集、整理、分析，利用统计数据指标表现公共图书馆各种现象的数量因素和发展动态，以揭示公共图书馆各种现象的特征与规律，从而为管理决策的制定提供坚实可靠的数据支持。

公共图书馆统计是对公共图书馆各项工作运行情况的重要反馈，对把握公共图书馆工作有着重要意义。公共图书馆统计的作用，主要体现在以下几个方面。

（1）为国家各级主管部门编制公共图书馆事业发展规划提供科学依据

统计是认识社会现象的有力工具，它用数字形式提供社会现象的整体情况，并跟踪社会现象发展变化的活动轨迹。公共图书馆统计提供公共图书馆发展、运行中的各种分析数据，是国家各级主管部门制定公共图书馆事业发展政策、计划、规划的可靠依据。

（2）为公共图书馆效益评价和公共图书馆评估的开展提供依据

公共图书馆统计可提供有关公共图书馆工作开展情况的系统而准确的数据资料，这些统计资料与统计指标客观地反映公共图书馆工作的质量与成效，是评价和考核公共图书馆工作实绩的主要依据。

（3）为公共图书馆的管理与决策提供依据

公共图书馆统计客观、全面反映公共图书馆业务工作的基本情况，便于人们从中发现问题、找出差距，不仅为改进工作效率、提高服务质量提供依据，同时为管理决策及馆内各项业务工作的发展规划提供科学依据，从而提高公共图书馆的科学管理水平。

（4）是对公共图书馆管理和业务工作开展情况进行宣传与监督的重要工具

公共图书馆统计利用数据反馈出公共图书馆管理与业务工作的开展情况，一方面可以使社会公众加深对图书馆的了解，从而起到宣传推广的作用；另一方面则有利于主管部门全面把握公共图书馆运行情况，从而可以更好地对其予以监督与指导。

（5）是开展图书馆学研究的重要方法

图书馆统计是图书馆学定量分析的基础，要深入开展图书馆学研究，离不开图书馆统计。

二、统计的内容

1.藏书统计

公共图书馆藏书统计是了解公共图书馆的馆藏资源结构、藏书特色和年度图书增长情况的重要途径，是反映馆藏规模、水平和发展变化情况的重要指标之一。藏书统计指标主要包括藏书数量，文献有关学科、语种和载体等的分布情况，费用及分配情况，来源和入藏时间等。根据藏书统计数据对馆藏质量进行分析，可以为优化馆藏结构提供依据。

2.读者统计

读者服务是公共图书馆工作的中心环节，通过对使用公共图书馆的读者情况的了解，可以更好地改进公共图书馆的读者服务工作，并提供更具针对性的服务。读者统计是对读者数量、构成及其对图书馆利用情况的统计。读者统计指标主要包括读者总数量，读者年龄、文化程度、专业、职业、职称、居住地等的分类统计数量，以及读者到馆次数等。通过读者统计数据分析，可以更好地了解图书馆读者人数的发展变化规律和读者特征，以科学安排读者服务工作和藏书建设规划。

3.借阅统计

借阅统计主要反映馆藏文献的流通与利用情况。通过掌握馆藏文献借阅规律，可以很好地了解读者的阅读喜好与倾向，掌握读者的阅读需求种类与阅读需求变化情况及其对图书馆工作的满意度。借阅统计指标主要包括图书借阅总量、图书借阅分类统计数量（按学科或主题）、文献周转率、文献拒借率等。借阅统计数据，可以反映出读者利用藏书的发展变化情况，以及各类藏书的流通情况和对读者需求的满足情况，从而为图书馆采访计划的制订与动态调整、图书剔旧工作的开展以及读者服务创新提供依据，进而改进图书馆藏书质量和读者服务措施。

4.深化服务统计

公共图书馆深化服务统计是指对参考咨询、馆际互借、培训、展览等服务项目开展情况及读者参与利用情况的统计，旨在为改进服务质量和方式以获得更好的服务效果提供依据。

5.数字资源使用统计

对数字资源使用的统计需要运用专业技术（如数据挖掘等）和统计分析工具，从服务器日志文件和检索结果中分析、判断、整理出所需数据，可从以下几个方面进行数据统计[41]：

①某段时间内用户访问数字资源的任务数。任务是指对一个数据库一次成功的请求，是用户使用数据库从连接成功到任务完成后退出或超时为止的过程。

②某段时间内的检索次数。

③某段时间内的访问时间和检索时间。

④某段时间内下载记录、文献和数据数量。

⑤某段时间内拒绝访问的平均任务数。

⑥系统平均无故障时间。

⑦某段时间内正常服务时间

其中指标①—④可以客观反映数字资源的服务效率和效能，而⑤—⑦能反映用户的满意度，测度用户对服务的感知绩效，这七个指标基本上反映了数字资源服务的数量和质量。

6.工作人员统计

公共图书馆工作人员统计主要反映图书馆工作人员数量与结构的发展变化情况。公共图书馆工作人员统计指标主要包括人员总数量，图书馆工作人员在年龄、性别、专业、文化程度、职称、职务等方面的分类统计数量。通过对工作人员数量与结构变化情况的分析，一方面可以反映工作人员素质的发展变化情况，另一方面可以为图书馆人事计划提供依据。

7.财务统计

财务统计主要反映公共图书馆在经费数量、来源与分配情况等方面的发展变化情况。它一方面可以指导监督公共图书馆财务管理工作，另一方面也反映着国家对公共图书馆事业发展的重视程度。财务统计指标主要包括文献购置、行政、设备和工资等的经费数量。

8.建筑设备统计

建筑设备统计主要指对公共图书馆建筑总面积以及藏书、借阅、咨询服务、公共活动与辅助服务、业务、行政办公、技术设备、后勤保障用房的分布情况，机器设备的名称、型号、规格、数量、质量情况等的统计。

三、统计工作的步骤

1.明确统计目的

任何调查研究都要有明确的目的。公共图书馆统计工作的开展也应首先确定本次统计的目的，弄清楚统计工作所要解决的问题。统计目的应具体些，要抓住主要矛盾，突出中心问题，密切结合图书馆工作的实际与可能需求。

2.统计调查

统计调查，即统计资料的搜集。它是根据统计目的，有计划、有组织、科学地收集原始数据资料的工作过程。在统计工作的整个过程中，统计调查担负着提供基础资料的任务，是决定整个统计工作质量的基本环节。统计调查的基本要求是准确、及时和完整。

统计调查是一项复杂细致的工作，在开展此项工作之前，要首先制订统计调查方案。统计调查方案必须包括：①统计调查目的和对象；②调查项目；③统计调查表；④统计调查的组织方式。

公共图书馆统计调查的组织方式可以按照不同的标准进行划分。按调查时间，可以分为经常性调查和一次性调查；按调查范围，可分为全面调查和局部调查；按调查组织形式，可分为统计报表制度和专门调查[42]。

3.统计整理

统计整理，即统计资料整理，它根据统计目的和任务要求，对统计调查阶段取得的原始资料进行加工、综合，使之系统化、条理化，从而得到反映总体特征的综合统计资料。统计整理是统计分析的前提和基础，其质量直接影响统计分析的质量。

公共图书馆统计资料主要有定期统计资料、专题统计资料和历史资料三种。定期统计资料即一定时期内的统计资料，专题统计资料是一定时期内有关公共图书馆某种现象的统计资料，历史资料则是历年来图书馆发展数量、藏书量、用户数量等资料。图书馆的统计整理，可以根据统计目的，分别对这三种资料加以整理。

统计整理工作的开展应遵循以下步骤：①设计汇总方案；②审核原始资料；

③资料分类与编码；④分类汇总；⑤编制统计报表。

4.统计分析

统计分析是在统计调查和统计整理的基础上，根据统计目的，运用特有的统计分析方法，对统计资料作进一步分析处理，从而揭示公共图书馆的特点与发展规律，揭露矛盾，并提出建议的工作过程。

统计分析是提供统计成果的重要阶段，其步骤主要包括：①明确分析目标；②收集、整理有关资料；③运用统计分析方法进行系统周密的分析；④得出结论，提出成果。统计分析成果可以以统计分析报告、文字说明、口头报告等形式予以表达。

四、统计分析方法

1.分类分析法

分类是人类思维的基本形式，是认识世界的基本方法[43]，它帮助我们辨别事物的相同或相异特征。分类分析法，即指经过统计调查，根据统计分析的目的，按某些变动标志将统计资料划分成若干部分，再对各部分数据进行分析比较，以掌握它们之间内在联系的方法。

2.对比分析法

对比分析法也称比较分析法，是统计分析中最常用的方法。它通过有关指标的纵向、横向对比来反映事物数量上的差异和变化，进而探寻事物的发展规律。纵向对比是对同一研究对象不同时期指标数值的比较，横向对比则是在同一时间条件下，对不同部门、不同馆、不同系统、不同地区进行的比较。

3.相关分析法

相关分析法是研究两个或两个以上变量之间密切程度的一种常用统计方法。它通过大量统计资料，运用数学方法分析各种统计变量之间的相关关系，确定各统计变量之间相互作用程度的大小，进而区分相关关系中的主要因素与次要因素及两者之间的关系。相关分析的最终目的是根据统计变量之间的相关关系进行预测和控制。

4.动态分析法

动态分析法是以某种现象发展变化所表现出来的数量特征为依据，通过建立并分析动态数列来掌握该现象变化趋势的方法。反映某种现象在时间上变化与发展的一系列指标数值，按时间先后顺序排列，就形成一个动态数列（即时间序列）。通过分析动态数列的发展速度和增减速度，可了解该现象的发展变化，以及这种变化的趋势。

5.结构分析法

结构分析法是在分类分析的基础上，计算各个部分在总体中所占比重，进而分析总体事物的内部结构、总体的性质、总体的内部结构依时间推移而表现出的变化规律性的统计分析方法。该方法要求首先掌握总体事物的基本统计数据，然后对总体中各个部分的数据进行分解分析，从而计算出各个部分的数值与总体数值的百分比。结构分析法主要应用于三个方面：①分析事物内部结构的差别；②分析事物内部结构的依存关系；③分析事物内部结构的变化趋势[44]。

五、几种重要的统计指标及其计算

1.文献利用率

指图书馆的馆藏文献中被用户借阅的数量占收藏总量的百分比。计算方法是，用一定时间内用户借阅总数除以馆藏总数。公式为：

文献利用率=用户借阅文献总数÷图书馆馆藏总数×100%

2.文献流通率

指图书馆馆藏中提供流通的文献中被用户借阅的文献数量所占的百分比。计算方法是，用一定时间内用户借阅文献总数除以馆藏中提供流通的文献总数。公式为：

文献流通率=一定时间内用户借阅文献总数÷馆藏中提供流通的文献总数×100%

3.用户到馆率

指平均一个用户全年到馆次数。计算方法是，用全年到馆用户人次除以用户实际人数。公式为：

用户到馆率=全年到馆用户人次÷用户实际人数×100%

4.用户阅读率

指每位用户平均所借的文献资料的数量。计算方法是，全年文献资料借阅件数除以实际借阅用户人数。公式为：

用户阅读率=全年文献资料借阅件数÷实际借阅用户人数×100%

5.文献拒借率

指用户在图书馆未借到的文献数量占用户所要借的文献总数的百分比。计算公式为：

文献拒借率=用户未借到的文献总件数÷用户所要借的文献总件数×100%

6.文献保障率

文献保障率主要反映馆藏文献量对居民需求的保障程度。馆藏量越大，对居民需求的保障程度就越高。它主要指两个方面，一是图书馆收藏文献总量与图书馆拥有的用户数的比率，公式为：

文献保障率=馆藏文献总数÷用户人数×100%

二是指图书馆收藏文献总量与当地学龄以上居民人数的百分比，公式为：

文献保障率=馆藏文献总数÷学龄以上居民总人数×100%

7.用户使用数字资源的平均任务数

指平均每位用户访问数字资源的任务数。计算方法是，一定时间内用户访问数字资源的任务总数除以用户人数。公式为：

用户使用数字资源的平均任务数=一定时间内用户成功访问数字资源的任务数÷用户总数×100%

8.对于特定数字资源平均每次任务下载（或浏览）文献的数量

指对于特定数字资源，特定时间内平均每次任务下载（或浏览）的文献数量。计算方法是，针对特定的数字资源库，特定时间内下载（或浏览）文献的数量除以这段时间内的总任务数。公式为：

特定数字资源平均每次任务下载(或浏览)文献的数量=特定时间内下载(或浏览)文献总量÷本段时间总任务数×100%

9.数字资源被拒绝任务比率

指特定时间内被拒绝的数字资源服务任务数占总任务数的百分比。计算方法是，特定时间内某数字资源被拒绝的任务数除以该时间内的总任务数。公式为：

数字资源被拒绝任务比率=(特定时间内某数字资源的总任务数-该时间内用户成功访问该数字资源的任务数)÷该时间内该数字资源的总任务数×100%

10.数字资源某时间内的正常服务时间

如果某数字资源的更新时间不影响用户的访问，且停电时间也可以忽略不计，那么就可以计算出某时间内该数字资源的正常服务时间。计算方法是，某时间内数字资源的总服务时间减去系统故障时间。公式为：

数字资源某时间内的正常服务时间=该时间内该数字资源的总服务时间-该时间内该数字资源的系统故障时间

第五节 公共图书馆营销

改革开放后，我国政府对公共图书馆的重视程度与经济投入逐渐加大，并相继涌现出大批硬件条件出色的公共图书馆，但公共图书馆的社会认同率和社会地位并未与此成正比增长。虽然图书馆通过开拓创新打造了很好的资源与服务项目，但并没有得到社会公众的充分利用，这与公共图书馆被动、保守的管理理念不无关系。为了在社会发展中求得生存与可持续发展，公共图书馆需要改变刻板形象，引进积极面对用户的营销理念，并努力构筑自身的核心竞争力来获取用户的信赖与支持，为社会进步和经济发展发挥更大作用。

一、公共图书馆营销必要性

营销在人们头脑中的一般概念是推荐、影响和说服人们去买他们不一定需要的东西，但营销的含义不止如此。早在1969年，现代营销大师菲利普·科特勒（Philip Kotler）就拓展了营销的概念，指出营销的另一种含义是机敏地为人服务且满足其需求[45]。营销的这种含义，吸引了非营利机构对它的关注。1975年，菲利普·科特勒又出版了他的第一部以非营利组织为对象的著作《非营利组织的营销》[46]，为非营利机构的营销奠定了理论基础。而最早将营销理论引入图书馆的则是加拿大女王大学（Queen's University）的企业管理教授劳伦斯（Lawrence）。他在1977年就提出图书馆馆员应利用营销的技巧创造图书馆发展的新机会[47]。他认为图书馆也是一个可营销的资源，强调图书馆的管理应以读者为中心，认为图书馆的管理者必须以有创意的方式来适应外在环境的变化。

从20世纪70年代末开始，在营销学教授的倡导下，国外图书馆学家也针对营销理论与方法在图书馆领域的应用展开了积极的研究，并开始运用传统的市场营销理论、创新的服务营销和社会营销理论来指导公共图书馆的管理，取得了较好的效果。我国图书馆界引入营销理念基本是在改革开放以后，随着我国社会主义市场经济逐步走上轨道，信息作为一种战略、经济资源越来越受到人们的重视，信息的价值在市场上得到认可。1993年4月25日至28日，中国科学技术信息研究所在联合国教科文组织综合情报计划处的资助下在北京召开了图书馆和信息服务机构营销政策国际讨论会[48]。讨论会上专家们提出，不论在发达国家还是在发展中国家，图书馆和信息服务机构的管理者必须采用营销方法，才能使组织把注意力放到用户需求上，才能使组织充满活力、有远见，能向用户提供优质服务。

图书馆是文献信息与用户的中介，是以满足用户的需求，最大限度实现对馆藏资源与服务的利用来创造价值，完成其社会职能的。在当前动态多变的信息服务市场竞争环境中，为了使产品或服务得到最广泛的接受，公共图书馆有必要通过有计划、有组织的研究用户和对产品或服务推广宣传，实现组织与用户的双向沟通，缩短图书馆与用户之间的距离。国际图联和联合国教科文组织发布的《公共图书馆服务发展指南》中也强调[49]："图书馆的主管人员可以利用市场营销技术，使自己能了解用户的需求，并进行有效的规划，以便满足他们的需求。图书馆还必须向大众宣传它的服务，确保他们清楚了解图书馆为他们提供的图书信息服务。"具体而言，公共图书馆开展营销活动的必要性主要体现在以下几个方面。

1.应对信息服务市场竞争的需要

信息经济时代，图书馆的生存环境发生了重大变化。在多样化的信息环境中，图书馆在知识信息供给上的传统优势和垄断局面已不复存在，有越来越多的信息服务机构试图与图书馆争夺信息用户。过去图书馆是唯一的信息入口，而现在图书馆面临着各种信息服务机构的强大竞争。图书馆的发展，甚至是生存都面临着严峻挑战。

虽然与其他信息服务机构相比，图书馆的信息来源可靠，但却因缺乏理想的服务定位造成信息用户不断流失。图书馆只有引进营销理念，才能理清新的发展方向，深化对目标用户群的服务。借助营销理论与实践经验，使图书馆的一切业务活动真正做到以用户为中心并适时调整自身的服务观念和管理策略，同时有计划、有策略地开展推广宣传活动，积极抢占信息服务市场，才能为图书馆赢取更大的生存与发展空间。

2.改善公共图书馆社会认知的需要

随着知识经济时代的到来，图书馆顺应时代的发展趋势，无论是从资源层面、技术层面、服务层面、人员素质层面都得到了极大提高。虽然图书馆不断创新服务形式，拓展服务内容，但人们对图书馆的印象仍旧是一个提供借还单一服务的单位，图书馆所提供的多种服务内容并不为用户所熟知。因此，有必要采取营销传播手段宣传推广图书馆的服务内容，采取营销策略性行动争取更多公众的理解、支持与合作，让更多的用户认识到图书馆的用处，并进一步利用图书馆的深层次服务。

公共图书馆开展营销工作并非为了增加利润，而是为了图书馆的使命，使文献资源得到更有效的利用以获得更大的社会效益，进而改善社会公众对公共图书馆的认知，赢得上级部门和社会在未来对图书馆给予更大的支持，使图书馆得以长期生存和可持续发展。

3.实现公共图书馆社会效益最大化的需要

为了使图书馆丰富的信息资源最大限度地发挥作用，有针对性地满足用户的信息需求，就必须缩短图书馆、用户和社会之间的距离。营销以社会责任为导向，以提升资源、服务品质和拓展服务项目为手段，可以使图书馆获得更多用户的了解和利用。

信息环境的变化除了导致图书馆用户需求的变化，还带来了用户对图书馆期望的变化。过去人们对图书馆的期待是能满足借书的需要，而今天还要求图书馆能联结到无边界的信息资源，给他们以广阔的选择空间；过去人们在图书馆要找到、找全信息资料，现在他们的要求是查精，要求高质量的信息搜寻和深层次的信息加工。公共图书馆营销在充分研究用户的现实需求和潜在需求的同时积极推广宣传图书馆的资源和服务项目，这不仅有利于图书馆为用户提供最需要的信息服务，达到满足用户信息需求的目的；同时也可以促进用户对图书馆的使用，进而实现社会效益最大化。这既是引入营销理念的根本目的，也是最终目的。

公共图书馆营销就是了解、发现和激发用户的需求，并通过建立、开辟和延伸图书馆的资源与服务，以满足目标用户群体需求的过程。它不仅是一种宣传行为，更是一种促进图书馆与用户之间沟通的行为，同时也是一种用户服务行为。这种沟通与服务将用户的真实需求与行为模式传递给图书馆，又将图书馆的资源与服务信息传递给用户，强化了图书馆与用户的合作，促进了图书馆资源与服务的利用，提高了图书馆的社会地位和影响。

二、公共图书馆营销策略

图书馆营销工作主要包括两个方面：一是馆藏资源的宣传推介，二是信息服务的宣传推介[50]。公共图书馆营销的成功与否在很大程度上取决于公共图书馆营销的策略是否正确。为了实现最好的营销效果，公共图书馆需要制定适合本馆的营销策略。

1.用户细分策略

用户细分策略是指在对公共图书馆用户及其需求研究的基础上，将用户整体划分为若干用户群，然后了解各用户群的需求是否已经满足，公共图书馆根据自身资源情况为本馆确定重点用户群，并根据各用户群的需求情况开发信息产品及服务，即为满足特定用户群的需要而开拓特定的信息产品及服务。制订用户细分策略，首先应合理划分用户群并选择目标用户，然后根据自身优势进行市场分析，并以自身优势为基础开拓信息产品及服务，最后针对目标用户进行推广宣传。

2.品牌策略

品牌是指用来识别一个（或一群）卖主的产品或服务的名称、术语、记号、象征、设计或其组合，可以用来区别一个（或一群）卖主或竞争者。优秀的品牌，作为一种无形资产，可以为其所标识的产品与服务带来强大的品牌效应。“图书馆品牌”则是指一个图书馆利用其独特的馆藏资源，或一定的信息产品，或某一特色服务，在同行业中形成的一种吸引广大用户的差别优势，这种优势就是图书馆品牌。公共图书馆的地域差异、馆藏资源差异等为其实现个性化服务、打造特色品牌奠定了基础。

公共图书馆品牌的打造，需要深入探求公众的信息需求与信息行为模式，发掘图书馆的服务潜力，进而形成独特的服务模式或产品。通过品牌的打造，图书馆可以建立和巩固自己在信息服务市场中的地位与优势。当然，打造一个知名品牌需要经历一个缓慢而艰难的积累过程，并需要图书馆具备以下条件：

（1）强烈的品牌意识。品牌意识是图书馆对品牌和品牌建设的基本理念。品牌意识的培养需要图书馆深刻了解自己的产品或服务在信息市场上、在用户中间的影响力，并清楚地知道这种影响力所造成的认知度、忠诚度和联想度，同时能够采取适当的战略将品牌融入用户和潜在用户的生活过程。

（2）健全的品牌管理体制。品牌管理就是以品牌产品或服务为核心，综合运用各种资源和手段，围绕品牌的创建、维护和发展所进行的一系列管理活动[51]。品牌管理的水平高低、质量好坏直接关系着图书馆的品牌营销策略的成功与否。管理中应以人为本，注重人的管理；其次要建立科学的管理体制和规范的管理制度；第三，各部门和全体员工要相互协调、密切配合，同时要不断改进管理方法与手段。

（3）优质的产品与服务。优质的产品与服务是图书馆营销的关键，也是图书馆品牌创立的基础和特征。

（4）高素质的人才队伍。高素质的人才队伍是构建图书馆品牌的基础，品牌营销的关键在于人，图书馆员的自身素质与魅力可以极大增强品牌的亲和力。同时，品牌打造过程也可以不断提高图书馆馆员的专业素质、服务技能和管理能力，激发图书馆馆员的进取精神和创新精神，从而提高整个图书馆的服务质量和水平。

3.宣传策略

为了吸引社会公众对图书馆资源与服务的使用，图书馆应采取多元渗透式推广策略[52]。

（1）媒体宣传

图书馆可以通过报纸杂志、广播、电视等大众媒体宣传图书馆以及图书馆的馆藏与服务，以吸引社会公众对图书馆活动的关注与参与。作为一项公益性事业，媒体中的图书馆应以公益性广告的形式出现，旨在传播文化，弘扬民族精神，加深社会公众对图书馆的了解。

（2）网络宣传

网络宣传是指借助互联网的功能，利用数字化信息和网络媒体的交互性来推广图书馆的资源与服务的宣传活动。根据网络信息传播的方式，图书馆的网络宣传可以分为静态宣传和动态宣传两种方式。静态宣传是指图书馆为用户提供的单向信息推送，如图书馆在自己的网站上发布各种公告信息以及利用网上广告、电子邮件等方式开展服务推介等。动态宣传则是指图书馆利用社交媒体网站通过与用户的互动沟通，了解用户需求、推广图书馆品牌的营销活动。

图书馆网络宣传成本低、受众范围广泛并且不受时空的限制，不仅可以通过与用户的互动使用户更好地了解图书馆馆藏特色与服务项目，还可以帮助图书馆迅速、准确地获得用户的需求信息，以改进服务或调整服务策略。

（3）体验式营销

体验式营销是站在消费者的感官、情感、思考、行动、关联五个方面，重新定义、设计营销的思考方式[53]。这种思考方式认为消费者在消费时理性与感性兼具，营销活动的开展应关注消费者在消费前、消费时、消费后的体验。图书馆体验式营销就是要时刻关注用户的体验感受，可以采取景观体验、氛围体验、社交体验、科技体验、教育体验等策略[54]。

①景观体验是指图书馆的景观设计应突出鲜明的个性色彩和地域特征，具有易于识别、记忆的特征，并凸显图书馆深厚的文化积淀和人文精神，塑造图书馆内外兼美的良好形象。用户体验图书馆景观的过程，同样也是接受文化熏陶、感受文化魅力的过程。图书馆提供的各种景观体验，在知觉和情感上能极大满足读者的需求，从而激发用户对图书馆的认同和喜爱。

②氛围体验是指图书馆应营造一种令人愉快、使人流连忘返的氛围。这种氛围可以是休闲、时尚、富有青春活力，也可以是严肃、高雅、充满文化气息的。图书馆多元和谐氛围的构建，可以迎合现代人文化消费的需求，从而提高图书馆

产品与服务的外在和主观质量，使图书馆形象更加完美。

③社交体验。图书馆是公共文化服务机构，是为个人和社会群体的终身学习、独立决策和文化发展提供基本条件的场所，因此在为用户创造社会交往机会、满足用户社交需求上，图书馆具有不可比拟的条件和优势。图书馆各项集体化互动活动，如读书会、辩论会、亲子阅读等，可以为有着共同话题与爱好的人群提供交流平台，为用户带来深刻、良好的社交体验。

④科技体验是指图书馆可以为用户提供很多与科技零距离接触的机会，让用户在图书馆中自由感受科技带来的信息和便捷，在潜移默化中培养用户的创造性思维和充满理性的科学习惯。新信息技术在图书馆的广泛应用，能使图书馆成为科技与文化完美结合的地方。

⑤教育体验是指图书馆主办的各类参与互动的文化活动，如诗歌朗诵会、名家讲坛、文化艺术展览等，就像一道道丰盛的文化大餐，可为公众提供文化、艺术滋养。

4.政府公关策略

政府对公共图书馆的支持与否是某个地区公共图书馆事业发展的关键因素。图书馆对政府的公共关系工作是指图书馆运用有效的传播手段，与政府建立相互理解和信赖的关系，树立良好的形象和声誉，使图书馆适应政府的需要，同时使政府适应图书馆事业发展的需要，以促进图书馆目标实现而进行的一种管理活动[55]。图书馆对政府的公关工作，主要针对政府中直接或间接负责管理图书馆事业的有关机构和人员。

积极开展与政府的公关工作，对于图书馆协调各方关系，疏通渠道，以确保图书馆事业稳步发展，具有重要作用，主要体现在：①了解政府的政策、法令及国内外图书馆事业的发展动向、变化因素，以辅助图书馆决策的制定；②通过为政府提供优质服务，获取政府对图书馆的广泛宣传，扩大图书馆的影响，增进其他组织机构及整个社会对图书馆的了解和信任，进而提高图书馆的社会地位；③密切情感联系，取得政府的支持和帮助，争取尽可能多的政府拨款，引进尽可能适合的专业技术人才。图书馆开展政府公关活动的方式有多种：①增加图书馆人员的公关意识；②通过设立公共关系部门或指定专人有计划、有组织、有重点地开展对政府的公关工作；③借助业务活动和优质服务建立与政府的沟通渠道，联络感情、交流信息；④积极开展各种公共活动，同时积极寻求政府的参与，进而增强与政府的联系。

三、公共图书馆核心竞争力的构建途径

公共图书馆核心竞争力即在其服务过程中形成的不易被其他竞争对手效仿的能带来社会效益的独特能力。虽然公共图书馆属于公益性服务组织，但它同样面临着生存与发展的压力。为了争取更多的资金支持和进一步提高自己的社会地位，公共图书馆也需要积极构建自身的核心竞争力，以吸引更多的用户和社会关注。同时，核心竞争力的构建，也有利于明确公共图书馆的发展重点，实现公共图书馆资源的优化配置。

目前，关于图书馆核心竞争力构建与提升路径的研究众说纷纭：有的认为图书馆文化是图书馆核心竞争力的源泉和根本，只有通过打造具有特色的图书馆文化，才能有效提升图书馆的核心竞争力[56]；有的认为图书馆的核心竞争力来源于隐性知识，图书馆核心竞争力的形成有赖于个人知识向图书馆组织知识的转化，离不开科学的管理规章制度，来自信息服务、工作创新、用户反馈等知识创新的过程，同时也来源于外部知识的内在化[57]；有的认为应通过构建信息无障碍体系提升图书馆的核心竞争力[58]；还有人提出知识管理[59]、战略联盟[60]是构建图书馆核心竞争力的最佳途径。

对于公共图书馆来说，资源是构建核心竞争力的基础，服务是核心竞争力的具体体现。公共图书馆应通过资源的有效开发，创新服务形式和内容，打造其核心竞争力。具体来说，公共图书馆的核心竞争力应由资源层和核心竞争力体现层组成。图书馆的资源不仅包括馆藏文献信息资源，而且还包括先进的技术设备和服务设施、高素质的人力资源以及图书馆所特有的文化氛围。创新服务项目是公共图书馆核心竞争力的体现，它为用户提供具有核心竞争力的服务产品，实现公共图书馆的社会价值。

公共图书馆核心竞争力的构建是一个系统工程，同时也是一个逐步积累的过程。关于公共图书馆核心竞争力构建，可从以下几个方面着手[61]：

（1）特色资源是提升核心竞争力的基础。在同社会其他机构的竞争中，图书馆要立于不败之地，提升特色资源是一项重要任务。网络在人们的工作和生活中占有重要的地位，人们从网络上搜索有用的信息、阅读相关书籍，网络在某种程度上削弱了图书馆在人们工作和生活中的地位。但是图书馆的某些特色资源是永远不会被大众网络取代的，这就是图书馆在网络时代的核心竞争力所在，如美国国会图书馆的“美国记忆”特色资源库、国家图书馆的“甲骨世界”和“数字方志”等。

（2）发展人力资源是提高图书馆核心竞争力的根本保障。核心竞争力属于知

识的范畴，其实质是单位组织中积累形成的特殊知识，而知识作为一种特殊的资源，人是其重要的载体。公共图书馆的核心竞争力只有通过图书馆员的学习和创造才能获得，图书馆员个人的知识技能水平、整体素质与知识技能结构是图书馆核心竞争力得以形成的主要要素。

（3）图书馆文化是提升图书馆核心竞争力的催化剂。提升图书馆的核心竞争力，不仅要靠技术、管理和物质方面的激励，还要从图书馆的价值观入手，建立具有号召力、凝聚力、亲和力的图书馆文化，以图书馆文化铸造图书馆灵魂，培育图书馆的核心价值体系，形成图书馆的核心竞争力。

麦肯锡咨询公司的凯文·科因、斯蒂芬·霍尔和帕特里夏·克里福德等提出，核心竞争力是某一组织内部一系列互补的技能和知识的组合，它具有使一项或多项关键业务达到业界一流水平的能力[62]。所以，一个图书馆核心竞争力的培育，单纯地通过馆藏资源、人才队伍和组织文化建设是不够的，需要综合考虑和系统规划。公共图书馆核心竞争力的构建过程，也就是公共图书馆的发展和进步历程，通过核心竞争力的构建，公共图书馆不仅明确了自己的发展重点与方向，更重要的是明确了自己的社会定位与营销基点。

第六节　公共图书馆评估

一、概述

评估是科学管理的重要手段，是实现管理目标、提高管理效益不可缺少的技术方法。公共图书馆评估是科学地制定图书馆评估标准，以评估标准及其指标体系为依据，全面系统地收集图书馆的各种相关信息，从定性和定量的角度对图书馆目前的情况及其实现预期目标的条件、行为及其状态做出客观的价值判断的过程。公共图书馆作为国家信息资源体系和公共文化服务体系的重要组成部分，其社会职能的发挥很大程度上依赖于科学、合理、规范的评估体系，通过评估，可以检验公共图书馆自身发展的优势与劣势，探寻新的战略定位和发展方向。

评估活动的开展始于20世纪初，最初是企业管理的一种工具，包括个人评估与组织评估等类型[63]。1916年，法国古典管理理论学家Henri Fayo出版《工业管理与一般管理》[64]一书，将评估从企业推广到其他社会组织。20世纪60年代后期，美国图书馆界首次将评估方法引入图书馆界[65]。70年代后期，欧美等发达国家图书馆界开始重视面向信息服务流程的评估，Lancaster的《图书馆服务的衡量与评估》[66]最先提出基于图书馆参考服务、文献传递、馆藏发展，以及图书馆技术服务的评估，最先将企业界的新观念和新方法用于图书馆服务领域。

20 世纪 90 年代以来，伴随着网络化和数字化的技术进步，公共图书馆的发展环境发生了急剧的变革，其作为文献信息中心的社会地位受到严峻挑战，社会价值也受到不同程度的质疑。受新公共管理运动思潮及其指导的行政改革的深刻影响，也随着全面质量管理、顾客满意度等理论的广泛应用，欧美国家开始尝试进行公共图书馆评估的实证研究，衡量图书馆的运行对读者、社区乃至整个社会的经济贡献和影响，希望以明确的数据证明图书馆的社会价值，积极争取社会各界对公共图书馆事业发展的充分理解和高度重视。较为典型的例子如：1995 年，Brian 在对澳大利亚公共图书馆经济价值问题的研究中，列举了图书馆贡献的直接价值和间接价值，指出每向公共图书馆投入 1 美元，就可产生 2 美元的收益[67]。近年来，业界开始关注数字图书馆评估，如美国罗杰斯大学信息传播与图书馆学院 Saracevic 教授建立了包括构建、背景、标准、方法四个部分在内的数字图书馆评估框架[68]。

我国的图书馆评估研究经历了从 20 世纪 80 年代的起步阶段，90 年代的多元化阶段到 21 世纪的转型阶段，真正全面开展绩效评估研究，关注图书馆评估[69]。在实践层面上，自 1994 年文化部开展第一次全国范围内的公共图书馆评估以来，相继于 1998 年、2004 年和 2009 年开展了四次评估活动，对公共图书馆进行全面评价。包括少年儿童图书馆在内的省、地、县三级公共图书馆量化指标体系《公共图书馆评估标准》的制定，使得各级公共图书馆有了开展工作的标准和依据，对强化文化行政管理部门对图书馆的宏观管理，推动图书馆事业的发展产生了深远的意义。随着评估工作的持续开展，公共图书馆在办馆理念、办馆设备、服务质量等方面得到显著提高，初步实现了积极改善办馆条件、努力改进业务工作、提高管理和服务水平等目的。从 1994 年到 2009 年，全国上等级图书馆由 1144 个增至 1784 个，一级图书馆由 68 个增至 480 个。公共图书馆事业取得显著的成就，与评估工作的引导和推动作用关系密切。

在相关领域的理论与方法引领下，国内外学者经过多年探索，初步形成了一套评估理论和评估方法，成功开辟了公共图书馆评估研究与实践的新领域，极大地提高了政府和公众对图书馆社会价值的认识。从世界范围内的公共图书馆评估发展历程可以看出，目前对于公共图书馆评估的重心已逐渐从重视投入和产出的绩效评估向重视对读者影响的成效评估转移。

二、评估内容

公共图书馆的业务工作涉及诸多方面，相应的评估活动也在资源建设、信息服务、业务管理等层面得以展开，各种类型的评估又针对着若干实质性项目。

1.资源评估

（1）馆藏文献信息资源评估。在特定时间内，依据一定的标准对馆藏文献信息的相关度、规模、质量及其利用情况进行测度、分析与判断，有系统、有组织地对其自身及效用进行描述。馆藏资源评估的目的一方面在于保证资金投入效益的最大化，满足读者的信息需求；另一方面旨在解决无限增长的馆藏与有限存储空间之间的矛盾。具体的评估内容涉及资源保障能力、资源质量、资源共享、资源利用率等方面。

（2）图书馆馆员评估。公共图书馆的工作人员包括馆领导、中层管理者、基层馆员等，评估指标应有所区别，可从馆员的素质和结构方面予以考察。馆员素质包括职业道德和业务能力，如馆员的爱岗敬业精神、知识产权意识、专业技术资格、馆员继续教育与业务培训、学术研究水平等；馆员结构主要涉及馆员的性别结构、职称结构、专业结构、年龄结构、学历结构等。

（3）图书馆无形资产评估。为了加强知识产权保护力度，促进图书馆完善制度，健全机制，应该针对图书馆无形资产管理活动过程进行确认、检测和监督，并进行价值评估和考察。评估的内容涉及馆藏信息资源的知识覆盖率、网络资源权限的价值和使用价值、资金与资本的投入与分配、人员知识结构与岗位设置、办馆效率与馆誉、资源历史积累与重组、数据库建设水平与软件开发能力、馆建知识体系及知识产权等与图书馆无形资产相关的要素[70]。

（4）图书馆社会价值评估。为揭示馆藏文献信息资源管理及服务的价值，并为政府及社会慈善者提供科学的投资参考依据，开展社会价值的评估能够促进公众对公共图书馆运行成本效益的认知和理解，确保公共图书馆对自身的存在意义与影响具有清晰的认识，从而在科学管理、优化服务等方面进行准确的定位。

2.服务评估

20 世纪 80 年代后期，国际图书馆界引入全面质量管理的思想和方法体系，积极倡导图书馆实施绩效评估及成效评估。绩效评估主要针对图书馆所提供的服务和开展其他活动的质量和效果，以及图书馆为开展这些服务和活动所配置资源的效率；成效评估则针对图书馆服务解决特定用户需求并影响到用户行为、态度、技能、知识或条件（状态/地位）的改变程度[71]。国际上通行的图书馆评估标准文件 ISO 11620 的评估设置项目包括图书馆公共服务、技术服务、服务的改善、图书馆服务的用户评价以及人力的有效性与利用五个方面，该指标体现了以服务效益为评估中心的理念[72]。

具体到针对读者的信息服务，评估的主要类型包括读者感知类评估、服务工作评估、服务影响评估三种。读者感知类的评估主要指读者服务满意度的评估；服务工作评估包括图书馆免费开放程度、流通量、文献信息获取、文献信息服务、读者活动等内容；服务影响评估指读者通过使用图书馆资源和服务项目所发生的变化，如学术或职业方面的成功，积极人生观的形成等[73]。

公共图书馆在开展信息服务的同时，对服务项目的宣传推广显得日益重要，营销正在成为公共图书馆提升服务效益和资源效益的一种新理念与新方法。公共图书馆要体现其社会价值、发挥其社会功能，必须吸引更多的关注、利用和支持，图书馆营销为此提供了有效的手段。针对公共图书馆营销，评估内容主要关注营销活动的效果和营销方案的设计。评估的目的是了解营销项目的有效性和整体性，分析营销项目对提高读者满意度和提升图书馆形象的作用。营销活动效果的评估涉及营销活动对图书馆服务、馆藏资源、目标读者，以及图书馆形象等的影响。营销活动方案的评估涉及流程设计、宣传计划、成本预算等。

3.管理评估

在公共图书馆的数字化进程中，业务管理的评估日益显现出数字图书馆的特征。ISO 27000 系列标准中的 ISO 27001 标准给出了信息安全风险评估全过程的操作规范。风险等级可以帮助数字图书馆明确哪些风险比较容易引发安全问题，从而在第一时间对风险值较大、风险等级较高的安全风险进行优先处理，使数字图书馆面临的风险能够在最短的时间内得到及时解决。通过对数字图书馆进行风险评估，分析数字图书馆面临的安全风险，为数字图书馆的信息安全风险控制提供依据。

联盟式发展是馆际运行的管理模式，其绩效评估作为一种管理方法，正在影响与促进图书馆联盟工作的开展。图书馆联盟的绩效评估不仅是对联盟内信息资源建设与共享能力的评价，反映的是公共图书馆为读者服务的效能，而且还能以资源的有效保障为基础，以满足读者对文献需求最大化为目的，以节约文献采购与获取成本为宗旨，对联盟内文献资源共享收益、用户服务共享收益、管理资源共享收益、设备资源共享收益、人力资源共享收益等做出评价。评估的分析要素包括文献资源共享收益因素、用户服务共享收益因素、管理资源共享收益因素、设备与人力资源共享收益因素等。针对成员馆的评估主要考虑四个方面的因素：资源扩张能力、业务工作能力、运行成本、核心竞争能力[74]。

三、评估的方法与流程

1.评估方法

除了听取汇报、查阅资料、现场考察、召开座谈会、问卷调查等常规的评估手段，公共图书馆正逐渐引入来自数学、经济学以及企业管理领域的研究方法，对服务绩效、业务管理予以更为科学的检测和评价。

常见的评估方法包括以下一些：

（1）条件价值评估法（Contingent Valuation Method）。作为一种源于经济学的分析工具，该方法通过构造虚拟市场，考察人们在假设环境下为获得某项资源和服务的支付意愿，可用于评价非市场物品与资源的经济价值。推广至公共图书馆界，通过支付意愿（WTP）和接受补偿意愿（WTA）的调查，弥补了传统评估方法难以量化无形收益的不足，由此得到图书馆每年产生的效益，进而定量衡量其社会价值。

（2）成本收益分析法（Cost-Benefit Analysis）。在目前国外图书馆价值评估案例中，大部分都运用了这种通过比较项目、服务的全部成本和收益来评估项目服务净收益的方法。一般而言，此方法只适合于评估图书馆为用户提供的直接、短期的社会收益，如流通、参考咨询等具体服务带来的价值，并不适合用于测量图书馆产生的间接、长期的社会效益。

（3）二次经济影响分析法（Secondary Economic Impact Analysis）。最初是通过设计特定公式和算法建立模型来评估工业领域的二次经济影响，测算各行业对地区经济的间接影响。在公共图书馆界，主要被用来评估馆员的人力资源成本和图书馆运行经费投入对地区经济的间接影响。

（4）时间成本法。读者需要花费时间来获取信息服务，因此公共图书馆的价值至少应等于读者耗费时间的价值。该方法的原理是统计所有读者在往返图书馆的路上，以及在图书馆停留的平均时间，乘以其平均时薪，即可在一定程度上得出图书馆的价值。

2.评估的流程

作为连续而有规律的行动序列，流程既是针对可执行评估行为的具体计划，也是保障评估行为正确性的思维模式，具有实务和方法论的双重意义。完整的评估流程涉及评估活动中的资源、结构、结果、对象、价值等诸要素。

在评估活动正式开始之前，需要完成以下程序：

（1）成立评估指导机构。可由各级行政主管部门、行业协会或第三方测评机构组成评估工作委员会，如文化部、厅、局，图书馆学会，文化发展基金会，咨询公司等。该组织的职责主要是对公共图书馆评估进行规划、部署、检查、审议、总结等。

（2）成立评估领导机构。被评图书馆根据相关要求，成立由馆长、部门主任、业务骨干和读者代表组成的评估工作领导小组。该组织的职责包括：宣传图书馆评估工作的意义、目的；组织本馆的自评工作；起草自评报告，向上一级评估委员会报告工作等。

（3）确立评估实施方案。明确指导性的评估工作方案，包括评估工作的目的、指导思想、组织领导、方法步骤等。

（4）制定评估指标体系。根据评估的目的和需要，结合被评估馆的实际情况，设计评估指标体系大纲和具备可操作性的评估标准。

（5）培训评估工作人员。使从事评估工作的馆员或相关人员掌握评估的标准和方法。

（6）评估前的宣传动员。确保被评图书馆的各级管理者和基层馆员明确评估目的，加深对评估指标体系的理解，为评估工作的开展做好制度、组织和思想上的充分准备。

前期工作完成之后，可以正式开展评估活动，主要步骤包括：

（1）开展自评活动。根据评估指标体系规定的测评项目，如实收集各种原始档案材料和统计数据，按评估要求逐项计算各指标的得分，以检查并判定本馆客观条件和主观努力的水平及状态，然后依据各项得分情况，形成对本馆绩效的总体认识。在各岗位、各部门自评的基础上，评估工作领导小组撰写本馆的自评报告。自评报告的内容包括本馆基本情况、自评工作的进行情况、自评结果、存在的主要问题、整改措施等。

（2）专家组实测。评估工作委员会委派由行政主管部门领导、部分图书馆馆长和相关专业领域专家组成的评估工作专家组审查被评图书馆的自评报告，并进行实地测评。具体做法包括核实各项统计数据、查阅业务档案材料、实地检查工作质量、测算具体指标及比率、召开各类人员参加的座谈会以及开展其他形式的调查。专家组在全面了解被评图书馆实际状况的基础上，严格比对评估指标体系与实际测评结果，逐项检查自评项目，慎重地提高或下调被评馆的得分，最后形成实测结果。

（3）审议评估报告。基于专家组的实测报告，由评估工作委员会针对本次评估工作进行全面审议和总结，肯定成绩，指出不足，提出整改意见，公示评估结果。最后形成评估工作委员会的报告，呈送上级行政主管部门。

（4）公布评估结果。由行政主管部门行文公布被评图书馆的最后得分与评定的等级，确保图书馆评估工作及其结果的权威性。

评估结果公布之后，还需要开展一些后期工作，以实现评估的最终目的。主要内容包括：

（1）利用评估成果。通过评估结果的分析和总结，促使各公共图书馆认真研究存在的问题，明确努力方向，互相学习，取长补短，改进业务工作，巩固评估成果。通过进一步完善评估标准及指标体系，不断地提高评估工作的规范化和科学化水平，并逐步使评估工作制度化，为下一轮的评估工作奠定基础。

（2）发挥评估功能。公共图书馆的以及行政主管部门应针对评估结果采取相应的奖惩措施，如在经费预算方面提供奖励、扶持或消减投入、责令整改等；在树立标杆方面进行横向和纵向的比较，全面提升业界绩效水平。

四、评估的指标体系

评估指标是评估内容的载体，也是评估内容的外在表现形式。一套完善的评估指标体系，是图书馆进行评估的前提和基础，有利于科学地确定图书馆评估的内容和范围，实现评估的导向作用和对馆员的有效激励。为确保评估活动的顺利实施，公共图书馆应使用科学合理的方法，精心选择评估指标，优化评估框架，建立科学的、行之有效的评估指标体系。

根据科学发展观的要求和图书馆评估的目的，在构建公共图书馆评估指标体系时应遵循的原则有：一是价值性，对管理决策没有意义的内容不宜采用；二是明确性，指标的含义要清晰，避免歧义，统计、计算指标数值的方法也要有详细的说明；三是可操作性，统计数据必须是可获取，并能够测度的；四是可比性，不同地区和不同馆使用同一套指标体系得出的评估数据应该能够进行横向对比。

目前国际上较为流行的图书馆绩效评估指标体系包括用于新西兰公共图书馆的卡尔弗特——丘伦指标体系、英国公共图书馆绩效评价指标体系以及以国际标准化组织以全球图书馆界的研究成果为基础发布的一系列图书馆绩效评估的标准 ISO 11620[75]。英国文化部下属的图书信息档案司根据《全面高效的现代化公共图书馆——标准与评估》对全国所有的公共图书馆开展了评估达标工作，并于 2008 年对《公共图书馆服务标准》进行了第三次修订[76]。在美国，具有全国性质的公共图书馆评估标准主要是《公共图书馆服务成效评估：规范化操作手册》[77]，美国研究图书馆协会（ARL）基于 SERVQUAL 理论改进的 LibQUAL+包括图书馆环境、服务效果、信息控制等 22 个指标[78]，开创了从用户的角度来测评图书馆服务的先河。

我国现行的公共图书馆评估指标体系是结合社会和技术环境及图书馆自身发展特征，依据区划级别设有省级公共图书馆标准、地市级公共图书馆评估标准、县市级公共图书馆评估标准以及相应级别的少年儿童图书馆评估标准。在2009年发布的《公共图书馆评估标准》中，各级公共图书馆标准都由“办馆条件”“基础业务建设”“读者服务工作”“业务研究、辅导、协作协调”“文化共享工程建设”“管理”“表彰、奖励”等七大部分组成。

表7-1以2009年修订的省级公共图书馆评估标准为例，列出一、二、三级评估指标。与此前的评估标准相比，此版本新增了“文化共享工程建设”一级指标，其余各级指标也增加了10余项。评估内容更加细化，有利于全面客观地揭示图书馆资源建设、服务质量及工作水平。分值最高的一级指标是读者服务工作和基础业务建设，体现出评估体系的重心所在。与省级公共图书馆一样，地市级和县市级公共图书馆，以及相应级别的少年儿童图书馆也有类似的评估指标体系，总体结构一致，仅在少数指标和标准、分值方面有所区别和侧重。

表7-1　我国省级公共图书馆评估指标体系

一级指标	二级指标:三级指标
办馆条件(180)	设施(30):馆舍建筑面积,阅览室面积,阅览座席
	现代化技术装备(40):计算机数量,提供读者使用的计算机数量,OPAC专用计算机数量,计算机信息节点,宽带接入,存储容量
	经费(55):财政拨款,新增藏量购置费
	人员(45):学历,职称,领导班子状况,业务人员岗位培训、继续教育
	总藏量(10)
基础业务建设(250)	文献入藏(55):图书年入藏数量,报刊年入藏数量,电子文献年入藏数量,视听文献年入藏数量,外文文献入藏,网上资源收集、加工和利用
	藏书质量(40):文献采选方针与执行情况,呈缴制度与执行情况,地方文献,多卷书、连续出版物入藏完整率
	文献标引与著录(30):汉文普通图书编目规范程度,古籍编目规范程度,中文报刊编目规范程度
	联合编目工作(20):参加全国性联合编目中心,组织本地区联合编目工作
	藏书组织管理(10):开架图书排架误差率,文献保护
	古籍保护(50):建立古籍保护机制,古籍普查,古籍保护条件,古籍修复工作,古籍保护研究与利用
	自动化、数字化(45):自动化、网络化建设,数字化建设

续表

一级指标	二级指标:三级指标
读者服务工作(270)	免费开放程度(10)
	读者满意率(20)
	普通服务(110):年外借册次,通借通还与馆际互借,年流通总人次,普通图书、报刊实行开架借阅,书刊宣传,每周开馆时间,分馆、服务点、流通站,送书上门、送书下基层服务,为特殊群体、弱势人群服务
	信息服务(40):为领导机关决策与社会事业发展提供信息服务,为科研与经济建设提供信息服务,为社会大众提供信息服务,年编制二、三次文献
	数字资源服务(40):图书馆网站,网上服务项目,数字资源的利用
	读者活动(40):讲座、报告会,展览,其他形式的读书活动,读者活动人次,图书馆服务宣传
	社会教育与用户培训(10)
业务研究、辅导、协作协调(120)	业务研究(40):在省以上刊物或国际会议上发表论文,图书馆学、情报学专著,科研立项,科研项目获奖
	辅导(30):基层辅导工作效果及业绩,基层业务培训工作
	协作、协调(40):参与全国性协作协调工作,组织本地区协作协调工作,网上联合目录条数
	图书馆学会工作(10)
文化共享工程建设(80)	省级分中心设备配置(5)
	经费投入(10)
	资源建设(10)
	资源传输渠道(15)
	技术培训(5)
	指导支中心与基层点建设(10)
	服务活动(10)
	共建共享(5)
	制度建设与管理(10)

续表

<table>
<tr><th>一级指标</th><th>二级指标:三级指标</th></tr>
<tr><td rowspan="7">管理
(80)</td><td>人事管理(15):实行岗位设置管理,建立分配激励制度</td></tr>
<tr><td>财务管理(8)</td></tr>
<tr><td>设备、物资管理(8)</td></tr>
<tr><td>档案管理(8)</td></tr>
<tr><td>统计工作(14)</td></tr>
<tr><td>环境管理(15)</td></tr>
<tr><td>消防、保卫(12)</td></tr>
<tr><td>表彰、
奖励(20)</td><td></td></tr>
</table>

注:括号内的数字为各级指标的评估分值,总计 1000 分。

评估指标体系通常由多个层级的检测标准构成,从一级指标到二级、三级,甚至更细微的层面。如针对读者满意度的评估中,其下即可细分出读者对解答咨询的满意度模块。具体的指标由包含读者对咨询回答质量的评价和读者对咨询情况的评价组成,前者包括系统回答的正确性、时效性,咨询服务的专业性,系统回答的可理解性,读者对回答速度的满意程度,读者对未得到答案的问题的看法等;后者包括目前咨询服务的状况,咨询馆员的服务水平,读者对咨询馆员的满意度,读者提问是否都得到咨询馆员的响应,读者认为所付费用与所提供的服务是否相称,以及读者认为系统提供咨询服务所花费的时间是否恰当等。

国外较为成熟和通行的评估指标体系以国际标准化组织信息与文献技术委员会统计和绩效评估分会提出《信息与文献——图书馆绩效指标:ISO 11620》为代表。该标准于 1998 年 4 月 1 日初次颁布执行,旨在"评估图书馆所提供的服务和开展各类活动的质量和效力,并评估图书馆为开展这些服务和活动所配置资源的效率"。标准下设 5 大类 29 项指标,就图书馆服务满意度、读者服务、技术服务、推广服务、人力资源利用等方面,为各类型图书馆的绩效评估活动提供参考。2008 年 9 月 30 日,修订版本 ISO 11620:2008 发布,重点评估投入产出的绩效,即图书馆的服务效果,而非业务管理。表 7-2 列出该评估体系的 4 个一级指标、15 个二级指标和 45 个三级指标,由此获得的评估数据能够帮助图书馆进行基于年度比较的自我检测,还能为不同图书馆之间的横向比较提供科学依据。其中,文献拒借率,馆藏闲置率、用户服务成本,以及获得特别资助等方面的测评对我国公共图书馆的评估活动具有借鉴意义。

表 7-2　ISO 11620：2008 的评估指标体系

<table>
<tr><th>一级指标</th><th>二级指标</th><th>三级指标</th></tr>
<tr><td rowspan="4">资源、借阅、基础条件</td><td>馆藏</td><td>题名检索能力
题名检索资源占馆藏的比例
主题检索成功率
电子资源拒借率</td></tr>
<tr><td>借阅</td><td>排架准确率
获取闭架式馆藏所需的平均时间
馆际互借处理速度
馆际互借成功率</td></tr>
<tr><td>设施</td><td>用户人均可利用的公共借阅工作站数量
用户人均可利用的工作站时间
用户人均活动区域面积
用户人均座席数量
图书馆开放时间与用户所需开放时间的比例</td></tr>
<tr><td>员工</td><td>每千名用户的图书馆员工数量</td></tr>
<tr><td rowspan="4">资源利用率</td><td>馆藏</td><td>馆藏流通量
人均借阅量
馆藏闲置率
人均下载文献量
馆藏资源的馆内人均利用率</td></tr>
<tr><td>借阅</td><td>人均访问图书馆数量
数字化信息需求的比例
馆外用户的比率
馆外用户的借阅比例
人均参与图书馆活动次数
人均参与图书馆培训次数</td></tr>
<tr><td>设施</td><td>公共座席的利用率
工作站的利用率</td></tr>
<tr><td>综合</td><td>目标用户的覆盖率
用户满意度</td></tr>
</table>

续表

一级指标	二级指标	三级指标
工作效率	馆藏	借阅成本 数据库利用成本 电子资源下载成本 图书馆访问成本
	借阅	文献获取的平均时间 文献加工的平均时间
	员工	用户服务人员占总员工的比例 咨询问题的正确回答率 采购经费占员工薪金的比例 员工处理信息的效率
	综合	用户服务成本
潜力与开发	馆藏	采购电子资源的经费比例
	员工	提供电子服务的员工比例 员工人均参与正式培训课程的时数
	综合	图书馆获得特别资助的比例 图书馆经费占投资机构总经费的比例

参考文献

[1]柯平等.知识管理学.北京:科学出版社,2007

[2]顾敏.知识管理与知识导航:新世纪图书馆学的战略使命.图书情报工作,2001(5):7-9

[3]柯平等.图书馆知识管理研究.北京:北京图书馆出版社,2006

[4]邱均平,沙勇忠,刘焕成.论数字图书馆的知识管理.情报资料工作,2001(5):5-7

[5]王元平,李广德.论图书馆目标管理.情报杂志,2001(1):63-65

[6]陈财田.目标管理在图书馆管理中的应用.图书情报知识,2002(4):20-21

[7]张红霞,詹长智,黄群庆.国际图书馆界全面质量管理二十年述评——走向卓越服务的历程.图书馆论坛,2008(3):12-14

[8]Hebert F.The Quality of Interlibrary Borrowing Services in Large Urban Public Libraries in Canada. Unpublished Doctoral Dissertation, University of Toronto, 1994

[9]Nitecki D A. An Assessment of the Applicability of Servqual Dimensions as a Customer-Based Criteria for Evaluation Quality of Services in an Academic Library. Unpublished Doctoral

Dissertation, University of Maryland, 1995

[10] Wisniewski M, Donnelly M. Measuring Service Quality in the Public Sector: the Potential for Servqual. Total Quality Management, 1996(7):357-365

[11]鲁莉莉.对图书馆服务质量管理内在运行机制的探讨.图书馆理论与实践,2011(4):33-36

[12]金燕.绩效管理将会为图书馆的发展带来全新动力.图书与情报,2010(4):123-124,151

[13]岳敏.工作家庭边界理论对现代图书馆管理的启示.西南民族大学学报(人文社科版),2006(4):241-243

[14]王鑫等.领导生命周期理论在图书馆管理中的应用.图书馆工作与研究,2006(4):7-9

[15]耿雪风.职业成熟度理论对图书馆管理工作的启示.职业时空,2006(8):54-55

[16]张翔,万华.CS 理论与图书馆管理初探.图书馆建设,2000(3):11-13

[17]杨勇.我国应大力构建学习型图书馆——介绍国外学习型组织理论在图书馆管理中的应用.情报资料工作,2002(3):73-75

[18]李长玲.图书馆管理中的熵增效应与耗散结构理论.情报杂志,2005(4):96-97

[19]黄宗忠.权变管理理论与图书馆管理.图书与情报,1995(1):8-14

[20]彭涌.权变理论与图书馆馆长的管理方略.图书馆学研究,2006(9):31-33

[21-22]王运显.我国学科馆员素质指标体系构建问题探讨.图书馆学研究,2010(4):91-94,24

[23]滕秋茗.网络环境下的信息伦理道德教育探析.情报科学,2007(7):11-12

[24]杨丰全,周凤飞,任静.高校图书馆 CI 战略设想.情报科学,2007(12):1790-1793,1906

[25]杨扬.基于职业生涯规划的馆员培训.情报探索,2006(9):91-92

[26]叶秋香.浅析馆员培训计划的制定和实施.现代情报,2002(11):133-134

[27]生修雯.馆员培训存在的问题及其解决途径.图书馆建设,2009(9):92-94,98

[28]王福安,冯瑶,吴学姣.馆员培训工作之我见.图书馆建设,2000(2):20-22

[29]李容.中小型图书馆馆员培训的现状与应对策略.桂林师范高等专科学校学报,2008(3):170-173

[30]王秀芳.谈谈新世纪图书馆员继续教育工作.中国西部科技,2003(6):69-70

[31]于会萍.我国图书馆员教育与培训研究现状统计分析.高校图书馆工作,2009(6):80-82

[32]陈建红.馆员培训与培训策略.图书馆界,2010(1):36-37,40

[33]林岚,符瑞锐.义务馆员教育培训的探讨.图书馆建设,2010(4):91-93

[34]沈静.国外馆员培训需求评估体系及其可借鉴性探讨.图书馆学刊,2007(2):59-60

[35]吴洪珺等.公共图书馆经费保障机制研究.中国图书馆学报,2010(3):12-18

[36]张娟.我国公共图书馆免费服务的经费保障机制.图书馆建设,2011(9):1-4

[37]刘兹恒,徐建华,张九珍.现代图书馆管理.北京:电子工业出版社,2010

[38]杨定芳,张春茂.图书馆经费管理的程序和内容.图书馆,1995(4):60-61

[39]陈艳春,于强.谈谈图书馆现代化设备的管理.河北科技图苑,2003(2):53-54

[40]解钧.图书馆自动化设备管理的分析.情报科学,1999(6):628-630

[41]李菊梅.数字资源的在线使用统计分析.图书馆,2008(5):85-87

[42]李景春.图书馆统计学.大连:东北财经大学出版社,1987:25-26

[43]何斌,张立厚.信息管理原理与方法.北京:清华大学出版社,2006:74

[44]黄宗忠.试论图书馆统计.图书情报工作,1992(2):7-11

[45]Philip Kotler, Sidney J. Levy. Broadening the Concept of Marketing. Journal of Marketing, 1969.(1): 10-15

[46]丁璐.国外图书馆营销理论研究.图书馆建设,2009(11):15-19

[47]Carl Lawrence.Libraries: a marketable resource.Canadian Library Journal,1977(5):409-411

[48]梁占平.《图书馆和信息服务机构营销政策》简介.中国信息导报,1994(4):28

[49]国际图联,联合国教科文组织.公共图书馆服务发展指南.上海:上海科学技术文献出版社,2002

[50]王群,敬卿.高校图书馆营销策略研究.图书馆,2011(2):99-100

[51]胡昌斗.图书馆品牌战略与策略.图书馆理论与实践,2006(4):13-14

[52]王知津,张丽丽.基于博弈论的图书馆营销策略.江西图书馆学刊,2006(2):1-5

[53]王晓晨.体验式营销策略.企业改革与管理,2003(12):52-53

[54]赵丹.对图书馆体验式营销策略的思考.科技情报开发与经济,2008(19):5-7

[55]梁平.新时期图书馆对政府的公关工作.中国图书馆学报,1995(1):66-68

[56]林桂娜,高先锋.基于文化的图书馆核心竞争力提升.图书馆工作与研究,2010(9):25-27

[57]张正禄.基于隐性知识的图书馆核心竞争力模型构建.情报资料工作,2010(1):103-106

[58]王知津,贺婷婷.构建信息无障碍体系是提升图书馆核心竞争力的有效途径.图书馆建设,2005(6):41-44

[59]陈彩红.基于知识管理的图书馆核心竞争力构建研究.情报理论与实践,2010(7):55-57

[60]李严.战略联盟——图书馆核心竞争力新的增长点.图书馆,2010(4):18-19,28

[61]索传军.关于图书馆核心竞争力的认识与思考.图书馆,2011(2):43-45

[62]魏江.企业核心能力的内涵与本质.管理工程学报,1999(1):53-55

[63] Cambell J P, et al. Theoryof Performance. Personnel Selection in Organizations. San Francisco: Josey-Bass:1993

[64]亨利·法约尔;迟力耕,张璇译.工业管理与一般管理.北京:机械工业出版社,2007

[65]梁孟华,胡昌平.图书馆知识信息服务综合评估研究述评.图书情报知识,2010(6): 15-24

[66]FWLancaster.The measurement and evaluation of library services. Washington Information Resources Press,1977

[67] Brian H. Justifying the economic value of public libraries in a turbulent local government environment. Australasian Public Libraries and Information Services,1995,8(4):164-173

[68]Saracevic T. Digital library evaluation: Toward an evolution of concepts. Library Trends,2000,49(3): 350-369

[69]贾国柱,熊伟.国外图书馆价值评估研究述评.图书情报工作,2011(1):84-88

[70]毛翰鸣.图书馆无形资产评估.情报资料工作,2004(1):59-62

[71]张红霞.国际图书馆服务质量评价:绩效评估与成效评估两大体系的形成与发展.中国图书馆学报,2009(1):78-85

[72]姜倩,楚存坤,刘静.从 ISO 11620:2008 看图书馆绩效评估的发展.现代情报,2010(2):24-27

[73]贾东琴.面向科学发展观的公共图书馆评估内容体系研究.图书馆工作与研究,2011(1):15-21

[74]范亚芳,王传卫.我国图书馆联盟绩效评估要素研究.图书情报工作,2010(11):56-61

[75]吴新年.图书馆绩效评价研究.情报资料工作,2005(4):10-14,56

[76]Department for Culture, Media and Sport. Public Library Service Standards.[2009-08-16]. http://www.culture.gov.uk/images/publications/PulbicLibraryServicesApril08.pdf

[77]Public Library Association. Output Measures of Public Libraries: A Manual of Standardized Procedures.[2009-07-13].http://www.sjcpl.lib.in.us/aboutsjcpl/staff/napoli/aboutdjn.html

[78]Sample LibQUAL Notebook.[2010-05-23].http://www.libqual.org/Information/index.cfm

第八章　我国公共图书馆建设与发展

第一节　公共文化服务体系中的公共图书馆

一、公共文化服务和公共文化服务体系

“公共文化服务”和“公共文化服务体系”概念是在我国进入经济社会协调发展和政府职能转型的背景下提出的。随后，我国的一些学者开始对“公共文化服务”和“公共文化服务体系”建设进行专门的研究，并发展出了一系列的理论。

1.公共文化服务

目前学术界对“公共文化服务”的界定最主要的争辩是围绕公共文化服务的“公共性”展开的，主要有两种代表性的界定：

一种是经济学范式定义，即把公共文化服务区别于以一般市场方式提供的文化商品（产品及服务）的文化类公共产品及其相关活动，运用经济学或制度经济学的相关概念，讨论公共文化服务的公共属性，将之归类于公共物品，把公共文化服务直接与具有经营性的非公共物品对应，从而进一步总结出公共文化服务具有的文化性、公益性、社会性、非营利性等特点。对公共文化服务的这种经济学范式认识往往会造成误解，人们容易把公共文化服务简单理解为由政府或文化事业单位等公共部门或机构向社会公众提供免费享受的文化产品或服务[1]。

另一种是管理学范式的定义，公共文化服务除公共文化产品或文化服务提供外，还包括文化政策服务（包括文化相关法律、法规、政策等）和文化市场监管服务。后者的界定较前者在理解上突破了公共文化服务单纯具化为物态层面的含义，认识到了公益文化事业与经营性文化产业的分类及政府或文化行政管理部门对文化市场或文化产业发展的管理，并从中可以延伸出对公共文化服务的政府公共财政投入、文化发展政策制定、体制改革与机制创新等内容。应该说后者更为科学和全面，但这种界定也存在把政府确定为公共文化服务的唯一主体之嫌，同样缩小了公共文化服务的内涵和外延[2]。

综合以上两种定义，我们可以把“公共文化服务”界定为政府主导的以保障

公民基本文化权益、满足公众基本文化需求为目标的基本文化服务。在现阶段，公共文化服务主要包括保障人民群众读书看报、听广播看电视、进行公共文化鉴赏、参与大众文化活动等内容。“公共性”是公共文化服务的基本特点。

2.公共文化服务体系

对“公共文化服务体系”内涵的界定是建立在“公共文化服务”概念的基础上的，不同的学者和研究单位对公共文化服务体系进行了不同的解释。

蒋永福指出，公共文化服务体系是为保障公民的文化权利，向公众提供公共文化产品和服务行为及其相关制度与系统的总称，它是政府公共服务体系的有机组成部分。一般由公共文化政策体系，公共文化信息体系，公共文化生产、运营体系，公共文化信息体系，公共文化资金保障体系，公共文化人才体系，公共文化创新体系，公共文化监督和评估体系几部分构成[3]。

深圳文化局“公共文化服务体系研究”课题组把公共文化服务体系划分为公共文化设施体系、公共文化网络体系、公益性文化服务体系和公共文化管理体系[4]。

申维辰认为，公共文化服务体系主要包括先进文化理论研究服务体系、文艺精品创作体系、文化知识传授服务体系、文化传播服务体系、文化娱乐服务体系、文化传承服务体系、农村文化服务体系等[5]。

李国新认为，公共文化服务体系是政府提供普惠型公共文化服务的保障机制和实现途径。公共文化服务体系主要包括五大体系：设施网络覆盖体系，产品生产服务供给体系，人才、资金和技术保障体系，组织支撑体系，运行评估体系。一个较为完善的公共文化服务体系至少应具备三方面的特点：设施，应具备规划科学、布局合理、固定网点和流动服务相结合、实现全覆盖的特点；服务，应具备普遍均等、全民共享、方便快捷、优质高效的特点；体制机制，应具备低成本、高效益、充满活力、富有效率的特点[6]。

从以上定义可以看出，虽然在表述上不尽一致，但国内学术界对公共文化服务体系概念的界定在本质上还是一致的。一是“公共性”，体现普世价值；二是由政府主导；三是需要多个体系的支撑。

二、公共图书馆在公共文化服务体系中的地位和作用

公共文化服务体系建设是保障公民基本文化权利、繁荣和发展社会主义先进文化、构建社会主义和谐社会的必然要求，对于促进人的全面发展、提高全民族的思想道德和科学文化素质、建设富强民主文明和谐的社会主义现代化国家有着

重要意义。在公共文化服务体系建设中，公共图书馆有着十分重要的地位和作用。

1.公共图书馆的公共性与公共文化服务体系的公共性完全一致

从公共图书馆产生和发展的历史来看，它天然就带着“公共”的基因。1852年诞生的曼彻斯特公共图书馆是世界上第一家现代意义的公共图书馆，之所以将其视作第一家，就是因为它由地方当局授权管理，由地方税收支持，对所有纳税人（实际上也就是所有社会公众）免费开放，提供知识和信息服务，体现了公共图书馆的精神和价值。我国现代意义上的公共图书馆始于徐树兰的古越藏书楼，也正是因为其“存古开新”的藏书宗旨和“开放”的办楼理念实践了图书馆“共用”的理念，体现了图书馆的公共价值。

联合国教科文组织颁布的《公共图书馆宣言》表达了全世界共同认可的公共图书馆理念，虽然经过多次修改，但其核心和本质还是“公共”、“平等”和“免费”。“每一个人都有平等享受公共图书馆服务的权利，而不受年龄、种族、性别、宗教信仰、国籍、语言或社会地位的限制”，“公共图书馆原则上应当免费服务，建立公共图书馆是地方和国家当局的责任，必须专门立法维持公共图书馆，并由国家和地方政府财政拨款”[7]，这些表述都明确表明了公共图书馆的服务目的、功能、服务价值观以及投入责任的公共性。

2008年中国图书馆学会发布的《图书馆服务宣言》在开篇就明确指出：“现代图书馆秉承对全社会开放的理念，承担实现和保障公民文化权利、缩小社会信息鸿沟的使命。中国图书馆人经过不懈的追求与努力，逐步确立了对社会普遍开放、平等服务、以人为本的基本原则。”[8]这与《公共图书馆宣言》所体现出的精神一脉相承。而早在2006年，杭州图书馆就倡导整个杭州地区的公共图书馆订立《杭州地区公共图书馆服务公约》，承诺整个地区公共图书馆的基本服务免费。这些都体现了我国图书馆界对公共图书馆公共性的认同和实践。

由以上事实可以看出，公共图书馆事业是公共事业，以“公益”为使命；公共图书馆资源是公共资源，以“公享”为取向；公共图书馆服务是公共服务，以“公平”为原则；公共图书馆管理是公共管理，以“公共精神”为理念，公共性是公共图书馆与生俱来的本质属性。公共图书馆的公共属性决定了公共图书馆是承载公共文化服务体系“普遍均等、全民共享”核心价值的最好载体，是最能完整地体现公共文化服务精神的组织。公共图书馆与公共文化服务体系建设具有天然的联系，公共图书馆公益、公共、均等的精神，与公共文化服务体系的理念完全一致。

2.公共图书馆是最能完整诠释公共文化服务内涵和外延的社会组织

（1）公共图书馆有着最完善的体系架构

从纵向来看，公共图书馆服务体系包括中央、省（市、自治区）、市、县、乡镇、村六级公共图书馆服务体系。从横向来看，主要有城市公共图书馆服务体系和农村公共图书馆服务体系两大块。城市公共图书馆体系主要是指大中城市的市、区、街道、社区四级公共图书馆服务网络；农村公共图书馆体系主要是指县、乡镇、村三级公共图书馆服务体系。这样的服务体系涵盖了整个社会的各个层面，其最具广泛性也最具包容性。

（2）公共图书馆有着最丰富的内容构成

公共图书馆本身是提供公共文化服务的重要场所，丰富的馆藏资源使得公共图书馆成为区域信息中心，为社会公众提供免费、均等的知识和信息服务。

公共图书馆还具有文化休闲的功能。公共图书馆提供多种形式的文化娱乐活动，它可以是市民的“第二起居室”、交流情感的“会客厅”，也可以是集文、声、像等多媒体形式于一体的休闲中心，还可以是会展中心、特色博物馆、书店……与一般的休闲娱乐场所不同，公共图书馆特有的物质环境、管理水平、行为规范、学术风气、价值观念赋予休闲娱乐新的文化内涵，在成为居民“第三文化空间”的同时也保证了公共文化服务体系功能的发挥。

公共图书馆还是人们进行再教育及终身教育的场所。《公共图书馆宣言》认为支持个人自学以及各级正规教育，应当成为公共图书馆服务的核心内容之一。作为免费的城市教室和市民课堂，公共图书馆是在人民的思想中树立和平观念和丰富人民大众精神生活的重要工具。

公共图书馆的这些丰富的内容构成使得公共图书馆与其他社会文化机构相比，可以为公众提供最为丰富的公共文化服务。

（3）公共图书馆有着最完备的服务手段

阮冈纳赞曾说：“图书馆是一个不断生长的有机体。”这说明了公共图书馆是一直跟随着时代的步伐，与最先进的科学技术融合在一起的。这样的进步与融合使得公共图书馆有了最完备的服务手段。比如公共图书馆引进信息和数字技术发展数字图书馆服务，使得全时空、全媒体、随时随地、触手可及的图书馆服务成为可能；公共图书馆引进 RFID 技术进行业务管理，使得图书馆服务更加方便、快捷、优质、高效；等等。这些完备的服务手段使得公共图书馆可以最好地落实并实现公共文化服务体系所要求的各种目标。

（4）公共图书馆有着最强大的服务支撑

如果从 1852 年现代意义上的公共图书馆曼彻斯特公共图书馆的诞生算起，公共图书馆已经有了近 160 年的历史；如果从古老的亚历山大图书馆算起，那么可以说图书馆从萌芽开始已经走过了将近 2000 年的发展历程。在这一漫长的过程中，图书馆学发展出了完整的理论体系，并且还在不断深化和成长。深厚的学科理论对公共图书馆工作起了强有力的指导和支撑作用。图书馆学还有着从本科教育到博士教育、从学校教育到职业教育的不同层级的完备的教育体系，为公共图书馆事业培养了大批专业人才。科学的理论和专业的人员使得公共图书馆服务有了坚实的支撑，也使得公共图书馆事业有了强大的生命力和不断发展的可能。

从以上事实可以看出，再也没有一个像公共图书馆这样架构立体、联系广泛、内容丰富、手段先进、历史悠久、理论科学、人员专业的社会文化组织，其服务遍布城乡，实践着地区与地区、国家与国家、民族与民族之间的知识传播和文化交流，实践着“普遍均等、惠及全民”的多样性文化服务。因此，公共图书馆是公共文化最重要的组成部分，公共图书馆在公共文化服务体系建设中起着主导和中心的作用。

三、公共图书馆在公共文化服务体系中的价值体现

公共图书馆在公共文化服务体系中的价值不但体现在各地公共图书馆对“普遍均等、惠及全民”的公共图书馆服务体系的构建上（详见本章第二节），也体现在公共图书馆在国家重点文化工程项目中起到的主要且不可替代的作用上。下面列举公共图书馆承担的几个国家重点文化工程项目。

1.全国文化信息资源共享工程[9]

（1）工程概况

全国文化信息资源共享工程（以下简称“文化共享工程”）是由文化部和财政部共同组织实施的国家重大建设工程，于 2002 年 4 月正式启动。文化共享工程是我国用高新信息技术组织的一项基础性、标志性文化创新项目，其资源内容汇聚了全国图书馆、博物馆、美术馆、艺术研究机构、艺术表演团体等系统的各类优秀文化信息资源，包括文献资源、地方剧目、影视作品、音乐作品、美术作品、珍贵文物及社会公众文化信息资源等多种形式。通过应用现代科学技术，文化共享工程将这些优秀的中华文化信息资源进行数字化加工整合，通过工程网络体系，以互联网、卫星、移动存储、镜像、光盘、有线电视/数字电视网等方式，实现信息资源在全国范围内的共建共享。在文化共享工程的服务体系中，群

众可以随时阅读电子图书，听音乐，听讲座，观看电影，欣赏戏剧、曲艺、舞蹈等艺术表演，学习科技法律、文化艺术、衣食住行等方面的相关知识，接受远程培训，参加远程会议等，享受到多种形式的文化服务。

全国文化信息资源共享工程自启动以来，受到了党和国家的高度重视，连续六年被写入中央一号文件，先后被列入我国《国民经济和社会发展第十一个五年规划纲要》《国家“十一五”时期文化发展规划纲要》《2006—2020 年国家信息化发展战略》《国家中长期教育改革和发展规划纲要（2010—2020）》《国家“十二五”时期文化发展规划纲要》《关于贯彻实施〈中国农村扶贫卷发纲要（2011—2010 年）〉重要措施分工方案的通知》。胡锦涛、温家宝同志多次就文化共享工程的建设做出重要指示。中央财政和各级地方财政已投入专项建设资金 57.84 亿元，为工程的顺利实施提供了保障。

（2）工程总体目标

文化共享工程的总体目标是充分利用现代高新技术手段、国家骨干通讯网络系统，整合中华优秀传统文化以及现有的各类文化信息资源，扩大网上中华文化信息资源的存储、传播和利用，实现全国文化信息资源的共建共享，建成互联网上的中华文化信息中心和网络中心，实现优秀文化信息通过网络为大众服务的目标。这一目标可以细分为三个框架的建设。

①网络框架。实现网络联网的“135”计划，即实现 1 个国家中心、30 个以上省级分中心和 5000 个以上县、乡、街道和社区基层网点的联网。在建设国家中心的基础上，建设 30 个以上省级分中心或专业分中心；借助国家骨干通讯网，在分中心的周围搭建起一个包括全国 5000 个以上的县、乡、街道和社区图书馆或文化馆、文化站的联网系统，实现数字文化信息资源的广泛传播与利用。

②资源框架。a.完成全国图书馆、博物馆、美术馆、艺术研究等机构的文化信息资源联合目录。联合全国图书馆、博物馆、美术馆、艺术院团、科研机构等，有计划地对原有数据进行整合及制作新数据，建成上述机构的文化信息资源联合目录，搭建起一个公益性的元数据交换平台，为实现文化信息资源的共知、共建、共享及开展网上服务奠定基础。b.完成以“百万册（件）文献共建”与“四个一优秀作品”为核心的数字资源建设，即完成 100 万册（件）文献、1000 台优秀地方剧目、1000 部优秀音乐作品、1000 部优秀美术作品、1000 件珍贵文物的数字化，并提供网上服务。c.整合贴近大众生活的社会文化信息资源。围绕与人们日常生活息息相关的内容，建设一批贴近大众日常生活的科普知识、法律常识、生活礼仪、农业科技、卫生保健以及百科知识等资源库，以潜移默化的方

式传播先进文化。d.建设支持文化信息资源共建的基础信息资源。把一些具有共性的信息资源进行集中建设，形成基础信息资源库并提供给有关的资源建设单位共同使用，以避免信息资源的重复建设。

③服务框架。通过文化信息资源联合目录，建立网上文化信息资源导航系统；利用由国家中心、省级分中心以及基层中心组成的网络开展服务。通过在各级中心之间建立交换和通信机制，在各中心之间实现信息的高速共享，从而充分发挥各级中心的服务职能，满足基层群众对于科普、教育、文艺等多方面的资源需求。同时利用文化信息资源联合目录和各级中心的信息导航功能，建立网上资源导航系统，促进科技、教育、农业等已有的专业网络信息资源的传播，并开展网上参考咨询工作。

（3）工程实施步骤

第一阶段（2002 年）：组建“共享工程”领导小组和专家咨询委员会；制定“共享工程”专项资金管理办法；调研并制定有关标准规范；完成国家中心与若干省级分中心以及 300 个基层中心的联网；完成国家中心与文化部直属试点单位的联网；建立文化信息资源共享结算系统；完成资源建设总量的 20%，并提供服务。

第二阶段（2003—2004 年）：采购、制作、整合各类数字文化信息资源；搭建元数据共享平台，联合目录系统投入试运行；完成国家中心与所有分中心的联网以及分中心下属 3000 个基层中心的联网；完成文化部直属单位的联网；完成资源建设总量的 60%，并提供服务。

第三阶段（2005 年）：全部完成资源建设规划，并提供服务；完成总体目标中的县、乡、街道、社区、基层中心的建设与联网。

在完成上述目标任务后，2006 年，文化部制定并颁布了《全国文化信息资源共享工程“十一五”发展规划（2006—2010）》，提出了下一阶段的工作目标及实施步骤。

2007 年，《中共中央办公厅、国务院办公厅关于加强公共文化服务体系建设的若干意见》中进一步明确了“到 2010 年基本建成覆盖城乡的文化信息资源共享工程服务网络”的目标。9 月 17 日文化部与各省、自治区、直辖市签订《2007—2010 年全国文化信息资源共享工程建设责任书》。

（4）工程成果

在党中央、国务院的正确领导下，在各级党委、政府的大力支持下，八年多来特别是“十一五”期间，文化共享工程建设取得了显著的进展，已初步建立了层次分明、互联互通、多种方式并用的数字文化服务网络。截至2010年底，文化共享工程已建成1个国家中心，33个省级分中心（覆盖率达100%），2867个县级支中心（覆盖率达95%），22 963个乡镇基层服务点（覆盖率达67%），59.7万个村基层服务点（覆盖率达98%），累计为9.6亿人次提供了服务。通过广泛整合图书馆、博物馆、美术馆、艺术院团及广电、教育、科技、农业等部门的优秀数字资源，文化共享工程数字资源建设总量已达到108TB，整合制作优秀特色专题资源库207个。文化共享工程走进农村、走进社区、走进军营、走进学校、走进企业，初步满足了基层群众"求知识、求富裕、求健康、求快乐"的需求，受到广泛欢迎。

（5）公共图书馆和文化共享工程

文化共享工程是新形势下构建公共文化服务体系、惠及千家万户的一项重要文化基础工程，是政府提供公益性服务的重大文化项目，是实现广大人民群众基本文化权益的重要途径，对于打破落后地区信息闭塞的状况，缩小"数字鸿沟"，提高广大人民的科学文化素质，推进社会主义文化大发展大繁荣和建设和谐社会，具有重要作用。

公共图书馆在文化共享工程项目中发挥了重要的基础性作用，文化共享工程的全国中心设在国家图书馆，省级分中心、市支中心、县支中心都依托各地的公共图书馆建立，乡镇及村级基层服务点也都是经过市、县支中心发展和推进的，可以说，公共图书馆是文化共享工程得以顺利推进的主要力量，体现了在我国公共文化服务体系建设中的重要价值。

当然，文化共享工程的建设也在客观上推动了各地公共图书馆的发展。文化共享工程改善了公共图书馆的现代化基础设施建设，提升了公共图书馆的现代化服务水平；培养了一批图书馆计算机信息化人才，提高了公共图书馆的整体计算机信息化程度；拓展了公共图书馆的服务功能，增强了图书馆活力。这些作用在县级公共图书馆层面上体现得尤为明显。

2.中华再造善本工程[10]

中国的雕版印书始于初唐，成于五代，盛于两宋，旁及辽、西夏、金，延袤于元、明、清，时间跨度为1300多年。在这1300多年的时间中，典籍大量散佚，经过建国后的一系列搜集、抢救、发掘和整理，目前全国图书馆系统收藏的古籍约为2750万册，其中善本250万册。在这些现存的古籍善本中，传世孤本只有45 000余种，准孤本（仅存两部）约4100种，出于保护古籍的需要，图书馆及各种文物收藏单位基本上将其封存于书库中秘不示人，不仅利用率很低，因为收藏条件及工作人员古籍修复水平的限制，这些珍贵古籍还面临着被毁坏的风险，亟待抢救、保护和合理开发利用。基于此，文化部、财政部会同国家图书馆等单位，经过充分调研论证，提出启动兼顾文物保护与利用的中华再造善本工程。希望应用现有的影印技术，将现有的珍稀善本进行“再造”，通过大规模、成系统的复制出版，使其化身千百，为学界所应用，为大众所共享，从而确保珍贵文献的传承安全，促进古籍善本最大限度的传播和利用。

中华再造善本工程是一项重要的文化工程，于 2002 年正式立项，由财政部、文化部共同主持，国家图书馆具体承办，其开始实施要早于中华古籍保护计划。国家图书馆、北京图书馆出版社（现称“国家图书馆出版社”）承担了再造善本的编辑出版工作。在财政部、教育部、文化部等上级领导机构的支持下，在协作单位的配合下，通过对国家图书馆、100 多所高等院校图书馆、31 家省级公共图书馆以及其他国内外图书馆、学术机构、收藏单位及个人珍稀古籍的搜集整理，有计划地利用现代印刷技术复制，适量出版。并根据所选用底本的文物、学术价值和版本特点，采取不同的“再造”方式。例如：选择具有珍贵文物价值的古籍善本，仿真复制后，可以分藏于国家图书馆和各省、自治区、直辖市图书馆；选择部分具有学术研究价值的古籍善本，依据需求适量出版；选择具有特殊意义的古籍善本，进行特别的印装设计，用以作为中外文化交流的馈赠品等。

中华再造善本工程共分 5 编，为《唐宋编》《金元编》《明代编》《清代编》和《少数民族文字文献编》，每编下以经、史、子、集、丛编次。选录范围以我国内地收藏为主，兼收香港、澳门、台湾地区的藏品。首批成果于 2002 年 12 月出版发行，共推出 34 种兼具文物价值和学术研究价值的古籍善本影印，均为国家图书馆馆藏的海内孤本。2007 年，工程一期完成，出版《唐宋编》和《金元编》共 758 种 1394 函 8990 册，无论版本还是印刷质量，都是中国善本古籍中的珍品。

2007 年，中华古籍保护计划启动，《中华再造善本》作为古籍再生性保护的典范，成为中华古籍保护计划的重要组成部分。2008 年，中华再造善本工程二期工作启动。二期选目主要以明清两代珍稀古籍为主，同时针对一期选目所遗漏的珍贵古籍查缺补漏，选择的重点是明、清两代版本稀少、文献及学术价值较高的珍贵古籍，其中，大部分属国家一、二级古籍及入选第一批《国家珍贵古籍名录》的古籍。目前，中华再造善本工程编纂出版委员会组织专家已初步完成选目 556 种，包括明代编 323 种、清代编 243 种。

中华再造善本工程对我国古代各时期的珍贵古籍予以完整、系统的再现，对保护和利用中华珍贵古籍，弘扬传统文化具有重要意义。

3.中华古籍保护计划[11]

（1）工程概况

2007年，国务院办公厅发布《关于进一步加强古籍保护工作的意见》（国办发〔2007〕6号），提出在“十一五”期间大力实施“中华古籍保护计划”。4月30日，国务院批复同意由国家发展和改革委员会、财政部、教育部、科技部、国家民族事务委员会、宗教局、新闻出版署、文化部、文物局等九个部委组成“全国古籍保护工作部际联席会议”，联席会议办公室设在文化部；国务院要求各成员单位按照现有职能分工，认真履行职责，密切配合，共同做好古籍保护工作，其后中医药管理局增补进入联席会议。5月25日，中国国家古籍保护中心正式成立，中心设在国家图书馆。中心的主要职能是作为全国古籍保护的普查登记中心、古籍工作培训中心、古籍保护研究中心，协调全国的古籍保护工作。随后各省级古籍保护中心陆续挂牌成立，并行使职能。至此，“中华古籍保护计划”在全国范围内全面展开。

中华古籍保护计划的内容主要有五个方面：一是统一部署，从2007年开始，用3到5年时间，对全国公共图书馆、博物馆和教育、宗教、民族、文物等系统的古籍收藏和保护状况进行全面普查，建立中华古籍联合目录和古籍数字资源库；二是建立《国家珍贵古籍名录》，实现国家对古籍的分级管理和保护；三是命名“全国古籍重点保护单位”，完成一批古籍书库的标准化建设，改善古籍的存藏环境；四是培养一批具有较高水平的古籍保护专业人员，加强古籍修复工作和基础实验研究工作，逐步形成完善的古籍保护工作体系；五是进一步加强古籍的整理、出版和研究利用，特别是应用现代技术加强古籍数字化和缩微工作，建设中华古籍保护网，完成“十一五”国家古籍整理重点图书出版规划，开展中华再造善本二期工程，使我国古籍得到全面保护。

（2）重点项目之“全国古籍普查”

作为“中华古籍保护计划”的重要组成部分，从2007年开始，文化部在全国范围内组织开展了古籍普查登记工作，全面了解和掌握各级图书馆、博物馆等单位及民间所藏古籍情况，对登记的古籍进行详细清点和编目整理，建立中华古籍综合信息数据库，形成中华古籍联合目录，以便于古籍保护、管理和利用。这是我国第一次开展大规模的古籍普查工作。

此次全国古籍普查的范围包括我国境内的国家图书馆、各公共图书馆、高等院校图书馆、科研单位图书馆、文博图书馆（藏书楼）、宗教单位图书馆（藏经阁）等；个人或私人收藏机构也可以被纳入普查范围。流失海外的珍贵古籍，由国家图书馆牵头，通过与海外藏书机构合作等方式开展调查工作，逐步建立海外中华古籍信息数据库。普查的主要内容包括：古籍基本信息、破损信息和保存状况信息以及收藏单位的基本状况等。

为使古籍普查工作顺利开展，文化部专门印发了《全国古籍普查工作方案》（2007 年 8 月），对古籍普查的工作方案、普查范围、任务分工、工作步骤、工作要求等做了明确规定，并以附件的形式一并下发了全国古籍保护试点工作方案、《国家珍贵古籍名录》申报评审暂行办法、“全国古籍重点保护单位”申报评定暂行办法等文件。为了保证全国古籍普查及保护工作的科学化规范化开展和有章可循，文化部又委托国家图书馆联合部分古籍收藏量大的单位和专家一起制定了《古籍普查规范》《古籍定级标准》《古籍特藏破损程度定级标准》《图书馆古籍特藏书库基本要求》《图书馆古籍修复人员任职资格》《古籍修复技术规范与质量要求》（2008 年 7 月此标准已经升级为国家标准）等六个相关标准、规范。

在全面普查基础上，文化部于 2007 年 9 月中旬开始组织首批“国家珍贵古籍名录”和“全国古籍重点保护单位”的申报工作。文化部制定了评审的规则，聘请了各个相关学科的专家对各收藏单位和私人收藏家申报的古籍以及申报古籍重点保护单位的材料进行评审。2008 年 3 月 1 日，首批《国家珍贵古籍名录》2392 种及“全国古籍重点保护单位”51 家由国务院正式批准颁布。首次评审的成功为实质推进古籍保护工作奠定了基础，此后，国务院又正式批准颁布了第二批及第三批《国家珍贵古籍名录》和“全国古籍重点保护单位”。2011 年 7 月，第四批《国家珍贵古籍名录》和“全国古籍重点保护单位”的申报工作正式启动。

“全国古籍普查”项目是新中国成立以来在全国范围内进行的第一次全面深入的古籍调查，对于全面了解和掌握各级图书馆、博物馆等单位及民间所藏古籍情况，建立中华古籍综合信息数据库，形成中华古籍联合目录等方面都有着重要的意义。古籍普查是古籍保护的基础性工作，是古籍抢救、保护与利用工作的重要环节。目前，此项工作还在进一步地推进中，普查工作将会从国内普查逐步推进到海外收藏中文古籍的寻访中。

4.公共图书馆与中华古籍保护计划

中华古籍保护计划充分发挥古籍在传承中华文化中的重要作用，提高人民群众思想道德素质和科学文化素质，增强民族凝聚力，促进社会主义先进文化建设和推动世界文明的发展有着重要意义和作用。一方面，公共图书馆是中华古籍保护计划工程中最主要的组成力量。在全国古籍普查工作发挥了重要作用，他们高度重视并全力配合国家的古籍保护工作，在做好本馆古籍清查、登记和保护利用的基础上，还承担了大量本地区民间珍贵古籍的搜集整理工作，为摸清中国古籍家底做出了积极贡献。另一方面，中华古籍保护计划工程也极大地推动了公共图书馆古籍工作的标准化和现代化的进程。在为各级公共图书馆古籍保护工作提供资金支持的基础上，培养了一大批古籍鉴定、修复方面的专门人才，为公共图书馆古籍工作的可持续发展提供了重要的技术支持和人员支撑。

5.数字图书馆推广工程①

（1）建设目标

为进一步推动数字图书馆的建设，2011 年 5 月，文化部、财政部联合印发《关于实施“数字图书馆推广工程”的通知》，决定于“十二五”期间在全国实施数字图书馆推广工程。工程的建设目标是：推广国家数字图书馆工程的理念、技术、标准，通过建设“一库一网三平台”，打造基于新媒体的图书馆服务新业态，即建设分级分布式数字资源库群，形成覆盖全国公共图书馆的数字图书馆虚拟网，建设优秀中华文化展示平台、开放式信息服务平台和国际文化交流平台；借助手机、数字电视、移动电视等新兴媒体，以互联网、移动通信网、广电网为通道，为政府立法决策、教育科研、公民终身学习等提供多层次、多样化、专业化、个性化的数字图书馆服务。

（2）建设内容

构建覆盖全国公共图书馆的数字图书馆虚拟网。将国家数字图书馆工程已建成的标准规范、软硬件系统和资源建设成果在全国各地公共图书馆推广使用，构建以国家数字图书馆为核心，以省级数字图书馆为主要节点，覆盖全国公共图书馆的数字图书馆虚拟网，支持全国各地区数字图书馆间资源与服务的全面共建共享。

建设分级分布式数字资源库群，实现数字资源无障碍共建共享。建设分级分布式数字资源库群，在全国范围内形成有效的数字资源保障体系。依托覆盖全国公共图书馆的数字图书馆虚拟网，建立数字资源共建共享机制，实现全国公共图书馆资源与服务的无缝集成。

建设多层次、多样化、专业化、个性化的数字图书馆服务平台。“数字图书馆推广工程”将在构建海量分布式资源库群的基础上，对数字资源进行有效的组

① 此部分内容参考“国家图书馆‘数字图书馆推广工程’建设方案”（内部资料）。

织、整合、知识挖掘，实现元数据集中与统一检索，依托互联网、移动通信网、广电网，建立满足不同需求的数字图书馆服务平台。

（3）实施步骤

工程的实施包括软硬件平台搭建、资源建设、新媒体服务构建及人员培训等内容。

①基础构建阶段。2011—2012 年为基础构建阶段，完成省级数字图书馆和部分市级数字图书馆的硬件平台搭建工作，并与国家数字图书馆进行网络连接，初步建成数字图书馆虚拟网。

②全面推广阶段。2013—2015 年为全面推广阶段，除完成所有市级馆的硬件平台搭建工作外，汇聚整合全国各级数字图书馆的文献资源，向全国公众和业界提供统一揭示服务；在扩大数字图书馆覆盖范围的同时，持续增加数字资源数量，加大对新媒体服务的推广力度，不断创新，提高数字图书馆服务能力，提升公共图书馆服务水平。

（4）工程意义

国家数字图书馆工程是继文化共享工程之后文化部和财政部联合实施的又一项重大文化惠民工程。数字图书馆是网络环境和数字环境下图书馆新的发展形态，是利用高新信息技术提升图书馆服务能力和核心竞争力的重要途径，其发展水平是衡量一个国家图书馆事业现代化水平的重要标志。实施数字图书馆推广工程，运用数字图书馆技术提升各级公共图书馆的服务能力，将有效地拓展公共文化服务的受众范围，丰富公共文化服务的内容，创新公共文化服务的形式和手段，构建跨越时空的公共数字文化服务体系，是新信息条件下加强公共文化服务体系建设，体现公共文化公益性、基本性、均等性、便利性的重大举措。国家图书馆以及省、市、县各级公共图书馆是国家数字图书馆工程的实施主体，在“数字惠民”中发挥着重要作用。

第二节　公共图书馆体系建设

一、公共图书馆事业的管理体制

公共图书馆事业管理体制是指国家对公共图书馆的机构设置、隶属关系、权限划分及其活动进行管理的一整套制度化安排，其核心是政府管理部门、图书馆行业协会与作为独立法人单位的公共图书馆之间的相互关系及各自的责任、权利、义务。国外公共图书馆事业管理体制的情况错综复杂，各个国家都有一套自己的行政体制和管理方式，我们以美国、英国、日本等公共图书馆事业较为发达的国家为例做简单介绍。

（1）美国是世界上图书馆事业最发达的国家之一。美国公共图书馆事业实行的是典型的建立在相对完善的立法基础之上的分权、分散和多元化的管理体制。全国范围内没有一个主管全国图书馆工作的政府行政领导机关，其对图书馆事业的宏观控制由美国博物馆暨图书馆服务机构（IMLS）来完成，它在全国范围内协调图书馆与各州和地方机构的合作。多数州的图书馆法规定了公共图书馆的管理机构是图书馆理事会或图书馆委员会，由他们负责图书馆重大政策规划、经费预算、管理层人事任命和监督等工作。美国图书馆协会（ALA）是世界上规模最大的国家级图书馆协会，负责培训图书馆馆员、促进图书馆立法、颁布图书馆标准、编辑出版物、保护求知自由、合作编目和分类、推动自动化与网络化、促进国际交流等。

（2）英国是世界上最早颁布公共图书馆法的国家。英国公共图书馆事业的宏观管理由政府文化、媒体和体育部承担，有责任管理图书馆服务和提升公共图书馆质量；单个公共图书馆服务则由地方政府负责。与美国图书馆协会类似，英国图书馆协会在促进图书馆立法、推动图书馆业务标准制定、促进图书馆间的交流和国际合作等方面也发挥了积极的作用。

（3）日本是亚洲图书馆事业较为发达的国家，其公共图书馆的政府管理机构是文部科学省下属的终身学习局社会教育处。长期以来，日本政府一直是公共事务的主要承担者和实施主体。21 世纪之后，日本政府开始尝试对国有公立机构进行改革，2006 年的小泉政府对国立国会图书馆实行了行政决策与实施过程相分离的独立行政法人化改革，以提升服务效率与质量。日本图书馆协会主要参与制定图书馆法令、行业标准、维护馆员权益等工作。

从以上几个国家的例子可以看出，虽然各自的具体做法不同，但基本原则都是通过制定专门法律，明确政府、社会及图书馆法人的关系，各方依法履行各自的职责，实现管办分离。同时注重发挥行业协会的作用，其行业协会不只是一个咨询性质的组织，而是一个职能性的统管机构，它为开展图书馆的馆际协作和协调工作提供组织保证，使得不同系统、层级的图书馆联合成为一个统一、完整的体系，以整体的力量向公众服务。

我国公共图书馆事业结构以行政关系为基础，管理体制表现为隶属等级制。其特点是：公共图书馆的主办主体是国家，由国家管理，按国家计划运行；公共图书馆属于事业单位，各级公共图书馆隶属于各级政府文化管理部门领导，由各级政府或政府各个部门主办并主管，所需经费绝大部分由各级政府财政拨款，人员全部纳入国家编制，业务活动在国家计划范围内开展。简单地说，即县及县以上的一个行政区划建立一个公共图书馆并由当地政府负责当地公共图书馆建设。在这样的管理模式下，各级各地公共图书馆基本上处于一种地区分割、各自为政的生存状态。下图 8-1 描绘了我国公共图书馆系统的结构及管理关系。

公共图书馆系统	
国家级公共图书馆	中央政府
省（市、自治区）级图书馆	省（市、自治区）级政府
市（地、州、盟）级图书馆	地市级政府
县（市、区）级图书馆	县（市、区）级政府
乡、镇文化中心图书馆（室）	
街道、社区、村级服务点（阅览室）	

图 8-1　我国公共图书馆系统结构及管理关系

我国图书馆事业属于纵向结构，公共图书馆、高校图书馆等各类型图书馆分属文化、教育、科研等多头领导，横向联系与纵向联系相比处于无足轻重的地位，各个系统图书馆之间鲜有合作。

由此可以看出，在我国目前的公共图书馆管理体制下，公共图书馆与其他系统图书馆之间的横向联系缺失，公共图书馆与公共图书馆之间的纵向联系不够紧密，导致了图书馆资源被分散在各个行业、各个层级的图书馆中，容易形成“大而全”“小而全”的封闭图书资源体系，从而导致国家和政府主管部门对公共图书馆整体事业宏观管理、调控规划的无序。图书馆之间的馆际协作协调、资源共建共享等工作由于涉及的点（图书馆）多、线（同一系统的管理层次）长、面（不同的系统、不同的地区）广，具有一定的操作难度，很难形成一个如西方发达国家那样统一、完整的公共图书馆服务体系。这样的状况不仅造成了社会资源的极大浪费、公共图书馆服务能力的不足，也导致了我国公共图书馆事业的整体滞后和发展缓慢。克服上述缺陷的解决途径就是在公共文化服务背景下加快现代公共图书馆服务体系的建设，因此，公共图书馆服务体系建设将是很长一个时期内我国公共图书馆事业发展的重点。

二、我国公共图书馆服务体系的发展

1. “大一统”的公共图书馆服务体系

（1）时代背景（新中国成立后三十年）

新中国成立之后，百废待兴，我国的公共图书馆事业也迎来了一个全新的发展阶段。党和政府一方面调整、巩固和发展了解放区的图书馆事业，另一方面有计划、有步骤地接收和改造了国民党政府遗留下来的图书馆，并在此基础上对全国的公共图书馆事业进行了统一的规划和设计，努力使其成为我国公共文化事业最重要的组成部分。

在新中国前三十年的时期里，我国文化事业的指导方针主要是为工农兵服务和为社会主义服务的“两为”方针。这一方针源自毛泽东同志《在延安文艺座谈会上的讲话》的主要精神。这一精神在新中国第一届政治协商会议颁布的《共同纲领》中有着完整的体现，即建立“民族的、科学的、大众的”文化，同时要“肃清封建的、买办的、法西斯主义的思想”①。由于《共同纲领》具有临时宪法的性质，因此，这一思想自然成为之后我国文化事业尤其是公共图书馆事业建设的指导思想。在纲领的指导下，1955 年文化部发布了《关于加强与改进公共图书馆工作的指示》（以下简称《指示》），提出公共图书馆是“以书刊对人民进行爱国主义与社会主义教育的文化事业机构”，应“积极地为国家社会主义建设和社会主义改造事业服务”，公共图书馆应该向广大群众敞开大门，“对于工农兵和知识分子以及其他劳动人民不应有所偏废”，成为人民的科学文化教育阵地[12]。在《指示》精神的指导下，全国掀起了公共图书馆的建设高潮，不仅在各级城市中纷纷建设公共图书馆，同时还大力开展了工会图书馆、中小学校图书馆和农村图书馆（室）建设，在城市和农村中普及图书馆服务网点，形成了当时以公共图书馆为主体，工矿企业、中小学、部队、医院等行业图书馆为辅翼的社会化服务网络。

（2）建设模式

新中国成立后前三十年，我国采用的是高度集中的计划经济体制，对各项事

---

① 毛泽东 1942 年 5 月在延安举行的文艺座谈会上的讲话包括 5 月 2 日所作引言和 5 月 23 日所作结论两部分，明确提出了文艺为工农兵服务的方针，强调文艺工作者必须到群众中去，为革命事业做出积极贡献。1943 年 10 月 19 日在延安《解放日报》正式发表，标志着新文学与工农兵群众相结合的文艺新时期的开始。1953 年编入《毛泽东选集》第二卷。1943 年 10 月 19 日在延安《解放日报》正式发表，标志着新文学与工农兵群众相结合的文艺新时期的开始。1953 年编入《毛泽东选集》第二卷。《共同纲领》指《中国人民政治协商会议共同纲领》，中国人民政治协商会议于 1949 年 9 月通过，是《中华人民共和国宪法》制定以前的建国纲领，起了临时宪法的作用。所引用内容出自第五章“文化教育政策”第四十一条。

业都实行高度集中的行政管理，因此，当时的公共图书馆也完全在国家的行政命令下开展工作，建设模式相对单一，其特点是：

①公共图书馆起着中心和主导作用。公共图书馆在为本地区各类人群提供服务的同时还担负着统筹、规划、协调地区图书馆事业发展的任务，“对本地区规模较小的公共图书馆、文化馆（站）图书室、工矿、企业、机关、团体的图书室及其他图书馆（室）进行业务辅导，以促进本地区图书馆事业的巩固和发展”[13]。

②行业图书馆有效分流读者群。通过在工矿企业、中小学、部队、医院等行业单位开设图书馆（室），在城市中普及图书馆服务网点；通过人民公社建立农村图书馆（室），建设农村图书馆服务网点。这些基层图书馆（室）在公共图书馆的指导下开展工作，为各行业群众和农村居民提供图书馆服务，有效分流了不同行业和农村的读者群，扩大了公共图书馆的服务面。

③各系统的图书馆间协作协调。1957 年，国家出台了《全国图书协调方案》，统一部署各类型、各系统图书馆之间的协作与协调工作：北京和上海成立了两个全国性的中心图书馆，武汉、沈阳、南京、广州、成都、西安、兰州、天津、哈尔滨成立九个地区性的中心图书馆，统筹全国和地区各类型、各系统图书馆之间的协作协调。之后各类型、各系统图书馆之间广泛开展了集中编目、协调采购、复本调拨、积压藏书整理等工作，为实现业务工作的标准化、提高我国公共图书馆整体业务水平发挥了积极作用。

（3）评价

新中国成立后的前三十年间，我国的公共图书馆事业从无到有、从旧到新、从理论到实践，在很短的时间内就构建起了公共文化服务的框架，迎来了我国公共图书馆事业的第一个发展高潮。公共图书馆数量显著增加，各项基础业务工作得到了加强与进展，标准化程度也有了很大的提高，为我国公共图书馆事业的发展和体系建设奠定了良好的基础。

这一时期的公共图书馆工作确立了图书馆为人民服务的性质和免费服务的原则。在当时的政治环境下，为工农兵和知识分子服务事实上已经体现了为最广泛的人群服务的思想。本阶段的公共图书馆建设还奠定了我国公共文化服务体系建设的雏形。当时的图书馆界虽然没有强调“公共、平等、免费”等类似的概念，但其广泛的图书馆（室）布局和为最基层民众服务的实践已经体现出了公共文化服务体系“普遍均等、全民共享”的公共精神。

由于社会大环境的限制，当时的图书馆界相当强调意识形态的作用，导致公共图书馆的各项工作和政治结合过于紧密，使得我国的公共图书馆事业经常性地受到历次政治运动的冲击和影响。加之对客观条件缺乏正确的估计，当时经济发展的基础和行政管理能力无法满足基层图书馆的迅猛发展，致使增长快，消失得也快，全国县以上公共图书馆由1960年的1093所锐减到1963年的490所[14]，不少基层图书馆（室）很快地或被并入当地文化馆，或被学校等行业图书馆替代。另外由于公共图书馆之间以及公共图书馆与工矿企业、中小学、部队、医院等行业图书馆之间只是一种业务辅导关系，彼此并无行政隶属，因此形成了各自为政，片面追求“大而全”或“小而全”的状况，造成资源极大浪费。

2.“产业化”发展的公共图书馆服务体系

（1）时代背景（20世纪80、90年代）

从20世纪80年代开始，我国社会发展从以政治为中心转向了以经济建设为中心，针对这一阶段的公共图书馆建设，国家陆续出台了一些指导性的文件：

1983年，国家颁布的《关于加强城市、厂矿群众文化工作的几点意见的通知》，明确指出，“有些群众文化活动可以适当收费，以补助活动经费的不足”[15]。

1987年10月，中宣部、文化部、国家教委、中国科学院联合下发《关于改进和加强图书馆工作的报告》，指出，“图书馆在搞好无偿的公益服务的同时，也可以进行合理的有偿专业服务”[16]。这个文件对图书馆的深化改革有着重要的指导作用。

1988年，文化部和财政部还联合召开了全国文化事业单位“以文养文”经验交流会，表彰了开展“以文养文”活动成绩比较突出的先进个人和单位。

在这样的社会现实和政策背景下，公共图书馆从单纯的公益型机构转变为有偿服务机构，众多的图书馆把馆藏资源作为产业运营成本，纷纷开始“以文养文”“以馆养馆”的实践，把经营收益作为考核公共图书馆工作的重要指标，以多种方式探索产业化发展道路。

（2）建设模式

这一时期的公共图书馆建设的特点是以市场为导向，以经营为手段，以产业化发展为目标，开展了一系列有偿服务。根据其规模和形式的差异，我们将其划分为两种建设模式：

以图书馆的设施设备及文献等资源作为成本，从事经营活动，如场馆出租、打字、复印、文献代查，以及为企业等用户提供信息情报检索、定题服务等有偿服务。另外，还有一些基本服务项目收费，比如办证押金、分级阅览证收费及借书证工本费等。可以说，此种模式覆盖了全国各级公共图书馆，其影响甚至波及现在。

图书馆自组或联合创办经济实体，参与市场经济。这些经营活动，有些与图书馆的业务毫无关联，比如餐饮、贸易等，有些则是针对图书馆服务的创新、改进等。其中深圳图书馆组建公司开发的ILAS系统成就突出，其以各级各类图书馆业务管理为核心内容的自动化系统，在鼎盛时期的用户达到3000余家①。

（3）评价

首先，这一时期的图书馆工作奠定了公共图书馆社会化合作的基础。改革开放和产业化使公共图书馆从自己的专业圈子走向了社会化合作道路，使得图书馆吸收了其他行业中有利于自身发展的元素，丰富了图书馆的管理。

其次，这一时期的公共图书馆开始关注信息化的发展趋势。公共图书馆看到了自动化、数字化等新兴技术对图书馆的巨大影响，抓住了这个机遇，使得公共图书馆有了全新的发展方式和服务手段。

这一时期公共图书馆收费、有偿服务等经营模式违背了公共图书馆的公共性原则。联合国教科文组织发布的《公共图书馆宣言》明确表示公共图书馆应该向所有人群提供平等免费的服务。这种以经济收益作为目标的产业化模式显然是与之相背的。也因此，导致公共图书馆在社会中形象模糊，功能萎缩，使公共图书馆的核心价值丧失，社会形象受到损害。

此外，由于文化事业有着特殊的发展规律，它与产业之间有联系，更有区别，特别是在国家层面的政策制定上，因此，政府投入减少，图书馆从业务中创造经济效益的做法导致了图书馆专业化程度降低，行业标准弱化，专业人员流失，整体工作被边缘化，这对公共图书馆事业本身的发展造成了伤害。

3.基于总分馆制的公共图书馆服务体系

（1）时代背景（20世纪末21世纪初开始）

20世纪末21世纪初，信息和数字技术迅猛发展，图书馆信息中心的地位开始动摇，传统图书馆受到挑战。另一方面，信息数量急剧膨胀造成了信息分配的不公，社会需要类似于图书馆的公共服务机构来缩小信息差距、弥合知识鸿沟。时代的发展变化使得公共图书馆面临着越来越复杂多变的发展情势。

就我国的社会现实来看，一方面，工会图书馆的萎缩和人民公社的消亡使得新中国成立初期建立起来的基层图书馆服务体系不复存在，加之由于我国经济的发展，城市化进程的推进，越来越多的人选择在城市居住、生活，这些因素导致了城市单体图书馆不堪重负。另一方面，我国的公共图书馆在产业化发展的过程

---

① 数据来源于深圳图书馆内部资料。

中屡屡碰壁，服务功能萎缩，造成了很多公共图书馆难以为继的局面，这让一些图书馆人开始反思：公共图书馆究竟是什么？

通过与西方国家图书馆界的交流以及对我国现代图书馆事业发展的回顾性研究，我国公共图书馆界开始认识到，中国的公共图书馆事业要发展，必须走一条既适合我国国情，又符合公共图书馆事业发展规律的道路，而欧美国家普遍实行的以“总分馆制”为代表的公共图书馆体系建设模式是目前最好的选择。

总分馆制是指由同一个建设主体资助、同一个主管机构管理的图书馆群。其中一个图书馆处于核心地位作为总馆，其他图书馆处于从属地位作为分馆；分馆在行政上隶属于总馆，或与总馆一起隶属于同一个主管部门，在业务上接受总馆管理。其基本特征是：图书馆的总馆建设主体与分馆建设主体统一，即经费来源统一；总馆主管部门与分馆主管部门统一，即管理统一；总分馆统一人财物管理、统一规划和实施服务、统一服务水准。相对于单馆制，总分馆制是一种较为科学的办馆模式，其服务布局网络化、管理模式集群化、行政管理集中化、信息服务个性化的特点更能实现公共图书馆服务的“普遍均等、惠及全民”。

鉴于此，我国的一些公共图书馆从 21 世纪初就开始了“总分馆制”的探索。比如上海图书馆从 2001 年开始，联合区县图书馆、高校图书馆及专业图书馆实施总分馆制；2003 年，广东佛山市禅城区图书馆提出了以总分馆制为框架的小型图书馆群建设规划；杭州图书馆联合各城区图书馆开创了“九馆一证通”服务体系。这些虽然都不是严格意义上的总分馆制，但已初具雏形。之后，上海、杭州等城市从大都市文化建设角度出发，提出了创建更适合其发展的“中心馆—总分馆制”设想。

对公共图书馆界的这些探索，国内图书馆学界给予了充分关注，一些专家、学者在充分调研的基础上，纷纷撰文研讨相关现象的理论与实践，并对中外总分馆体制的实施进行了深入分析与总结。而于 2007 年在天津召开的“全国公共图书馆延伸服务经验交流会”更是从政府层面对总分馆制给予了充分肯定。在这样的时代背景下，以“总分馆制”和“中心馆—总分馆制”为代表的公共图书馆建设模式在全国各地开展起来。

（2）建设模式

根据我国各地公共图书馆在实践总分馆制过程中不同的实现层面，划分为“总分馆制”和“中心馆—总分馆制”两种基本模式。

第一种模式：总分馆制

这里所说的总分馆制是指严格意义上的总分馆制，即分馆在行政上隶属于总馆，在业务上接受总馆指导，分馆的人财物由总馆统一管理。我国实践完全意义上总分馆制的地区并不多，下面以佛山、嘉兴和苏州为例，说明总分馆制的运行方式。

① 佛山：禅城区“联合图书馆”模式

“联合图书馆”的提法最早出现在佛山禅城区图书馆提出的以总分馆制为框架的小型图书馆群建设规划中。2003 年 5 月，佛山市禅城区联合图书馆的第一家分馆——佛山市禅城区联合图书馆少儿分馆正式挂牌开放，标志着联合图书馆的正式起步。之后，禅城区的经验在整个佛山市得到推广。2004 年 6 月，佛山市图书馆提出了《佛山市联合图书馆实施方案》，其实施目标为：以公共图书馆为主体，吸纳各行业系统、各种类型的图书馆加盟，建设“统一标识、统一平台、统一资源、统一管理、分散服务”的佛山市联合图书馆体系，形成纵横双向的服务网络。纵向上，构建市、区、街道（镇）和社区（村）四级图书馆服务网络；横向上，联合其他类型图书馆作为联合图书馆的成员馆，以达到优势互补、资源共享、协调服务的目的[16]。

禅城区是佛山市最早提出“联合图书馆”的概念并付诸实施的地区。在佛山市联合图书馆稳步推进的时候，禅城区图书馆一方面作为佛山市联合图书馆的成员馆，与其他五个区的成员馆实行通借通还；另一方面，按照区政府批准的既定方针，继续在禅城区内建设总分馆结构的禅城区联合图书馆。禅城区联合图书馆建设的设定目标是，联合图书馆由区政府作为建设主体，街道办事处和当地企业共同参与，其文献所有权全部归属总馆，人、财、物（含街道办事处和当地企业投入的资产）均由总馆统一管理调配，服务质量由总馆统一把握，形成全区图书馆统一采购、书目数据统一编制、书刊通借通还、资源完全共享的服务体系。应该说，禅城区联合图书馆创建了迄今为止我国唯一的纯粹意义的总分馆体系，即以总分馆的建设主体和主管部门同一性为基础，统一经费来源、统一管理、统一服务的总分馆体系，为在我国建设真正意义的总分馆提供了一个难得的案例。

② 嘉兴：城乡一体的总分馆体系建设

嘉兴在市委、市政府的主导下，探索了一条在统筹城乡发展思想指导下建设城乡一体化新型公共图书馆服务体系的发展道路。所谓新型服务体系，是“构建以市、县级图书馆为中心，以图书馆乡镇分馆为骨干，以村（社区）图书室和图书流动车为基础，以企业、学校、部队等行业系统图书馆联合加盟为补充，覆盖全市、城乡一体、功能完善、资源共享、管理规范的公共图书馆服务体系”[17]。

嘉兴市总分馆制建设得到了政府的有力支持，嘉兴市政府出台了《关于构建城乡一体化公共图书馆服务体系的实施意见》，就总体目标、具体任务等做了详细的阐述，对分馆的网点布局进行整体规划，同时提出了统一的建设标准。

在乡镇分馆建设过程中，嘉兴市馆根据自身的特点形成了市、区、乡镇三级政府投入，市馆（服务体系中的总馆）集中管理的有效工作模式。可以说，嘉兴市总分馆制建设既有政策支持又有资金支持。“嘉兴模式”的特点可归纳为：三级投入、集中管理、整体规划。“三级投入”明确了图书馆建设的责任归属——政府，并且固化了每一级政府相应的责任，分散了基层图书馆建设的财政压力。“集中管理”保证了业务开展的专业性。“整体规划”包括分馆的布点设计、对分馆的“样式”进行设计和对分馆的服务质量进行设计。

③ 苏州：紧凑型的总分馆建设让每一个人分享图书馆的服务

苏州图书馆的做法是，主动与各区政府、相关街道办事处联系，合作建设社区分馆。双方协议规定，由当地政府提供分馆用房、装修和设备，承担分馆的物业费用，并且每年向苏州图书馆支付一定的费用，主要是人员经费和购书经费；苏州图书馆负责安装软件、提供文献资源、调配委派管理人员并负责日常开放运行。不管是与区政府还是街道签订协议，分馆均设在社区。读者在分馆阅览和上网全部免证，但外借图书需持有苏州图书馆统一的读者证，所借图书可以在总馆及所有分馆通借通还。

为了使这些分馆能够提供与总馆基本一致的服务，苏州图书馆在管理和技术等方面采取了一系列措施。各个社区分馆根据当地实际情况安排开放时间，每周不少于50小时。总馆根据各分馆读者需求情况，为分馆每两个月调配400—500册图书，部分是新书，部分是周转书。同时，在分馆的电脑上设置统一的引导界面，读者可根据引导方便地进入书目检索、电子图书、馆藏数据库资源、政务信息、共享工程等各个栏目[18]。

第二种模式：中心馆—总分馆制

由于我国的财政分级制度和一个行政区划单独设立一个公共图书馆的社会现实，西方国家普遍实践的人、财、物统一管理的总分馆制建设模式只能在一些较小的区域内（小城市、区县等，比如上文论及的嘉兴、佛山禅城区）做一些小范围的探索，很难在一个较大的行政区域内实现和铺展。因此，上海、杭州等城市从大都市的实际出发，提出了“中心馆—总分馆制”的设想，并在实践中总结出了一些成功经验。

所谓“中心馆—总分馆制”是指作为地区公共图书馆服务网络建设中心的图书馆（我们称其为中心馆）不直接参与基层分馆建设，也不直接管理基层分馆的人、财、物，而是由下一级公共图书馆作为辖区内的总馆承担该地区分馆建设，中心馆只负责对下一级公共图书馆业务的规划、指导、协调、评估，整合地区资源等工作。这样的方式可以绕开财政分级制度带来的障碍，是在我国目前社会现实下实现在较大行政区域内公共图书馆服务网络建设的可行方式。

下面以上海和杭州为例说明中心馆—总分馆制。

① 上海：中心图书馆，以人为本，重心下移，一卡流通，方便借阅

上海市中心图书馆 2001 年正式开启，是在不改变各参与图书馆的行政隶属、人事和财政关系的情况下，以上海图书馆为中心馆，区县公共图书馆、高校图书馆或专业图书馆等为分馆，街道（乡镇）图书馆为基层服务点，以网络为基础，以知识导航为动力，以资源共建共享为目标，以提高服务水平为目的而组建的一种新颖图书馆联合体。

在十年建设中，上海市中心图书馆按照结构合理、发展平衡、网络健全、运行有效、惠及全民的原则和目标，不断探索创新，逐步形成了公共分馆、大学分馆和专业分馆的三种运行模式，以及由市、区县和街镇组成的两级总分馆制，为城市中心图书馆的发展起到了创新示范的效应。

② 杭州：中心馆—总分馆制下的“平等、免费、无障碍”

杭州市的公共图书馆服务体系建设模式，是一种中心馆—总分馆制的运营模式，通过整合市、区县（市）、乡镇（街道）、村（社区）图书馆（室）资源，建立服务网络覆盖城乡、组织结构科学合理、文献资源统一调配、服务质量基本一致、运行高效节约的公共图书馆服务体系。

杭州图书馆作为全市公共图书馆服务网络的中心馆，主要承担对区、县（市）公共图书馆业务的规划、指导、协调、评估工作，整合区、县（市）公共图书馆资源，建立统一的技术平台、检索平台和服务标准，是全市公共图书馆服务网络的业务指导中心、文献保障中心、技术支持中心、专业培训中心和信息服务中心。

区、县（市）图书馆作为当地公共图书馆服务网络的区、县（市）级业务总馆，承担本辖区乡镇（街道）分馆的业务规划、指导、管理、监督和评估等职能。

杭州市的公共图书馆服务体系建设模式是一种层级清晰的总分馆模式，杭州

图书馆作为中心馆对区、县（市）公共图书馆负责，区、县（市）公共图书馆对其辖区范围内的乡镇、村级图书馆（室）负责。

（3）评价

总分馆制相关模式目前在国内图书馆界方兴未艾，因其能够进一步拓展图书馆服务网络，提高服务辐射能力，有利于优化图书馆资源配置，最大限度地发挥政府投入的社会效益，而受到政府及图书馆界，尤其是广大群众的肯定和接受。不同地区的公共图书馆通过各自的实践，提升了公共图书馆的服务能力，扩大了图书馆的影响，普遍均等、全民共享的公共图书馆核心价值得到重新体现。

但是也应该看到，各地的实践多是公共图书馆自身的行业行为，缺少政府的主导和参与，可以说，只是一种行业探索。由于我国特色的体制和机制等原因，实现人、财、物集中管理的总分馆制，还有待于政府与法律层面的保障，这也是下一阶段我国公共图书馆事业发展努力的方向。

第三节　公共图书馆发展环境分析

随着计算机、网络等现代技术的兴起，图书馆的发展面临着越来越复杂多变的环境。有人说，在信息技术大行其道的今天，公共图书馆将必然走向灭亡，因为信息触手可及，图书馆的资源优势不复存在。也有人说，公共图书馆正在迎来最好的发展机遇，现代技术不是公共图书馆发展的障碍，而是助推器。那么，公共图书馆尤其是我国的公共图书馆到底处于一种怎样的发展环境呢？我们将从以下几方面加以分析。

一、“图书馆消亡论”

从20世纪80年代开始，图书馆界蔓延着一种关于图书馆未来发展的悲观论调，即“图书馆消亡论”。所谓的“图书馆消亡论”是指传统实体图书馆的消亡，这个学派认为，随着计算机技术的发展，在不远的未来，传统图书馆将不再有存在的必要。美国图书馆学家兰开斯特（Lancaster）是持有这一论调的学者的代表，他在1978年出版的《情报检索系统》第2版中论述了自己的理论，认为随着以计算机技术为中心的现代信息技术的应用和电子出版物、机读文献的普及，传统的图书馆将完成历史使命，“再过20年现在的图书馆可以消失”，未来的社会将是一个“无纸化社会”。

“图书馆消亡论”有不少的拥护者，持这一观点的人认为其支持证据主要有三个方面。

第一，纸质图书的出版和销售下降，纸质阅读向数字阅读转移。

现代通信及传播技术已经改变了许多人寻找信息的行为模式，网上阅读、手机阅读、电纸书阅读正在成为潮流，这一点在年轻一代身上体现得更为明显。随着亚马逊、苹果等国外电纸书的流行，中国的企业也不甘示弱。中国移动和中国电信都推出了手机阅读服务；汉王、盛大、中国移动，一个提供终端设备，一个提供内容，一个提供运营，联手推出了中国自己的电纸书，试图掀起一场掌上阅读的革命。在电子阅读兴起的不断挤压下，传统的印刷出版业面临着大面积的缩水。2009 年，中国数字出版产业年产值达 799.4 亿元，首次超越了传统书报刊出版行业[19]。人们阅读方式和购买方式的改变使得以传统印刷为生存空间的行业面临危机。传统图书馆以纸质图书收藏和提供为主的服务模式受到挑战。

第二，实体图书馆的读者到馆率不断下降，很多公共图书馆门可罗雀，纸质图书流通率持续走低。

调查显示，图书馆纸质图书阅读率与图书流通率持续走低，我国国民图书阅读率从 2003 年开始连续六年呈下降趋势，2008 年国民阅读率首次低于 50%。公共图书馆的读者到馆量也不断下降。据国家图书馆统计数据，国家图书馆 2002 年接待读者 498 万人次，2003 年、2004 年接待人数在 450 万人次左右，2005 年接待人数降至约 445 万人次，2006 年接待人数跌破 400 万，降至 390 万人次[20]。美国图书馆的情况也相当类似。1956—1978 年美国人均年借书 15 本，而 1978—2004 年该数据下降了约 50%。美国 1994 年全国大学图书馆共借还图书 18 300万（册）次；十年后的 2004 年只借还图书 155 10万册次，下降了 15.3%[21]。这些数据显示，实体图书馆的传统功能正在被削弱。

第三，随着网络技术的迅猛发展，公共图书馆作为知识和信息中心的地位逐年弱化，功能强大的搜索引擎和丰富多彩的网络空间正在成为公众获取知识和信息的主要渠道。

在互联网时代，信息获取的方式变得越来越多，更多的读者愿意使用网络进行学习和研究，他们认为计算机网络已经代替了图书馆的信息服务，图书馆提供的信息在网络上就能随意获得，一些检索要求只要使用搜索引擎就能得到解决，比如 Google 搜索。OCLC2007 的报告《网络世界中的分享、隐私与信任》表明：互联网用户使用图书馆网站的比例在逐步下降；对所有人来说，互联网时代已经到来，互联网用户阅读越来越多。该报告提供的调查数据表明，新类型的“社会性”网络站点的出现正改变着网络的结构与文化，超过一半的大学生正在利用社会网络站点，Myspace 是被调查者利用最多的社交站点，Youtube 在所有被调查国家都是排名最高的社会媒体站点，被调查者更愿意利用社会性网站，而不是图书馆网站。可以看到，功能强大的搜索引擎和丰富多彩的网络空间正在成为公众获取知识和信息的主要渠道。

二、"图书馆发展论"

虽然看上去公共图书馆面临着发展困局，但是也有人对公共图书馆的未来抱着乐观的态度，尤其是在最近几年，"图书馆发展论"的声音越来越成为主流。该理论之所以能够成立，是鉴于近年来各国公共图书馆在新形势下的不断探索和调整，归纳起来，也有三方面的理由。

第一，公共图书馆作为"市民第二起居室"概念的提出，使得传统图书馆的内涵都得到了很大的拓展①。

第二，数字图书馆的推行和 Web2.0 的推出，以及最新网络技术的广泛运用，使得公共图书馆得以与新时代、新观念、新技术相融合，与读者的交流方式变得更为密切和便捷。

第三，公共图书馆从以收藏为中心，转化为以读者需求为主导，服务目标面向全体市民，重组图书馆服务理念，知识服务成为一个重要内容。

正因为如此，"图书馆消亡论"的声音渐渐变弱，而"图书馆发展论"正在越来越多地得到世界各国图书馆界的认同。综观近 20 年来世界图书馆的发展，可以看到现代图书馆不但没有消亡，反而像雨后春笋般地蓬勃发展起来。在中国，公共图书馆的数量从 1978 年的 1218 所发展到了 2007 年的 2799 所，增加了近 130%[22]；在欧洲，英国、法国、德国和丹麦的国家图书馆新馆相继开放，其中，位于巴黎和伦敦的国家图书馆新馆都是其各自国家 21 世纪以来建设的最大的公共建筑。当英国国家图书馆馆长布里安·朗博士在回顾 21 世纪欧洲图书馆事业发展历程时，他说："新世纪即将来临的时候，我们迎来了一个伟大的新图书馆建筑诞生的时代。"[23]

三、公共文化服务体系建设中的我国公共图书馆事业发展环境

我国公共图书馆事业正面临着历史上最好的发展时期之一，之所以这样说，是因为我国的公共图书馆不仅处于世界公共图书馆发展的环境中，更受惠于我国

---

① 由国际图联执委，荷兰鹿特丹图书馆馆长 P.J.Th.Schouts 提出。

政府不断加快的公共文化体系建设步伐。公共图书馆事业是一项社会公共文化事业，需要政府的政策支持。改革开放之后，党和政府对文化建设越来越重视，20世纪末21世纪初，开始使用公共文化服务体系建设的概念对文化建设的地位和作用加以更加清晰的定位和论述。

2002年11月党的十六大报告中明确提出了“切实尊重和保障人民的政治权利、经济权利和文化权利，具体措施就是积极发展文化事业和文化产业；国家支持和保障文化公益事业，坚持和完善支持文化公益事业发展”[24]的政策。

2004年，发改委在《关于推进2004年经济体制改革意见》中率先使用了公共文化服务体系的概念——在“推进社会领域体制改革，统筹经济社会协调发展”部分明确提出要“建立健全公共文化服务体系”[25]。2005年10月，在党的十六届五中全会上，中共中央提出了《关于制定“十一五”规划的建议》，文化事业发展的战略目标第一次被表述为“逐步形成覆盖全社会的比较完备的公共文化服务体系”[26]。2005年底，《中华人民共和国国民经济和社会发展第十一个五年规划纲要》明确提出了建设“覆盖全社会的比较完备的公共文化服务体系”的目标：建设“结构合理、发展平衡、网络健全、运营高效、服务优质、覆盖全社会的公共图书馆服务体系”[27]。

2005年底，党和政府连续出台了发展农村文化事业的政策性文件——《关于进一步加强农村文化建设的意见》和《关于推进社会主义新农村建设的若干意见》，农村文化建设的战略目标被定位为“构建农村公共文化服务体系”[28]。

2007年6月，中央政治局专题研究加强公共文化服务体系建设问题，这在中国共产党的历史上是第一次；2007年8月，《关于加强公共文化服务体系建设的若干意见》出台，构建覆盖全社会的公共文化服务体系被提升为“维护好、实现好、发展好人民群众基本文化权益的主要途径”[29]。2007年10月党的十七大报告，进一步提出基本建立覆盖全社会的公共文化服务体系，作为全面建设小康社会奋斗目标的新要求之一[30]。2010年4月，温家宝总理发表《关于发展社会事业和改善民生的几个问题》一文，公益性文化事业被纳入涉及基本民生的社会事业，该文强调它是社会公平正义的重要体现[31]。2010年7月23日，中共中央政治局就深化中国文化体制改革研究问题进行第二十二次集体学习，胡锦涛同志指出要加快构建公共文化服务体系，按照体现公益性、基本性、均等性、便利性的要求，坚持政府主导，加大投入力度，推进重点文化惠民工程，加强公共文化基础设施建设，促进基本公共文化服务均等化[32]。

2011年2月，文化部、财政部出台《关于推进全国馆公共图书馆文化馆

（站）免费开放》，极大促进了公共图书馆精神的回归和事业的发展[33]。2011 年 3 月，国家公共文化服务体系建设专家委员会成立，由来自北京大学、清华大学、中国社会科学院等学术科研机构和全国部分文化机构的 39 名专家组成（专家委员会是在文化部 2010 年 4 月成立的国家公共文化服务体系建设专家组基础上筹建而成）[34]。2011 年 10 月，在中共第十七届中央委员会第六次全体会议上，文化建设再次成为主要议题，这也是继 1996 年十四届六中全会讨论思想道德和文化建设问题之后，中共决策层再一次集中探讨文化课题。会议讨论并通过了《中共中央关于深化文化体制改革的决定》，文化事业和产业被提升到了一个新的高度，其战略部署和政治意义备受关注。

这些政策和文件对公共图书馆事业的发展具有重要意义，它从根本上明确了公共图书馆事业的基本性质、社会责任和发展方向，为我国公共图书馆未来的发展提供了国家层面的政策保障。我国的公共图书馆建设在公共文化服务体系建设的大背景下轰轰烈烈地开展起来，各地的公共图书馆根据各自不同的特点进行了多样化的探索、实践，走出了多条公共图书馆服务体系建设之路，推动了我国公共图书馆事业整体的发展。

第四节　公共图书馆发展战略思考

公共图书馆正在迎来“共时代”。这一时代的特点是资源共享、网络共连、数据共建、服务共推、人才共用，合作、共享、互动、发展将成为未来公共图书馆内在发展的特点。公共图书馆也正在迎来“深时代”。这一时代的特点是对文献典藏的深度加工研究，对知识信息的深度挖掘提炼，对业务管理的深度整合重组，对国内外协作机构的深度共建共享，对图书馆服务品质的深度拓展提升，对读者用户个性化和多样化需求的深度互动满足，对信息技术的发展进行智慧型的深度嵌入应用。总而论之，公共图书馆的未来将呈现出复合型图书馆、多样型图书馆、智慧型图书馆、全球型图书馆和第三文化空间的表现形式。

一、复合型图书馆

1.复合型图书馆的提出

“复合型图书馆”是 20 世纪末世界图书馆界出现的新型图书馆发展模式。英国的图书馆专家苏顿（S.Sutton）最早使用“复合图书馆”一词。1996 年，苏顿在一篇题为《未来的服务模式与功能的融合：作为技术人员、著作者和咨询员的参考馆员》的文章中，将图书馆分成历史发展逻辑的四种形态，包括传统图书馆、自动化图书馆、复合图书馆和数字图书馆，并认为印刷型与数字化信息之间的平衡越来越倚重数字型，而复合图书馆可以实现传统馆藏与数字馆藏并存，用户可不受时空限制地自由访问跨地域的分布式数字化资源[35]。英国电子图书馆计划主任路斯布里奇（Chris Rusbridge）在1996年11月提交给电子图书馆发展计划工作小组的文件中采纳了"复合图书馆"的提法，并把这一概念介绍给广大的图书馆界，使这一新的理念得到推广。一年之后，英国联合信息系统委员会（JISC，隶属英国高等教育资金委员会）在其机构的《通报》（1997年第3期）中也正式使用了"复合图书馆"这一概念。

2.复合型图书馆的特点

复合型图书馆的最显著特点就是数字资源和印刷型资源的复合共存。在数字图书馆发展的同时，图书馆业已存在的非数字化信息将长期存在，这样便出现了传统图书馆包含有数字图书馆成分的现象：图书馆既不是纯数字的，也不是纯传统的，这样的图书馆被认为是"复合型图书馆"。穆里（R. Murray）发表的题为《世纪挑战——走向复合图书馆》的报告，将复合图书馆定义为"在一个机构框架内，不依赖存放地点、载体形式和管理范畴，以集成的和因地制宜的方式提供对广泛的信息服务的利用的一种管理环境"[36]。复合图书馆旨在将各种各样的技术引入图书馆，并探索在电子和印刷的双重环境下将系统和服务有机地结合起来。复合图书馆是传统图书馆与数字图书馆之间的连续体，这个连续体既提供对电子信息资源的利用，也提供对印刷型信息资源的利用。复合图书馆在结合数字图书馆优势的基础上对传统图书馆的功能进行了延伸，使数字图书馆和传统图书馆能够共存互补。未来图书馆的工作重心将向电子资源转移，但这并不意味着数字图书馆将完全取代传统图书馆，复合图书馆将在相当长的一段时间内存在，并成为图书馆存在的基本形态[37]。

有学者归纳了复合图书馆的七方面内涵：①在一个机构的框架下；②是传统图书馆与数字图书馆的有机结合，既有信息存储的物理场所，又有信息空间；③图书馆工作者与信息用户均应处于电子信息资源与印刷型信息资源共存互补的复合环境中，并进行一体化存取；④不依赖信息存放地点、载体形式及管理范围，以集成的和因地制宜的方式，向用户提供信息服务；⑤应把信息技术、数字技术、网络技术与图书馆传统技术糅合于一体；⑥以传统图书馆为基础；⑦图书馆为信息用户提供的信息服务内容，既有电子信息资源，又有印刷型、缩微型等信息资源；⑧信息用户利用图书馆的资源时，既可亲自到图书馆查阅，也可在实体图书馆之外的任何时间、任何地点，通过与网络连接的计算机，查询图书馆的信息资源[38]。

3.复合型图书馆理念的导入

台湾地区学者顾敏在2000年率先介绍了复合型图书馆的理念及其构想。他提出，在迎接新千禧的前后数年之间，大多数图书馆必须同时承担数字图书馆和传统图书馆的社会功能和角色，图书馆馆员必须同时熟悉传统典藏与数字典藏，并要提供具有传统服务与数字服务两种性质的服务[39]。2001年，初景利介绍了国外复合图书馆的概念和中国发展复合型图书馆的构想[40]。2002年，黄宗忠较为全面地研究了复合图书馆，分别论述了复合图书馆的定义，产生的条件与背景及必然性，发展过程，优势与分类，特征与功能，发展的基本策略等，认为复合图书馆是图书馆发展的必由之路，是未来图书馆的新模式，将是未来社会图书馆的主体[41]。

二、多样性图书馆

1.功能多样性

国际图联和联合国教科文组织在《公共图书馆宣言》中指出："公共图书馆是人们寻求知识的渠道，为个人和社会群体的终身教育、自由决策和文化发展提供了基本条件。""公共图书馆服务的核心应该与信息、扫盲、教育和文化密切相关。"国际图联和联合国教科文组织在《公共图书馆服务发展指南》中也指出："公共图书馆的基本宗旨是通过提供各种形式的资源与服务来满足个人和团体在教育、信息和个人发展，包括娱乐和休闲等方面的需求。"[42]如果说，以往的公共图书馆具有文献典藏、文化教育、智力开发、知识传播、研究交流、休闲娱乐等项功能的话，那么，未来的公共图书馆除了保持延续这些功能之外，还将整合拓展一些新的功能，如市民广场、城市教室、文化中心和信息共享空间等功能。这些多样型的功能，有的是公共图书馆原有功能的深化，如城市教室，就是在公共图书馆原有的文化教育功能的基础上，通过公共图书馆的讲座、展览等新的核心业务给文化教育功能注入了新的内涵；也有的是在新的经济、社会和科技的环境下，赋予了公共图书馆全新的服务形态，如信息共享空间，就是通过数字化、网络化和智能化的信息技术，使图书馆成为一个完全开放的、在任何时间、任何地点、使用任何方式为任意的读者提供所需文献知识的信息中心，使实体图书馆与虚拟图书馆有机地结合起来。

2.文化多样性

《公共图书馆服务指南》指出："公共图书馆是一种遍及全世界的现象，存在于不同的社会和不同的文化之中，并且处于不同的发展阶段。”[43]在信息技术日新月异的时代，技术发展所呈现出的多样化服务形态改变着图书馆的业务流程和服务模式，对图书馆管理是一个挑战。中国经济地位的提升和世界格局的变化也呼唤中国公共图书馆应当以全球的视野承担起文化多样型的历史责任。

为适应全球图书馆多元化服务的发展趋势，国际图联先后制定了多个相应的指导性文件。如 1982 年的《澳大利亚规划》、1987 年版和 1998 年版的《多元文化社会：图书馆服务指导方针》，特别是国际图联于 2008 年 4 月制定了《多元文化图书馆宣言》，并于 2009 年 10 月通过了联合国教科文组织的确认[44]。据 2011 年 4 月公布的《2010 年第六次全国人口普查主要数据公报》，在这次普查中，居住在我国境内并接受普查登记的香港特别行政区居民234 829人，澳门特别行政区居民21 201 人，台湾地区居民170 283 人，外籍人员593 832 人，合计 1 020 145人，其中男性605 821人，女性414 324人[45]。此外，还有相当数量的来自各国的留学生和难民。对于这些超百万的境外居民需要做好图书馆文化多样性的服务。随着中国融入全球化的进程日益加快，中国图书馆多元化服务趋势日益显现，如多语种网页、多语种图书馆宣传手册、多语种服务导引、开通面向全球的网上联合知识导航站，不同国家的馆员交换、跨国界举办文化展览、不同国家间的互办论坛、赴境外图书馆开设文献之窗、与驻中国的使馆与领馆等开展文化主题活动，等等。

3.服务多样化

服务多样化表现在公共图书馆的服务和管理中为读者提供个性化、多层次、多品种、多语言、多载体、多途径的服务要求，这种服务多样化的发展趋势折射出公共图书馆服务细分的发展特点。就服务对象而言，可以细分为研究型读者、大众型读者、决策咨询型读者；就年龄层次而言，可以细分为少年儿童读者、青年读者、中年读者和老年读者；就读者的来源而言，可以细分为常住人口读者、进城务工者、境外读者、非常住人口读者（如旅游者）等。就服务品种而言，可以细分为文献借阅服务、网上知识导航服务、新型信息载体服务（主题数据库、手机、手持阅读器、电子阅报栏、多重触控屏等）等；就服务语言而言，可以细分为汉语言服务、少数民族语言服务、外国语服务等；就服务方式而言，可以细分为到馆服务、预约上门服务、流动书车服务；就服务内容而言，可以细分为文献借阅服务、讲座服务、展览服务、音乐戏曲欣赏服务、智力竞赛服务等。

三、智慧型图书馆

1.智慧与智慧图书馆

智慧型图书馆的重要特征就是泛在。泛在的理念可以追溯至物物相连的技术和思想。1995 年，比尔·盖茨在《未来之路》一书中提出的物物相连的雏形；1999 年，物联网的概念正式提出并迅速波及全球；而以物物相连的智能技术为信息基础的智慧城市（Smart City）则是 20 世纪末特别是 21 世纪初以来在全球展开的未来城市发展的新理念和新实践。

智慧（Smart）一词解释为对事物认知、应对和创新的聪明才智和应用能力，也作智惠。“智慧”在中外有不同的源流。在中国，“智慧”在古代战国时期就已出现了，意为聪明才智。智慧的古英语 Smeortan ，源于西日耳曼语支，与德文中的“激痛”有所关联，在古英语中原先是“引发剧烈疼痛”的意思，并引申为“锋利、尖利”之意，并进一步引申为“思维敏捷伶俐”“衣着整洁”“风格俏美”之意，现在用得最多的义项是智能，并含有高效工作、计划细致的意义。1972 年，Smart 一词首次被解释为“智能型的，并具备独立工作的技术设备”。

当一个公共图书馆既重视信息技术的重要作用，又重视用户的知识服务和公共文化的社会与环境担当，既重视文献资源的智能管理，又将读者参与式的互动管理与服务等融入其中，并将以上要素作为共同推动公共图书馆可持续发展并追求更高品质的图书馆服务时，这样的公共图书馆可以被定义为“智慧图书馆”。数字化、网络化和智能化是智慧图书馆的信息技术基础，文化共享、绿色战略和科学管理是智慧图书馆的核心要素，而以人为本、惠及全民、方便读者则是智慧图书馆的灵魂与精髓；智慧图书馆的外在特征是泛在，即智能技术支持下的无所不在、无时不在的人与知识信息、知识信息与知识信息、人与人的网络数字联系；其内在特征是以人为本的可持续发展，以满足日益增长的读者用户的知识信息需求。智慧图书馆就是对公共图书馆走向未来科学发展的战略认知和明智应对的具体方法，这对于公共图书馆而言，无疑是一场发展理念创新、服务技术提升、管理形态转型的革命。

2.数字化是智慧图书馆的技术前提

未来的公共图书馆，纸质资源的增长会越来越少，而数字资源将越来越成为主要的知识资源的载体，以数字资源为基础的虚拟图书馆将逐渐从纸面文字的预测和个别的局部的现象发展成为整体的图书馆服务与管理的主要表现形态。21 世纪的第一个十年，全球电子书的销量开始逐渐超过纸质书，这是公共图书馆数字化发展的重要信息。中国在1997年开始了数字图书馆试验工作，2001年中国国务院批准国家数字图书馆工程立项，先后投入了巨额资金，用于建设世界上最大的中文数字信息保存基地，构建支持数字资源采集、加工、保存、服务的技术支撑平台，通过国家骨干通讯网，向全国和全球提供高质量的以中文数字信息为主的服务，建设世界上最大的中文数字信息服务基地，构建以国家图书馆为服务中心，以中国各大图书馆为服务节点的数字资源传递和服务体系。至2010年9月，国家数字图书馆数字资源保有量已达480个TB，资源类型包括文本、图像、音频、视频、网络资源等多种形式。县级数字图书馆推广计划已使中国2940个县级图书馆初步具备了数字图书馆的服务能力[46]。2011年5月实施的"国家数字图书馆推广工程"更是加快、加大了对中文数字资源建设的步伐。英国国家图书馆2011年6月20日在伦敦召开新闻发布会，公布了该馆与Google达成的历史文献数字化的协议，协议内容包括将25万册最早可以追溯到18世纪的历史文献在数年内全面数字化。英国国家图书馆馆长达梅·琳内·布林德利表示："本馆的前辈们就设想让所有人都能够获取知识，而如今的这一计划是让所有人都能够随时随地获取知识。我们的目标是提供这些历史材料的永久性访问权，并且希望借助我们的藏书和Google的技术来实现这一目标。"[47]

3.网络化是智慧图书馆的信息基础

网络已成为未来公共图书馆服务的重要载体和空间。被称为第四代媒体的互联网媒体正在与物理空间和社会空间一起，成为公共图书馆服务的三大空间。网络化的发展趋势使公共图书馆的远程服务量不断增加。公共图书馆通过互联网、手机等信息手段和载体，可以开展不受时空限制的网上书目检索、参考咨询、文献提供和各类知识信息的获取和视听欣赏。据国际电信联盟分析，截至2010年底，全球互联网用户人数超过20亿，手机用户数达到53亿，3G注册用户达到9.4亿。在中国，截至2010年底，中国网民已达4.57亿，手机网民规模达3.03亿，均居世界首位[48]。在信息化的技术环境下，网络化与数字化的融合，电信网、广电网和互联网的三网融合，使公共图书馆的服务发生了泛在化的变化，即任何读者在任何时间、任何地点，通过任意信息传播载体以获取其所需要的知识信息。公共图书馆计算机数量不断增加，更多的读者查阅网上的数字文献并通过手机进行阅读，图书馆的宽带速度不断加快、图书馆存储在网络上的知识信息日益丰富，图书馆的网络化进程发展前景无可估量，网上服务量将成倍增长，网络空间的地位将更加重要。

4.集群化是智慧图书馆的管理特征

公共图书馆的集群化的综合服务平台，可以起到知识信息的共建性整合、集约式显示、便捷性获取、无障碍转换、跨时空传递等，从而使公共图书馆向智慧型图书馆转型。公共图书馆的集群化发展势将表现为以下三大特征：①整合。通过整合，可以集地区公共图书馆文献信息，汇全国各类图书馆知识库群，聚全球自然人文智慧。公共图书馆及各类图书馆系统都有数量众多的特色文献和数字资源，但相当数量的信息处于沉睡状态中，既不互通互联，也不共建共享，获取很不便捷。这就需要打破行业条块老死不相往来的格局，将各自馆藏和馆建的知识信息资源加以联通，打通行业条块和馆际之间的信息壁垒，畅通地区与国家间的信息通道。通过整合，使知识资源的视角从一个个点拓展到条线、块面和区域，使服务和管理也从孤立的点转移聚焦于条线的交流、块面的联系和区域的互动，这些正是新形势下促进公共图书馆服务创新所必须具备的信息服务环境。②集群。集群概念是美国哈佛大学迈克尔·波特教授于20世纪90年代初首次提出的，公共图书馆的服务与管理集群是公共图书馆服务和管理转型发展的有效工具。通过服务与管理集群，规模效应凸显，协同联盟共享拓展，知识内容更为丰富，传递成本大大降低，服务品质显著提升，可以使广大的读者受益。例如，上海原本条块分割、上下独立的市区县图书馆、街镇图书馆以及大学图书馆和专业图书馆，在一城、一网、一卡、一系统的创新理念指导下，经过2000年至2010年十年的创新驱动和整合发展，一卡通读者持证率和网上服务率成倍上升，形成了全球最大的城市图书馆单一集群系统。可见，强大的集群将推进创新并优化服务。③协同。协同服务将为公共图书馆的未来发展注入活力。协同服务体系，在国内外图书馆界已成为一种共识并正在成为日益明显的发展趋势。这种协同服务体系有行业、地区、国家、全球等各种形态。例如，中国“国家科技文献信息资源与服务平台”，就在全国科技信息文献系统、国家图书馆系统、中科院文献情报系统、高等院校图书与信息系统、国家专利文献系统等之间进行了协同信息服务，成为国家科技基础条件五大平台之一。这种将分散趋向集约、将异构趋向统一、将自治趋向分布的信息协同服务机制，需要在顶层设计层面予以整体规划和推进，从而克服布局分散和重复建设的弊端。

5.绿色是智慧图书馆的发展要素

绿色发展将成为未来公共图书馆的发展战略。绿色发展可以从自然、环保和安全等要素予以观察。

从自然的要素来观察，绿色发展就是在公共图书馆建筑中融入自然元素，让读者和馆员更加亲近自然。如2005年7月对外开放的新加坡国家图书馆新馆在5楼和10楼的外台，设计有数百平方米的绿化带，还在那里种植有数层楼高的香树，可起到减轻眼力疲劳的功效；还设计有鹅卵石的小路，读者在阅读思考之余，可以在这里散步和休息。美国华盛顿州西雅图市图书馆也在馆内种植了许多品种的植物，使读者在阅览休闲中感受绿色的气息。上海图书馆在建筑南端的起伏的大片绿地中用植物组合成了“求知”二字，将图书馆的文化与绿化自然地结合起来。中国的常熟市图书馆、苏州图书馆、甘肃省图书馆、上海浦东新区图书馆等都在建筑设计中体现出园中有馆、馆中有园的文化理念。从环保的角度来观察，绿色发展就是在公共图书馆管理中注重环境保护、节能减排。古今中外的许多图书馆大型建筑都采用了巨型空间无间隔的设计，四周均采用了玻璃幕墙，在给人带来雄伟壮观、气势恢弘的感受之余，也带来了节能减排、资源节约的挑战。绿色图书馆的发展战略呼唤资源节约型图书馆的设计和管理，如采用智能型的窗帘和感应式电梯，以节约电能，防止书库的过度装修带来的浪费和环境污染。从安全的角度来观察，绿色发展就是在公共图书馆面向读者和馆员的管理中，注重将方便读者与安全防范结合起来，将美观典雅与卫生安全结合起来，将方便读者与信息安全结合起来。

6.惠民是智慧图书馆的本质追求

以读者为本始终是公共图书馆服务和管理的根本追求。在网络环境下，惠及读者和方便读者的图书馆服务，是一视同仁的服务，是就近便捷的服务，是温馨细致的服务，是一体化高效的服务，也是可选择的多样化的服务。通过图书馆的信息泛在技术和无线网络技术，读者可以不受图书馆开放时间的限制，在图书馆闭馆的时间，依然可以在馆外查阅图书馆馆藏文献；通过信息整合的网络一体化平台，读者可以在城乡的任何一个公共图书馆服务点进行文献的通借通还，进行网上信息的检索。智慧图书馆这一生长着的有机体，为读者利用图书馆节约了时间，提供了便利。

四、全球型图书馆

全球化的进程使世界各国的图书馆可以互通互连，共建共享，互联网技术和数字技术使分布于地球东西南北各地的图书馆有天涯若比邻之感。在信息技术的支持下，经济全球化同时带来了文化的全球化，世界各国的公共图书馆的个体也将融入世界公共图书馆的地球村之中。这种全球型图书馆主要表现为五大特征。

1.资源全球型

经济的全球化使世界各国的民众日益成为国际人，而作为传播教育、文化和信息的有生力量的公共图书馆的视野也不断突破了城界、省界和国界。如位于莫斯科的俄罗斯国家图书馆所收藏的4200万件文献中保留了世界上247种语的各民族文献，在美国纽约皇后区公共图书馆中读者可以查阅到43种不同语言的各国文献。这种资源全球型的案例正在公共图书馆领域不断增加，如挪威奥斯陆市公共图书馆随着该城市中来自中国和俄罗斯移民的增加，馆藏中迅速增加了中文与俄文的文献，该馆现已采集有45种不同民族语言的文献[49]。

2.服务全球型

单体的公共图书馆已不再局限于所在城市、国家或地区，而将服务的触角延伸到了世界各国。如中国国家图书馆，与全球60多个国家和地区的500多家图书馆保持国际互借关系，每年有近2000多件国际互借申请。中国国家图书馆曾在世界各国举办了丰富多彩的各类珍藏文献的展览服务[50]。又如上海图书馆，自1996年12月新馆对外开放以来，共接待了来自116个国家和地区的读者，至2010年，该馆已先后在全球各大图书馆建立了50个“上海之窗”，并为世界各国读者提供了10多种语言的读者导读手册，2001年6月建立的上海图书馆网上联合知识导航站有来自美国、加拿大、新加坡等国家的参考馆员加盟。

3.管理全球型

公共图书馆管理在管理理念和管理方法中均注入了世界要素。如埃及亚历山大图书馆就是一个较为典型的案例。亚历山大图书馆新馆在1995年5月开始建设，至2002年全部建成，其间曾与世界各国进行广泛的合作，2004年，中国也在该馆创建了“上海之窗”。亚历山大图书馆落成后，确定了其未来发展的四大愿景：埃及的世界之窗、世界的埃及之窗、引领数字时代的研究机构、大型国际文化学习和对话的活力中心。深圳图书馆于2009年11月成立了“公共图书馆研究院”，以公共图书馆理论与实践为研究主导，聘请了众多世界各国的图书馆界学者，成为具有国际视野的学术研究机构，为深圳图书馆创新了管理模式。

4.交流全球型

国际图联为公共图书馆的全球型交流创造了一个很好的平台，年度的国际图联大会以及国际图联的年中会吸引了越来越多的馆员参加。同时，中国各公共图书馆也在全球型交流方面进行了积极的探索。如中国国家图书馆和上海图书馆等每年均举办各类国际型的学术交流活动，中国各省市公共图书馆也经常举办国际论坛和学术会议，进行国际馆员互换和馆员培训，一些城市的图书馆也设有国际图书馆服务专区开展国际文献和学术交流主题活动，国际间图书馆的互访交流活动已在众多公共图书馆中呈常态化的发展。

5.影响全球型

随着资源全球型、服务全球型、管理全球型和交流全球型的发展，公共图书馆的影响力正在向全球型的方向发展。以中国为例，除中国国家图书馆外，上海图书馆、深圳图书馆、杭州图书馆、武汉图书馆、东莞图书馆、云南省图书馆等，通过国际交流活动、国际会议的演讲以及国际组织颁发的奖项等，提升其在全球影响力和知名度[51]。

五、作为第三文化空间的图书馆

1.第三文化空间的由来

二十年前，当图书馆界正纠结于未来的发展方向，甚至怀疑图书馆将要消亡的时候，“公共图书馆是市民的第二起居室”的概念让图书馆界的眼界骤然扩大，好像忽然找到了发展的方向。图书馆被定位为与公众日常生活密切相关的不可或缺的空间，在这个空间里，人们可以获取信息、享受文化、学习知识、轻松休闲，可以进行人与人之间的交流，甚至可以无所事事。“第二起居室”与具有私密性的“第一起居室”的差别在于，它更具开放性和公共性，所以迅速得到了世界图书馆界的认同。

2009 年 8 月，国际图联在意大利都灵召开卫星会议，本次会议的主题虽然是“作为场所与空间的图书馆”，可会议讨论的热点却是“作为第三空间的图书馆”。又一个影响未来图书馆发展的概念产生了。所谓“第三空间”，这一提法最初来源于美国社会学家雷·奥登伯格（Ray Oldenburg），他在他所写的《绝对的地方》中，从社会学的角度将社会空间分成三个层次：第一层次是家庭空间，第二层次是工作空间，而第三空间便是前两者之外的其他空间。在他看来，人类最根本的需求之一便是第三空间的存在。这个空间是可供人们放松、消遣、惬意、学习、交流、思考的地方，是一个可以为平凡生活增添意义的地方，是一个城市最容易集聚资源和人气的地方，也是最能体现文化多样性和活力的地方。因此，第三空间可以是酒吧、美术馆、书店、咖啡馆、公园等。

都灵会议的参加者之所以把“第三空间”作为一个问题展开热烈的讨论，显然他们已感觉到了第三空间的描绘对图书馆未来而言，再准确不过了。特别是星巴克因借鉴“第三空间”的概念取得商业运营的成功，无疑更为大家找到了 21 世纪图书馆发展的灵感。那就是生活化与大文化概念的融合。也就是说，未来的公共图书馆应该是一个具有生活化特质的地方，这个地方可以融入人类的一切文化元素，具有文化综合体的特征，而不是一个单纯获取信息和知识或接受教育的场所。显然，“第三空间”比“第二起居室”具有更强的包容性和延展性，也更具活力。

都灵会议以后，“第三空间”的话题持续升温，“第三空间”是一个包罗万象的概念，其中不乏非文化性的内容。而公共图书馆在任何时候都不可能也不应该丢弃它的文化属性，所以，将公共图书馆打造成“第三空间”，不如命名为“第三文化空间”更为恰当。因为，它比单纯的“第三空间”更强调和突出了“文化”的意义和内涵，也更具有现实性、实指性。

2.第三文化空间的内涵

首先我们要了解一下第一和第二文化空间，在此基础上才能更好地理解第三文化空间。受奥登伯格的社会学理论启发，我们认为，“第一文化空间”是指以家庭为背景的文化空间，它以家庭亲情为纽带，以家庭伦理为基本文化内涵，能满足人们个性化、私密性的文化需求。“第二文化空间”是指以职场为背景的组织文化空间，它是人们工作中和事业上的主要社交空间，其文化特质更具社会性，也更具功利性，能满足人们作为一个社会人和职业人的文化需求。而“第三文化空间”则包罗了除第一和第二文化空间以外的所有社会文化空间，因此，它无疑更具有多元性和公共性，是满足人们无法在第一和第二文化空间获得的所有其他文化需求的地方。

丹麦的皇家图书情报学院的研究小组曾经提出过一个图书馆理想模型，这个模型基本上反映了作为第三文化空间的公共图书馆的内涵，它也使我们对公共图书馆的未来发展、定位有了一个新的认识[52]。图 8-2 给出了这一模型的直观表达。

在这个模型中，主要描述了图书馆所包含的四个空间：

（1）学习空间。这是一个基于发现和学习新东西的空间，图书馆要在促进人们学习中起到关键的社会作用，这也是图书馆产生的根源以及基本职能之一。这种职能在新的社会、技术条件下不但没有减弱，而且越来越受到重视，图书馆在人们学习过程中所起到的作用也越来越大。在图书馆中，人们学习的主要表现形式可以是非正式的课程、电子学习设施、讲座以及对知识资源的检索和利用等。

（2）灵感空间。这是一个基于体验、经验的空间，使用户在利用图书馆的过程中，可以偶然得到启发并产生用于解决问题、规划人生、应对压力的新思想火花。在图书馆中，这个过程可以查找文学、艺术、电影、音乐、娱乐、游戏等各种资料，或者接受图书馆的安排与艺术家见面等形式实现。

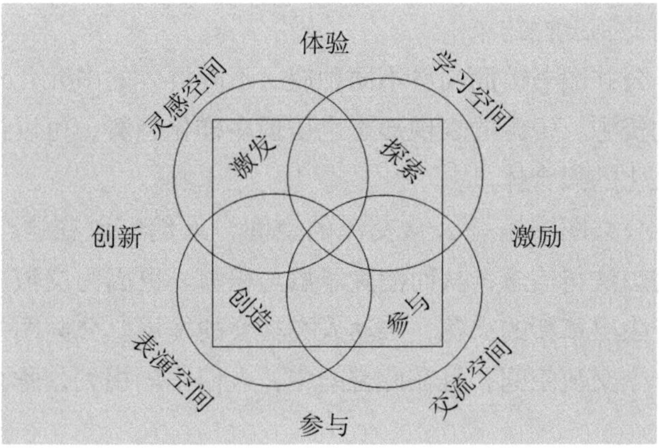

图 8-2　丹麦皇家图书情报学院提出的图书馆理想模型

（3）交流空间。这是一个基于参与的空间，用户可以通过图书馆与各种不同的文化、不同的人群进行交流，可以消除时空的障碍，比如参加阅读兴趣小组、研究小组、社区问题讨论会等。通过交流，用户也可以或可能得到灵感。

（4）演出空间。这是一个基于表现自我、展示美的空间，同时，这也是一个通过展示而达到创新目标的空间。在图书馆中，用户可以自由、开放地宣扬个性，比如参加家庭艺术行为展示、电影研讨会等。

很明显，这四个空间是有所重叠的，它们围绕着两个轴，这两个轴可以看成是图书馆的目标：一个轴支撑着个人目标、洞察力、理解力的实现；另一个轴则支撑着更加社会化的目标实现，它鼓励公民自主与个性。在图 8-2 的一端，图书馆以丰富的资源可以使用户在不断变化的环境下自主处理问题；在图 8-2 的另一端，它鼓励创新，以使用户在激烈的变化中获得解决问题的方案。

在第三文化空间中，图书馆被描述成为了一个集物理维度与数字维度为一体的新概念、新视野。在这个视野中，图书馆将更加关注用户个性、自我、价值、创新的实现。第三文化空间中的公共图书馆具有五个特点：

一是开放。公共图书馆表现形式无论是物理形态还是虚拟形态，都在社会中展现着开放的姿态，这是它产生的基础与社会发展的必然。它的开放性主要表现在其伸出广阔的臂膀，接纳各方的利用。平等免费、普遍均等的理念成为公共图书馆发展的永恒，也是其开放性的具体体现。

二是自由。公共图书馆为公众利用营造了宽松的环境，任何人都可以随意进出图书馆，就像在家里一样，将图书馆打造成“公民大书房”“文化大舞台”，努力将图书馆建设成为像商场、书店一样可以给用户轻松感受的空间，这就需要图书馆消除对用户的制度性约束。

三是多元。公共图书馆面向着不同种族、不同群体的多元化对象，其收藏着多种文化样式的资源、资源的表现形态也呈现多样化趋势，可以说，公共图书馆就是一个多元文化的集合体。

四是交流。公共图书馆是公众交流的空间，人们可以在这个空间里和谐相处，交流各自的想法与信念，从而消除矛盾与积弊。也因为交流，人们的思想可以碰撞，从而产生出革新的火花，推动人类社会的发展。公共图书馆为所有公民提供了这样的一个交流空间，且在此空间中，人们平等相处，弥合了阶级、地位等社会差异。

五是学习。图书馆从来都被视为社会教育的大学校，承担着人们再教育以及自我教育的社会使命。图书馆以其开放、自由、多元、交流的特质与空间，包容怀有各类求知欲望的用户，为他们提供丰富的资源与技术、环境与设备，为用户的学习搭建良好的平台。

第三文化空间是未来公共图书馆发展的必然趋势，这是公共图书馆发展的必然结果，也是社会对公共图书馆发展的现实要求。在此背景下，当前公共图书馆应当为此做好充分的准备。

3.第三文化空间视野中的公共图书馆

第三文化空间视野中的公共图书馆，不再单纯是一座建筑，也不再仅仅是利用现代化技术手段为大众提供信息资源的机构，而是一个有血有肉、活生生的文化要素表现综合体。各种文化现象都可以包容于此，从而在更大程度上拓展了图书馆的生存空间。图书馆生存基点的变化，导致图书馆构成的各种要素也随之发生变化，其主要表现在以下几个方面。

（1）社会化合作的管理形式

①公众参与图书馆的内部管理

对社会而言，公众参与图书馆的内部管理是推动公民文化主体意识的一种方法。对国内公共图书馆而言，这是一种全新的，具有挑战性的管理变革，它使图书馆不再像以往那样，仅接受政府有关部门的指令性指导、实行单一的行政管理，而是要在这样的基础上，建立起一种能让社会公众参与图书馆内部管理的机制。这样的管理变化，将不仅仅是一种管理方式的改变，而是一种管理本质的改变，它将给僵化、封闭的图书馆带来活力和生机。有借鉴作用的是，至今，世界上有不少国家的图书馆都建有董事会制度，成员来自社会方方面面，代表了不同的文化利益诉求。他们对图书馆的日常工作提出意见和建议；参与重大事项的策划；监督、评价图书馆的运行；督促图书馆的绩效提升等。这些对图书馆的发展起到了非常大的推动作用，也拉近了社会与图书馆的距离。当然国情不同，区域间的环境不同，公众参与的方式也会有不同。位于斯堪的纳维亚半岛的北欧四国，它们就成立了图书馆管理委员会，其功能类似图书馆董事会，但增加了业务设计、规划的内容，成为了推动图书馆事业进一步发展的助推器。可以相信，公众参与图书馆管理的方式，将随着我国公共图书馆社会化程度的提高而推进，第三文化空间必然会走进图书馆的管理工作中，并成为图书馆现代管理制度的重要组成部分，以此帮助图书馆实现最佳的服务形态，使我国的图书馆服务最大限度地满足和贴近公众的需求，得到公众的充分认可与支持，最终变“我的图书馆”为“我们的图书馆”。

②办馆力量的社会合作化

社会力量参与或捐助公共图书馆事业，从历史的角度看，中外不乏先例。如19世纪末20世纪初，美国钢铁大王卡内基就捐助了2509个图书馆，意大利的美第奇家族祖孙三代持续资助了美第奇—洛伦佐图书馆；1912年，中国近代实业家、教育家张謇创办了南通图书馆（1953年转为江苏省南通图书馆）；1915年，民国实业家、“面粉和纺织大王”荣德生创建了无锡“大公图书馆”等[53]。他们都对社会产生过很好的影响和实际效益。

有专家总结，社会力量办馆主要存在四种基本模式：“独立建馆办馆；捐资建馆与捐书助馆；与公共图书馆合作；志愿者服务。”[54]前两种方式，有悠久的文化传统；后两种类型，是改革开放以后逐步出现的一种文化自觉力量。这四种形式的办馆、助馆，在具体的过程中，时有交叉，也有重叠，但都是中国图书馆事业发展过程中的一股健康力量，应予以引导。2011年6月，由北京大学信息管理系等多家机构联合筹办了“民间图书馆论坛”。这在中国是第一次，具有深远的意义。会议的交流很成功，从他们的总结和多年来的实践看，社会力量办馆，是对公共图书馆服务的一个很好补充，但囿于观念，长期以来社会民间力量办馆都较注重个体馆建设，且手段单一、服务传统，既无专业支撑，也缺资金后援。政府部门和公共图书馆也没有把这些民间图书馆纳入统一的管理考虑，所以普遍发展困难，难以乐观。

但问题是图书馆社会化发展已是全球的一个趋势，图书馆与社会力量合作办馆肯定是一个方向。图书馆必须寻找合作伙伴。因为今后，一个没有合作伙伴的图书馆，其发展一定是非常困难的。特别要强调的是，任何一个国家、任何一个地区的图书馆都不可能仅仅依靠政府来完全解决发展的问题，而必须在政府的主导下联合各种社会力量来推动、壮大图书馆的事业，完善自己的服务。丹麦图书馆管理局近年来提出一个“合作伙伴产生创新型图书馆”的口号。成为丹麦公共图书馆前行的强力推进器。他们认为，在从以“藏书为中心”的模式转向“以读者为中心”的工作过程中，创新服务方式十分重要，而单一的职业文化与多种职业文化相比较，后者更易产生新的工作思维。所以，他们倡导公共图书馆与各种社会机构合作，如商场、学校、非政府组织等，把图书馆开到它们之中去，通过这样的办馆，形成分段式的服务，丰富服务特色，从而也更进一步与各种人群建立合作关系。在这过程中，因不同职业背景的碰撞，产生推动事业发展的思想火花。同时，图书馆不论与任何机构合作，始终以分馆方式推进，强调“主权在我”“互助共赢”的发展战略。主权就是图书馆的管理权，它是图书馆专业化、标准化、可持续发展的可靠保证。共赢就是赞助者和图书馆都得到自己的利益。正因为丹麦图书馆系统在与社会力量合作的时候，牢牢把握住了专业的管理权，所以不会碰到难以为继或专业能力和规范不足的问题。中国未来几年，正是公共文化大发展、大繁荣的历史机遇期，自然也是转型为第三文化空间的关键时期。健康、有序地引导各级图书馆与社会力量的合作，是事业发展的一个很重要的契机。专业无疆域，它山之石，可以攻玉。从丹麦的经验，我们可以看出，社会力量办馆，一定要把它纳入公共图书馆的体系之中，必须在体系的支撑、指导下进行，只有这样，才会形成1+1大于2的结果。

近年来，上海图书馆与玉佛寺合作开办佛学图书馆，杭州图书馆与萧山众安集团联合开办建筑图书馆，都以分馆的形式设计、运行。相信这样的模式，必定是今后图书馆与社会力量合作的主流形式。

③社会组织监督图书馆工作

公共图书馆作为以政府投入为主的公益性文化事业单位，一直存在许多方面的理念模糊、缺乏绩效考核和管理缺失等问题。因此，在完善自身管理的同时，应该进一步创新管理机制，提高管理水平，提升工作效率，进一步为公众提供高品质的文化服务。

引入社会组织对图书馆进行管理和监督是较为切实可行的办法。社会组织监督，是指由公民、法人或其他组织对行政机关及其工作人员的行政行为进行的一种没有法律效力的监督。从公共图书馆的行业特点出发，目前，以下两种方式的社会组织监督较为适合。

一种是引进管理咨询机构提升图书馆管理水平。管理咨询本是企业管理的一种方式，它是具有丰富的管理知识和经验，并且掌握了咨询技法的人所从事的高智能的服务事业，是咨询人员在企业提出要求的基础上深入企业，并且和企业管理人员密切结合，应用科学的方法，找出企业存在的主要问题，进行定量和确有论据的定性分析，查出存在问题的原因，提出切实可行的改善方案，进而指导实施方案，使企业的运行机制得到改善，提高企业的管理水平和经济效益。引进管理咨询机构，在让其充分理解、熟悉图书馆各项工作的基础上，进行定性、定量分析，并制定较为科学的绩效考核办法，从而优化组织结构，改进内部管理，创新服务方式，提高运营效率。建立健全各项规章制度，以制度管人，以制度管事，增强发展活力。

另一种是引进第三方评价机构彰显图书馆价值。第三方评估又称社会评估，主要包括公民个人、社会团体、社会舆论机构、中介评估机构等通过一定程序和途径，采取各种方式，直接或间接，正式或非正式地评估政府绩效。因为任何一个评估体都有其自身的评估角度，难以做到真正的客观、公正，因此，实现评估体的多元结构，引进由各界人士、党派团体组成的第三方评估，具有重要的现实意义。公共图书馆的第三方评价主要是指通过独立于政府和公共图书馆之外专业性评价机构、中介机构或个人对公共图书馆的方方面面进行评价。第三方机构因与评价对象、评价主体之间没有直接的利益关系，其评价更有公信力；第三方评价机构一般由各方面的专家组成，这就保证了评价的专业性和评价结果的权威性。因此，作为一种外部制衡机制，第三方评价可以弥补内部评价的固有缺陷和不足。

（2）多元化的服务对象

文化的多元性首先表现为社会人群的多样性。在全球化和城市化进程中，各类人群的流动和不同文化的碰撞比任何一个历史时期都要激烈得多。因此，针对不同的人群来设置不同的服务内容和方式是未来公共图书馆的常态化工作之一。世界上一些移民比较多的国家一直非常重视多元文化的融合，而公共图书馆无疑是实施多元文化融合的主要机构之一。我国虽不是移民国家，但在城市化进程中，地域间、城乡间的人群流动和文化碰撞同样激烈，不同年龄、不同族群、不同阶层的人同样有必要获得多元的社会文化服务，公共图书馆责无旁贷。

如何才能实现服务对象的多元化，一些国家的图书馆有不少成功的经验可以借鉴。它们从图书馆的文献结构、服务区域到服务内容等方面都要充分尊重不同种族、不同地域、不同语言和不同的文化样式、不同年龄，在服务中对其平等、全面地给予体现。特别是对一些弱势的人群和文化更给予保护性的侧重。有的图书馆还针对本社区的人群特点，在馆内创设对部分特定人群的特殊服务，这些服务看似会影响到整体的服务效率，但这些特定人群往往是社会的弱势群体，只有通过这种倾向性的特殊服务才能使图书馆更好地实现其平等服务的理念，也才能从整体上实现服务人群的全覆盖。

对于少年儿童，目前世界各国图书馆界，无论是发达国家还是发展中国家，都特别重视培养他们对公共图书馆的热爱，都会为孩子们开辟专门的服务区，其服务内容充满童趣，形式丰富多彩。其目的就是着眼于启发孩子们的智力，增加他们的想象力，培养他们对图书馆的人文热情，形成乐于亲近和享受这公共空间的习惯。这也是公共图书馆谋求未来发展的最有效途径之一。

对于老年人，世界许多图书馆也开始开展一些有益的尝试。通过与社区中心合作，开展以老年保健、老年才艺培训等为主题的活动，为老年人提供信息和人际交流的平台，以提高他们身体和心理上的双重生活质量，实现老有所依、老有所乐。

（3）用户活动的民主化

随着公共图书馆向社会最大限度的开放，图书馆将成为一个公共空间。只要愿意，任何人都可以平等地获取图书馆的服务。但由于公众意识不断增强，需求日益多元化，公共图书馆再如过去一样仅仅是为公众提供专业服务已经远远不能满足需求，其职能之中，还需要增加为公众提供自主活动的服务平台，使他们可以个性化策划、自主性安排，使公众既是文化成果消费者，又是文化成果的实践者、体验者。这是一种新的办馆思路和服务方式，在未来的工作中有着广阔发展空间。这种自主活动平台更加体现了“以用户为中心”的理念，是一种民主化精神在作为第三文化空间的图书馆中的渗透，是公民社会的具体表现。

自主活动平台是根据用户的主观需求而搭建的框架性活动平台，用户可以根据自身活动需求的性质，向公共图书馆申请使用的要求。在此基础上，自主实施各类活动，从而满足自己的创意性要求、体验性快乐。各种沙龙、表演、网络社区等都属于这种性质。图书馆的工作是尽可能提供便捷周到的现场服务、相关文献信息服务及活动前后的宣传等，从而使公众的自主策划得到最大限度的实施，并使活动有一个良好的社会效应和后续发展。自主活动平台的建设既可以是图书馆在听取公众意见、建议后独立完成，也可以是公共图书馆策划后，提供菜单式的选择。

未来的公共图书馆是否能成为民众不可或缺的公共空间，仅靠公共图书馆自身的拓展是远远不够的，原因是图书馆的资源和人才结构都不可能满足公众越来越多样化的需求，因此，打造一个平台，设计一个路径，让公众走进图书馆，自主活动，形成读者讲给读者听，读者演给读者看，读者写给读者阅的新样式，以此来更进一步丰富图书馆的服务。从制度层面来改变以往那种偶然的、浅层次的读者联谊活动。尽可能发挥图书馆作为文化中介的属性，最大范围、最大限度地向社会开放和提供图书馆的知识共享空间，设施设备使用空间和创造性活动的舞台。充分满足公众对文化参与的热情，使之身心愉悦，得到教育。新加坡国家图书馆推出的新项目，让社会人士走进图书馆，按照自己的意愿重新设计超越以往图书馆的新空间。其中的一个由社会艺术家策划的表演艺术图书馆，不仅提供与表演相关的资源，而且提供表演空间，邀请各类读者组织相应的活动，它承担了图书馆与社区之间沟通的桥梁，把图书馆读者服务工作推到一个新境界。

当然，自主活动平台不仅仅用于文化活动，也可以向公众提供创新的舞台。如挪威图书馆系统正在实施的“图书馆实验室”项目也是一个创新的例子。所谓“图书馆实验室”是由图书馆和档案馆、博物馆、奥斯陆大学联合建立，旨在为那些对图书馆数据和社会科技发展感兴趣的图书馆工作者、读者提供交流与发展平台。他们之间通过良好的交流与合作，就某一研究方向实现共同的探讨、研究或创造。这一方式的最大成果在于，图书馆馆员与读者的关系已不再是简单的服务与被服务关系，而是联合起来共同传播科技和知识，推动图书馆事业达到一个更高的水平。图书馆和读者都是其中的受益者、创造者和主人，非常值得借鉴。

（4）服务手段的全媒体化

“全媒体”一词最早源于传媒和出版界。1997 年创办的“Martha Stewart Living Omnimedia”公司是“全媒体”（omnimedia）一词在世界上较早的应用。现在，全媒体一词已被新闻、出版、通信等众多领域广泛采用。

与全媒体相关的概念有大媒体、多媒体、新媒体、跨媒体、富媒体等，对于全媒体，目前学界还没有一个完整而确切的定义，从更广泛的层面考量，我们认为全媒体应该有以下一些基本内涵和特点：①载体形态的丰富性。包含了纸质报纸、纸质杂志、广播、电视、音像、电影、网络、手机和手持阅读终端等载体形式。②传播和发行技术的全面性。除了传统的纸质、声像外，基于互联网络和通讯的 WAP、GSM、CDMA、GPRS、3G、4G 及流媒体技术等成为重要的组成部分。③信息接收感官的多样性。涵盖视觉、听觉、触觉、嗅觉等人们接收信息的全部感官。④信息载体和支持技术的动态性。全媒体是一个动态的概念，随着技术的发展，信息的载体工具会越来越丰富，技术支撑平台会不断创新和发展，因此，全媒体也许永远也不会“全”。

对于信息的需求者来说，全媒体时代将提供一个更好的服务环境，所获得的信息服务在质量和数量上都会有显著的提升。对于信息服务的提供者公共图书馆来说，全媒体环境的影响主要体现在三个方面：一是可利用的服务资源更广泛；二是可利用的服务途径更多样；三是出现了大量基于各类媒体手段的信息服务者，竞争者增多。因此，公共图书馆有必要加以改变，向服务手段全媒体化的方向发展，以取得在竞争中的优势。公共图书馆服务手段的全媒体化主要体现在以下几个方面。

①文献典藏的多元化和可利用资源的海量化

图书、期刊等印刷型文献资料一直是传统公共图书馆的资源主体。随着现代科技的发展和信息载体的多元化，图书馆馆藏的定义已越来越模糊，收藏范围越来越广。图书馆的馆藏不仅包括纸质图书、杂志、报告、档案，还可以是照片、明信片、邮票、钱币、广告、证章、票券、地图、模型及绘画、雕塑、视频等。随着数字化技术的进一步发展，可以预见的是，未来馆藏中数字化、视听型藏品的馆藏比例将会越来越高。另外，全媒体时代的图书馆可以充分地利用整个全媒体环境中的信息资源来开展服务，而不仅仅是馆藏资源。全媒体环境中一切有价值的信息都可以为我所用，成为开展各类服务的基础。

②服务手段的主动化和信息提供的个性化

在全媒体时代，为了在信息竞争中取得优势，公共图书馆有必要从传统的被动信息服务过渡到主动制作并传播信息的服务，而全媒体时代各种技术手段的发展为转变提供了可能性。公共图书馆可以利用自身在人员、技术上的优势，将馆内外有价值的文献资源进行整合，形成系列专题进行出版；公共图书馆可以开展某些专题信息的收集、整理和数字化工作，制作一批特色鲜明的数字化信息库，尤其是有关地方文献方面的专题；作为对商业机构的补充，公共图书馆可以将电视、报纸等媒体因为经济利益原因不愿意发布的人文等专业性信息在数字图书馆中发布；公共图书馆参考馆员可以通过全媒体平台进行跨越时空和国界的互相联系，达到前所未有的服务效率。通过这些新职能的拓展，公共图书馆可以主动地对读者开展个性化的服务，将信息整合为集约型的服务菜单，为读者度身定制“我的图书馆”。

③服务平台的广泛化和服务途径的多样化

全媒体环境为公共图书馆实践三网融合提供了可能。互联网服务已经在公共图书馆中得到普及；移动通讯网服务正在逐渐渗透到图书馆的各项服务之中，如目录查询、借阅提醒、活动报名、文献传递等；广播和电视也正在逐渐成为公共图书馆服务的平台，在这一方面，国家图书馆、杭州数字图书馆等都已经进行了成功的实践。随着全媒体内涵的不断丰富，将会产生更多形式的图书馆服务平台。服务平台的广泛化带来了用户获取信息途径的多样化。读者可以到实体图书馆获取图书馆服务；可以利用就近的 24 小时自助图书馆或者自助借阅机获取图书馆服务；可以利用个人电脑、手机、手持阅读器等各种终端获取图书馆服务；可以通过广播或者电视媒体获取图书馆服务。用户可以当面与图书馆馆员交流，也可以通过博客与馆员交流，也可以通过网上联合知识导航网站向资深馆员进行咨询。全媒体时代的公共图书馆让读者的学习和休闲有了更多的途径和更多的选择，也为读者就近、便捷、不受时空限制地利用图书馆创造了比以往更好的信息环境和服务平台。

不论是复合型图书馆、多样型图书馆、智慧型图书馆、全球型图书馆还是作为“第三文化空间”的图书馆，都表明了公共图书馆的未来有着无限发展的可能性。完全可以相信，公共图书馆将会以新的方式，继续承载支撑人类记忆、传承人类文明、丰富人类生活、提升人类智慧的职能。

参考文献

[1-2]夏国锋，吴理财.公共文化服务体系研究述评.理论与改革，2011(1)：156-160

[3]蒋永福.文化权利、公共文化服务体系与公共图书馆事业.国家图书馆学刊，2007(4)：16-20

[4]陈威.建设完备公共文化服务体系 加快实现文化强市战略目标.中国文化报，2011-01-10(7)

[5]申维辰.构建公共文化服务体系发展社会主义先进文化.光明日报，2005-12-30

[6]李国新.公共文化服务体系中的图书馆.图书馆工作与研究，2010(3)：5-11

[7]联合国教科文组织公共图书馆宣言 1994.[2011-08-26].http://baike.baidu.com/view/1085353.htm2009

[8]中国图书馆学会.图书馆服务宣言(2008).图书馆建设，2008(10)：1

[9]全国文化信息资源共享工程.[2011-11-28].http://www.ndcnc.gov.cn/

[10]《中华再造善本》.[2011-11-28]. http://www.hudong.com/wiki/%E3%80%8A%E4%B8%AD%E5%8D%8E%E5%86%8D%E9%80%A0%E5%96%84%E6%9C%AC%E3%80%8B

[11]中国古籍保护网.[2011-11-28]. http://www.nlc.gov.cn/newgjbhw/

[12-13]文化部.关于加强与改进公共图书馆的指示(1955 年 7 月).河北大学图书馆学系.图书馆法规，1985 年内部印书：53-57

[14]高占祥.开展以文补文活动 促进文化事业发展：在全国文化事业单位以文补文经验交流会上的报告(摘要).图书馆学通讯，1988(3)：7

[15]中央宣传部等.关于改进和加强图书馆工作的报告.图书馆学通讯,1987(4):23-27

[16]屈义华.公共图书馆服务创新:佛山市禅城区"联合图书馆"的实践与思考.图书馆论坛,2005(6):305-307

[17]章明丽.图书馆总分馆建设的嘉兴模式.图书馆杂志,2009(10):46-48,51

[18]于良芝.为了普遍均等的图书馆服务:评苏州图书馆的分馆建设.国家图书馆学刊,2007(3):18-19

[19]郝振省.2010 年中国数字出版产业年度报告.[2011-08-26].http://wenku.baidu.com/view/doc89b4obele650e52ea99ce.html

[20]国图读者群在萎缩?[2011-09-05].http://kbs.cnki.net/forums/8738/ShowThread.aspx

[21]新信息环境与国际图书馆发展动向.[2011-09-05].http:// 202.112.118.40/tgw_files/ddgxtsgdw.ppt

[22]蔡武:努力培养优秀艺术人才 推动文化大发展大繁荣.[2011-09-05].http://www.ccmedu.com/bbs13_74747.html

[23]姜曼丽.现代图书馆建筑的文化与形式.高校图书馆工作,2004(3):63-64,90

[24]党的十六大报告(全文).[2011-09-05].http://www.ce.cn/ztpd/xwzt/guonei/2003/sljsanzh/szqhbj/t20031009_1763196.shtml

[25]国家发改委推进 2004 年经济体制改革的意见.人民日报,2004-04-15(6)

[26]中国中央关于制定"十一五"规划的建议.人民日报,2005-10-19(1)

[27]中华人民共和国国民经济和社会发展第十一个五年规划纲要.[2011-09-05].http://www.gov.cn/gongbao/content/2006/content_268766.htm

[28]关于进一步加强农村文化建设的意见.[2011-09-05].http://www.southcn.com/nflr/zhnegccz/zhangcbb/200512120318.htm

[29]中共中央办公厅、国务院办公厅关于加强公共文化服务体系建设的若干意见.[2011-09-05].http://cpc.people.com.cn/GB/64184/64186/207393/13304562.html

[30]胡锦涛在党的"十七大"上的报告.[2011-09-05].http://politics.people.com.cn/GB/1024/6429094.html

[31]温家宝.关于发展社会事业和改善民生的几个问题.求是,2010(7):3-16

[32]胡锦涛:深化文化体制改革增强中国文化软实力.[2011-09-05].http://www.chinanews.com/gn/2010/07-23/2422727.shtml

[33]文化部、财政部关于推进全国美术馆、公共图书馆、文化馆(站)免费开放工作的意见.[2011-09-05].http://www.ccnt.gov.cn/sjzz/shwhs/whgsy/201102/t20110210_86869.html

[34]国家公共文化服务体系建设专家委员会在京成立.[2011-09-05].http://www.gov.cn/jrzg/2011-03/01/content_1814258.htm

[35]S Sutton. Future Service Models and the Convergence ofFunctions: the Rderence Librarian as Technician, Authorand Consultant. In: K. Lowed. The Roles of Reference Li—brarians. Today and

Tomorrow, Haworth Press. NewYork, 1996, 125-143
[36] R Murry. The Millennium Challenge—Toward the HybridLibrary. FretweU-Downing Informafies presentation at anAslih seminar. London, 1998
[37,40]初景利.复合图书馆的概念及其发展构想.中国图书馆学报,2001(3):3-6
[38,41]黄宗忠.论图书馆新模式——复合图书馆.图书情报知识,2002(3):10-15,26
[39]顾敏.千禧年初复合图书馆的服务及其发展策回升.图书情报工作,2000(3):5-8
[42-43]国际图联/联合国教科文组织.公共图书馆服务发展指南.上海:上海科学技术文献出版社,2002
[44]国际图书馆协会和机构联合会.多元文化图书馆宣言.[2011-07-06].http://www.ifla.org/en/news/unesco-endorses-the-ifla-multiculturallibrary-manifesto.
[45]我国境内的境外人员登记数超百万人.人民日报,2011-04-30(3)
[46]国家数字图书馆推广工程启动.光明日报,2010-12-16(4)
[47]大英图书馆百万册古籍将数字化.文汇报,2011-06-23(6)
[48]张玉玲,李慧.中国视听新媒体发展大视野——来自第一部中国视听新媒体蓝皮书的报告.光明日报,2011-02-24(16)
[49]王世伟.现代城市图书馆公共服务论丛.上海:上海社会科学院出版社,2007
[50]王世伟.世界著名城市图书馆述略.上海:上海科学技术文献出版社,2006
[51]公共图书馆研究院.中国公共图书馆发展蓝皮书.深圳:海天出版社,2010
[52] Jens Thorhauge. From Classical to Digital Public Libraries. [2011-08-26]. http://www.bibliotekogmedier. dk/fileadmin/user_upload/dokumenter/om_os/Direktoeren/Taler_og_praesentationer/2011/From_classical_to_digital_public_libraries.pdf
[53]马艳霞.国内外个人捐助图书馆的比较研究.图书情报工作.2010(1):100-103
[54]王子舟.社会力量参助图书馆建设的可行模式.[2011-08-26].http://www.doc88.com/p-68932568227.html

附　编

联合国教科文组织公共图书馆宣言(1994)

1991 年，国际国书馆联盟（ IFLA ）于莫斯科召开年会，要求公共图书馆常务委员会修订联合国教科文组织（UNESCO）1972 年发布的宣言，1994 年 10 月 29 日 PGI Council Meeting 批准由 IFLA 公共图书馆组提出的草案；早先，1949 年该宣言首度问世，1972 年修订一次。

自由、繁荣以及社会与个人的发展是人类根本价值的体现。人类根本价值的实现取决于智者在社会中行使民主权利和发挥积极作用能力的提高。人们对社会以及民主发展的建设性参与，取决于人们所受良好教育和存取知识、思想、文化和信息的自由开放程度。

公共图书馆，作为人们寻求知识的重要渠道，为个人和社会群体进行终身教育、自主决策和文化发展提供了基本条件。

本宣言宣告，联合国教科文组织坚信公共图书馆是传播教育、文化和信息的一支有生力量，是促使人们寻找和平和精神幸福的基本资源。

联合国教科文组织因此建议各国和各地政府支持并积极参与公共图书馆的建设。

公共图书馆

公共图书馆是地区的信息中心，它向用户迅速提供各种知识和信息。

每一个人都有平等享受公共图书馆服务的权利，而不受年龄、种族、性别、宗教信仰、国籍、语言或社会地位的限制。对因故不能享用常规服务和资料的用户，例如少数民族用户、残疾用户、医院病人或监狱囚犯，必须向其提供特殊服务和资料。

各年龄群体的图书馆用户必须能够找到与其需求相关的资料。公共图书馆必须藏有并提供包括各种合适的载体和现代技术以及传统的书刊资料。重要的是馆藏和图书馆服务是否具有高质量，是否确实满足地方需求、适合地方条件。馆藏资料必须反映当前趋势和社会发展过程，以及记载人类活动和想象的历史。

馆藏资料和图书馆服务不应受到任何意识形态、政治或宗教审查制度的影响，也不应屈服于商业压力。

公共图书馆的使命

公共图书馆服务的核心应该是与信息、扫盲、教育和文化密切相关，主要使命为：

1.养成并强化儿童早期的阅读习惯；

2.支持个人和自学教育以及各级正规教育；

3.提供个人创造力发展的机会；

4.激发儿童和青年的想象力和创造力；

5.加强文化遗产意识，提高艺术鉴赏力，促进科学成就和科技创新；

6.提供接触各种表演艺术文化展示的机会；

7.促进不同文化之间的对话，支持文化多样性的发展；

8.支持口述传统文化的保存和传播；

9.保证市民获取各种社区信息；

10.为地方企业、社团群体提供充足的信息服务；

11.促进信息技术的发展和计算机应用能力的提高；

12.支持并参与各年龄群体的扫盲活动和计划，在必要时组织发起这样的活动。

拨款、立法和网络

1.公共图书馆原则上应该免费提供服务。建立公共图书馆是国家和地方政府的责任。必须专门立法维持公共图书馆，并由国家和地方政府财政拨款。图书馆应该是继承文化、传递信息、扫盲和长期教育战略的基本组成部分。

2.为保证全国图书馆的协调和合作，必须立法并制定战略计划，来确定并建设同一服务标准的全国图书馆网络。

3.公共图书馆的网络设计必须考虑到与国家图书馆、地方图书馆、研究图书馆和专业图书馆，以及大中小学图书馆之间的关系。

运作与管理

1.必须制定清晰的政策，确定与社区需求相关的目标、重点和图书馆服务。

必须有效地组织公共图书馆并保持运作的专业水准。

2.必须确保与有关合作伙伴（用户群体和其他专业人员）进行地方、区域、全国甚至国际性合作。

3.使社区每一个人都能确实得到图书馆服务。需要有理想的馆舍环境、良好的阅读学习设施，以及相关的技术和充足的开馆时间，包括对不能到馆的用户提供馆外服务。

4.图书馆服务必须适应乡村和城市社区的不同需求。

5.图书馆员是图书馆用户和馆藏资源之间的能动的中间人。图书馆员的专业培训和继续教育对保证服务质量非常重要。

6.必须制定馆外教育和用户培训计划，帮助用户从各种馆藏资源中获取有价值的信息。

宣言的贯彻和落实

宣言特此敦促全世界各个国家和地方的决策者和整个图书馆界，应认真贯彻和落实宣言表述的各项原则。

联合国教科文组织

国际图联

1994 年 10 月 29 日

（资料来源：吴慰慈，董焱.图书馆学概论(修订二版).北京：国家图书馆出版社,2008:368-370）

“图书馆：信息社会在行动”亚历山大声明

2005 年 11 月 11 日，IFLA（国际图联）与 UNESCO（联合国教科文组织）、亚历山大图书馆在埃及的亚历山大联合召开了信息社会世界峰会突尼斯阶段会议的预备会议，此次会议上通过了“图书馆：信息社会在行动”亚历山大声明（Alexandria Manifesto on Libraries，the Information Society in Action）。声明的全文如下：

图书馆与信息服务致力于实现无处不在的信息社会的合理运作。

图书馆与信息服务提供对存储在各类媒体上的信息、思想和作品的跨边界的存取、由此实现了知识自由。

他们反对任何形式的审查，以此捍卫民主价值和全体公民的权利。

图书馆和信息服务对特殊问题和个别需要做出反应，这是他们与众不同的特质，是对通过媒体传播知识的常规知识传播方式的一种补充，使图书馆和信息服务成为民主开放的信息社会的关键部分。在使民众及时有效的获取信息、政府实现透明的管理以及电子政府方面，图书馆是一个基本条件。

图书馆与信息服务还通过加快提高信息素养、提供对信息资源（包括信息和通信技术）有效使用方面的支持和培训来建设社会能力。这在促进发展方面尤为关键，因为人力资源是经济发展的核心。在上述方面，图书馆致力于解决由此引起的数字鸿沟和信息不对称。他们协助实现千年发展目标，包括消除贫困的目标。他们致力于进行低成本的投资，使回报至少是投资的4—6倍。

在人类追求获得信息存取权利这一目标的过程中，IFLA 支持版权方面的平衡和公平。同时，IFLA 还关注推动多语言内容的发展、文化多样性、本地人民及弱势群体的特殊需求。

IFLA、图书馆和信息服务共享相同的远景，即：信息社会是全球人们的信息社会。

这是由信息社会世界峰会在 2003 年日内瓦阶段的会议上提出的。该远景推动建立一个包罗万象的信息社会，在这个社会中，人类可以不受限制的表达信息，自由地存取信息，每个人都将能够建立、获取、使用和共享信息和知识。IFLA 敦促国家、地区、政府和国际组织：

- 把图书馆和信息服务作为信息社会战略、政策和预算的关键元素，对之进行投资；
- 更新和扩展现有的图书馆网络，尽可能为民众和团体谋求最大利益；
- 支持无限制的存取信息和自由的表达信息；
- 推动对信息的开放获取，解决存取中存在的结构和其他障碍；
- 承认信息素养的重要性，强力支持培养高素质和高技能民众的策略，使民众能够推动全球信息社会的发展并从中受益。

（资料来源：常唯编译."图书馆：信息社会在行动"亚历山大声明.图书情报工作动态,2006(2):22)

国际图联《多元文化图书馆宣言》

多元文化图书馆——通往多元文化社会对话的门户

所有人都生活在一个日趋多元化的社会里。世界上有 6000 多种不同的语言。国际移民率每年都不断上升，结果，具有复杂特性的人民数量越来越多。全球化、移民数量的增加、通讯速度的加快、交通的便捷以及 21 世纪的其他力量使许多国家的文化多样性从无到有，或进一步强化。

“文化多样性”或“多元文化主义”是指不同文化的和谐共存与相互作用，这里的“文化应被视为某个社会或某个社会群体特有的精神与物质，智力与情感方面的不同特点之总和，除了文学和艺术外，文化还包括生活方式、共处的方式、价值观体系，传统和信仰”①。文化多样性或多元文化主义是我们在本地社区和全球社会里集体力量的基础。

文化和语言多样性是人类的共同遗产，应当为了全人类的利益对其加以珍爱和维护。它们是交流、创新、创作以及人民之间和平共处的源泉。“在相互信任和理解氛围下，尊重文化多样性、宽容、对话及合作是国际和平与安全的最佳保障之一”②。因此，在国际、国家和地方各个层面，各种类型的图书馆应反映、支持和促进文化与语言多样性，并为促进跨文化对话和积极的公民意识服务。

由于图书馆服务于不同的利益和群体，它们发挥着学习、文化和信息中心的作用。在处理文化和语言多样性问题方面，图书馆服务必须在尊重文化特性和价值观的同时，遵循基本自由原则和全民公平获取信息与知识的原则。

原则

我们全球社会中的每一个人都有权获得全方位的图书馆与信息服务。为解决文化和语言多样性问题，图书馆应：

- 为社区全体成员服务，而不应有基于文化和语言遗产的歧视；
- 以适宜的语言和文字提供信息；
- 开放各种反映所有社区及其需要的资料和服务；
- 聘用的员工要反映社区的多样性，并接受过与不同社区的人一起工作并为其提供服务方面的培训。

多元化文化与语言环境里的图书馆和信息服务既包括为各种类型的图书馆用户提供服务，也包括专门针对服务水平不足的文化和语言群体提供图书馆服务。应特别关注多元文化社会中常常被边缘化的群体：少数民族、寻求庇护者和难民、持临时居留证者、移民工人以及土著群体。

---

① 教科文组织世界文化多样性宣言，2001 年。

② 同①。

多元文化图书馆服务的使命

在一个多元文化的社会里，侧重点应放在与信息、扫盲、教育及文化有关的如下关键使命上：

- 促进对文化多样性的积极价值的认识，推动文化对话；
- 鼓励语言多元化和对母语的尊重；
- 促进多种语言的和谐共存，包括自幼开始学习多种语言；
- 保护语言和文化遗产，支持使用各有关语言进行表达、创作和传播；
- 支持口头传统和非物质文化遗产的保护；
- 支持来自各种不同文化背景的个人与团体的融入和参与；
- 在数字化时代，鼓励信息扫盲和掌握信息与传播技术；
- 促进电子空间的语言多元化；
- 鼓励电子空间的普及利用；
- 支持有关文化多元性的知识与最佳实践的交流。

管理和运营

多元文化图书馆期望各种类型的图书馆均采用综合服务方式。图书馆和信息服务的核心活动对于多元语言社区而言具有核心的性质，而非“额外”或“补充”性活动。因此，核心活动的设计必须总是着力于满足本地或特定的需要。

图书馆应有相应的政策和战略规划，对其有关文化多样性的使命、目标、重点和服务做出规定。这种规划应以对用户需求的全面分析以及充足的资源为基础。图书馆活动的开发不应该孤立地进行。应鼓励在地方、国家或国际层面，与有关的用户群体和专业人员开展合作。

核心行动

多元文化图书馆应：

- 开发多元文化和多语言的收藏与服务，包括数字化和多媒体资源；
- 拨出用于保存文化表现形式和文化遗产的资源，特别注重口头、土著和非物质文化遗产；
- 把支持用户教育、信息扫盲技能、新手资料、文化遗产和跨文化对话的计划作为服务的有机组成部分纳入进来；
- 通过信息组织与接入系统，用适宜的语言，提供访问图书馆资料的便利；

• 用适宜的媒体与语言，编写营销与宣传资料，为图书馆吸引来各种不同的群体。

人员

图书馆工作人员在用户与资源之间发挥着积极的中介作用。应该侧重于为多元文化群体提供服务，注重跨文化传播与宣传和反对歧视以及重视文化与语言的专业教育与继续培训。

多元文化图书馆工作人员应反映社区的文化与语言特点，确保文化意识，反映图书馆所服务的社区的特点并鼓励沟通。

资金、立法与网络

我们敦促各国政府及其他相关决策机构建立图书馆和图书馆体系，并为其提供充足的经费，以便为文化各异的群体免费提供图书馆及信息服务。

多元文化图书馆服务从本质上讲具有全球性。从事本领域活动的所有图书馆必须加入相关的地方、国家或国际政策制定网络。为获得必要的数据以便作出知情的服务决定并争取相应的经费，我们需要研究。研究成果以及最佳实践应广为传播，从而为多元文化图书馆服务提供有效的指导。

宣言的落实

国际社会必须承认并支持图书馆和信息服务事业发挥其促进和保护文化与语言多样性的作用。

谨请各级决策者和全世界图书馆业界散发此项宣言并贯彻宣言所表述的各项原则和行动。

该宣言补充了国际图联/联合国教科文组织公共图书馆宣言，国际图联/教科文组织学校图书馆宣言和国际图联因特网宣言。

该宣言由国际图联管理委员会于 2006 年 8 月通过；并在 2008 年 4 月获得教科文组织全民信息计划政府间理事会的支持和赞同，并推荐提交给教科文组织大会第 35 次会议审议。

（资料来源：http://www.ifla.org/files/library-services-to-multicultural-populations/publications/multicultural-communities-zh.pdf）

国际图联因特网宣言

不受阻碍地获得信息对实现自由、平等、全球相互理解及和平至关重要。因此，国际图书馆员协会和图书馆联合会坚信：

- 智力自由是每个人应该享有的持有及表达主张，以及寻求并接受信息的权利；它是民主的基础；而且是图书馆服务的核心。
- 不论通过何种媒介，不论属于哪个国家，自由获取信息是图书馆和信息行业的中心职责。
- 图书馆和信息服务行业提供不受阻碍地进入互联网，这可以帮助社区和个人获得自由、繁荣和发展。
- 阻碍信息流通的因素应该被清除，尤其是那些带来不平等、贫困和绝望的因素。

获取信息、上网及使用图书馆和信息服务的自由

图书馆和信息服务机构是充满活力的机构，将人们与所需求的全球信息资源、思想和创造性成果联系起来。图书馆和信息服务机构让人们得到来自所有媒体的，丰富的人类表达和多样性文化。

全球因特网使全世界的所有个人和社区，不论是最小和最偏远的村庄，还是最大的城市，都拥有了平等机会去获得信息，以实现个人发展、接受教育、接触外界刺激、丰富文化生活、参与经济活动，以及在了解情况的基础上参与民主进程。所有人都可以展示出自己的兴趣、知识和文化，供世人前来了解。

图书馆和信息服务机构提供了上因特网的主要途径。对一些人来说，图书馆和信息服务机构给予他们方便、指导和帮助，而对另一些人来说，这里是他们上网的唯一地方。它们提供了一种机制，以克服因资源、技术和培训的差异而带来的障碍。

通过因特网自由获得信息的原则

实现上网以及利用网上所有资源应与联合国国际人权宣言，尤其是第十九条一致：

人人有权享有意见和发表意见的自由；此项权利包括持有意见而不受干涉的自由，以及通过任何媒介和不论国界去寻求、接受和传递消息和思想的自由。

因特网提供了全球范围内相互连接的媒介，所有人都有权享用。所以，使用因特网不应该受到来自意识形态、政治或宗教的新闻检查的影响，也不应受到经济困难因素的影响。

图书馆和信息服务机构同时也有责任服务于社区所有成员，不应受到年龄、种族、国籍、宗教、文化、政治派别、身体的或其他残障、性别或性别取向，或其他任何状况的影响。

图书馆和信息服务机构应支持使用者按照自己的选择寻找信息。

图书馆和信息服务机构应尊重使用者的隐私，并认可他们使用的资源应该保密。

图书馆和信息服务机构有责任帮助并促进公众获得高质量信息和传播服务。使用者应该得到必要的技术辅助，有适合的环境，可以自由地、信任地使用他们所选择的信息资源和服务。

在因特网上除了可以获得大量有价值的资源外，还有一些不正确的、有错误导向的，以及可能造成冒犯的内容。图书管理员应该为图书馆使用者提供信息和资源，使他们学会有效地，高效率地使用因特网和电子信息。他们应争取预先采取行动，帮助所有使用者，包括儿童和青年，以负责任的态度去获得高质量的网络信息。

同所有其他核心服务项目一样，在图书馆和信息服务机构上网应该享受免费。

实施宣言

国际图书馆员协会和图书馆联合会鼓励国际社会支持在世界范围内，尤其是在发展中国家，开发因特网的使用，以使因特网信息造福所有使用因特网的人。

国际图书馆员协会和图书馆联合会鼓励各国政府发展国家信息基础设施，以实现全民有机会使用因特网。

国际图书馆员协会和图书馆联合会鼓励所有政府支持通过图书馆和信息服务机构实现不受阻碍的因特网信息流通，并反对任何企图对使用因特网进行新闻检查和禁止的行为。

国际图书馆员协会和图书馆联合会敦促国家和地区一级的图书馆团体和决策者制定战略、政策和规划，来实施本宣言中所表达的原则。

本宣言由国际图书馆员协会和图书馆联合会/自由获得信息及言论自由计划编写

2002 年 3 月 27 日由国际图书馆员协会和图书馆联合会董事会于荷兰海牙

通过。

2002 年 5 月 1 日由国际图书馆员协会和图书馆联合会宣布。2002 年 8 月 23 日在格拉斯哥由国际图书馆员协会和图书馆联合会理事会会议全体通过。

国际图书馆员协会和图书馆联合会是代表图书馆和信息服务机构，以及用户利益的主要国际机构。它是图书馆和信息行业在全球的声音。本宣言符合国际图书馆员协会和图书馆联合会/教科文组织公共图书馆宣言和国际图书馆员协会和图书馆联合会/教科文组织学校图书馆宣言的原则，原则中包括用户上网应该享受免费。

（资料来源于：http://unesdoc.unesco.org/images/0012/001295/129562c.pdf）

图书馆建筑设计规范

前　言

根据建设部建标〔1997〕71 号文的要求，标准编制组在广泛调查研究，认真总结实践经验，参考有关国际标准和国外先进标准，并广泛征求意见基础上，对原《图书馆建筑设计规范》JGJ 38—87 进行了修订。

本规范的主要技术内容是：1.总则；2.术语；3.选址和总平面布置；4.建筑设计；5.文献资料防护；6.消防和疏散；7.建筑设备以及附录。

修订工作主要是对上述技术内容进行补充、完善和必要的修改，其中主要有：1.增加了开架阅览的有关技术内容和规定；2.增加了藏、阅空间合一，采用统一柱网、层高和荷载的有关技术内容和规定；3.增加了计算机及网络技术在图书馆应用的有关技术内容和规定；4.根据进一步的调查研究对藏书量设计估算指标进行了修订和补充；5.对照现行防火规范修订和补充了相关内容。

本规范容由建设部建筑设计标准技术归口单位中国建筑技术研究院建筑标准设计研究所归口管理，授权由主编单位负责具体解释。

本规范主编单位是：中国建筑西北设计研究院

（陕西省西安市西七路 173 号；邮政编码：710003）。

本规范参编单位是：清华大学建筑学院、东南大学、国家图书馆、上海图书馆、文化部文化设施建设管理中心。

本规范主要起草人员是：王天星、梁永直、高冀生、冯金龙、罗淑莲、金志舜、何大镛。

1 总则

1.0.1 为适应图书馆事业的发展，使图书馆建筑设计符合使用功能、安全、卫生等方面的基本要求，制定本规范。

1.0.2 本规范适用于公共图书馆、高等学校图书馆、科学研究图书馆及各类专门图书馆等的新建、改建和扩建工程的建筑设计。

1.0.3 图书馆建筑必须满足文献资料信息的采集、加工、利用和安全防护等功能要求，并为读者、工作人员创造良好的环境和工作条件。

1.0.4 图书馆建筑设计应结合图书馆的性质、特点及发展趋势，采用先进的管理方式，适应现代化服务的要求，并力求造型美观，与环境协调。

1.0.5 图书馆建筑设计除应符合本规范外，尚应符合国家现行有关强制性标准的规定。

2 术语

2.0.1 公共图书馆 Public Library

具备收藏、管理、流通等一整套使用空间和技术设备用房，面向社会大众服务的各级图书馆，如省、直辖市、自治区、市、地区、县图书馆，其特点是收藏学科广泛，读者成分多样。

2.0.2 高等学校图书馆 College Library

为教学和科研服务，具有服务性和学术性强的大专院校和专科学校，以及成人高等学校的图书馆，简称高校图书馆。

2.0.3 科学研究图书馆 Research Institution Library

具有馆藏专业性强，信息敏感程度高，采用开架的管理方式和广泛使用计算机和网络技术等先进的服务手段的各类科学研究院、所的图书馆，简称科研图书馆。

2.0.4 专门图书馆 Special Library

专门收藏某一学科或某一类文献资料，为专业人员服务的图书馆，如音乐图书馆、美术图书馆、地质图书馆等。

2.0.5 普通阅览室 General Reading Room

以书刊为主要信息载体供读者使用的阅览室，是图书馆中数量较多的一种阅览室。

2.0.6 特种阅览室 Special Reading Room

指“音像视听室”“缩微阅览室”“电子出版物阅览室”等。这类阅览室，读者须借助设备才能从载体中获取信息。对建筑设计有特殊要求。

2.0.7　开架阅览室 Open Stack Reading Room

藏书和阅览在同一空间中，允许读者自行取阅图书资料的阅览室。

2.0.8　文献资料 Document Literature

记录有知识和信息的一切载体，包括书刊资料和非书刊资料等多种形式，一般统称文献资料，系图书馆馆藏信息载体的总称。

2.0.9　非书资料 Non-print Materials

非印刷型的非书本式的资料。包括录音带、录像带、幻灯片、投影片、电影拷贝、缩微胶卷、图片、模型、智力玩具、机读磁盘、磁带、光盘等。

2.0.10　基本书库 Basic Stack Rooms

图书馆的主要藏书区，对全馆藏书起总枢纽、总调度作用，具有藏书量大，知识门类广的特点。基本书库的藏书内容范围、品种和数量反映一个馆的性质、规模和为读者服务的能力，常作为划分图书馆规模的指标。

2.0.11　辅助书库 Auxiliary Stacks

采用闭架管理时，图书馆中为读者服务的各种辅助性书库。如外借处、阅览室、参考室、研究室、分馆等部门所设置的书库。其藏书具有现实性、参考性、针对性强和利用率高、流通量大的特点。

2.0.12　特藏书库 Special Stacks

收藏珍善本图书、音像资料、电子出版物等重要文献资料、对保存条件有特殊要求的库房。

2.0.13　珍善本书库 Rare Book Stacks

收藏经鉴定列为国家或地方级珍贵文献、对安全防范和保存条件有特殊要求的库房。主要收藏刻本、写本、稿本、拓本、书画等古籍与珍品，是特藏库的一种。

2.0.14　磁带库 Tape Base

主要收藏录像带、录音带、机读磁盘、磁带和光盘等载体的库房。其存放库架和保存环境都有特殊要求。

2.0.15　开架书库 Open Stacks

允许读者入库查找资料并就近阅览的书库。此种书库除正常的书架外，在采光良好的区域还设有少量阅览座（厢）供读者使用。

2.0.16　密集书库 Compact Stacks

以密集书架收藏文献资料的库房。此种库房的荷载可按实际荷载选用，多设置在建筑物的地面层。

2.0.17 密集书架 Compact Bookshelf

为提高收藏量而专门设计的一种书架。若干书架安装在固定轨道上，紧密排列没有行距，利用电动或手动的装置，可以使任何两行紧密相邻的书架沿轨道分离，形成行距，便于提书。

2.0.18 积层书架 Stack-system Shelf

重叠组合而成的多层固定钢书架。附有小钢梯上下。其上层书架荷载经下层书架支柱传至楼、地面。上层书架之间的水平交通用书架层解决。

2.0.19 书架层 Stack Layer

书库内在两个结构层之间采用积层书架或多层书架时，划分每层书架的层面。由于该层面一般直接支承在书架上，多为钢板或钢筋混凝土预制板，故又称甲板层或软层，以别于书库的结构层。

2.0.20 行道 Aisle

两排书架之间的距离，又称书架通道。其宽度与开架、闭架的管理方式有关。

2.0.21 书库提升、传送设备 Hoist In Stacks

在书库或密集藏书区为减轻工作人员劳动强度，提高传递速度而设于上、下楼层之间及水平传递图书（及索书条）的设备。它可以是手动、电动或机械传动。

2.0.22 典藏室 Book-Keeping Department

图书馆内部登记文献资料移动情况、统计全馆收藏量的专业部门。

2.0.23 计算机信息检索 Information Retrieval

计算机信息检索是利用计算机系统有效存储和快速查找的能力，发展起来的一种计算机应用技术。它可以根据用户要求从已存信息的集合中抽取出特定的信息，并具有插入、修改和删除某些信息的能力。图书或文献检索系统属于信息量较大而不常修改的二次性信息检索系统。

2.0.24 信息处理用房 Information Processing Room

满足图书馆信息技术服务功能的用房。它包括信息的显示、摄取、变换、传递、存储、识别、加工等所有的信息处理过程。

3 选址和总平面布置

3.1 选址

3.1.1 馆址的选择应符合当地的总体规划及文化建筑的网点布局。

3.1.2 馆址应选择位置适中、交通方便、环境安静、工程地质及水文地质条件较有利的地段。

3.1.3 馆址与易燃易爆、噪声和散发有害气体、强电磁波干扰等污染源的距离，应符合有关安全卫生环境保护标准的规定。

3.1.4 图书馆宜独立建造。当与其他建筑合建时，必须满足图书馆的使用功能和环境要求，并自成一区，单独设置出入口。

3.2 总平面布置

3.2.1 总平面布置应功能分区明确、总体布局合理、各区联系方便、互不干扰，并留有发展用地。

3.2.2 交通组织应做到人、车分流，道路布置应便于人员进出、图书运送、装卸和消防疏散。并应符合现行行业标准《方便残疾人使用的城市道路和建筑物设计规范》JGJ50 的有关规定。

3.2.3 设有少年儿童阅览区的图书馆，该区应有单独的出入口，室外应有设施较完善的儿童活动场地。

3.2.4 图书馆的室外环境除当地规划部门有专门的规定外，新建公共图书馆的建筑物基地覆盖率不宜大于 40%。

3.2.5 除当地有统筹建设的停车场或停车库外，基地内应设置供内部和外部使用的机动车停车场地和自行车停放设施。

3.2.6 馆区内应根据馆的性质和所在地点做好绿化设计。绿化率不宜小于 30%。栽种的树种应根据城市气候、土壤和能净化空气等条件确定。绿化与建筑物、构筑物、道路和管线之间的距离，应符合有关规定。

4 建筑设计

4.1 一般规定

4.1.1 图书馆建筑设计应根据馆的性质、规模和功能，分别设置藏书、借书、阅览、出纳、检索、公共及辅助空间和行政办公、业务及技术设备用房。

4.1.2 图书馆的建筑布局应与管理方式和服务手段相适应，合理安排采编、收藏、外借、阅览之间的运行路线，使读者、管理人员和书刊运送路线便捷畅通，互不干扰。

4.1.3 图书馆各空间柱网尺寸、层高、荷载设计应有较大的适应性和使用的灵活性。藏、阅空间合一者，宜采取统一柱网尺寸，统一层高和统一荷载。

4.1.4 图书馆的四层及四层以上设有阅览室时，宜设乘客电梯或客货两用电梯。

4.1.5　图书馆各类用房除有特殊要求者外，应利用天然采光和自然通风。外墙、外门窗和屋顶等围护结构应区别使用要求，按照本规范第 7.2.1 条所规定的温度、湿度指标及当地室外气象计算参数和有、无采暖、通风、空气调节等具体情况，通过技术经济比较，确定合理的构造，并应符合下列规定：

1.当需要采暖时，围护结构的传热热阻值应符合现行国家标准《民用建筑热工设计规范》 GB50176。

2.当需要空气调节时，围护结构的传热系数应按照现行国家标准《采暖通风与空气调节设计规范》 GBJ19 执行。

3.当无采暖和空气调节时，书库的外墙和屋顶的传热热阻值分别不应小于 $0.66m^2 \cdot K/W$ 和 $0.90m^2 \cdot K/W$。

4.1.6　各类用房的天然采光标准，不应小于表 4.1.6 中的规定。

表 4.1.6　图书馆各类用房天然采光标准值

<table>
<tr><td rowspan="3">房间名称</td><td rowspan="3">采光
等级</td><td rowspan="3">室内天然
光照度
(lx)</td><td rowspan="3">采光系数
最低值
Cmin(%)</td><td colspan="4">窗、地面积比 Ac/Ad</td></tr>
<tr><td>侧面
采光</td><td colspan="3">顶部采光</td></tr>
<tr><td>侧窗</td><td>矩形
天窗</td><td>锯齿形
天窗</td><td>平天窗</td></tr>
<tr><td>年儿童阅览室
普通阅览室
珍善本舆图阅览室
开架书库
行政办公、业务用房
会议室(厅)
出纳厅
研究室
装裱整修、美工</td><td>Ⅲ</td><td>100</td><td>2</td><td>1/5</td><td>1/6</td><td>1/8</td><td>1/11</td></tr>
</table>

续表

房间名称	采光等级	室内天然光照度(lx)	采光系数最低值Cmin(%)	窗、地面积比Ac/Ad			
				侧面采光	顶部采光		
				侧窗	矩形天窗	锯齿形天窗	平天窗
目录厅 陈列室 视听室 电子阅览室 缩微阅读室 报告厅(多功能厅) 复印室 读者休息	Ⅳ	50	1	1/7	1/10	1/12	1/18
闭架书库 门厅,走廊,楼梯间 厕所 其他	Ⅴ	25	0.5	1/12	1/14	1/19	1/27

注:1.此表为Ⅲ类光气候区的单层普通钢窗的采光标准,其他光气候区和窗型者应按现行国家标准《建筑采光设计标准》GB50033 中的有关规定修正;

2.陈列室系指展示面的照度。电子阅览室、视听室、舆图室的描图台需设遮光设施。

4.1.7 各类用房在平面设计时,应按其噪声等级分区布置,其允许噪声级不应大于表 4.1.7 中的规定。

表 4.1.7 图书馆内噪声级分区及允许噪声级标准

分区		房间名称	允许噪声级 dB(A)
Ⅰ	静区	研究室、专业阅览室、缩微、珍善本、舆图阅览室、普通阅览室、报刊阅览室	40
Ⅱ	较静区	少年儿童阅览室、电子阅览室、集体视听室、办公室	50
Ⅲ	闹区	陈列厅(室)、读者休息区、目录厅、出纳厅、门厅、洗手间、走廊、其他公共活动区	55

4.1.8 电梯井道及产生噪声的设备机房，不宜与阅览室毗邻。并应采取消声、隔声及减振措施，减少其对整个馆区的影响。

4.1.9 建筑设计应进行无障碍设计，并应符合现行行业标准《方便残疾人使用的城市道路和建筑物设计规范》JGJ50 的有关规定。

4.1.10 建筑设计应与现代化科学技术密切结合，宜根据建设条件为建筑物的智能化和可持续发展提供可能性。

4.2 藏书空间

4.2.1 图书馆的藏书空间分为基本书库、特藏书库、密集书库和阅览室藏书四种形式，各馆可根据具体情况选择确定。

4.2.2 基本书库的结构形式和柱网尺寸应适合所采用的管理方式和所选书架的排列要求。框架结构的柱网宜采用 1.20m 或 1.25m 的整数倍模数。

4.2.3 各类图书馆藏书空间容书量设计估算指标应符合本规范附录 A 的规定。

4.2.4 书库的平面布局和书架排列应有利于天然采光、自然通风，并缩短提书距离；书库内书（报刊）架的连续排列最多档数应符合表 4.2.4-1 的规定，书（报刊）架之间，以及书（报刊）架与外墙之间的各类通道最小宽度应符合表 4.2.4-2 的规定。

表 4.2.4-1 书库书架连续排列最多档数

条件	开架	闭架
书架两端有走道	9 档	11 档
书架一端有走道	5 档	6 档

表 4.2.4-2 书架间通道的最小宽度(m)

通道名称	不常用书库		不常用书库
	开架	闭架	
主通道	1.50	1.20	1.00
次通道	1.10	0.75	0.60
档头走道(即靠墙走道)	0.75	0.60	0.60
行道	1.00	0.75	0.60

4.2.5 书架宜垂直于开窗的外墙布置。书库采用竖向条形窗时，应对正行道

并允许书架档头靠墙，书架连续档数应符合本规范第 4.2.4 条及表 4.2.4-1 的规定。书库采用横向条形窗，其窗宽大于书架之间的行道宽度时，书架档头不得靠墙，书（报刊）架与外墙之间应留有通道，其尺寸应符合本规范表 4.2.4-2 的规定。

4.2.6　珍善本书库应单独设置。缩微、视听、电子出版物等非书资料应按使用方式确定存放位置，这些文献资料应设特藏书库收藏、保管。

4.2.7　书库库区可设工作人员更衣室、清洁室和专用厕所，但不得设在书库内。

4.2.8　书库、阅览室藏书区净高不得小于 2.40m。当有梁或管线时，其底面净高不宜小于 2.30m；采用积层书架的书库结构梁（或管线）底面之净高不得小于 4.70m。

4.2.9　书库内工作人员专用楼梯的梯段净宽不应小于 0.80m，坡度不应大于 45 度，并应采取防滑措施。书库内不宜采用螺旋扶梯。

4.2.10　二层及二层以上的书库应至少有一套书刊提升设备。四层及四层以上不宜少于两套。六层及六层以上的书库，除应有提升设备外，宜另设专用货梯。书库的提升设备在每层均应有层面显示装置。

4.2.11　书库安装自动传输设备时，应符合设备安装的技术要求。

4.2.12　书库与阅览区的楼、地面宜采用同一标高。无水平传输设备时，提升设备（书梯）的位置宜邻近书刊出纳台。设备井道上传递洞口的下沿距书库楼、地面的高度不宜大于 0.90m。

4.2.13　书库荷载值的选择，应根据藏书形式和具体使用要求区别确定。

4.3　阅览空间

4.3.1　各类图书馆应按其性质、任务，或针对不同的读者对象分别设置各类阅览室。

4.3.2　阅览区域应光线充足、照度均匀，防止阳光直晒。东西向开窗时，应采取有效的遮阳措施。

4.3.3　阅览区的建筑开间、进深及层高，应满足家具、设备合理布置的要求，并应考虑开架管理的使用要求。

4.3.4　阅览区应根据工作需要在入口附近设管理（出纳）台和工作间，并宜设复印机、计算机终端等信息服务、管理和处理的设备位置。工作间使用面积不宜小于 $10m^2$，并宜和管理（出纳）台相连通。

4.3.5　阅览区不得被过往人流穿行，独立使用的阅览空间不得设于套间内。

4.3.6　使用频繁，开放时间长的阅览室宜邻近门厅布置。

4.3.7　阅览桌椅排列的最小间隔尺寸应符合表4.3.7的规定

表4.3.7　阅览桌椅排列的最小间隔尺寸(单位:m^2)

<table>
<tr><th colspan="2" rowspan="2">条　件</th><th colspan="2">最小间隔尺寸</th><th rowspan="2">备注</th></tr>
<tr><th>开架</th><th>闭架</th></tr>
<tr><td colspan="2">单面阅览桌前后间隔净宽</td><td>0.65</td><td>0.65</td><td>适用于单人桌、双人桌</td></tr>
<tr><td colspan="2">双面阅览桌前后间隔净宽</td><td>1.30—1.50</td><td>1.30—1.50</td><td>四人桌取下限
六人桌取上限</td></tr>
<tr><td colspan="2">阅览桌左右间隔净宽</td><td>0.90</td><td>0.90</td><td></td></tr>
<tr><td colspan="2">阅览桌之间的主通道净宽</td><td>1.50</td><td>1.20</td><td></td></tr>
<tr><td rowspan="2">阅览桌后侧与
侧墙之间净宽</td><td>靠墙无书架时</td><td>-</td><td>1.05</td><td rowspan="2">靠墙书架深度按
0.25m计算</td></tr>
<tr><td>靠墙有书架时</td><td>1.60</td><td>-</td></tr>
<tr><td rowspan="2">阅览桌侧沿与
侧墙之间净宽</td><td>靠墙无书架时</td><td>-</td><td>0.60</td><td rowspan="2">靠墙书架深度按
0.25m计算</td></tr>
<tr><td>靠墙有书架时</td><td>1.30</td><td>-</td></tr>
<tr><td rowspan="4">阅览桌与出纳台
外沿净宽</td><td>单面桌前沿</td><td>1.85</td><td>1.85</td><td></td></tr>
<tr><td>单面桌后沿</td><td>2.50</td><td>2.50</td><td></td></tr>
<tr><td>双面桌前沿</td><td>2.80</td><td>2.80</td><td></td></tr>
<tr><td>双面桌后沿</td><td>2.80</td><td>2.80</td><td></td></tr>
</table>

4.3.8　珍善本阅览室与珍善本书库应毗邻布置。阅览和库房之间应设缓冲区，并设分区门。

4.3.9　舆图阅览室应能容纳大型阅览桌、描图台，并有完整的大片墙面和悬挂大幅舆图的设施。

4.3.10　缩微阅读机集中管理时，应设专门的缩微阅览室。室内家具设施和照明环境应满足缩微阅读的要求，缩微览阅室宜和缩微胶卷（片）的特藏书库相连通。缩微阅读机分散布置时，应设置专用阅览桌椅，每座位使用面积不应小于$2.30m^2$。

4.3.11　集体和个人使用的音像资料视听室宜自成区域，便于单独使用和管理，与其他阅览室之间互不干扰。

4.3.12　音像视听室应由视听室、控制室和工作间组成。视听室的座位数应按使用要求确定。每座位占使用面积不应小于$1.50m^2$。当按视、听功能分别布置时，应采取防止音、像互相干扰的隔离措施。

4.3.13　电子出版物阅览室宜靠近计算机中心，并与电子出版物库相连通。

4.3.14　珍善本书、舆图、缩微、音像资料和电子出版物阅览室的外窗均应有遮光设施。

4.3.15　少年儿童阅览室应与成人阅览区分隔，单独设出入口，并应设儿童活动场地。

4.3.16　盲人读书室应设于图书馆底层交通方便的位置，并和盲文书库相连通。盲人书桌应便于使用听音设备。

4.3.17　各阅览区老年人及残疾读者的专用阅览座席应邻近管理（出纳）台布置。

4.3.18　阅览空间每座占使用面积设计计算指标应符合附录 B 的规定。

4.4　目录检索、出纳空间

4.4.1　目录检索包括卡片目录、书本目录和计算机终端目录三部分内容组成，各部分的比例各馆可根据实际需要确定。

4.4.2　目录检索空间应靠近读者出入口，并与出纳空间相毗邻。当与出纳共处同一空间时，应有明确的功能分区。

4.4.3　目录检索空间内目录柜的排列尺寸不应小于表 4.4.3 的规定。如利用过厅、交通厅或走廊设置目录柜时，查目区应避开人流主要路线。

表 4.4.3　目录柜排列最小间距(单位:m^2)

布置形式	使用方式	净距			通道净宽	
		目录台之间	目录柜与查目台之间	目录柜之间	端头走廊	中间通道
目录台放置目录盒	立式	1.20	-	0.60	0.60	1.40
	坐式	1.50	-	-	0.60	1.40
目录柜之间设查目台	立式	-	1.20	-	0.60	1.40
	坐式	-	1.50	-	0.60	1.40
目录柜使用抽拉板	立式	-	-	1.80	0.60	1.40

4.4.4　目录柜组合高度：成人使用者，不宜大于 1.50m 少年儿童使用者，不宜大于 1.30m.

4.4.5　目录检索空间内采用计算机检索时，每台微机所占用的使用面积按 $2.00m^2$ 计算。计算机检索台的高度宜为 0.78—0.80m.

4.4.6 目录检索空间中目录柜所占用的面积可按本规范附录 C 所列公式计算。

4.4.7 中心（总）出纳台应毗邻基本书库设置。出纳台与基本书库之间的通道不应设置踏步；当高差不可避免时，应采用坡度不大于 1 :8 的坡道。出纳台通往库房的门，净宽不应小于 1.40m，并不得设置门槛，门外 1.40m 范围内应平坦无障碍物。平开防火门应向出纳台方向开启。

4.4.8 出纳空间应符合下列规定：

1.出纳台内工作人员所占使用面积，每一工作岗位不应小于 6.00m^2，工作区的进深当无水平传送设备时，不宜小于 4.00m；当有水平传送设备时，应满足设备安装的技术要求。

2.出纳台外读者活动面积，按出纳台内每一工作岗位所占使用面积的 1.20 倍计算，并不得小于 18.00m^2；出纳台前应保持宽度不小于 3.00m 的读者活动区。

3.出纳台宽度不应小于 0.60m。 出纳台长度按每一工作岗位平均 1.50m 计算。出纳台兼有咨询、监控等多种服务功能时，应按工作岗位总数计算长度。出纳台的高度：外侧高度宜为 1.10—1.20m；内侧高度应适合出纳工作的需要。

4.5 公共活动及辅助服务空间

4.5.1 公共活动及辅助服务空间包括门厅、寄存处、陈列厅、报告厅、读者休息处（室）、饮水处、读者服务部及厕所等，可根据图书馆的性质、规模及实际需要确定。

4.5.2 门厅应符合下列规定：

1.应根据管理和服务的需要设置验证、咨询、收发、寄存和监控等功能设施；

2.多雨地区，其门厅内应有存放雨具的设备；

3.严寒及寒冷地区，其门厅应有防风沙的门斗；

4.门厅的使用面积可按每阅览座位 0.05m^2 计算。

4.5.3 寄存处应符合下列规定：

1.位置应在读者出入口附近；

2.可按阅览座位的 25%确定存物柜数量，每个存物柜占使用面积按 0.15—0.20m^{2}计算；

3.寄存处的出入口宜与读者主出入口分开。

4.5.4 陈列厅（室）应符合下列规定：

1.各类图书馆应有陈列空间。可根据规模、使用要求分别设置新书陈列厅

（室）、专题陈列室或书刊图片展览处；

2.门厅、休息处、走廊兼作陈列空间时，不应影响交通组织和安全疏散；

3.陈列室应采光均匀，防止阳光直射和眩光。

4.5.5　报告厅应符合下列规定：

1.300座位以上规模的报告厅应与阅览区隔离，独立设置。建筑设计应符合有关厅堂设计规范的有关规定；

2.报告厅，宜设专用的休息处、接待处及厕所；

3.与阅览区毗邻独立设置时，应单独设出入口，避免人流对阅览区的干扰；

4.报告厅应满足幻灯、录像、电影、投影和扩声等使用功能的要求；

5.300座以下规模的报告厅，厅堂使用面积每座位不应小于0.80m^2，放映室的进深和面积应根据采用的机型确定。

4.5.6　读者休息处的使用面积可按每个阅览座位不小于0.10m^2计算。设专用读者休息处时，房间最小面积不宜小于15.00m^2。规模较大的馆，读者休息处宜分散设置。

4.5.7　公用和专用厕所宜分别设置。公共厕所卫生洁具按使用人数男女各半计算，并应符合下列规定：

1.成人男厕按每60人设大便器一具，每30人设小便斗一具；

2.成人女厕按每30人设大便器一具；

3.儿童男厕按每50人设大便器一具，小便器两具；

4.儿童女厕按每25人设大便器一具；

5.洗手盆按每60人设一具；

6.公用厕所内应设污水池一个；

7.公用厕所中应设供残疾人使用的专门设施。

4.6　行政办公、业务及技术设备用房

4.6.1　图书馆行政办公用房包括行政管理用的各种办公室和后勤总务用的各种库房，维修门等，其规模应根据使用要求确定。可以组合在建筑中，也可以单独设置。建筑设计可按现行行业标准《办公建筑设计规范》JGJ67的有关规定执行。

4.6.2　图书馆的业务用房包括采编、典藏、辅导、咨询、研究、信息处理、美工等用房；技术设备用房包括电子计算机、缩微、照相、静电复印、音像控制、装裱维修、消毒等用房。

4.6.3　采编用房应符合下列规定：

1.位置应与读者活动区分开，与典藏室、书库、书刊人口有便捷联系；

2.平面布置应符合采购、交换、拆包、验收、登记、分类、编目和加工等工艺流程的要求；

3.拆包间应邻近工作人员入口或专设的书刊入口。进书量大者，人口处应设卸货平台；

4.每一工作人员的使用面积不宜小于 10.00m^2；

5.应配置足够的计算机网络、通信接口和电源插座。

4.6.4 典藏用房应符合下列规定：

1.当单独设置时，应位于基本书库的入口附近；

2.典藏室的使用面积，每一工作人员不宜小于 6.00m^2，房间的最小使用面积不宜小于 15.00m^2；

3.内部目录总量可按每种藏书两张卡片计算，每万张卡片占使用面积不宜小于 0.38m^2，房间的最小使用面积不宜小于 15.00m^2；

4.待分配上架书刊的存放量，可按每 1000 册图书或 300 种资料为一周转基数。其所占使用面积不应小于 12.00m^2。

4.6.5 图书馆可根据自身的职能范围，设置专题咨询和业务辅导用房，并应符合下列规定：

1.专题咨询和业务辅导用房的使用面积，可按每一工作人员不小于 6.00m^2 分别计算；

2.业务辅导用房应包括业务资料编辑室和业务资料阅览室；

3.业务资料编辑室的使用面积，每一工作人员不宜小于 8.00m^2；

4.业务资料阅览室可按 8—10 座位设置，每座位占使用面积不宜小于 3.50m^2；

5.公共图书馆的咨询、辅导用房，宜分别配备不小于 15.00m^2 的接待室。

4.6.6 图书馆设有业务研究室时，其使用面积可按每人／6.00m^2 计算，研究室内应配置计算机网络、通信接口和电源插座。

4.6.7 信息处理用房的使用面积可按每一工作人员不小于 6.00m^2 计算，室内应配备足够数量的计算机网络、通信接口和电源插座。

4.6.8 美工用房应符合下列规定：

1.美工用房应包括工作间、材料库和洗手小间；

2.工作间应光线充足，空间宽敞，最好北向布置，其使用面积不宜小于 30.00m^2；

3.工作间附近宜设小库房存放美工用材料；

4.工作间内应设置给排水设施，或设小洗手间与之毗邻。

4.6.9　计算机网络管理中心的机房应位置适中，并不得与书库及易燃易爆物存放场所毗邻。机房设计应符合现行国家标准《电子计算机机房设计规范》GB50174 的规定。

4.6.10　缩微与照相用房应符合下列规定：

1.缩微复制用房宜单独设置，建筑设计应符合生产工艺流程和设备的操作要求；

2.缩微复制用房应有防尘、防振、防污染措施，室内应配置电源和给、排水设施；宜根据工艺要求对室内温度、湿度进行调节控制；当采用机械通风时，应有净化措施；

3.照相室包括摄影室、拷贝还原工作间、冲洗放大室和器材、药品储存间；

4.摄影室、拷贝还原工作间应防紫外线和可见光，门窗应设遮光措施，墙壁、顶棚不宜用白色反光材料饰面；

5.冲洗放大室的地面、工作柜面和墙裙应能防酸碱腐蚀，门窗应设遮光措施，室内应有给、排水和通风换气设施；

6.应根据规模和使用要求分别设置胶片库和药品库。胶片库的温度、湿度应符合本规范第 7.2.1 条及表 7.2.1-2 的规定。

4.6.11　专用的复印机用房应有通风换气设施。室内温度、湿度可根据所选用的机型要求确定。小型复印机可分散设置在各借、阅区内，其位置应便于工作人员管理。

4.6.12　音像控制室（以下简称控制室）应符合下列规定：

1.幕前放映的控制室，进深不得小于 3.00m，净高不得小于 3.00m；

2.控制室的观察窗应视野开阔。兼作放映孔时，其窗口下沿距控制室地面应为 0.85m，距视听室后部地面应大于 1.80m；

3.幕后放映的反射式控制室，进深不得小于 2.70m，地面宜采用活动地板。

4.6.13　装裱、整修用房应符合下列规定：

1.室内应光线充足，宽畅，有机械通风装置；

2.有给、排水设施和加热用的电源；

3.每工作岗位使用面积不应小于 10.00m^2，房间的最小面积不应小于 30.00m^2。

4.6.14　消毒室应符合下列规定：

1.消毒室仅适用于化学方法杀虫、灭菌；

2.消毒室面积不宜小于 10.00m²，建筑构造应密封；

3.地面、墙面应易于清扫、冲洗。并应设机械排风系统。废水、废气的排放应符合现行国家标准《污水综合排放标准》GB89,《大气污染物排放标准》GB 16279的有关规定；

4.当采用物理方法杀虫灭菌时，其消毒装置可靠近总（中心）出纳台设置。

4.6.15 图书馆配有卫星接收及微波通讯装置时，天线等接收装置除应符合现行行业标准《民用建筑电气设计规范》JGJ/T16 的有关规定外，应在其附近设面积不小于 15.00m² 的机房。机房建筑设计应满足设备安装的技术要求。

5 文献资料防护

5.1 防护内容

5.1.1 防护内容应包括围护结构保温、隔热、温度和湿度要求、防潮、防尘、防有害气体、防阳光直射和紫外线照射、防磁、防静电、防虫、防鼠、消毒和安全防范等。

5.1.2 书库、非书资料库的温度、湿度要求应根据图书馆的性质、规模、重要性及库房类型区别对待，在设计中妥善解决。

5.1.3 视听、缩微、电子出版物等非书资料贮存库除应符合本规范表7.2.1-2所指特藏库的有关规定外，还应根据使用保管的特殊要求进行设计。

5.2 温度、湿度要求

5.2.1 基本书库的温度不宜低于 5℃和高于 30℃；相对湿度不宜小于 40%和大于 65%。当不能满足时，应采取相应的建筑构造或设备处理。

5.2.2 特藏书库温度应保持在 12—24℃之间，日较差不应大于 ±2℃，相对湿度应为 45%—60%，日较差不应大于 10%。缩微胶片库的温、湿度应按胶片保存时间（长期、短期）、胶片性质（母片、拷贝片）、胶片种类（黑白、彩色）、胶片类型（银盐醋酸片基、银盐聚酯片基）的不同分别确定；长期或永久保存的胶片库，温度应低于 20℃，中期保存的胶片库，温度不应超过 25℃，并应避免温度、湿度在短时间内周期性的剧烈变化。各类特藏库房空气调节设计参数应符合本规范第 7.2.1 条和表 7.2.1-2 的规定。

5.2.3 与特藏库毗邻的特藏阅览室，温度差不宜超过 ±2℃，湿度不宜超过10%，为避免温、湿度的剧烈变化，两者之间应设缓冲间。

5.3 防水、防潮

5.3.1 书库和非书资料库内应防止地面、墙身返潮，不得出现结露现象。

5.3.2 书库和非书资料库的室外场地应排水通畅。室内不得有给、排水管道穿过。屋面雨水排除应采用有组织外排法。并不得将水箱等蓄水设施直接放在其屋面上。

5.3.3 建于地下水位较高地区时，书库和非书资料库一层地面当不设架空层时，地面基层应有可靠的防潮措施。

5.3.4 书库和非书资料库设于地下室时，地下室的防水（潮）设计应符合现行国家标准《地下工程防水技术规范》 GBJ108 的有关规定；当不设空气调节时，应有可靠的除湿装置。

5.4 防尘、防污染

5.4.1 图书馆的环境绿化应选择净化空气能力较强的树种。

5.4.2 书库、非书资料库的楼、地面应坚实耐磨；墙面和顶棚应表面光滑不易积灰尘。

5.4.3 书库的窗扇应能开启方便，并有防尘的密闭措施，严寒及多风沙地区应设双层窗和缓冲门。

5.4.4 特藏库应设固定窗，必须开启的少量富扇应采取防尘的密闭措施；空气中有害气体含量超过标准的地区，特藏库的空调系统应具有净化措施。

5.4.5 合理安排锅炉房、除尘室、洗印暗室等用房的位置，并结合需要设置通风装置，以减少其产生的尘埃和有害气体对馆区的影响。

5.5 防日光和紫外线照射

5.5.1 书库、特藏库及阅览用房均应消除或减轻紫外线对文献资料的危害。

5.5.2 天然采光的书库、特藏库及其阅览室应选用防紫外线玻璃和采用遮阳措施，防止日光直射。

5.5.3 书库、特藏库及阅览室采用人工照明时，宜选用乳白色灯罩的白炽灯。当采用荧光灯时，应有过滤紫外线和安全防火措施。

5.6 防磁、防静电

5.6.1 图书馆内的磁带库应远离能够产生强磁干扰的电器设备。

5.6.2 非书资料库的楼、地面不应采用容易产生静电的材料。

5.7 防虫、防鼠

5.7.1 图书馆的绿化应选择不滋生、引诱害虫及生长飞扬物的植物。

5.7.2 多蚊虫及潮湿地区，无空气调节设备的书库应安装可拆卸的纱窗，窗纱型号不少于 C1.6。采用去湿机时，排水口应有水封装置。

5.7.3 食堂、快餐室、食品小卖部应远离书库设置。

5.7.4 门下沿与楼地面之间的缝隙不得大于5mm，鼠患严重地区宜采用金属门或下沿包铁皮的木门。墙身通风口应用耐腐蚀的金属网封罩。

5.7.5 图书馆的消毒室及设施应符合本规范第4.6.14条及所选设备的技术要求。

5.7.6 白蚁危害严重地区，应对木制品及木结构等采取有效的防治措施。

5.8 安全防范

5.8.1 图书馆应设安全防盗装置。

5.8.2 陈列和贮藏珍贵文献资料的房间应能单独锁闭，并设自动报警装置。

5.8.3 采取开架管理的阅览室，宜设安全监控装置。

5.8.4 位于底层之重要部门的外门窗均应加防盗设施；当有外遮阳时，亦应做防盗处理；有地下室时，地下室的窗户及采光井应另加设防护设施。

5.8.5 图书馆的主要入口处、特藏库、重要设备室、网络管理中心以及馆区周围宜设置电视监控系统。

6 消防和疏散

6.1 耐火等级

6.1.1 图书馆建筑防火设计，除应符合本章所列条文外，尚应符合现行国家标准《建筑设计防火规范》GBJ16、《高层民用建筑设计防火规范》GB50045的有关规定；当建筑物附有平战结合的地下人防工程时，尚应符合现行国家标准《人民防空工程设计防火规范》GBJ98的有关规定。

6.1.2 藏书量超过100万册的图书馆、书库，耐火等级应为一级。

6.1.3 图书馆特藏库、珍善本书库的耐火等级均应为一级。

6.1.4 建筑高度超过24.00m，藏书量不超过100万册的图书馆、书库，耐火等级不应低于二级。

6.1.5 建筑高度不超过24.00m，藏书量超过10万册但不超过100万册的图书馆、书库，耐火等级不应低于二级。

6.1.6 建筑高度不超过24.00m，建筑层数不超过三层，藏书量不超过10万册的图书馆，耐火等级不应低于三级，但其书库和开架阅览室部分的耐火等级不得低于二级。

6.2 防火、防烟分区及建筑构造

6.2.1 基本书库、非书资料库应用防火墙与其毗邻的建筑完全隔离，防火墙的耐火极限不应低于 3.00h。

6.2.2 基本书库、非书资料库，藏阅合一的阅览空间防火分区最大允许建筑面积：当为单层时，不应大于 1500m^2；当为多层，建筑高度不超过 24.00m 时，不应大于 1000m^2；当高度超过 24.00m 时，不应大于 700m^2；地下室或半地下室的书库，不应大于 300m^2。

当防火分区设有自动灭火系统时，其允许最大建筑面积可按上述规定增加1.00倍，当局部设置自动灭火系统时，增加面积可按该局部面积的 1.00 倍计算。

6.2.3 珍善本书库、特藏库，应单独设置防火分区。

6.2.4 采用积层书架的书库，划分防火分区时，应将书架层的面积合并计算。

6.2.5 书库、非书资料库、珍善本书库、特藏书库等防火墙上的防火门应为甲级防火门。

6.2.6 装裱、照相等业务用房不应与书库、非书资料库贴邻布置。书库内部不得设置休息、更衣等生活用房，不得设置复印、图书整修、计算机机房等技术用房。

6.2.7 书库楼板不得任意开洞，提升设备的井道井壁（不含电梯）应为耐火极限不低于 2.00h 的不燃烧体，井壁上的传递洞口应安装防火闸门。

6.2.8 书库、非书资料库，藏阅合一的藏书空间，当内部设有上下层连通的工作楼梯或走廊时，应按上下连通层作为一个防火分区，当建筑面积超过本规范第 6.2.2 条的规定时，应设计成封闭楼梯间，并采用乙级防火门。

6.2.9 图书馆的室内装修应符合现行国家标准《建筑内部装修设计防火规范》GB50222 的有关规定。

6.3 消防设施

6.3.1 藏书量超过 100 万册的图书馆、建筑高度超过 24.00m 的书库和非书资料库，以及图书馆内的珍善本书库，应设置火灾自动报警系统。

6.3.2 珍善本书库、特藏库应设气体等灭火系统。电子计算机房和不宜用水扑救的贵重设备用房宜设气体等灭火系统。

6.3.3 建筑灭火器配置应符合现行国家标准《建筑灭火器配置设计规范》GBJ140 的有关规定。

6.4 安全疏散

6.4.1 图书馆的安全出口不应少于两个，并应分散设置。

6.4.2 书库、非书资料库、藏阅合一的藏书空间，每个防火分区的安全出口不应少于两个。但符合下列条件之一的，可设一个安全出口：

1.建筑面积不超过 100.00m^2的特藏库、胶片库和珍善本书库；

2.建筑面积不超过 100.00m^2的地下室或半地下室书库；

3.除建筑面积超过 100.00m^2的地下室外的相邻两个防火分区，当防火墙上有防火门连通，且两个防火分区的建筑面积之和不超过规范第 6.2.2 条规定一个防火分区面积的 1.40 倍时；

4.占地面积不超过 300.00m^2的多层书库。

6.4.3　书库、非书资料库的疏散楼梯，应设计为封闭楼梯间或防烟楼梯间，宜在库门外邻近设置。

6.4.4　超过 300 座位的报告厅，应独立设置安全出口，并不得少于两个。

7　建筑设备

7.1　给水排水

7.1.1　馆区内应设室内外给水、排水系统和消防给水系统，及相应的设施和设备。

7.1.2　书库内不应设置供水点。给排水管道不应穿过书库。生活污水立管不应安装在与书库相邻的内墙上。

7.1.3　在馆内适当位置宜设置饮水供应点。

7.1.4　缩微照相冲洗室的排水管道应耐酸、碱腐蚀，室外应设污水处理设施。

7.2　采暖、通风、空气调节

7.2.1　图书馆设置采暖或空气调节系统时，室内温度、湿度设计参数应分别符合表 7.2.1−1 及表 7.2.1−2 的规定。

表 7.2.1-1　（采暖地区）图书馆各种用房冬季采暖室内设计温度

<table>
<tr><th>房间名称</th><th>冬季采暖室内计算温度(℃)</th><th>房间名称</th><th>冬季采暖室内计算温度(℃)</th></tr>
<tr><td>少年儿童阅览室</td><td>18—20</td><td>装裱修整间</td><td rowspan="2">16—18</td></tr>
<tr><td>阅览室</td><td rowspan="6">18</td><td>复印室</td></tr>
<tr><td>珍善本书、舆图阅览室</td><td>陈列室</td><td>—</td></tr>
<tr><td>开架书库</td><td>读者休息室</td><td>—</td></tr>
<tr><td>缩微阅览室</td><td>门厅、走廊、楼梯间</td><td rowspan="5">14—16</td></tr>
<tr><td>研究室</td><td>报告厅(多功能厅)</td></tr>
<tr><td>电子阅览室</td><td>陈列室</td></tr>
<tr><td>目录、出纳厅(室)</td><td rowspan="4">16—18</td><td>书库</td></tr>
<tr><td>会议室</td><td>厕所</td></tr>
<tr><td>视听室</td><td>其他</td><td>—</td></tr>
<tr><td>内部业务办公室</td><td></td><td></td></tr>
</table>

表 7.2.1-2　图书馆室内空气调节设计参数

<table>
<tr><th colspan="3" rowspan="2">房间名称</th><th>材质</th><th colspan="2">干球温度(℃)</th><th colspan="2">相对湿度(%)</th><th colspan="2">风速 m/s</th></tr>
<tr><th></th><th>冬</th><th>夏</th><th>冬</th><th>夏</th><th>冬</th><th>夏</th></tr>
<tr><td rowspan="11">特藏库</td><td colspan="2">舆图、珍善本书库</td><td></td><td colspan="2">12—24±2</td><td colspan="2">45—60</td><td>-</td><td>-</td></tr>
<tr><td rowspan="8">缩微资料库</td><td rowspan="2">母片及永久保存库(长期保存环境)</td><td>银盐醋酸片基</td><td colspan="2">≤20</td><td colspan="2">15—40</td><td></td><td></td></tr>
<tr><td>银盐醋酸片基</td><td colspan="2">≤20</td><td colspan="2">30—40</td><td>-</td><td>-</td></tr>
<tr><td rowspan="2">一般胶片库(中期保存环境)</td><td>银盐醋酸片基</td><td colspan="2">≤25</td><td colspan="2">15—60</td><td>-</td><td>-</td></tr>
<tr><td>银盐醋酸片基</td><td colspan="2">≤25</td><td colspan="2">30—60</td><td>-</td><td>-</td></tr>
<tr><td rowspan="2">彩色胶片库(长期保存环境)</td><td>银盐醋酸片基</td><td colspan="2">≤2</td><td colspan="2">15—30</td><td>-</td><td>-</td></tr>
<tr><td>银盐醋酸片基</td><td colspan="2">≤2</td><td colspan="2">25—30</td><td>-</td><td>-</td></tr>
<tr><td rowspan="2">彩色胶片库(短期保存环境)</td><td>银盐醋酸片基</td><td colspan="2">≤10</td><td colspan="2">15—60</td><td>-</td><td>-</td></tr>
<tr><td>银盐醋酸片基</td><td colspan="2">≤10</td><td colspan="2">25—60</td><td>-</td><td>-</td></tr>
<tr><td colspan="2">唱片、光盘库</td><td></td><td colspan="2">≤10</td><td colspan="2">40—60</td><td>-</td><td>-</td></tr>
<tr><td colspan="2">磁带库</td><td>醋酸、聚酯</td><td colspan="2">≤10</td><td colspan="2">40—60</td><td>-</td><td>-</td></tr>
</table>

续表

房间名称	材质	干球温度(℃)		相对湿度(%)		风速 m/s	
		冬	夏	冬	夏	冬	夏
少年儿童阅览室		18—20	24—28	40—60	40—65	<0.2	<0.3
普通阅览室		18—20	24—28	40—60	40—65	<0.2	<0.3
装裱整修		18—20	24—28	40—60	40—65	<0.2	<0.3
研究室		18—20	24—28	40—60	40—65	<0.2	<0.3
目录厅、出纳厅		18—20	24—28	40—60	40—65	<0.2	<0.3
视听室		18—20	24—28	40—60	40—65	<0.2	<0.3
报告室		18—20	24—28	40—60	40—65	<0.2	<0.3
美工室		20—22	24—28	40—60	40—65	<0.2	<0.3
会议室		18—20	24—28	40—60	40—65	<0.2	<0.3
缩微阅览室		18—20	24—28	40—60	40—65	<0.2	<0.3
电子阅览室		18—20	24—28	40—60	40—65	<0.2	<0.3
普通书库		18—20	24—28	40—60	40—65	<0.2	<0.3
公共活动空间		18—20	24—28	40—60	40—65	<0.2	<0.3
内部业务办公		18—20	24—28	40—60	40—65	<0.2	<0.3
电子计算机机房		18—20	24—28	40—60	40—65	<0.2	<0.3

7.2.2　书库集中采暖时，热媒宜采用温度低于100℃的热水，管道及散热器应采取可靠措施，严禁渗漏。

7.2.3　空气调节设备应有专门的机房，其位置应远离阅览区。机房门应为乙级防火门，风管进入书库时应设防火阀门。

7.2.4　馆内各种用房应有自然通风，阅览室应采取建筑措施或机械排风设备，在冬季门窗关闭情况下，满足室内通风换气的需要。

7.2.5　书库无空气调节系统时，应设机械通风设备。当地空气污染超标时，应有净化措施。

7.2.6　特藏库、缩微复制间的送风系统导入空气应进行净化处理。

7.2.7　书库、阅览室应保持气流均匀；采用机械通风时，阅览空间与工作空间的空气流速不应大于0.5m/s。

7.2.8　馆内各种用房通风、换气设计参数应符合表7.2.8的规定。

表 7.2.8　图书馆各种用房通风换气次数

<table>
<tr><th>房间名称</th><th>通风换气次数(次/h)</th><th>房间名称</th><th>通风换气次数(次/h)</th></tr>
<tr><td>陈列室</td><td rowspan="4">1—2</td><td>缩微阅览室</td><td rowspan="3">2</td></tr>
<tr><td>研究室</td><td>装裱修整间</td></tr>
<tr><td>目录、出纳厅(室)</td><td>会议室</td></tr>
<tr><td>缩微照相室</td><td>书库</td><td rowspan="2">1—3</td></tr>
<tr><td>普通阅览室</td><td rowspan="2">1—2</td><td>少年儿童阅览室</td></tr>
<tr><td>内部业务用房</td><td>读者休息室</td><td>3—5</td></tr>
<tr><td>报告厅</td><td rowspan="3">2</td><td>复印室</td><td rowspan="3">5—10</td></tr>
<tr><td>视听室</td><td>消毒室</td></tr>
<tr><td>珍善本书、舆图阅览室</td><td>厕所</td></tr>
</table>

注:1.普通阅览室和内部业务用房,寒冷地区冬季宜设机械通风装置。
2.书库和少年儿童阅览室炎热地区书库宜设机械通风,高温季节每小时宜换气3次;雷雨季节窗应严密关闭。
3.复印室、消毒室和厕所应设机械通风。

7.3　建筑电气

7.3.1　藏书量超过100万册的图书馆，其用电负荷等级不应低于二级；其他图书馆，用电负荷等级不应低于三级。

7.3.2　图书馆各种用房人工照明设计标准应符合表7.3.2的规定。

表 7.3.2　人工照明照度标准

<table>
<tr><th>房间名称</th><th>照度标准(lx)</th><th>参考平面及其高度(m)</th></tr>
<tr><td>老年人阅览室</td><td rowspan="3">200—500</td><td rowspan="3">0.75(水平)</td></tr>
<tr><td>少年儿童阅览室</td></tr>
<tr><td>珍善本、舆图阅览室</td></tr>
<tr><td>光盘检索室</td><td rowspan="2">150—300</td><td rowspan="2">0.75(水平)</td></tr>
<tr><td>普通阅览室</td></tr>
<tr><td>装裱修整间</td><td rowspan="3">150—300</td><td rowspan="3">0.75(水平)</td></tr>
<tr><td>美工室</td></tr>
<tr><td>研究室</td></tr>
<tr><td>内部业务办公室</td><td rowspan="3">75—150</td><td rowspan="3">0.75(水平)</td></tr>
<tr><td>陈列室</td></tr>
<tr><td>目录厅(室)</td></tr>
</table>

续表

房间名称	照度标准(lx)	参考平面及其高度(m)
出纳厅(室)	75—150	0.75(水平)
视听室		
报告室		
缩微阅览室		
会议室		
读者休息室	50—100	0.75(水平)
开敞式运输传送设备		
电子阅览室		
书库	20—50(垂直照度)	0.25(垂直面)
门厅、走廊、楼梯间、厕所等	30—75	地面

注:1.专业阅览、珍善本舆图阅览可设局部照明。

2.陈列室应设局部照明。

3.缩微阅览室的环境亮度与缩微阅读器屏幕亮度比宜为 1 : 3。

4.开架书库设有研究厢的,应设局部照明。

7.3.3 图书馆的建筑电气设计，应对藏、借、阅、管各空间具有灵活互换的可能性；提供在各种空间（借、阅、业务工作等）应用电子计算机、视听、缩微、复印等技术设备的可能性。

7.3.4 图书馆应设应急照明、值班照明或警卫照明。

7.3.5 阅览区的照明可分区控制，阅览桌宜设局部照明。

7.3.6 书库照明宜选用不出现眩光的灯具，灯具与图书资料等易燃物的垂直距离不应小于 0.50m。 当采用荧光照明时，宜采用节电装置。

7.3.7 书库照明宜分区分架控制，每层电源总开关应设于库外。凡采用金属书架并在其上敷设 220V 线路、安装灯具及其开关插座等的书库，必须设防止漏电的安全保护装置。

7.3.8 书架行道照明应有单独开关，行道两端都有通道时设双控开关；书库楼梯照明也应采用双控开关。

7.3.9 外借量较大的出纳厅，可按需要设信号或屏幕显示装置。

7.3.10 图书馆中应在适当位置设公用电话。

7.3.11 图书馆应设事故紧急广播，宜设开、闭馆音响讯号装置。

7.4 综合布线

7.4.1　新建图书馆宜根据规模、性质及建设条件采用综合布线系统。布线系统应与图书馆业务的自动化、办公自动化、通信自动化、监控管理自动化、读者服务自动化等设施统一考虑。

7.4.2　图书馆建筑采用综合布线系统时，应按其计算机应用及发展规划进行设计。

7.4.3　综合布线系统应根据实际需要选择适当型级的综合布线系统，可参照现行的中国工程建设标准化协会标准《建筑与建筑群综合布线系统工程设计规范》CECS72:97 的有关规定。

附录 A　藏书空间容书量设计估算指标

A.0.1　藏书空间每标准书架容书量设计估算指标应符合表 A.0.1 的规定。

表 A.0.1　藏书空间每标准书架容书量设计估算指标(册/架)

<table>
<tr><td colspan="2" rowspan="2">图书馆类型藏书方式</td><td colspan="2">公共图书馆</td><td colspan="2">高等学校图书馆</td><td>少年儿童图书馆</td><td>增减度</td></tr>
<tr><td>中文</td><td>外文</td><td>中文</td><td>外文</td><td>中文</td><td></td></tr>
<tr><td rowspan="3">开架</td><td>社科</td><td>550</td><td>400</td><td>480</td><td>350</td><td rowspan="6">400—500(半开架)</td><td rowspan="6">±25%</td></tr>
<tr><td>科技</td><td>520</td><td>370</td><td>460</td><td>330</td></tr>
<tr><td>合刊</td><td>250</td><td>270</td><td>220</td><td>240</td></tr>
<tr><td rowspan="3">闭架</td><td>社科</td><td>640</td><td>400</td><td>560</td><td>350</td></tr>
<tr><td>科技</td><td>600</td><td>370</td><td>530</td><td>330</td></tr>
<tr><td>合刊</td><td>290</td><td>270</td><td>260</td><td>240</td></tr>
</table>

注：1.双面藏书时，标准书架尺寸定为 1000mm×450mm，开架藏书按 6 层计，闭架按 7 层计，其中填充系数 K 均为 75%。

2.盲文书容量按表中指标 1/4 计算。

3.密集书架藏书量约为普通标准架藏书量的 1.5—2.0 倍。

4.合刊指期刊、报纸的合订本。期刊为每半年或全年合订本；报纸为每月合订本，按四开版面 8—12 版计。每平方米报刊存放面积可容合订本 55—85 册。

A.0.2　藏书空间单位使用面积容书架量设计计算指标应符合表 A.0.2 的规定。

表 A.0.2　藏书空间单位使用面积容书架量设计计算指标（架/m^2）

	含本室内出纳台	不含本室内出纳台
开架藏书	0.5	0.55
闭架藏书	0.6	0.65

附录 B　阅览空间每座占使用面积设计计算指标

B.0.1　阅览空间每座占使用面积设计计算指标应符合表 B.0.1 的规定。

表 B.0.1　阅览空间每座占使用面积设计计算指标（m^2/座）

名称	面积指标
普通报刊阅览室	1.8—2.3
普通阅览室	1.8—2.3
专业参考阅览室	3.5
非书本资料阅览室	3.5
缩微阅览室	4.0
珍善本书阅览室	4.0
舆图阅览室	5.0
集体视听室	1.5（2.0—2.5 含控制室）
个人视听室	4.0—5.0
儿童阅览室	1.8
盲人读书室	3.5

注：1.表中使用面积不含阅览室的藏书区及独立设置的工作间。

2.集体视听室、如含控制室、可用 2.00—2.50m^2/座，其他用房如办公、维修、资料库应按实际需要考虑。

附录 C　目录柜占用面积计算公式

C.0.1　目录柜的占用面积，可按下列公式计算：

1.无查目台时 a =18.40/n.T （C.0.1-1）

2.有查目台时 a =29.86/n.T （C.0.1-2）

式中：

a 为每一万张卡片所占用的面积，单位为 m^2/万张卡。

n 为每个目录屉的横向列数。

T 为所选用目录柜的总层数。

注：1. 目录柜宽 800mm，深 450mm，横向五屉。

2. 目录柜横向组合按每组 5 柜长 4m 计算，通道净宽按本规范表 4.4.4 的规定确定。

3. 每屉容量按 1000 张国标标准卡片、充盈系数 0.75 计算。

附录 D　本规范用词说明

D.0.1　为便于在执行本规范条文时区别对待，对于要求严格程度不同的用词说明如下：

1. 表示很严格，非这样做不可的：

正面词采用“必须”，反面词采用“严禁”。

2. 表示严格，在正常情况下均应这样做的：

正面词采用“应”，反面词采用“不应”或“不得”。

3. 表示允许稍有选择，在条件许可下应这样做的：

正面词采用“宜”，反面词采用“不宜”。

D.0.2　条文中指明应按其他有关标准执行的写法为“应按……执行”或“应符合……要求或规定”。

公共图书馆建设用地指标

编制说明

《公共图书馆建设用地指标》是根据原建设部、国土资源部和文化部《关于请组织编制〈图书馆建设用地指标〉等三项建设用地指标的通知》精神，按照原建设部、国家土地管理局《关于印发〈工程项目建设用地指标编制工作暂行办法〉的通知》(〔1989〕国土〔建〕字第 169 号）的规范要求，由中国城市规划设计研究院编制完成的。

在编制过程中，编制组对公共图书馆建设进行了广泛深入的调查研究，分析论证了大量的现状建设统计资料，总结了我国公共图书馆建设中存在的主要问题，并参照国内外公共图书馆建设的现状和发展趋势，结合我国的实际情况和发展需求，经广泛征求各有关部门、单位及专家、学者的意见，形成了公共图书馆建设用地指标。

《公共图书馆建设用地指标》共分四章：总则、节约和合理用地的基本规定、基本术语和建设用地指标。

本建设用地指标为初次编制，在施行过程中，请各有关单位注意总结经验，积累资料，发现有需要修改及补充之处，请及时将意见反馈至文化部计划财务司（地址：朝阳门北大街 10 号，邮编：100020），以便修订时参考。

中华人民共和国文化部

2007 年 8 月

第一章　总则

第一条　为贯彻落实“十分珍惜、合理利用土地和切实保护耕地”基本国策和《公共文化体育设施条例》，适应我国文化事业发展，满足人民群众日益增长的文化生活需要，促进公共图书馆建设和节约集约用地，制定本指标。

第二条　本指标是编制和审批公共图书馆项目可行性研究报告，确定其建设用地规模的依据；是编制项目建议书和初步设计文件，核定和审批建设项目用地面积的尺度；也是城市规划确定公共图书馆发展用地的依据。

第三条　本指标适用于公共图书馆的新建、改建和扩建工程，以及公共图书馆的规划布局。规模较小的县、街道、社区或村镇公共图书馆建设可参照本指标执行。

第四条　公共图书馆项目建设用地，必须贯彻执行国家有关建设和土地管理法律、法规，积极采用先进技术，按照专业化协作和社会化服务的原则，统筹兼顾，精心规划、设计，切实做到科学合理、节约用地。

第五条　公共图书馆项目建设用地，除执行本指标规定外，尚应符合国家现行有关标准和规范的规定。

第二章　节约和合理用地的基本规定

第六条　公共图书馆的建设，应综合考虑所在城镇服务人口规模、社会经济发展状况以及自然环境条件等特点，合理确定用地规模和服务半径。

第七条　公共图书馆建设，应纳入城市公共文化设施统一规划，合理布局、配套建设。

第八条　公共图书馆的布局，应符合城市规划和土地利用总体规划，尽可能结合城市广场、公共绿地等公共活动空间综合布置。

第九条　公共图书馆的总平面布置，在满足服务功能和公共安全的前提下，应充分利用地上、地下空间。

第十条　公共图书馆的改建、扩建项目，应充分利用原有场地和设施，减少新增用地；因条件所限无法扩建，确需异地新建的，应保留原馆的使用性质不改变。

第十一条　用地十分紧张的城市或山地城市，公共图书馆的用地面积应适当减少。

第三章　基本术语

第十二条　公共图书馆：指由各级人民政府投资兴办向社会公众开放的图书馆，是具有文献信息资源的收集、整理、存储、传播、研究和服务等功能的公益性文化与社会教育设施。

第十三条　服务半径：指读者到达公共图书馆的最远直线距离。

第十四条　服务人口：指公共图书馆向社会开放、提供文献信息资料借阅、大众文化传播等日常公益性服务的人口数量，即公共图书馆服务范围内的人口总数。

第十五条　公共图书馆体系：由若干不同规模公共图书馆构成的，能够提供实用、便捷、高效服务的公共图书馆服务网络。

第四章　建设用地指标

第一节　分类与用地构成

第十六条　公共图书馆的分类：根据服务人口数量分为大型馆、中型馆和小型馆。

大型馆：指服务人口 150 万（含）、建筑面积 20000m^2 以上的公共图书馆，其主要功能为文献信息资料借阅等日常公益性服务以及文献收藏、研究、业务指导和培训、文化推广等。

中型馆：指服务人口 20—150 万、建筑面积 4500—20000m^2 的公共图书馆，其主要功能为文献信息资料借阅、大众文化传播等日常公益性服务。

小型馆：指服务人口 5—20 万（含）、建筑面积 1200—4500m^2 的公共图书馆，其主要功能为文献信息资料借阅、大众文化传播等日常公益性服务。

第十七条　公共图书馆用地：主要包括公共图书馆建筑用地、集散场地、绿化用地及停车场地。

第二节　设置与选址原则

第十八条　公共图书馆的设置原则：公共图书馆应符合表1的要求，逐步发展成为公共图书馆体系。

大型馆覆盖的6.5km服务半径内不应再设置中型馆；大、中型馆覆盖的2.5 km服务半径内不应再设置小型馆。

表1　公共图书馆的设置原则

<table>
<tr><th>服务人口(万人)</th><th>设置原则</th><th>服务半径(km)</th></tr>
<tr><td rowspan="3">≥150</td><td>大型馆：设置1—2处,但不得超过2处;服务人口达到400万时,宜分2处设置</td><td>≤9.0</td></tr>
<tr><td>中型馆：每50万人口设置1处</td><td>≤6.5</td></tr>
<tr><td>小型馆：每20万人口设置1处</td><td>≤2.5</td></tr>
<tr><td rowspan="2">20~150</td><td>中型馆：设置1处</td><td>≤6.5</td></tr>
<tr><td>小型馆：每20万人口设置1处</td><td>≤2.5</td></tr>
<tr><td>5~20</td><td>小型馆：设置1处</td><td>≤2.5</td></tr>
</table>

第十九条　公共图书馆的选址：公共图书馆应选址在人口集中、公交便利、环境良好、相对安静的地区，同时满足各类公共图书馆合理服务半径的要求。

第三节　建设用地控制指标

第二十条　小型馆建设用地控制指标应符合表2的规定。

表2　小型馆建设用地控制指标

服务人口（万人）	藏书量［万册(件)］	建筑面积（m^2）	容积率	建筑密度（%）	用地面积（m^2）
5	5	1200	≥0.8	25—40	1200—1500
10	10	2300	≥0.9	25—40	2000—2500
15	15	3400	≥0.9	25—40	3000—4000
20	20	4500	≥0.9	25—40	4000—5000

注：1.表中服务人口指小型馆所在城镇或服务片区内的规划总人口。

2.表中用地面积为单个小型馆建设用地面积。

第二十一条　中型馆建设用地控制指标应符合表3的规定。

表 3　中型馆建设用地控制指标

服务人口（万人）	藏书量［万册(件)］	建筑面积（m^2）	容积率	建筑密度（%）	用地面积（m^2）
30	30	5500	≥1.0	25—40	4500—5500
40	35	6500	≥1.0	25—40	5500—6500
50	45	7500	≥1.0	25—40	6500—7500
60	55	8500	≥1.1	25—40	7000—8000
70	60	9500	≥1.1	25—40	8000—9000
80	70	11000	≥1.1	25—40	8500—10000
90	80	12500	≥1.2	25—40	9000—10500
100	90	13500	≥1.2	25—40	9500—11000
120	100	16000	≥1.2	25—40	10000—13000

注:1.表中服务人口指中型馆所在城镇或服务片区的规划总人口。

2.表中用地面积为单个中型馆建设用地面积。

第二十二条　大型馆建设用地控制指标应符合表 4 的规定。

表 4　大型馆建设用地控制指标

服务人口（万人）	藏书量［万册(件)］	建筑面积（m^2）	容积率	建筑密度（%）	用地面积（m^2）
150	130	20000	≥1.2	30—40	11000—17000
200	180	27000	≥1.2	30—40	14000—22000
300	270	40000	≥1.3	30—40	20000—30000
400	360	53000	≥1.4	30—40	27000—38000
500	500	70000	≥1.5	30—40	35000—47000
800	800	104000	≥1.5	30—40	46000—69000
1000	1000	120000	≥1.5	30—40	52000—80000

注:1.表中服务人口指大型馆所在城市的规划总人口；

2.表中用地面积是指大型馆建设用地(包括分 2 处建设)的总面积；

3.大型馆总藏书超过 1000 万册的,可按照每增加 100 万册藏书,增补建设用地 5000m^2 进行控制。

第二十三条　公共图书馆停车场地包括自行车停车和机动车停车。

自行车停车：宜达到每百平方米建筑面积配建 2 个车位的标准。

机动车停车：小型馆原则上不设置机动车停车场。大、中型馆的机动车停车，应以利用地下空间为主；确需设置地面停车场的，其用地不得超过建设用地总面积的 8%。

公共图书馆建设用地指标用词用语说明

一、本建指标执行时，对要求严格的条文用词说明如下：

1.表示很严格，非这样做不可的用词：

正面词采用“必须”；反面词采用“严禁”。

2.表示严格，在正常情况下均应这样做的用词：

正面词采用“应”；反面词采用“不应”或“不得”。

3.表示允许稍有选择，在条件许可时首先应这样做的用词：

正面词采用“宜”；反面词采用“不宜”。

4.表示有选择，在一定条件下可以这样做的用词：

正面词采用“可”；反面词采用“不宜”。

二、条文中指明必须按其他有关标准和规范执行的写法为“应符合……的规定”；非必须按所指定的标准和规范执行的写法为“可参照……执行”。

公共图书馆建设标准

前　言

为了贯彻落实国务院《公共文化体育设施条例》，促进公共图书馆设施建设，加强公共图书馆建设决策科学化与管理规范化，依据建设部《关于印发〈二○○四年工程项目建设标准、投资估算标准、建设项目评价方法与参数编制项目计划〉》(建标〔2005〕19号)编制《公共图书馆建设标准》。

《公共图书馆建设标准》编制工作的指导思想是，贯彻落实科学发展观，体现党和国家有关发展图书馆事业和加强公共建筑工程管理的方针政策，立足中国现实，参考国际标准，功能优先，经济适用，使图书馆建筑能够满足体现现代图书馆理念的图书馆服务活动的开展。

《公共图书馆建设标准》确定了公共图书馆建设项目的规模分级和项目构成，给出了公共图书馆的总建筑面积和分项面积控制指标，提出了公共图书馆建设选址、总体布局的原则要求，明确了公共图书馆建设项目实施过程中的基本要求。

《公共图书馆建设标准》的主编部门是中华人民共和国文化部（北京市东城区朝阳门北大街10号，邮编：100020)，主编单位是中国图书馆学会，批准部门是中华人民共和国驻防和城乡建设部与国家发展和改革委员会。

《公共图书馆建设标准》由中华人民共和国文化部负责解释。

本标准编制组成员：

组长：詹福瑞

执笔人：李国新、冯守仁、朱为振

起草人（按姓氏笔画为序）：邓菊英、尹岚宁、冯守仁、刘志学、朱为振、李国新、汤更生、张广钦、洪森、富平、程亚男

2007 年 11 月

第一章　总则

第一条　为促进公共图书馆事业的发展，加强和规范公共图书馆基础设施建设，提高建设项目的决策水平，加速公共图书馆建设的标准化、规范化和现代化的进程，以实现和保障人民群众利用图书馆的权利，满足人民群众基本的知识、信息和文化需求，依据法律、法规及国家现行政策，制定本标准。

第二条　本标准是公共图书馆建设项目科学决策和合理确定项目建设、投资水平的全国性统一标准；是编制、评估和审批公共图书馆建设项目建议书及可行性研究报告的依据；是有关部门审查公共图书馆建设项目初步设计和检查工程建设全过程的尺度。

第三条　本标准适用于县级以上行政区域内新建、改建和扩建的公共图书馆。街道、乡镇、新建居民区公共图书馆的建设参照本标准执行。

第四条　公共图书馆事业属于社会公益性事业，公共图书馆建设属于公共文化服务基础设施建设，应纳入当地经济和社会发展总体规划，纳入城市建设规划，纳入政府投资计划。

第五条　公共图书馆建设应贯彻执行国家发展文化事业和加强公共建筑工程建设管理的方针政策，以人为本，科学规划，规模适当，功能优先，经济适用，环保节约，以大型图书馆为骨干，以中小型图书馆为基础，立足于构建覆盖全社会的普遍均等、惠及全民的公共图书馆服务网络。

第六条　公共图书馆应按照统筹兼顾，量力而行，逐步改善的原则进行建设。

第七条　公共图书馆建设项目宜一次规划建成。投资确有困难的可分期实施，并留有发展余地。

第八条　公共图书馆的改建或扩建项目，应充分利用原有场地和设施。

第九条　公共图书馆建设除执行本标准外，还应符合国家其他有关标准、规范、规定的要求。

第二章　规模分级、项目构成与选址

第十条　新建、改建和扩建的公共图书馆规模，应以服务人口数量和相应的人均藏书量、千人阅览座席指标为基本依据，兼顾服务功能、文献资源数量与品种和当地经济发展水平确定。

服务人口是指公共图书馆服务范围内的常住人口。

第十一条　公共图书馆分为大型馆、中型馆、小型馆。其建设规模与服务人口数量对应指标见表1。

表1　公共图书馆建设规模与服务人口数量对应指标

规模	服务人口(万)
大型	150以上
中型	20—150
小型	20及以下

第十二条　公共图书馆的建设内容包括房屋建筑、场地、建筑设备和图书馆技术设备。

第十三条　公共图书馆的房屋建筑包括藏书、借阅、咨询服务、公共活动与辅助服务、业务、行政办公、技术设备、后勤保障八类用房。

各级公共图书馆用房项目设置见附录一。

第十四条　公共图书馆的场地包括人员集散场地、道路、停车场、绿化用地等。

第十五条　公共图书馆的建筑设备包括给水排水、通风空调、强弱电及网络布线等。

第十六条　公共图书馆的技术设备包括电子计算机、网络设备和相关外围设备，视听及音像控制设备，文献数字化加工与复制设备，图书防盗设备，文献消毒设备，流动图书车，缩微制品摄制、冲洗及阅读设备，视障和老龄阅读设备，装裱及文献修复设备，自助借还设备，书架、阅览桌椅、目录柜、出纳柜台等家具设备，其他设备等12类。

各级公共图书馆应根据功能及规模合理配置图书馆技术设备。

第十七条　公共图书馆选址的要求是：

一、宜位于人口集中、交通便利、环境相对安静、符合安全和卫生及环保标准的区域；

二、应符合当地建设的总体规划及公共文化事业专项规划，布局合理；

三、应具备良好的工程地质及水文地质条件；

四、市政配套设施条件良好。

第十八条　公共图书馆的建设用地应符合《公共图书馆建设用地指标》的规定。绿地率宜为30%—35%。

第十九条　大、中型公共图书馆应独立建设。小型公共图书馆宜与文化馆等其他文化设施合建。公共图书馆与其他文化设施合建时，必须满足其使用功能和环境要求，并自成一区，单独设置出入口。

第三章　总建筑面积和分项面积

第二十条　公共图书馆总建筑面积以及相应的总藏书量、总阅览座席数量，按表2的控制指标执行。

表2　公共图书馆总建筑面积以及相应的总藏书量、总阅览座席数量控制指标

规模	服务人口（万）	建筑面积		藏书量		阅览座席	
		千人面积指标（m^2/千人）	建筑面积控制指标（m^2）	人均藏书（册、件/人）	总藏量（万册、件）	千人阅览座席（座/千人）	总阅览座席（座）
大型	400—1000	9.5—6	38000—60000	0.8—0.6	320—600	0.6—0.3	2400—3000
	150—400	13.3—9.5	20000—38000	0.9—0.8	135—320	0.8—0.6	1200—2400
中型	100—150	13.5—13.3	13500—20000	0.9	90—135	0.9—0.8	900—1200
	50—100	15—13.5	7500—13500	0.9	45—90	0.9	450—900
	20—50	22.5—15	4500—7500	1.2—0.9	24—45	1.2—0.9	240—450
小型	10—20	23—22.5	2300—4500	1.2	12—24	1.3—1.2	130—240
	3—10	27—23	800—2300	1.5—1.2	4.5—12	2.0—1.3	60—130

注：1.服务人口1000万以上的，参照1000万服务人口的人均藏书量、千人阅览座席数指标执行。服务人口3万以下的，不建设独立的公共图书馆，应与文化馆等文化设施合并建设，其用于图书馆部分的面积，参照3万服务人口的人均藏书量、千人阅览座席指标执行。

2.表中服务人口处于两个数值区间的，采用直线内插法确定其建筑面积、藏书量和阅览座席指标。

3.建筑面积指标所包含的项目见附录一。

第二十一条　在确定公共图书馆建筑面积时，首先应依据服务人口数量和表 2 确定相应的藏书量、阅览座席和建筑面积指标，再综合考虑服务功能、文献资源的数量与品种和当地经济发展水平因素，在一定的幅度内加以调整。

一、根据服务功能调整，是指省、地两级具有中心图书馆功能的公共图书馆增加满足功能需要的用房面积。主要包括增加配送中心、辅导、协调和信息处理、中心机房（主机房、服务器）、计算机网络管理与维护等用房的面积。

二、根据文献资源的数量与品种调整总建筑面积的方法是：

1.根据藏书量调整建筑面积 =（设计藏书量 − 藏书量指标）÷每平方米藏书量标准 ÷使用面积系数

2.根据阅览座席数量调整建筑面积 =（设计藏书量 −藏书量指标）÷1000 册/座席 ×每个阅览座席所占面积指标 ÷使用面积系数

三、根据当地经济发展水平调整总建筑面积，主要采取调整人均藏书量指标以及相应的千人阅览座席指标的方法。调整后的人均藏书量不应低于 0.6 册（5 万人口以下的，人均藏书量不应少于 1 册）。

四、总建筑面积调整幅度应控制在 ±20% 以内。

第二十二条　少年儿童图书馆的建筑面积指标包括在各级公共图书馆总建筑面积指标之内，可以独立建设，也可以合并建设。

独立建设的少年儿童图书馆，其建筑面积应依据服务的少年儿童人口数量按表 2 的规定执行；合并建设的公共图书馆，专门用于少年儿童的藏书与借阅区面积之和应控制在藏书和借阅区总面积的 10%—20%。

第二十三条　公共图书馆各类用房使用面积比例参照表 3 确定，其总使用面积系数宜控制在 0.7。

表 3　公共图书馆各类用房使用面积比例表

序号	用房类别	比例（%）		
		大型	中型	小型
1	藏书区	30—35	55—60	55
2	借阅区	30		
3	咨询服务区	3—2	5—3	5
4	公共活动与辅助服务区	13—10	15—13	15
5	业务区	9	10—9	10
6	行政办公区	5	5	5
7	技术设备区	4—3	4	4
8	后勤保障区	6	6	6

第四章　总体布局与建设要求

第二十四条　公共图书馆建筑设计应适应现代图书馆服务方式的变化，满足图书馆开架与闭架管理相结合、纸质图书与数字资源利用相结合、提供文献资源与提供文化活动相结合的服务模式需求，根据其规模和功能合理设计。在外观造型、室内装修和环境设计上，注意体现文化建筑的氛围特点，讲究实用效果。

第二十五条　公共图书馆总平面布置必须分区明确，布局合理，流线通畅，朝向和通风良好。少儿阅览区应与成人阅览区分开，并宜设置单独的出入口，有条件的，可设室外少年儿童活动场地。老龄阅览室和视障阅览室应设在一层。后勤保障用房应尽量集中布置。

公共图书馆馆区范围内的室外道路、围栏、照明、绿化、消防设施、管线沟井等室外工程应统一规划建设。

第二十六条　公共图书馆的交通流线组织应畅通便捷，主要出入口人、书、车要分流，标识清晰，科学组织读者、图书和工作人员交通流线。藏书库、采编用房及书刊出入口的书流通道宜与读者人流通道分开布置。要设计应对突发事件的安全疏散路线。

第二十七条　公共图书馆应按《城市道路和建筑物无障碍设计规范》（JGJ 50—2001）要求进行无障碍设计。

第二十八条　公共图书馆应配建公共停车场所，并宜充分利用社会停车设施和地下空间。可根据实际需要按《公共图书馆建设用地指标》或当地规划部门的规定确定机动车及自行车车位数量。地下车库面积不在图书馆总建筑面积之内。

第二十九条　公共图书馆建筑应以多层为主，当用地紧张且城市规划许可时，可采用高层建筑，但向公众开放的公共空间不宜超过6层。

第三十条　公共图书馆的藏书、借阅、咨询服务、公共活动与辅助服务等基本用房，应具有空间使用的灵活性和可调整性，宜采用框架（框剪）结构体系或其他大空间结构形式。

第三十一条　公共图书馆建筑结构抗震要求一般按丙类建筑设防。保存有国家珍贵及重要文献的大型公共图书馆，应按乙类建筑设防。

第三十二条　公共图书馆的室内环境设计、建筑热工设计和暖通空调设计，应执行《公共建筑节能设计标准》（GB 50189—2005）的规定，改善室内环境，提高能源利用效率。建筑构配件、装修材料和建筑设备必须选择安全、节能、环保、不损害健康的产品。

第三十三条　公共图书馆各部分的允许噪声级按《图书馆建筑设计规范》（JGJ 38—99）的分区规定执行。阅览室、研究室等“静区”，应有较安静的环境，避免噪声特别是交通噪声的干扰。确实无法避免时，应从平面布置和隔声两方面采取措施。电梯井道及产生噪声的设备机房应采取吸声、隔声及减振措施，阅览区宜采用软质材料地面、吸声顶棚、吸声墙面等有助于减低噪声的措施。

第三十四条　公共图书馆的主要阅览室特别是少儿和老龄阅览室应有良好的日照，并应充分利用自然通风和天然采光。

第三十五条　公共图书馆的文献资料防护应包括围护结构保温、隔热、温度和湿度要求、防潮、防尘、防有害气体、防阳光直射和紫外线照射、防磁、防静电、防虫、防鼠、消毒和安全防范等。

公共图书馆要有严格可靠的防水、防潮措施，书库、特藏书库和非书资料库、阅览室应根据《图书馆建筑设计规范》（JGJ 38—99）的不同要求进行防护设计，设置必要的通风、空调、除湿设备，有条件的宜设空气调节和净化设施。

第三十六条　公共图书馆的建筑防火应遵守国家现行的建筑设计防火规范和有关技术标准。根据《图书馆建筑设计规范》（JGJ 38—99）的要求确定耐火等级、防火防烟分区，针对图书馆的特点设计建筑构造、配置消防设施，设置安全疏散出口。

第三十七条　阅览室在四层及以上的公共图书馆应设为读者服务的电梯，四层以下的大中型公共图书馆也可设电梯。书库在二层及以上的公共图书馆应设提升设备。

第五章　建筑设备

第三十八条　公共图书馆应设室内外给水、排水系统和消防给水系统，以及相应的设施和设备。给排水管道不得穿过书库及藏阅合一的阅览室。

第三十九条　公共图书馆室内温度、湿度设计参数、通风换气次数、送风气流速度等应符合《图书馆建筑设计规范》（JGJ 38—99）的要求。需要空气调节的大、中型公共图书馆，宜按照现行国家标准，设置集中空调系统。供热热源优先采用城市集中供热。

第四十条　公共图书馆的电气系统，应按其规模确定用电负荷等级。计算机中心、消防系统以及防盗监控系统，应按规定设置可靠的备用电源。

公共图书馆人工照明标准，应符合《建筑照明设计标准》（GB 50034—2004）的要求。除正常的人工照明外还应设应急照明和值班照明。阅览区照明宜分区控制。

第四十一条　公共图书馆应按需要设电话系统、电视接收与卫星接收系统，在适当位置设公用电话。大中型公共图书馆应设与消防安保合用的广播系统。

第四十二条　公共图书馆应按网络化的要求，建设由主干网、局域网、信息点组成的网络系统。信息点的布局根据阅览座席、业务工作的需要确定。有条件的公共图书馆可设置局域无线网络系统。大型公共图书馆的网络系统应与办公自动化、楼宇自动化一并考虑，根据实际需要选择适当型级的综合布线系统。

第四十三条　公共图书馆应设置安全防盗装置。大、中型公共图书馆的主要入口处、储藏珍贵文献资料的书库和阅览室、重要设备室、网络管理中心等均应设置门禁及电视监控系统。

附录一

公共图书馆用房项目设置表

<table>
<tr><th colspan="2">项目构成</th><th>大型</th><th>中型</th><th>小型</th><th>内容</th><th>备注</th></tr>
<tr><td rowspan="3">藏书区</td><td>基本书库</td><td>●</td><td>◎</td><td>○</td><td>保存本库、辅助书库等</td><td rowspan="2">包括工作人员工作、休息使用面积。开架书库还包括出纳台和读者活动区。
使用面积：闭架书库280—350 册/m^2；开架书库 250—280 册/m^2；阅览室藏书区250 册/m^2</td></tr>
<tr><td>阅览室藏书区</td><td>●</td><td>●</td><td>●</td><td></td></tr>
<tr><td>特藏书库</td><td>●</td><td>●</td><td>◎</td><td>古籍善本库、地方文献库、视听资料库、微缩文献库、外文书库，以及保存书画、唱片、木版、地图等文献的库等</td><td></td></tr>
</table>

续表

<table>
<tr><th colspan="2">项目构成</th><th>大型</th><th>中型</th><th>小型</th><th>内容</th><th>备注</th></tr>
<tr><td rowspan="6">借阅区</td><td>一般阅览室</td><td>●</td><td>●</td><td>●</td><td>报刊阅览室、图书借阅室等</td><td rowspan="3">包括工作人员工作、休息使用面积，出纳台和读者活动区。
阅览座席使用面积：1.8—2.3m²/座</td></tr>
<tr><td>老龄阅览室</td><td>◎</td><td>◎</td><td>◎</td><td></td></tr>
<tr><td>少年儿童阅览室</td><td>●</td><td>●</td><td>●</td><td>少年儿童的期刊阅览室、图书借阅室、玩具阅览室等</td></tr>
<tr><td>特藏阅览室</td><td>●</td><td>●</td><td>◎</td><td>古籍阅览室、外文阅览室、工具书阅览室、舆图阅览室、地方文献阅览室、微缩文献阅览室、参考书阅览室、研究阅览室等</td><td>阅览座席使用面积：3.5—5m²/座</td></tr>
<tr><td>视障阅览室</td><td>●</td><td>●</td><td>◎</td><td></td><td rowspan="2">阅览座席使用面积：4m²/座。
总面积要满足“全国文化信息资源共享工程”终端设置和开展服务的需要</td></tr>
<tr><td>多媒体阅览室</td><td>●</td><td>●</td><td>●</td><td>电子阅览室、视听文献阅览室等</td></tr>
<tr><td rowspan="3">咨询服务区</td><td>办证、检索</td><td>●</td><td>●</td><td>●</td><td></td><td rowspan="3">小型馆不少于18m²</td></tr>
<tr><td>总出纳台</td><td>●</td><td>●</td><td>○</td><td></td></tr>
<tr><td>咨询</td><td>●</td><td>●</td><td>◎</td><td>专门设置的咨询服务台、咨询服务机构、咨询服务专用的计算机位等</td></tr>
</table>

续表

项目构成		大型	中型	小型	内容	备注
公共活动与辅助服务区	寄存、饮水处	●	●	●		
	读者休息处	●	●	◎		
	陈列展览	●	●	○		大型馆:400—800m^2; 中型馆:150—400m^2
	报告厅	●	●	○		大型馆:300—500席位;应与阅览区隔离、单独设置。中型馆:100—300席位。每座使用面积不少于0.8m^2/座
	综合活动室	◎	◎	●		小型馆不设单独报告厅、陈列展览室、培训室,只设50—300m^2的综合活动室,用于陈列展览、讲座、读者活动、培训等。大、中型馆可另设综合活动室
	培训室	●	●	○	用于读者培训的教室或场地	大型馆3—5个; 中型馆1—3个
	交流接待	●	●	○		
	读者服务(复印等)	●	●	●		
业务区	采编、加工	●	●	●		
	配送中心	◎	◎	●	为街道、乡镇图书馆统一采编、配送图书用房	
	辅导、协调	●	●	●	用于指导、协调下级馆业务	
	典藏、研究、美工	●	●	○		
	信息处理(含数字资源)	●	●	○		

续表

项目构成		大型	中型	小型	内容	备注
行政办公区	行政办公室	●	●	●		参照《党政机关办公用房建设标准》(国家发展计划委员会计投资〔1999〕2250号)执行
	会议室	●	●	●		
技术设备区	中心机房(主机房、服务器)	●	●	●		包括“全国文化信息资源共享工程”设备使用面积,以及工作人员工作、休息使用面积
	计算机网络管理和维护用房	●	●	◎		
	文献消毒	●	●	●		
	卫星接收	●	●	◎		
	音像控制	●	◎	○		
	微缩、装裱整修	◎	◎	○		
后勤保障区	变配电室	●	●	◎		包括操作人员工作、休息使用面积
	电话机房	●	●	◎		
	水池/水箱/水泵房	●	●	◎		
	通风/空调机房	●	●	◎		
	锅炉房/换热站	●	●	◎		
	维修、各种库房	●	●	◎		
	监控室	●	●	○		
	餐厅	◎	◎	○		

注:1.以上用房有关设计要求,按《图书馆建筑设计规范》(JGJ 38—99)的要求执行。

2.小型图书馆的可设项目原则适用于 2300m^2 以上的小型图书馆。

注:● 应设 ◎ 可设 ○ 不设

附录二

公共图书馆建设标准用词用语说明

一、为便于执行本标准条文时区别对待，对要求严格程度不同的用词说明如下：

1.表示很严格，非这样做不可的用词：

正面词采用“必须”；反面词采用“严禁”。

2.表示严格，在正常情况下均应这样做的用词：

正面词采用“应”；反面词采用“不应”或“不得”。

3.表示允许稍有选择，在条件许可时首先应这样做的词：

正面词采用“宜”；反面词采用“不宜”。

表示有选择，在一定条件下可以这样做的词，采用“可”。

二、本标准中指定按其他有关标准执行时，写法为“应符合……的规定”或“应按……执行”。

（主编部门：中华人民共和国文化部；批准部门：中华人民共和国住房和城市建设部，中华人民共和国发展和改革委员会；施行日期：2008 年 11 月 1 日）

公共图书馆服务规范

前言

本标准按照 GB/T 1.1—2009 给出的规则起草。

本标准由中华人民共和国文化部提出。

本标准由全国图书馆标准化技术委员会（SAC/TC 389）归口。

本标准主要起草单位：上海图书馆。

本标准参与起草单位：浙江图书馆、长春市图书馆。

本标准主要起草人：刘小琴、王世伟、陈胜利、程小澜、刘慧娟、张奇、吴建明、余江、金晓明、程慕伊、周玉红。

引言

为促进公共图书馆事业的发展，建设覆盖全社会的公共文化服务体系，保障公众的基本文化权益，改善公共图书馆的服务条件，提高公共图书馆的服务效能和管理效益，制定本标准。

本标准是检验公共图书馆服务效能与管理的尺度，是评估公共图书馆服务水平的依据。

1 范围

本标准规定了图书馆服务资源、服务效能、服务宣传、服务监督与反馈等内容。

本标准适用于县（市）级以上公共图书馆。街道、乡镇级公共图书馆以及社区、乡村和社会力量办的各类公共图书馆基层服务点参照执行。

2 规范性引用文件

下列文件对于本文件的应用是必不可少的。凡是注日期的引用文件，仅注日期的版本适用于本文件。凡是不注日期的引用文件，其最新版本（包括所有的修改单）适用于本文件。

GB/T 10001.1　标识用公共信息图形符号 第一部分：通用符号

GB/T 13191—2009/ISO 2789:2006　图书馆统计

建标 108—2008　公共图书馆建设标准

建标〔2008〕74 号　公共图书馆建设用地指标

3 术语和定义

下列术语和定义适用于本文件。

3.1　公共图书馆 public library

由各级人民政府投资兴办、或由社会力量捐资兴办的向社会公众开放的图书馆，是具有文献信息资源收集、整理、存储、传播、研究和服务等功能的公益性公共文化与社会教育设施。

3.2　公共图书馆服务 public library service

公共图书馆通过各类资源和自身专业能力满足公众日益增长的对知识、信息及相关文化活动需求的工作。

3.3　服务资源 service resources

公共图书馆在开展服务过程中所拥有的物力、财力、人力等各种物质要素，主要包含了硬件资源、人力资源、文献资源和经费资源。

3.4　服务效能 service efficiency

公共图书馆投入的各项资源在满足读者和用户需求中体现的能力和效率。

3.5　区域服务人口数 regional service population

各级公共图书馆所在行政区域的常住人口数。

3.6　呈缴本 legal deposit copy

出版单位根据法律的规定，免费向法律指定的图书馆所缴存的出版物。

3.7　文献提供 document supply

图书馆或其他文献收藏机构根据读者要求，利用互联网、电子邮件、邮递等方式为本地或异地的读者直接提供所需原本文献和复制文献的服务形式，也可称文献传递。

4 总则

4.1 公共图书馆是公共文化服务体系的重要组成部分。公共图书馆服务规划应体现出公益性、基本性、均等性和便利性。

4.2 公共图书馆服务应体现以人为本的原则，通过就近、便捷、可选择、温馨的服务，不断改进服务质量，统筹兼顾服务资源、服务效能、服务宣传、服务监督与反馈，促进服务的全面协调可持续发展。

4.3 公共图书馆服务对象包括所有公众。应当注重培养少年儿童的阅读习惯，并努力满足残疾人、老年人、进城务工者、农村和偏远地区公众等的特殊需求。

4.4 公共图书馆的服务与管理除执行本标准的有关规定外，还应符合国家标准和规范。

5 服务资源

5.1 硬件资源

5.1.1 馆舍建筑指标

公共图书馆设置布局应遵循普遍均等原则，选址要考虑服务半径、服务人口等因素，并应按《公共图书馆建设用地指标》建标〔2008〕74号执行。服务人口是指公共图书馆服务范围内的常住人口。

为了保证读者阅览空间和图书馆为读者服务能力，总建筑面积、阅览室用房使用面积的比例、总阅览座位数应按《公共图书馆建设标准》建标108—2008执行。并为残障读者的无障碍服务提供必要的服务设施。

5.1.2 建筑功能总体布局

公共图书馆建筑功能总体布局应遵循以读者服务为中心，与图书馆的管理方式和服务手段相适应，做到分区明确、布局合理、流线通畅、安全节能、朝向和通风良好。

少年儿童阅览区应与成人阅览区分开，宜设置单独的出入口，有条件的可设室外少年儿童活动场地。视障阅览室宜设在图书馆本体建筑与社会公共通道之间的平行层。

5.1.3　电子信息设备

5.1.3.1　计算机

公共图书馆应配备一定数量的计算机专供读者使用。所需计算机数量见表1。

表1　公共图书馆计算机设备配置及用途指标

等级	计算机总数量（台）	其中:读者使用计算机数量（台）	读者用机中OPAC计算机数量（台）
省级馆	100以上	60以上	12以上
地级馆	60以上	40以上	8以上
县级馆	30以上	20以上	4以上
注1：省级馆包含省（自治区、直辖市）、副省级市（计划单列市）级图书馆；地级馆包含地（市、地区、盟、州）级图书馆；县级馆包含县（市）级图书馆。			
注2：OPAC（Online Public Access Catalogue）指在线公共检索目录。			

5.1.3.2　网络与宽带接入

公共图书馆网络与宽带接入，是为读者提供网络信息服务的基础。网络与带宽接入指标见表2。

表2　公共图书馆网络与带宽接入指标

等级	互联网接口	局域网主干	局域网分支
省级馆	≥100兆	≥1000兆	≥100兆
地级馆	≥10兆	≥1000兆	≥100兆
县级馆	≥2兆	≥100兆	≥100兆

5.1.3.3　信息节点

信息节点指在馆内与局域网或互联网连接的计算机网络接口，阅览室的信息点设置应不少于阅览座位的30%，电子阅览室的信息点设置应多于阅览座位数。有条件的可提供互联网无线网络接入服务。

5.2　人力资源

5.2.1　人员要求

公共图书馆工作人员应受过专业训练、具备良好的职业道德，在读者服务工作中应平等对待所有公众，尊重和维护读者隐私。工作人员须挂牌上岗，仪表端庄，使用文明用语，热忱并努力为读者提供准确全面的信息服务。

5.2.2　人员配备

公共图书馆应配备数量适宜的工作人员。具有相关学科背景的专业技术人员应占全体工作人员的75%以上，少数民族自治地区公共图书馆要配备熟悉少数民族语言文字的专业技术人员。

公共图书馆专业技术人员是指符合下列条件之一并从事相关业务工作的人员：

—— 具有助理馆员等各类初级及以上专业技术职务任职资格；

—— 具有图书馆学专业（或图书情报专业）专科或以上学历；

—— 非图书馆学专业（或图书情报专业）专科或以上学历，须经过省级及以上学会（协会）、图书馆、大学院系举办的图书馆学专业（或图书情报专业）课程培训，培训课时不少于320学时并成绩合格。

5.2.3　人员数量

公共图书馆工作人员数量的确定，应以所在区域服务人口数为依据。每服务人口10 000人—25 000人应配备1名工作人员。各级公共图书馆所需的人员数量的配备，还应兼顾服务时间、馆舍规模、馆藏资源数量、年度读者服务量等因素。

5.2.4　教育培训

公共图书馆应坚持实施针对全体工作人员的教育培训计划。年度工作计划中应提供保障员工接受培训教育的安排。

5.2.5　志愿者队伍

公共图书馆应导入志愿者服务机制，吸引更多图书馆工作人员和社会公众加入志愿者队伍。

5.3　文献资源

5.3.1　馆藏文献

5.3.1.1　文献采集原则

馆藏文献资源建设应遵循以下原则：

—— 与日益增长的读者需求和本地区经济、文化与社会事业发展相适应；

—— 与本馆文献资源建设规划、采集方针及服务功能相匹配；

—— 有利于形成资源体系和特色；

—— 有利于促进区域文献资源共建共享；

—— 有利于积淀与丰富历史文献；

与国家知识产权保护等法律法规的要求相一致。

5.3.1.2　馆藏文献总量

馆藏文献包括印刷型文献、电子文献、缩微文献等。公共图书馆应在确保印刷型文献入藏的基础上，逐步增加电子文献的品种和数量，并根据当地读者和居住的外籍人员的需求，积极配置相应的外文文献。

馆藏印刷型文献以物理单元数量统计。应采用国家标准《图书馆统计》（GB/T 13191—2009）中建议统计的方式计算。省级馆、地级馆、县级馆的入藏总量分别应达到 135 万册、24 万册、4.5 万册以上，省、地、县级馆年新增藏量分别应达每百人 1.7、1、0.6 册以上。

馆藏电子文献包括电子图书、电子报刊、视听资料等，电子文献的统计，应采用国家标准《图书馆统计》（GB/T 13191—2009）中建议统计的方式计算。省级馆、地级馆、县级馆的年入藏量分别应达到 9000 种、500 种、100 种以上。

5.3.1.3　少数民族语言文献

少数民族集聚地区的各级公共图书馆应承担该地区少数民族文字文献资料的收藏和服务的职能。其他地区各级公共图书馆也应收藏与本地少数民族状况相适应的少数民族语言文献。

5.3.2　呈缴本

省级公共图书馆负有依法接受所在省（市）出版机构呈缴出版物和保存地方文献版本的职能。呈缴本征集的品种、数量应达到地方正式出版物的 70% 以上。

5.3.3　政府出版物

公共图书馆应承担当地政府出版物的征集、保存与服务职能，设置政府公开信息查阅点，并做好服务工作。

6　服务效能

6.1　服务能力

6.1.1　服务时间

公共图书馆应有固定的开放时间，双休日应对外开放。其中省级馆每周开放时间不少于 64 小时；地级馆每周开放时间不少于 60 小时；县级馆每周开放时间不少于 56 小时。各级独立建制的少年儿童图书馆每周开放时间不少于 40 小时。

6.1.2　基本服务

公共图书馆的基本服务是保障和满足公众的基本文化需求的服务，包括为读者免费提供多语种、多种载体的文献的借阅服务和一般性的咨询服务，组织各类读者活动以及其他公益性服务。

6.1.3 流动服务

公共图书馆应通过流动站、流动车等形式，将文献外借服务和其他图书馆服务向社区、村镇等延伸，定期开展巡回流动服务。

6.1.4 远程服务

公共图书馆应利用互联网、手机等信息技术手段和载体，开展不受时空限制的网上书目检索、参考咨询、文献提供等远程网络信息服务。

6.1.5 个性化服务

公共图书馆可为个人、企事业机构及政府部门提供多样化的、灵活的、有针对性的服务。

6.1.6 总分馆服务

公共图书馆应在政府主导、多级投入、集中分层管理、资源共享的原则下，建立普遍均等的公共图书馆服务体系，因地制宜地开展形式多样的总分馆服务，形成统一的机构标识，统一的业务规范，建立便捷的通借通还文献分拣传递物流体系，提升同一地区公共图书馆系统的整体形象和服务能力。

6.2 服务效率

6.2.1 文献加工处理时间

公共图书馆需根据不同类型（如印刷型、电子、缩微等）、不同来源（如购买、受赠、交换等）的文献资源特点和服务要求，优化文献加工处理流程，缩短文献加工处理周期，提高文献加工处理效率。

文献加工处理时间以文献到馆至文献上架（或上线）服务的时间间隔计。其中，报纸到馆当天上架服务，期刊到馆 2 个工作日内上架服务，省级馆、地级馆及县级馆分别在图书到馆 20、15、7 个工作日内上架服务。

6.2.2 闭架文献获取时间

闭架文献获取时间以读者递交调阅单到读者获取文献之间的间隔时间计。

闭架文献提供不超过 30 分钟，外围书库文献提供不超过 2 个工作日。古籍等特种文献，另按相关规定执行。

6.2.3 开架图书排架正确率

开架图书提倡按中国图书馆分类法分类号顺序排列整齐。省级馆、地级馆及县级馆的开架图书排架正确率分别不低于 96%、95%、94%。

6.2.4 馆藏外借量

馆藏外借量以外借文献册数计。

公共图书馆应合理调整外借文献范围、外借文献册数、借期等流通规则，保持馆藏外借量逐年增长。

6.2.5　人均借阅量

公共图书馆应分别根据有效持证读者和服务人口的总数，计算已外借文献量（册）占有效持证读者总数和服务人口总数的比例，以反映流通馆藏对有效持证读者的服务使用情况。

公共图书馆应适时调整外借册数、借期等流通规则，并制定有针对性的服务策略，逐步提高人均借阅量。

6.2.6　电子文献使用量

电子文献使用量由数据库检索量、全文下载量组成。

公共图书馆应积极宣传电子文献，举办电子文献使用辅导讲座，提升读者使用电子文献的信息素养，保持电子文献使用量逐年增长。

6.2.7　文献提供响应时间

文献提供响应时间以收到读者文献请求至回复读者之间的时间计。响应时间不超过 2 个工作日，并告知读者文献获取的具体时间。

6.2.8　参考咨询响应时间

公共图书馆需提供多样化的文献咨询服务方式，有效缩短文献咨询的响应时间。多样化的文献咨询服务方式包括现场、电话、信件、传真、电子邮件、网上实时、短信等。

响应时间是以收到读者咨询提问至回复读者之间的时间计。现场、电话、网上实时咨询需在服务时间内当即回复读者，其他方式的咨询服务的响应时间不超过 2 个工作日。

7　服务宣传

7.1　导引标识

7.1.1　方位区域标识

公共图书馆导引标识系统应使用标准化的文字和图形建立，公共信息标识应采用国家标准《GB/T 10001.1 标识用公共信息图形符号 第一部分：通用符号》，根据需求可采用双语或多语言对照。

公共图书馆应在主体建筑外竖立明显的导向标识。

公共图书馆入口处应标明区域划分，如阅览区域、活动区域、办公区域等，以方便读者到达目标区域。

公共图书馆应在每一楼层设立醒目的布局功能标识。

7.1.2 文献排架标识

公共图书馆应在阅览区和书库设置文献排架标识。

7.1.3 无障碍标识

公共图书馆应设置无障碍设施的专用标识。

7.2 服务告示

7.2.1 告示内容和方式

公共图书馆的服务范围、服务内容、服务时间、服务公约、读者须知、借阅（使用）规则、服务承诺等基本服务政策应在馆内醒目位置和图书馆网站的相关栏目向读者公示，其他服务政策及各类服务信息等应通过各种途径方便读者获取。

7.2.2 闭馆告示

因故须暂时闭馆，须提前一周向读者公告。

如遇公共安全、网络安全等突发事件须临时闭馆或关闭部分区域、暂停部分服务的，应及时向读者公告。

7.3 馆藏揭示

公共图书馆应借助计算机管理与书目检索系统，将纸质、电子和缩微等不同载体的馆藏文献目录向公众揭示，提供题名、著者、主题等基本检索途径，方便读者查询。

公共图书馆还应通过网站、宣传资料、专题展览等形式，向公众推介、揭示最新入藏的文献和特色馆藏。

7.4 活动推广

公共图书馆应通过媒体、网站、宣传资料、宣传栏及各种现代化通信手段等形式，邀请、吸引读者的参与和互动。

8 服务监督与反馈

8.1 监督途径和方法

公共图书馆应在馆舍显著位置设立读者意见箱（簿），公开监督电话，开设网上投诉通道，建立馆长接待日制度，组建社会监督员队伍，定期召开读者座谈会。认真对待并正确处理来自读者的意见或投诉，在五个工作日内回复并整改落实。

8.2 读者满意度调查

读者满意度调查表中读者对图书馆满意度的选项为“满意”、“基本满意”

和“不满意”三项。读者满意度以参与问卷调查的读者中选择“基本满意”和“满意”的人数占调查总人数的比例计。各级公共图书馆的读者满意度应在85%（含）以上。

公共图书馆每年应进行一次读者满意度调查，可自行或委托相关机构向馆内读者随机发放读者满意度调查表。调查表发放数量，省、地、县级图书馆分别不少于500、300、100份，回收率不低于80%。

公共图书馆应对回收的读者满意度调查表进行分析，针对薄弱环节提出整改意见。调查数据应系统整理，建档保存。